高等院校经济管理类专业"互联网+"创新规划教材

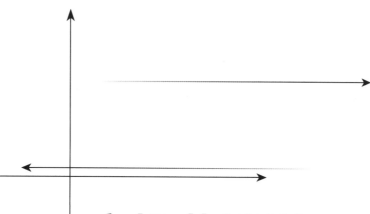

市场营销学

(第2版)

主　编　郭松克
副主编　刘筱婷　章　磊
参　编　白国超　王小娟　魏丽君
　　　　文　霞　贺嘉琳　高迎迎

北京大学出版社
PEKING UNIVERSITY PRESS

内 容 简 介

本书综合了国内外诸多市场营销专家和学者的研究成果,紧扣当时中国市场营销管理的实践,结合市场对市场营销人才提出的要求,对企业市场营销活动及规律进行了系统梳理和深入探究。全书共分为13章,内容包括:导论;企业战略与营销管理过程;市场营销环境分析;购买行为研究;市场营销调研与预测;目标市场营销;市场竞争战略;产品策略;定价策略;分销策略;促销策略;市场营销计划、组织、实施与控制;市场营销展望。

本书可作为高等院校市场营销专业教材,也可供从事营销工作的人士作为参考读物。

图书在版编目(CIP)数据

市场营销学 / 郭松克主编. —2版. —北京:北京大学出版社,2022.3
高等院校经济管理类专业"互联网+"创新规划教材
ISBN 978-7-301-32923-8

Ⅰ.①市… Ⅱ.①郭… Ⅲ.①市场营销学 – 高等学校 – 教材 Ⅳ.① F713.50

中国版本图书馆 CIP 数据核字(2022)第 038763 号

书　　　名	市场营销学(第2版) SHICHANG YINGXIAOXUE(DI-ER BAN)
著作责任者	郭松克　主编
策 划 编 辑	王显超
责 任 编 辑	翟　源
数 字 编 辑	金常伟
标 准 书 号	ISBN 978-7-301-32923-8
出 版 发 行	北京大学出版社
地　　　址	北京市海淀区成府路 205 号　100871
网　　　址	http://www.pup.cn　新浪微博:@北京大学出版社
电 子 信 箱	pup_6@163.com
电　　　话	邮购部 010-62752015　发行部 010-62750672　编辑部 010-62750667
印 刷 者	河北滦县鑫华书刊印刷厂
经 销 者	新华书店
	787 毫米 ×1092 毫米　16 开本　22.5 印张　533 千字 2017 年 7 月第 1 版 2022 年 3 月第 2 版　2022 年 3 月第 1 次印刷
定　　　价	68.00 元

未经许可,不得以任何方式复制或抄袭本书之部分或全部内容。

版权所有,侵权必究

举报电话:010-62752024　电子信箱:fd@pup.pku.edu.cn
图书如有印装质量问题,请与出版部联系,电话:010-62756370

前言

PREFACE

  市场营销学产生于20世纪初期的美国，它建立在经济学、管理学、哲学和行为科学等学科理论的基础之上，是研究个人或组织通过创造并同他人交换产品和价值以满足需求与欲望的一种社会过程和管理决策的应用科学。一个多世纪以来，随着社会变革和市场经济的发展，市场营销学发生了巨大的变化，反映在两个方面：理论层面上，从传统市场营销学向现代市场营销学演变；应用层面上，从营利组织向非营利组织扩展。

  改革开放以来，在我国社会主义市场经济体制不断完善、全球经济一体化加速发展的背景下，企业市场竞争日趋激烈。市场营销已经成为企业一项非常重要的职能，它不仅包括生产经营之前的具体经济活动，如市场调研、分析市场机会、进行市场细分、选择目标市场、设计开发新产品等，还包括生产过程完成之后进入销售过程的一系列具体的经营活动，如产品定价、选择分销渠道、开展促销活动、提供销售服务等，以及销售完成后的售后服务、信息反馈和关系营销等一系列活动。从市场营销涉及的范畴来看，其过程远远超出了流通领域，涉及生产、分配、交换和消费的总循环过程，因此各行各业迫切需要大量理论功底扎实、富有应用和创新能力的高级营销人才。市场营销学不仅是培养经济管理人才的一门必修课，也是经济理论工作者和工商业界人士学习研究的重要内容。

  本书第1版于2017年出版，综合了国内外诸多市场营销专家和学者的研究成果，紧扣当时中国市场营销管理的实践，结合市场对市场营销人才提出的要求，对企业市场营销活动及规律进行了系统梳理和深入探究。在使用过程中，编者注意吸取同行专家及学生们的意见和建议，结合当前营销热点，对前版在体例、内容、结构和案例数据上进行调整和修改。本次修订有如下变化和创新之处。

  第一，可读性强。本版章节体系仍维持第1版的基本框架，对各章的标题做了简洁醒目的处理，对个别章节体例做了合理化调整。为了便于读者阅读和理解，本版在每章前加了"教学目标""教学要求"，同时在每章后设置了"拓展训练项目"。

  第二，互联网思维。本版以"互联网+"的形式在书中插入了二维码链接，其内容涉及相关知识点的拓展、图片和视频的观看、营销热点解读、趣味营销案例等，学生可通过扫描二维码进行自主学习，具有互动性和趣味性强的特点，全面提升阅读体验。

第三，提供海量在线习题。每章均配备相应在线练习题：题型丰富，设置了单选、多选、判断和填空等多种题型。内容完整，覆盖各章节重要知识点。无纸化的在线题库，在不增加书本厚度的前提下为学生提供人性化的学习辅导服务。学生扫描"在线答题"二维码后，即可随时随地在线自测自练，以巩固掌握营销知识，教师亦可随时查看学生作业情况，打破了传统学习辅导时间和空间上的局限。

第四，与时俱进。本版注重市场营销发展的最新动态，针对前版中的所有数据、图表及营销案例进行了必要的更新。更新后的数据及图表内容更具时效性，更新后的营销案例更能反映营销热点。

本书由广州应用科技学院郭松克教授进行了教材体系和体例的重新设计，参加本书编写修订工作的人员有：郭松克、刘筱婷（第1、2章）、章磊（第3、4章）、王小娟（第5章）、刘筱婷（第6、11章）、白国超（第7章）、魏丽君（第8章）、贺嘉琳（第9、10章）、文霞（第12、13章），松田职业技术学院的高迎迎全程参与了第7、8章的编写，全书由郭松克、刘筱婷总纂定稿。本书的编写得到广州应用科技学院区域经济社会发展研究所同人、北京大学出版社编辑及推广人员的大力支持，在此深表谢意！

我们衷心希望本书能对市场营销领域的学者、教师、学生及相关从业人员有所裨益。由于编者认识水平有限书中难免存在不妥之处，恳请广大读者批评指正。

编 者

2021年9月于广州应用科技学院区域经济社会发展研究所

资源索引

目 录
CONTENTS

第 1 章　导论 ··· 1
  1.1　市场营销学的产生与发展 ··· 4
  1.2　市场营销的概述 ··· 7
  1.3　企业市场观念及发展 ··· 10
  1.4　研究市场营销的意义 ··· 13

第 2 章　企业战略与营销管理过程 ··· 17
  2.1　企业战略理论 ·· 21
  2.2　企业战略管理过程 ··· 29
  2.3　市场营销管理过程 ··· 32

第 3 章　市场营销环境分析 ·· 39
  3.1　市场营销环境概述 ··· 41
  3.2　微观环境分析 ·· 43
  3.3　宏观环境分析 ·· 47
  3.4　市场营销环境分析 ··· 58

第 4 章　购买行为研究 ··· 65
  4.1　消费者市场及购买行为研究 ·· 67
  4.2　生产者市场及购买行为研究 ·· 81

第 5 章　市场营销调研与预测 ·· 91
  5.1　市场营销信息系统 ··· 93
  5.2　市场营销调研 ·· 96
  5.3　市场需求预测 ·· 123

第 6 章　目标市场营销 ··· 132
  6.1　市场细分 ··· 134
  6.2　目标市场选择 ·· 144
  6.3　市场定位 ··· 153

第 7 章　市场竞争战略 … 164
7.1　市场竞争者分析 … 166
7.2　基本竞争战略 … 170
7.3　市场地位与竞争战略 … 173

第 8 章　产品策略 … 181
8.1　产品与产品组合 … 184
8.2　产品生命周期 … 189
8.3　新产品开发 … 193
8.4　品牌与品牌策略 … 198
8.5　包装和包装策略 … 205

第 9 章　定价策略 … 211
9.1　产品定价的观念 … 213
9.2　影响定价的因素 … 214
9.3　企业定价的方法 … 220
9.4　产品定价的策略 … 225
9.5　价格调整艺术 … 237

第 10 章　分销策略 … 244
10.1　分销渠道概述 … 246
10.2　分销渠道策略 … 250
10.3　中间商的类型 … 254
10.4　中间商的管理 … 260

第 11 章　促销策略 … 269
11.1　促销与促销组合 … 271
11.2　广告策略 … 278
11.3　人员推销策略 … 287
11.4　销售促进策略 … 292
11.5　公共关系策略 … 295

第 12 章　市场营销计划、组织、实施与控制 … 302
12.1　市场营销计划 … 304
12.2　市场营销组织 … 309
12.3　市场营销实施 … 319
12.4　市场营销控制 … 324

第 13 章　市场营销展望 … 332
13.1　新时代背景下市场营销发展的特点 … 335
13.2　市场营销发展的前景展望 … 339

参考文献 … 349

第1章

导　　论

教学目标

通过本章学习，要求了解市场营销学的产生与发展，研究市场营销的意义；掌握市场营销的核心概念、企业市场观念及发展，为学好后续章节内容奠定较为坚实的基本理论基础。

教学要求

知识要点	能力要求	相关知识
市场营销及核心概念	能够通过专业学习，结合现实生活实例对相关知识有较好的理解，并能基本把握相关知识之间的区别	需要、欲望和需求；产品；效用、价值和满足；交换、交易和关系；市场、市场营销及市场营销者；市场营销学研究对象
企业市场观念及发展	能够结合社会现象加深对市场观念变革的理解，并能解释现代营销观念	生产观念；产品观念；推销观念；市场营销观念；社会营销观念

市场营销学是起源于20世纪初的经济应用科学。几十年来它经历了从传统营销学到现代营销学的演变,演变过程中它融进了经济学、管理学、心理学、数学、社会学和行为科学等多学科知识,已成为具有广泛应用的交叉管理学科。

 **导入案例**

海尔洗衣机"无所不洗"

创立于1984年的海尔集团,经过几十年的持续发展,现已成为享誉海内外的大型国际化企业集团。1984年,海尔只生产电冰箱,现在它拥有白色家电、黑色家电、米色家电在内的96大门类、15 100多个规格的产品群,其产品出口到世界160多个国家和地区。

1996年,四川成都的一位农民投诉海尔洗衣机排水管经常堵塞,服务人员上门维修时发现,这位农民用洗衣机洗红薯,洗出的泥土造成排水管堵塞。服务人员没有推卸自己的责任,而是帮顾客加粗了排水管。顾客感激之余,埋怨自己给海尔人添了麻烦,还说如果能有洗红薯的洗衣机,就不用麻烦海尔人了。农民兄弟的一句话,被海尔人记在心上。海尔营销人员在调查四川农民使用洗衣机的情况时发现,在盛产红薯的成都平原,每当红薯大丰收的时节,许多农民除了卖掉一部分新鲜红薯,还要将大量的红薯洗净后加工成薯条。但红薯上沾着的泥土洗起来费时费力,于是农民就使用洗衣机洗红薯。经过更深一步的调查发现,在四川农村,有不少洗衣机用过一段时间后,电动机转速减弱、电动机壳体发烫。向农民一打听,才知道他们冬天用洗衣机洗红薯,夏天用它来洗衣服。这令时任海尔集团董事长的张瑞敏萌生了一个大胆的想法:发明一种洗红薯的洗衣机。1997年,海尔为该洗衣机立项,成立以工程师李崇正为组长的4人课题组,1998年4月起投入批量生产。该洗衣机型号为XPB40-DS,不仅具有一般双桶洗衣机的全部功能,还可以洗红薯、水果甚至蛤蜊,价格仅为848元。海尔首次生产了1万台投放农村,立刻被一抢而空。

一般来讲,每年的6~8月是洗衣机销售的淡季。每到这段时间,很多厂家就把促销员从商场里撤回去了。张瑞敏很纳闷:难道天气越热,出汗越多,老百姓越不洗衣服?但调查发现,不是老百姓不洗衣服,而是夏天里,5kg的洗衣机不实用,既浪费水又浪费电。于是,海尔的科研人员很快设计出一种洗衣量只有1.5kg的洗衣机——小小神童。小小神童产出后先在上海试销,因为张瑞敏认为,上海人消费水平高又精细。结果,上海人马上认可了这种世界上最小的洗衣机。该产品在上海热销之后,很快风靡全国。在不到两年的时间里,海尔的小小神童在全国卖了100多万台,并出口到日本和韩国。张瑞敏告诫员工说:"只有淡季的思想,没有淡季的市场。"

在西藏,海尔洗衣机甚至可以打酥油。2000年7月,海尔集团研制开发的一种既可洗衣服又可打酥油的高原型"小小神童"洗衣机在西藏市场一上市,便受到消费者的欢迎,从而开辟出自己独有的市场。这种洗衣机3个小时打制的酥油量,相当于一名藏族妇女三天的工作量。

在2002年举办的第一届合肥"龙虾节"上,海尔推出的一款"洗虾机"引发了难得一见的抢购热潮，上百台"洗虾机"不到一天就被当地消费者抢购一空，更有许多龙虾店经营者纷纷交定金预约购买。这款海尔"洗虾机"因其巨大的市场潜力获得安徽卫视颁发的"市场前景奖"。5月是安徽当地特产龙虾上市的季节，每到这个季节，各龙虾店的生意异常火爆，仅在合肥，大小龙虾店就有上千家，每天消费龙虾近2.5万公斤。但龙虾好吃清洗难的问题一直困扰着当地龙虾店的经营者，因为龙虾生长在泥湾里，捕捞时浑身是泥，清洗异常麻烦，人工洗刷费时又费力，还增加了成本。针对这一潜在的市场需求，海尔洗衣机事业部利用自己拥有的技术，迅速推出了一款采用全塑一体桶，宽电压设计的，可以洗龙虾的"洗虾机"，不但省时省力、洗涤效果非常好，而且价格定位也较合理，极大地满足了当地消费者的需求。过去，洗2kg龙虾一个人需要10～15分钟，现在用"龙虾机"只需3分钟就可以完成。

"听说你们的洗衣机能为牧民打酥油，还给合肥的饭店洗过龙虾，真是神了！能洗荞麦皮吗？"2003年的一天，一个来自北方某枕头厂的电话打进了海尔总部。海尔洗衣机公司在接到用户需求后，仅用了24小时，就在已有的洗衣机模块技术上，创新地推出了一款可洗荞麦皮枕头的洗衣机，受到用户的极力称赞。明代医学家李时珍在《本草纲目》中有一则关于"明目枕"的记载："荞麦皮、绿豆皮……菊花同作枕，至老明目。"在我国，人们历来把荞麦皮枕视为枕中上品。荞麦皮属生谷类，具有油性，而且硬度较高，不常洗或者晒不干容易滋生细菌，但荞麦皮的清洗与干燥特别费劲，因为"荞麦皮"自身体积微小，质量极轻，很难晾晒，在户外晾晒容易被风刮走。"荞麦皮"的清洗和晾晒问题就成了"荞麦皮"枕头厂家及消费者的一大难题。海尔开发的这款既可以家庭洗衣，又可以用来洗荞麦皮枕头的"爽神童"洗衣机，除了洗涤、脱水等基本功能外，还独有高效的PTC转动烘干、自然风晾干两种干燥技术，同时专门设计了荞麦皮包装洗涤袋，加上海尔独有的"抗菌"技术，圆满地解决了荞麦皮枕头的清洗、干燥难题。

洗衣机市场已进入更新换代、需求快速增长期。始终靠技术创新领先市场的海尔，通过多年以来的技术储备和市场优势的积累，在快速启动的洗衣机市场上占尽先机。第四代洗衣机——海尔"双动力"是海尔根据用户需求，为解决用户对波轮式、滚筒式、搅拌式洗衣机的抱怨而创新推出的一款全新的洗衣机，由于集合了洗得净、磨损低、不缠绕、15分钟洗好大件衣物、"省水省时各一半"等优点于一身，迎合了人们新的洗衣需求，产品上市一个月就创造了国内高端洗衣机销量、零售额第一名的非常业绩，成为国内市场上升最快的洗衣机新品，并在第95届法国列宾国际发明展览会上一举夺得了世界家电行业唯一的发明金奖。

（资料来源：根据中国市场营销研究中心提供素材整理。）

海尔集团以消费者为中心，顺应市场需求，获取重要的调查资料以指导企业的生产和经营活动，不断地推出各类功能不同的洗衣机，组织有系统的市场营销，满足消费者的需求并获得成功。事实表明，营销是现代企业在竞争中取胜的利器。其实，自营销产生以来，它始终都是企业立于不败之地的法宝。正因为如此，长久以来，它也像一种适销对路的商品一样，被无数"顾客"所青睐。那么，市场营销是如何产生、发展的？学习、研究它对企业乃至社会经济发展有何意义？这些问题我们将在本章一一阐述。

1.1 市场营销学的产生与发展

20世纪初市场营销学产生于美国。百年来，随着国际社会经济及市场经济的发展，市场营销学发生了根本性的变化，从传统市场营销学演变为现代市场营销学，其应用从营利组织扩展到非营利组织，从美国扩展到世界各国。当今，市场营销学已成为与企业管理、经济学、行为科学、心理学、数学等学科相结合的应用边缘管理学科。西方市场营销学的产生与发展同商品经济的发展、企业经营哲学的演变密切相关。市场营销学自20世纪初诞生以来，其发展大致经历了四个阶段。

1.1.1 形成阶段

从19世纪末到20世纪初，这一时期各主要资本主义国家相继完成了工业革命，机器生产代替了手工生产，劳动生产率大幅度提高，生产力迅速提高，城市经济迅速发展，大量农村人口涌入城市，社会商品需求量急剧增长，出现了供不应求的市场状况，生产企业待解决的首要问题是增加产量、降低成本，以满足不断增长的市场需求。20世纪初，美国工程师泰勒所著的《科学管理原理》一书出版，美国一些大企业纷纷推行泰勒的"生产管理的科学理论和方法"，使劳动生产率迅速提高，生产增长速度超过需求增长速度。这时，市场竞争激烈，销售日趋困难。于是一些经济学家开始研究商品销售问题，一些有远见的企业家开始寻求通过刺激需求来扩大销售的方法。由此，与之相适应的市场营销学开始进入创立阶段。

1902年，美国密歇根大学、加州大学和伊利诺伊大学的经济系开始讲授商业推销术和广告术，从而奠定了市场营销学的基础。1905年，克鲁西在美国宾夕法尼亚大学开设了名为"产品的市场营销"的课程。1912年，哈佛大学教授赫杰特齐在走访了大企业主并了解其如何进行市场营销活动后，编写了《市场营销学》一书，并由美国哈佛大学正式出版，成为世界上第一本以分销和广告为主要内容的市场营销学教材，标志着市场营销学已从经济学中分离出来，成为一门独立科学。但是，这时的市场营销学还处于初创阶段，研究内容比较狭窄，主要研究有关商业推销术、分销及广告等方面的问题，市场营销学本身还没有明确的理论和完整的理论体系。而且有关市场营销的研究和学习仅限于某些大学的课堂中，尚未引起社会公众的重视，也很少应用于企业营销活动。

1.1.2 应用阶段

从20世纪30年代到第二次世界大战结束，是市场营销学逐步应用于社会实践的阶段。1929—1933年，资本主义国家爆发了严重的"生产过剩"经济危机，企业纷纷倒闭，产品大量积压。面对这一严峻的形势，幸存的企业纷纷求助于经济学家，市场营销学开始受到社会公众的重视,并开始指导工商企业的销售活动。在此期间,美国高等院校和工商企业相继建立了各种市场研究机构:1915 年成立了"全国广告协会";1926 年改组为"全国市场营销学和广告学教师协会";1937 年全美各种市场研究机构联合组成"美国市场营销协会",不仅有工商企业家和经济学家参加,而且吸收了市场行情、广告、行销、信托等方面专家入会,并在全国设立了几十个分会。同时,许多大学组织相关研究团体并出版著作,为工商企业提供咨询服务。

这一阶段的市场营销虽然开始走出校门,应用于企业实践活动,并引起社会公众的重视,但是仍局限于产品的推销术、广告术等,且仅应用于流通领域。

1.1.3 变革阶段

4P 营销组合策略

从第二次世界大战结束至 20 世纪 70 年代,这是从传统的市场营销学转变为现代市场营销学的阶段。第二次世界大战后,美国原来急剧膨胀的军事工业向民用工业迅速转移。第二次世界大战后,第三次科技革命的发展使劳动生产率大幅度提高,一方面,社会产品数量剧增,花色品种不断翻新,市场竞争更加激烈,市场供过于求的矛盾进一步激化;另一方面,由于推行高工资、高福利、高消费和缩短工作时间的"三高一短"政策,刺激了人们的购买力,使市场需求在量和质等方面都发生了重大变化,消费者购买商品的选择性普遍增强,消费者越来越挑剔。在这种新的形势下,原有的局限于流通领域以推销术和广告术为研究对象的市场营销学,越来越不适应新形势的要求。许多学者纷纷提出了生产者的产品或劳务要适合消费者的需求与欲望,以及营销活动的实质就是企业对于动态环境的创造性地适应的观点,并通过他们的著作予以论述。1960 年,美国密西根大学教授杰罗姆·麦卡锡在其所著的《基础市场营销学》一书中首次正式提出了产品(Product)、价格(Price)、渠道(Place)、促销(Promotion)的"4P"的营销组合理论,标志着市场营销学有了自己的核心理论体系。企业要在激烈市场竞争中取胜,必须首先学会判断和分析消费者的需求,并据此安排企业的生产和营销活动。于是,企业的经营观点从"以生产为中心"慢慢向"以消费者为中心"转变,市场营销学的研究开始突破商品流通领域,向生产领域和消费领域延伸。市场营销活动不仅推销已经生产出来的产品,还通过调查、分析和判断消费者的需要与欲望,通过企业整体协调活动来满足消费者的需求。西方学者把这一变革称为"市场营销革命",这在市场营销学的发展史上颇具划时代意义。

1.1.4 发展阶段

进入 20 世纪 70 年代,市场营销学日益与经济学、管理学、心理学、社会学、哲学、数学、统计学、系统论等学科密切结合起来,使市场营销学理论更加成熟,成为一门综合性的经济管理类应用学科。现代市场营销学的广泛应用,为企业带来了惊人的经济成就,也给市场营销学的研究和应用带来了空前的繁荣。

1967 年,美国著名市场营销学教授菲利普·科特勒(Philip Kotler)出版了《市场营销管理:分析、计划执行和控制》一书,该书全面、系统地发展了现代市场营销理论。

他对营销管理给出了精确的定义:营销管理就是通过创造、建立和保持与目标市场之间的有益交换和联系,以达到组织的各种目标而进行的分析、计划、执行和控制过程。他提出,市场营销管理过程包括分析市场营销机会,进行营销调研,选择目标市场,制定营销战略和战术,制订、执行及调控市场营销计划。菲利普·科特勒突破了传统市场营销学认为营销管理的任务只是刺激消费者需求的观点,进一步提出了营销管理任务还影响需求的水平、时机和构成,因而提出营销管理的实质是需求管理,提出了市场营销是与市场有关的人类活动,既适用于营利组织,也适用于非营利组织,扩大了市场营销学的应用范围。

1984 年,菲利普·科特勒根据国际市场及国内市场贸易保护主义抬头,出现封闭市场的状况,提出了大市场营销理论,即在原来的"4P"(产品、价格、渠道及促销)的基础上加上政治权力(Policy Power)和公共关系(Public Relation),组成"6P"战略。他提出企业不仅应该被动地适应外部环境,而且也应该通过自己的行为积极影响企业的外部环境的战略思想。

20 世纪 80 年代以后,市场营销领域又出现了大量丰富的新概念,使得市场营销这门学科出现了变形和分化的趋势,其应用范围也在不断地扩展。1981 年,莱维·辛格和菲利普·科特勒对"市场营销战"这一概念以及军事理论在市场营销战中的应用进行了研究。几年后,列斯和特罗出版了《市场营销战》一书。1981 年,瑞典经济学院的克里斯琴·格罗路斯发表了论述"内部市场营销"的论文,同期菲利普·科特勒也提出要在企业内部创造一种市场营销文化。1983 年,西奥多·莱维特对"全球市场营销"问题进行了研究,提出过于强调对各个当地市场的适应性,将导致生产、分销和广告方面规模经济的损失,从而使成本增加。因此,他呼吁多国公司向全世界提供一种统一的产品,并采用统一的沟通手段。1985 年,巴巴拉·本德·杰克逊提出了"关系营销""协商推销"等新观点。1986 年,菲利普·科特勒又提出在大营销的"6P"之外,还要加上战略管理中的"4P",即探查(Probing)、划分(Partitioning)、优先(Prioritizing)、定位(Positioning),将原来的"6P"扩充为"10P",并提出了企业如何进入被保护市场的问题。在此期间,"直接市场营销"也是一个引人注目的新问题,其实质是以数据资料为基础的市场营销,由于事先获得大量信息和电视通信技术的发展才使直接市场营销成为可能。

20 世纪 90 年代以来,关于市场营销、市场营销网络、政治市场营销、市场营销决策支持系统、市场营销专家系统等新的理论与实践问题开始引起学术界和企业界的关注。进入 21 世纪,互联网的发展应用推动着网上虚拟市场的发展,基于互联网的网络营销得到了迅猛发展。

在中国,市场营销学在 1949 年以前已引入我国。在 20 世纪 30 年代,我国一些留学欧美的学者学成回国以后,曾在少数几所大学开设过市场学课程。1933 年,丁馨伯编译的《市场学》由复旦大学出版。但是,在中华人民共和国成立前商品经济不发达的条件下,市场营销学的研究和应用受到很大限制。中华人民共和国成立后,我国高等学校的课程设置曾一度照搬苏联经验,在传统计划经济体制和忽视流通与市场的经济思想影响下,市场学课程被取消,市场营销研究被中断。党的十一届三中全会确立了大力发展商品经济和改革开放的方针,流通和市场问题日益为人们所重视。从此,市场营销学重新被引进我国。1984 年,"全国高等财经院校、综合大学市场学教学研究会"成立;

1991年,"中国市场学会"成立。目前,我国经济管理类大专院校和中专、干部学校普遍开设了市场营销学课程,不少企业也进行了市场营销学培训。市场营销学的研究、普及和应用取得了良好的效果,受到社会各界的普遍欢迎和重视。

1.2 市场营销的概述

1.2.1 市场营销及其核心概念

1. 市场营销

西方市场营销学者从不同角度及发展的观点对市场营销下了不同的定义。

菲利普·科特勒给市场营销下的定义是:市场是个人和集体通过创造产品和价值,并同别人自由交换产品和价值,来获得其所需所欲之物的一种社会和管理过程。市场营销的最终目标是满足需求和欲望。

美国市场营销协会(American Marketing Association,AMA)于1985年对市场营销所下的定义:"市场营销是对思想、产品及劳务进行设计、定价、促销及分销的计划和实施的过程,从而产生满足个人和组织目标的交换。"

正确理解市场营销的概念,要把握以下四点。

(1)市场营销是一种企业活动,是企业有目的、有意识的行为。

(2)市场营销活动的出发点和中心是满足和引导消费者的需求。企业必须以消费者为中心,面对不断变化的环境,做出正确的反应,以适应消费者不断变化的需求。

(3)分析环境,选择目标市场,确定和开发产品,产品定价、分销、促销和提供服务以及它们之间的协调配合,进行最佳组合,是市场营销活动的主要内容。

(4)实现企业目标是市场营销活动的目的。不同的企业有不同的经营环境、不同的发展时期、不同的产品生命周期阶段等,因此,企业的目标可为利润、产值、产量、销售额、市场份额、生产增长率、社会责任等,但这些目标都必须通过有效的市场营销活动,与消费者达成交易方能实现。

IBM中国大区CMO的营销解读

市场营销活动示意图

小链接

市场营销是一个比销售更大的概念。销售者致力于为产品寻找顾客。而市场营销者则致力于发现顾客的需求并以此为基础来生产适销对路的产品。市场营销旨在发现和满足人类的需求,因而是一门富有启发性和社会导向性的学科。市场营销是企业开发和调整产品以满足市场上不断变化的需求的过程。

（资料来源：菲利普·科特勒，1996.市场营销管理 [M]. 北京：中国人民大学出版社 .）

2. 市场营销的核心概念

市场营销以满足消费者需求为出发点，涉及以何种产品来满足顾客需求，如何才能满足消费者需求。这需要通过交换方式来实现，即产品在何时、何处交换，谁实现产品与消费者的连接。因此，市场营销的核心概念应当包含：需要、欲望和需求；产品；效用、价值和满足；交换、交易和关系；市场、市场营销及市场营销者。

（1）需要、欲望和需求。

需要（Needs），指消费者生理及心理的需求，如人们为了生存，需要食物、衣服、房屋等生理需求及安全、归属感、尊重和自我实现等心理需求。市场营销者不能创造需要，而只能适应它。

欲望（Wants），指消费者深层次的需求。不同生活背景的消费者欲望不同，比如中国人需求食物可能会想要大米饭，法国人需求食物可能会想要面包，美国人需求食物可能会想要汉堡包。人的欲望受社会因素及机构因素，诸如职业、团体、家庭、宗教等的影响。因而，欲望会随着社会条件的变化而变化。市场营销者能够影响消费者的欲望，如建议消费者购买某种产品。

需求（Demand），指有支付能力和愿意购买某种物品的欲求。可见，消费者的欲望在有购买力作后盾时就变为需求。因此，市场营销者不仅要了解有多少消费者欲求其产品，还要了解他们是否有能力购买。

人类的需要和欲望是市场营销活动的出发点。需要是没有得到某些基本满足的感受状态，欲望是想得到基本需要的具体满足物的愿望，而需求是对于有能力购买并且愿意购买的某个具体产品的欲望。

将需要、欲望和需求加以区分，其重要意义就在于阐明这样一个事实，即：需要存在于市场营销活动出现之前，市场营销者并不创造需要；市场营销者只是影响了人们的欲望，并试图向人们指出何种特定产品可以满足其特定需求，进而通过使产品富有吸引力，适应消费者的支付能力且容易得到，从而影响需求。

（2）产品。

产品（Product），指用以满足消费者需求的任何事物，包括有形产品与无形产品或服务。有形产品是为顾客提供服务的载体。无形产品或服务是通过其他载体，诸如人、地、活动、组织和观念等来提供的。产品是为了满足顾客需求，如果只注意产品而忽视消费者需求，就会产生"市场营销近视症"。

（3）效用、价值和满足。

效用（Utility），指消费者对满足其需要的产品的全部效能的估价，是指产品满足人们欲望的能力。效用实际上是一个人的自我心理感受，它来自人的主观评价。

价值（Value），消费者根据不同产品满足其需求的能力来决定这些产品的价值，并据此选择购买效用最大的产品。

满足（Satisfaction），消费者在选择其所需的产品时，往往根据对满足其需求的每种产品的效用进行的估价而决定。

(4) 交换、交易和关系。

交换（Exchange），指通过提供某种东西作为回报，从别人那里取得所需物的行为。人们获得所需产品可以通过四种方式：自产、强取、乞讨、交换。产品只有通过交换，买卖双方彼此获得所需的产品，才产生市场营销。

交换的发生，必须具备五个条件：有两个或两个以上的买卖者；交换双方都拥有对方认为有价值的东西；交换双方都拥有沟通信息和向另一方传送货物或服务的能力；交换双方都可以自由接受或拒绝对方的产品；交换双方都认为值得与对方进行交换。

交易（Transactions），是交换的基本组成部分，是指买卖双方价值的交换。交易是以货币为媒介的，而交换不一定以货币为媒介，可以是物物交换。

关系（Relationships），市场营销者要求重视同顾客、分销商等建立长期、信任和互利的关系，而这些关系要靠不断承诺及为对方提供高质量产品、良好服务及公平价格来实现，靠双方加强经济、技术及社会联系来实现。关系营销可以减少交易费用和时间，使交易协商成为惯例。

(5) 市场、市场营销及市场营销者。

市场（Market），是由一切有特定需求或欲望并且愿意和可能从事交换来使需求和欲望得到满足的潜在顾客所组成。市场是买卖双方交换的场所，是供求关系的总和，是指某种产品的现实购买者和潜在购买者的需求的总和。用公式来表示就是：

$$市场 = 人口 + 购买力 + 购买欲望$$

市场的这三个因素是相互制约、缺一不可的，只有三者结合起来才能构成现实的市场，才能决定市场的规模和容量。

市场营销（Marketing），指为满足消费者需求和欲望而利用市场来实现潜在交易的活动。它是一种社会的和管理的过程。

市场营销者（Marketer），则是从事市场营销活动的人，是指希望从别人那里取得资源并愿意以某种有价之物作为交换的人。市场营销者既可以是卖方，也可以是买方。作为买方，他力图在市场上推销自己，以获取卖方的青睐，这样买方就是在进行市场营销。当买卖双方都在积极寻求交换时，那么，两者都可称为市场营销者，这种情况称为相互市场营销。

1.2.2 市场营销学的研究对象与基本内容

1. 市场营销学的研究对象

市场营销学的研究对象是市场营销活动及其规律，即研究企业如何识别、分析评价、选择和利用市场机会，从满足目标市场顾客需求出发，有计划地组织企业的整体活动，通过交换，将产品从生产者手中转至消费者手中，以实现企业营销目标。

2. 市场营销学的基本内容

市场营销学是一门研究市场营销及其规律性的科学，根据市场营销活动的主要内容和目的，市场营销学的主要内容大体可以归纳成三个部分：环境与市场分析；营销活动与营销策略研究；市场营销的计划、组织与控制。

（1）环境与市场分析。这部分着重分析企业与市场的关系，影响和制约企业市场营销活动的各种环境因素，分析各类购买者的行为，进而提出企业进行市场细分和选择目标市场的理论和方法，并就市场调查和市场需求预测进行介绍。这部分内容属于市场营销基础，阐述了市场营销的若干基本原理。

（2）营销活动与营销策略研究。这部分内容是市场营销学的核心内容，其任务在于论述企业如何运用各种市场营销手段以实现企业的预期目标。市场营销活动中所包含的可控制的变数很多，但传统营销理论强调产品、价格、渠道和促销，构成了营销活动研究的四大支柱。

（3）市场营销的计划、组织与控制。该部分主要阐述企业为保证营销活动的成功而应在计划、组织、控制等方面采用的措施与方法。

1.3　企业市场观念及发展

宏观市场营销的主要活动

微观市场营销的主要活动

市场营销观念是企业进行经营决策，组织和策划企业营销活动的根本指导思想。企业市场营销观念的演变，反映了社会生产力的发展，生产力与生产关系矛盾的发展及市场从卖方市场向买方市场的转变，也是人们对营销活动规律认识不断深化的结果。

现代企业的市场营销观念可归纳为五种，即生产观念、产品观念、推销观念、市场营销观念和社会营销观念。

1.3.1　生产观念

传统和现代的营销观念

生产观念盛行于19世纪末20世纪初，是指导销售者行为的最古老的观念之一。当时，一些主要的资本主义国家相继完成了工业革命，生产力迅速发展，大量农村人口向城市转移，市场需求的增长速度超过了工业生产增长速度，市场是商品供不应求、品种单一的卖方市场。在这种情况下，企业只要提高产量、降低成本，即使品种单一、质量一般，也不愁销路，并能获得理想的利润。生产观念就是在这种卖方市场条件下产生的。在这种观念指导下，企业把全部精力用于抓生产，主要是增加产量和降低成本，不大重视产品质量，更不重视产品品种和销售。于是，企业普遍形成了"生产观念"。

生产观念不从消费者需求出发，而是从企业生产出发，是一种重生产、轻营销的指导思想，其具体表现是"我生产什么，就卖什么"。例如，美国福特汽车公司在20世纪初期制造的汽车供不应求，因此，公司不考虑消费者需求，倾力于汽车的大规模生产，公司创始人亨利·福特傲慢地宣称："不管顾客需要什么颜色的汽车，我只有一种黑色的。"

1.3.2　产品观念

产品观念是一种相对较早的企业经营观念，仍是重生产、轻营销。产品观念认为，消费者喜欢高质量、多功能或具有某种特色的产品，企业致力于生产高质量产品。在这种观念的指导下，企业最容易产生"市场营销近视"，即把注意力放在产品上，而不是放在市场需求上，在市场营销管理中缺乏远见，只看到自己的产品质量好，看不到市场需求在变化，易使企业经营陷入困境。

例如，杜邦公司在1972年发明了一种具有钢的硬度，而重量只是钢的1/5的新型纤维。杜邦公司的经理们设想了大量的用途和一个10亿美元的大市场，然而这一刻的到来比杜邦公司所预料的时间要长得多。因此，只致力于大量生产或精工制造而忽视市场需求必然导致其产品被市场冷落，使经营者陷入困境。

1.3.3　推销观念

推销观念产生于20世纪20年代末至50年代，资本主义国家由"卖方市场"向"买方市场"过渡。在此期间，由于科学技术的发展，科学管理的普及和规模生产的推广，产品产量迅速增加，企业之间竞争加剧，逐渐出现了市场产品供过于求，企业销售困难的情况。尤其在1929—1933年，资本主义世界发生经济危机，产品堆积如山，大量产品滞销，许多企业纷纷倒闭。面对这种严峻的局面，企业开始由生产转向销售，重视采用广告术与推销术去推销产品。越来越多的企业认识到即使有物美价廉的产品，也未必能卖得出去；企业要在日益激烈的市场竞争中求得生存和发展，就必须重视推销。

推销观念是一种以销售为中心的市场营销观念，其具体表现为"我卖什么，顾客就买什么"。推销观念认为，消费者通常有一种购买惰性或抗衡心理，如若听其自然，消费者就不会自觉地购买产品，因此，企业必须积极推销和大力促销，以诱导和刺激消费者购买产品。在推销观念的指导下，企业开始致力于产品的推广和广告活动，以求说服、甚至强制消费者购买，对消费者进行无孔不入的促销信息轰炸。

推销观念比前两种观念前进了一步，开始重视广告术及推销术，为以后的现代市场营销观念奠定了一定的基础，但实质上，它仍然以企业为中心，无视消费者的需求。

1.3.4　市场营销观念

市场营销观念是一种以目标消费者需求为导向的市场营销观念。20世纪50年代，社会生产力迅速发展，市场趋于供过于求的买方市场，消费者购买力大幅度提高，需求不断发生变化，对产品的选择和挑剔进一步增强。因此，企业之间的竞争更加激烈，许多企业开始认识到，必须转变经营观念，只有从消费者的需求出发，向消费者提供能够满足消费者需求并令消费者满意的产品和服务，才能求得生存和发展。在这种情况下，市场营销观念慢慢形成,它不仅改变了传统的旧观念的逻辑思维方式,而且在经营策略和方法上也有很大突破。

市场营销观念认为,实现企业目标的关键在于正确确定目标市场及其需求,一切以消费者为中心,其具体表现为"顾客需要什么,我就生产什么"。在这种观念的指导下,企业对市场进行调研,确定自己的目标市场,提供满足消费者需求的产品和服务,以满足目标消费群的需求。

例如,日本本田汽车公司要在美国推出雅阁牌轿车。在设计前,他们派出工程技术人员专程到洛杉矶地区考察高速公路的情况,实地丈量路长、路宽,采集高速公路的柏油,拍摄进出口道路的设计。回到日本后,他们专门修了一条15千米的高速公路,就连路标和告示牌都与美国公路上的一模一样。在设计行李箱时,设计人员意见有分歧,他们就到停车场待了一个下午,看人们如何取放行李。这样一来,意见就统一了。结果,雅阁牌轿车在美国市场一经推出,立刻成为畅销车型。

小链接

市场营销的思想最早发源于工业化经济领域中的大众消费与工业企业的相互运作中,随后扩展到服务性企业、专业性企业、非营利性组织和政府性企业及机构。今天,市场营销已经渗透到为吸引消费者的关注、偏好及购买进行激烈竞争的所有组织机构当中。它们都必须回答诸如此类的问题:应该寻找哪一类消费者?如何吸引和取得他们的关注并使他们满意?他们想得到什么样的产品和价值?哪些公司会对这些消费者展开竞争?应该怎样使消费者确信本公司会提供给他们最好的服务?

(资料来源:菲利普·科特勒,1996.市场营销管理[M].北京:中国人民大学出版社.)

1.3.5 社会营销观念

推销观念与营销观念的比较

社会营销观念是以社会长远利益为中心的市场营销观念,是对市场营销观念的发展。20世纪70年代,西方资本主义国家的企业采用现代生产手段和营销手段,扩大生产和销售,导致产品加速更新,提前换代或淘汰,造成资源浪费,又随着环境破坏、能源短缺、通货膨胀、人口爆炸、失业增加、忽视社会服务和消费者保护运动盛行等新形势的出现,要求企业顾及消费者整体利益与长远利益的呼声越来越高。在这种环境下,西方市场营销学界提出了一种兼顾企业利润、消费者需求和社会利益三方利益的新观念——社会营销观念。

社会营销观念认为,企业生产或提供任何产品或服务时,不仅要满足消费者的需求,符合本企业的发展需要,还要考虑社会发展的长远利益。即企业在制定市场营销政策时,要以实现消费者满意以及消费者和社会公众的长期福利作为根本目的与责任,统筹兼顾三方面的利益,即企业利润、消费者需要的满足和社会利益。

上述五种市场观念都有其产生和存在的历史背景和必然性，都是与一定的条件相联系、相适应的。当前，企业为了求得生存和发展，必须积极树立具有现代意识的市场营销观念和社会营销观念。但由于受社会生产力发展程度及市场发展趋势，经济体制改革的状况及广大居民收入状况等因素的制约，我国大部分企业的市场观念仍处于以推销观念为主、多种观念并存的阶段。

1.4 研究市场营销的意义

1.4.1 促进经济增长

经济增长取决于多种因素，其中，市场营销观念的转变和贯彻是其重要影响因素之一。市场营销在经济发展过程中起着重要的作用。

（1）市场营销促进经济总量增长。市场营销以满足消费者需求为中心，不断推出新产品、开拓新市场，扩大原有市场份额，有效地促进经济总量的增长。

（2）市场营销促进科技第一生产力的转化。市场营销在开发新产品推向市场时，降低市场风险，促进新科技、新技术更有效地转化为生产力，充分发挥科技作为第一生产力在经济增长中的作用。

（3）市场营销不断开拓市场空间。市场营销一方面扩大内需，另一方面将产品推向国际市场，吸引外资、解决阻碍经济增长的资金、技术、供求矛盾等问题，不断开拓市场空间。

（4）市场营销为第三产业开辟道路。市场营销的发展需要专业的营销调研机构、咨询机构、广告公司、策划公司，这就提供了大量的就业机会，并促进第三产业的多元化发展。

（5）市场营销促进经济可持续发展。市场营销随着社会市场营销观念的出现，越来越重视企业经营与社会、环境的协调关系，提倡保护环境，实施绿色营销，对经济的可持续性发展起重要作用。

1.4.2 促进企业成长

市场营销以满足消费者需求为中心，引导企业树立正确的市场观念，面向市场组织生产过程和流通过程，不断从根本上解决企业成长中的关键问题。

（1）市场营销为企业成长提供了调研分析系统。市场营销指导企业不断了解变化的环境、预测其趋势、分析消费者购买行为，以创新其产品以及各营销策略，避免"市场营销近视"带来的风险，完成企业自身的成长。

（2）市场营销通过对市场的细分，确定目标市场，并进行市场定位，使企业在目标市场上增加竞争优势，保证企业在激烈的竞争环境中立于不败之地，从而使企业成长在战略管理框架之内。

（3）市场营销从产品、价格、渠道和促销等方面为企业提供系统的策略决策和实施方案。

（4）市场营销为企业成长提供营销计划执行与控制方法。

本 章 小 结

市场营销自20世纪初诞生以来，其发展经历了形成阶段、应用阶段、变革阶段和发展阶段四个阶段。市场营销是对产品及劳务进行设计、定价、促销及分销的计划和实施的过程，从而产生满足个人和组织目标的交换。市场营销的核心概念主要包含：需要、欲望和需求；产品；效用、价值和满足；交换、交易和关系；市场、市场营销及市场营销者。市场营销以市场营销活动及其规律为研究对象，主要对营销环境与市场进行分析、研究营销活动与营销策略、对营销活动进行计划、组织与控制。市场营销观念经历了生产观念、产品观念、推销观念、市场营销观念和社会营销观念五个阶段。学习和研究市场营销，对于促进经济增长和企业成长有着重大的理论意义和现实意义。

拓展训练项目

一、阅读分析

携程网卖的是什么？

携程网（简称携程）是一家吸纳海外风险投资组建的旅行服务公司，创立于1999年年初，主要的投资者有美国凯雷集团（Carlyle Group）、日本软银集团（Softbank）、美国国际数据集团（IDG）、上海实业、美国兰花基金（Orchid）及中国香港晨兴集团（Morningside）等。它是国内最大的旅游电子商务网站，最大的商务及度假旅行服务公司，提供酒店、机票、度假产品的预订服务，以及国内、国际旅游实用信息的查询服务。

携程网于1999年10月接受IDG的第一轮投资；次年3月，接受以日本软银集团为首的第二轮投资；2000年11月，收购国内最早、最大的传统订房中心——现代运通，成为中国最大的宾馆分销商，并在同月接受以美国凯雷集团为首的第三轮投资。三次共计吸纳海外风险投资近1 800万美元。2001年10月，携程实现盈利；2002年4月，收购北京最大的散客票务公司——北京海岸航空服务公司，并建立了全国统一的机票预订服务中心，在十大商旅城市提供送票上门服务。

携程网的交易额、毛利、会员数及宾馆业务量连年呈直线快速上升。公司在30个月内实现了盈利，2002年10月的交易额突破1亿元人民币，其中，酒店预订量达到了每夜18万间。2002年，全年的交易额超过10亿元人民币，其中，网上交易额占40%。截至2002年12月，携程网拥有注册会员超过500万人，其中，使用过携程网服务及产品的常用客户约50万人。

携程网的发展证明了高科技和传统产业的结合是大有所为的。它不仅在存活率不到1%的网络公司中成为盈利规模最大、稳定性最好的互联网创业公司，并且在短短的3

年时间内逼近了传统公司几十年的发展规模，使酒店分销成为重要的旅游服务领域。携程网以高科技的运作手段、精细化的管理模式和先进的服务理念为旅游服务企业的超常规发展拓展了新路子。

在互联网时代，每个公司都是以同样一屏界面的方式展现在消费者面前。这一点非常容易引起人们的错觉，从前台看来好像每个公司都差不多，实际上它们之间差距可是山高水远，网站之间真正比拼的是其后台。尽管网站建立并不难，但最后决定胜负的还是企业的整体实力。

携程网创业就像小时候做数学题一样，从最简单的入手。携程网先从酒店订房开始，这是携程网的"初级版本"。相对于订票，订房是更为简单直接的切入点。只要顾客在网上拿到订房号，自己带着行李入住即可。所以第一年携程网集中全力打通酒店订房环节。这种"帮人订房"的"简单工作"或许是很多互联网从业者所不屑的。但是"不要忘了，你是在中国，要服务的是中国大众"。

"上市公司的股价你无法控制，但是你可以不断地把公司的核心竞争力加强再加强。只要是金子总会发光。"给核心竞争力加分的秘诀是"细节"。

比如，携程网从三年前开始提供"预留房"服务。目前，有800个酒店为携程网协议保留一定数量的预留房。在洽谈这个条款时，携程并没有期望能马上得到回报，但是其意义却非同一般。它保证了携程网的酒店订房业务在旅游旺季依然能够游刃有余，更为携程网的长期竞争力或者说携程股票的长期不俗表现加分。

2004年10月19日，携程旅行网和携程翠明国旅在上海召开新闻发布会，正式对外宣布推出全新的360°度假超市，超市"产品"涵盖海内外各大旅游风景点，旅游者可以根据自己的出游喜好自由选择搭配酒店、航班等组合套餐。面对国内发展迅猛的旅游市场，度假超市的推出对整个国内旅游业的发展起到积极深远的影响。

随着国内旅游者出游频率的逐年增加，旅游者的旅游经验日趋丰富，旅游者的旅游需求也在不断提高，传统旅行社组团在个性化、自由度方面已无法满足旅游者的出游需求。在此背景下，以"机票＋酒店"套餐为主的自助游产品应运而生，即旅游网站等向旅游者提供机票和酒店等旅游产品，由旅游者自行安排自己的行程，自由行的出游模式已逐渐成为人们出行的一个热门选择。

面对旅游市场这一新的变化，国内许多旅游企业开始新一轮排兵布阵，携程网也将度假业务的重点放在自助游。携程网执行副总裁范敏介绍，针对市场上自助游产品线路少、产品单一的状况，此次推出的360°度假超市主要是由携程翠明国旅提供的自助旅游产品和携程网自行开发的"机票＋酒店"套餐产品构成，携程网依托与酒店、航空公司以及新加坡、马来西亚等地旅游局的合作伙伴关系，通过强大的技术力量搭建了度假产品查询、预订界面的度假超市。整个"超市"包括香港、普吉岛、巴厘岛、三亚、广西、云南等几十个自由行精品店，每个"精品店"内拥有至少5条不同产品组合线路。另外，度假超市为旅游者同时提供了景点门票等增值服务以及众多的可选服务，旅游者可以根据时间、兴趣和经济情况自由选择希望游览的景点、入住的酒店以及出行的日期。

目前，携程网已把酒店、机票预订拓展到境外，可预订的海外酒店就超过500家。由于携程网保持了电子商务公司的性质，在未来发展中，其酒店预订、机票预订以及旅游项目三块主业，无一不促使其与相应传统渠道保持特殊的关系：既竞争抢食，又合作发展。为此，携程开始在度假旅行方面下功夫，推出一些组合性的套餐产品，预先帮客户设计了一些可供选择的方案，客户可以据此安排自己的行程。度假旅行属于自助游的范畴，我国自助游的发展空间很大。在未来，自助游将会成为主流。相比传统旅行社，携程的优势很明显。首先，携程网的成本较低，另外自助游的选择很多，按传统方式操作，客户很难在短时间内全面了解清楚，而在网上一切就方便多了。并且，携程网的散客量很大，一年有50万人订房，100万人订票，没有一家传统旅行社能达到这样的规模。同时，携程对传统旅行社还是充满兴趣的。

携程网在美国纳斯达克成功上市后，目前已经发展成为国内最大的旅游电子商务网站和最大的商务及休闲度假旅行服务公司。在酒店预订和机票预订获得双丰收后，2004年2月，携程网与上海翠明国旅合作并将其正式更名为携程翠明国际旅行社，全力进军度假市场领域。

携程网永远都记得自己在卖什么，携程网本身是一个旅游服务企业，互联网只是载体！

（资料来源：https://wenku.baidu.com/view/795d1724a5e9856a56126060.html，2022-05-17.）

思考题

1. 携程网主要为消费公众提供什么？它为什么要"永远都记得自己在卖什么"？
2. 携程网是通过哪些具体措施来满足市场需求的？

二、拓展项目设计

请参加一次企业产品推介活动，并尽可能地同组办方人员接触，了解他们对市场营销观念的认识及对市场营销意义的认识。写一篇600字的活动小结，在课堂讨论中与同学们分享。

在线答题

第 2 章

企业战略与营销管理过程

教学目标

通过本章学习,要求了解企业战略理论,熟悉企业战略管理过程,把握市场营销管理过程,从整体架构上理解市场营销管理的基本内容。

本章要点

知识要点	能力要求	相关知识
企业战略理论	能够结合案例说明宗旨和目标的区别,理解战略构成要素的含义和相关联系。	企业战略概念、企业宗旨、企业目标、企业战略构成要素
企业战略管理过程	能够结合实际弄清战略管理的各个环节,把握SWOT分析方法的使用。	战略分析、战略选择、战略实施与控制、SWOT分析
市场营销管理过程	能够结合实际厘清市场营销管理过程的各个步骤并把握步骤间的内在逻辑关系。	分析市场机会、选择目标市场、制定并优化市场营销组合、管理营销活动

市场营销管理是企业战略管理重要的组成部分，企业战略管理过程影响并制约着企业市场营销管理过程。来源于长期营销实践与管理的基本理论和企业战略管理理论密不可分，它们共同构成初学者学习该课程所必须具有的宽厚理论基础。

 **导入案例**

联想集团的发展与市场营销战略

联想集团（以下简称"联想"）成立于1984年，由中科院计算所投资20万元人民币、11名科技人员创办，到今天已经发展成为一家在信息产业内多元化发展的大型企业集团。

在过去的几十年里，联想集团一贯秉承"让用户用得更好"的理念，始终致力于为中国用户提供最新最好的科技产品，推动中国信息产业的发展。面向未来，作为IT技术与服务的提供者，联想集团以全面客户导向为原则，满足家庭、个人、中小企业、大企业四类客户的需求，为其提供针对性的信息产品和服务。

在技术竞争日益激烈的环境下，联想集团不断加大对研发的投入，成立了以联想研究院为龙头的二级研发体系。2002年8月27日，由联想集团自主研发的每秒运算速度达1.027万亿次的联想深腾1800计算机，通过了包括6位院士在内的专家组鉴定；2003年，联想中标863计划国家网格主结点，成功研制出每秒运算速度超过四万亿次的"深腾6800"超级计算机，并由科技部作为国家863计划的重大专项成果对外进行发布。在2003年11月16日公布的全球超级计算机500强（TOP500）排行榜中，"深腾6800"运算速度位居全球14位，这也是迄今为止中国超级计算机在这一排名中取得的最好成绩。凭借这些技术领先的电脑产品，联想集团登上了中国IT业的顶峰。

1. 联想集团近年来的发展历程

（1）2006年8月，联想集团推出了两款面向中国大客户市场的商用台式电脑新品——"新开天""新启天"，联想"新开天"正式成为首款支持2008年北京奥运会的台式电脑。

（2）2007年2月，联想集团签约成为AT&T威廉姆斯车队顶级赞助商，联想PC技术全面支持整个车队从赛车点火到比赛，再到库存管理的全部系统。

（3）2008年1月，联想集团宣布首次在全球推出"IdeaPad"笔记本和"IdeaCentre"台式电脑系列产品，并宣布进军全球消费PC市场。

（4）2009年11月，联想集团向由弘毅投资为首的一些投资者收购联想移动通信技术有限公司（简称"联想移动"）的所有权益。此次收购标志着联想集团将全面进军高速增长的中国移动互联网市场。

（5）2010年11月，联想集团以"移动互联""一体台式机"和"云计算"三大主题产品和技术，亮相第十二届高交会。

（6）2011年6月9日，由全球知名杂志《福布斯》联手国际信誉研究院（Reputation

Institute）评选出的"2011年全球最具声望企业排行榜"100强榜单揭晓。联想集团首次入选该排行榜，在国内上榜企业中排名第一。

（7）2012年5月8日，联想集团在北京举行发布会，面向中国市场正式推出首批K系列的四款智能电视。继个人电脑、智能手机和平板电脑之后，智能电视的正式上市，标志着联想"PC+"战略四屏产品布局的完成。

（8）2013年1月5日，联想集团宣布新的组织结构，建立两个新的端到端业务集团："Lenovo"业务集团、"Think"业务集团。

（9）2014年7月24日，联想集团在京推出联想互联网创业平台NBD（New Business Development），并发布了该平台"孵化"的首批三个创新产品：智能眼镜、智能空气净化器和智能路由器。

（10）2015年4月15日，联想集团发布了新版企业标志，以及新的口号"Never stand still"（永不止步）。

（11）2015年8月27日，2015年中国民营企业500强榜单显示，联想控股以2894.76亿元的营业收入位居榜首。

（12）2017年8月24日，联想集团正式推出联想智能电视E8系列新品。

（13）2018年5月8日，联想集团董事长兼CEO杨元庆通过内部邮件宣布联想集团正式成立全新智能设备业务集团。

（14）2019年11月1日，联想集团成立35周年时，联想集团CEO杨元庆发内部邮件称，联想集团已经是一家年收入超过3500亿人民币的全球化高科技公司，在180个市场开展业务，拥有5.7万名员工。

2. 企业定位

（1）联想集团从事开发、制造及销售最可靠的、安全易用的技术产品。

（2）联想集团的成功源自不懈地帮助客户提高生产力，提升生活品质。

3. 企业使命——为客户利益而努力创新

（1）创造世界最优秀、最具创新性的产品。

（2）像对待技术创新一样致力于成本创新。

（3）让更多的人获得更新、更好的技术。

（4）最低的总体拥有成本（TCO），更高的工作效率。

面向新世纪，联想集团将自身的使命概括为四为，即，为客户：联想将提供信息技术、工具和服务，使人们的生活和工作更加简便、高效、丰富多彩；为员工：创造发展空间，提升员工价值，提高工作生活质量；为股东：回报股东长远利益；为社会：服务社会文明进步。未来的联想集团将是"高科技的联想、服务好的联想、国际化的联想"。

4. 企业核心价值观

（1）成就客户——致力于客户的满意与成功。

（2）创业创新——追求速度和效率，专注于对客户和公司有影响的创新。

（3）精准求实——基于事实的决策与业务管理。

（4）诚信正直——建立信任与负责任的人际关系。

5. 企业发展战略思路及措施

（1）立足国内市场，积极备战海外。

（2）以客户为中心发展业务并设立组织结构。

（3）以服务促进产品增值拓宽市场，以产品带动服务成长。

（4）积极采用联盟和投资的方式进行业务拓展。

（5）建立竞争力保障体系，实行矩阵式管理。

（6）建立科学、系统的人力资源体系。

（7）加大研发投入，建设研发体系，提升研发能力。

6. 企业市场营销战略

（1）利润导向——不赚钱不做。联想集团是一个创业型的公司，成立时只有20万元资本，这种特殊背景就决定了在联想集团要生存、要发展，利润导向是第一位的指导思想。

（2）寻找空当战略——领先战略，"做别人不做的，做别人做不了的"，这种战略在汉卡的研制上得到成功。

（3）标杆营销战略——盯住竞争对手，以竞争者为学习"榜样"。

（4）服务导向——差别化战略。从面向家庭用户的"联想1+1"电脑，面向中小企业的"IT 1 FOR1"，面向大中企业的"简约商务"，都可以清晰地看到一个"服务的联想"。

（5）密集性成长战略——联想电脑不论是IT业务，还是IT周边设备，都遵循着密集性成长的战略。

（6）市场细分和集中化营销战略——根据客户的不同需求和特点，在联想集团的新战略中，客户被细分为两大类、四小类：由家庭和个人组成的消费类，由中小型企业和大行业、大企业组成的商务类。根据这四类客户需求的不同特点，联想集团将提供有针对性的多元化的产品和服务。

（资料来源：http://www.lenovo.com.cn/）

联想集团是成功的企业，而成功的企业通常都有内在的成功必然因子。对于联想集团来说，柳传志将其精辟地总结成九个字：定战略、搭班子、带队伍。"定战略"首当其冲。那么，什么是企业战略呢？如何制定企业战略？市场营销管理需要经过几个过程？如何对市场营销活动进行调控？这正是我们在本章中需要学习的内容。

2.1 企业战略理论

2.1.1 企业战略的基本概念

1. 战略的含义

英文中,战略"Strategy"一词来源于希腊语"Strategos",其含义是将军。到中世纪,这个词演变为军事术语,指对战争全局的筹划和谋略。它依据敌对双方的军事、政治、经济、地理等因素,周全考虑战争全局的各个方面,规定军事力量的准备和运用。为了实现既定的战略目标,就要围绕战略部署制定具体的作战方案,这就是战术问题。战术是指解决局部问题的原则和方法,是有关特定军事行动的具体方案,考虑的是如何赢得战斗或战役的胜利。战略是战术的灵魂,是战术运用的基础;战术的运用要体现既定的战略思想,是战略的深化和细化。除军事领域之外,战略的原理和价值同样适用于政治、经济等领域。后来演变为泛指重大的、全局性的、长远的、决定性的谋划。

另外,还有一个与战略相近的概念,就是"策略"。策略的本质也是一种谋划,它与战略之别就在于策略"不是那么太重要的、不是那么太长远的、局部性的、不是决定性的"谋划。现实中,战略与策略这两个概念并没有十分清晰的划分界限,即到底多重要、多全面、多长远才算战略?这并没有准确的度量标准。因此,这两个概念经常混用。比如,"竞争战略""竞争策略"经常出现在各种文献中。在理解上,"竞争策略"可能更多地强调了竞争手段的技巧性和灵活性;"竞争战略"可能更多地强调了竞争手段的理智性和持续性。

2. 企业战略的定义

将战略思想运用于企业经营管理之中,便产生了企业战略这一概念。企业战略的概念来源于企业生产经营活动的实践。不同的管理学家或实际工作者由于自身的管理经历和对管理的不同认识,对企业战略可能给予不同的定义。

在这里,我们认为:企业战略是指在环境与能力动态平衡条件下,企业实现宗旨(使命和愿景)和目标的总体方案。它具有长远性、全局性和重要性等基本特征;它是企业的组织行动方向和资源配置纲要,是制订各种计划的基础。

具体而言,企业战略是在符合和保证实现企业宗旨的条件下,在充分利用环境中存在的各种机会和创造新机会的基础上,确定企业同环境的关系,规定企业从事的经营范围、成长方向和竞争对策,合理地调整企业结构和配置企业的资源,从而使企业获得某种竞争优势。

在制定企业战略的过程中,企业宗旨、目标和战略三者相互关联。企业战略为实现目标服务,而企业目标又体现了企业宗旨的要求(图2.1)。

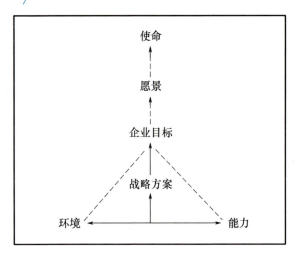

图 2.1 企业战略与企业宗旨、企业目标的关系

2.1.2 企业宗旨

1. 企业宗旨的概念

企业宗旨是指企业所有者与经营者确定的企业生产经营的总方向、总目标、总特征和总的指导思想。它反映企业管理者为组织将要经营的业务规定的价值观、信念和指导原则,它描述企业力图为自己树立的形象,揭示本企业与同行其他企业在目标上的差异,它界定企业的主要产品和服务范围以及企业试图满足的顾客的基本需求。

2. 企业宗旨的内容

(1) 企业使命。

企业使命 (Mission) 要回答的根本问题是"我们要做什么?"

企业使命旨在阐述企业长期的战略意向,其具体内容主要是规定企业目前和未来所要从事的经营业务范围。

企业使命是企业存在的目的和理由。集中考察刚刚起步的企业可能会使我们更好地理解企业使命。开办一个新企业时,不是决定利润多少,而是决定要满足的顾客需求和所采用的技术。所以,要想获得一个在战略角度上清晰明了的业务界定,必须包括下面三个要素。

① 顾客的需求。企业需要满足的需求是什么?仅仅知道企业所提供的产品和服务是远远不够的。顾客需要的不是产品和服务本身,而是产品或服务提供的功能,而这种功能能够满足他们的某种需求。

② 顾客。需要满足的对象是谁?企业定位的顾客群是什么?顾客群这个因素之所以重要,是因为它们代表了一个需要提供的市场,即企业打算在哪些地理区域内展开竞争以及企业追逐的购买者类型。

③ 技术和活动。企业在满足目标市场时应采用一定的技术并开展一系列活动。这个因素表明企业是如何满足顾客需求的，以及企业所覆盖的活动是行业产业链的哪些部分。例如，大型的跨国石油公司（如埃克森石油公司）的业务包括：租赁采油场、钻油井、实地采油、用自有的油轮和管道将原油输送到自己的炼油厂、通过自己的品牌分销商和服务分店网络销售石油和其他精炼产品。这些业务覆盖了整个行业产业链的所有环节。而有些公司则是专业企业（如沃尔玛），它们只集中经营行业整个产业链的某一个环节和阶段。

很好地界定企业所服务的需求、目标市场及所开展的活动是一个挑战。麦当劳用来界定公司业务的理念是：一张有限的菜谱，质量一致的美味快餐食品，快速到位的服务，超值定价，卓越的顾客关怀，便利的定位和选址，全球的覆盖。麦当劳的业务使命确定的中心是：在全球范围内向一个广泛的快餐食品顾客群"在气氛友好、卫生清洁的饭店里以很好的价值提供有限的、系列的、美味的快餐食品"。

确定企业使命往往是一个反复认识和实践的过程。例如，美国施乐复印机公司原先将其经营业务定义为"我们生产复印机"，这是一种生产者导向的经营使命。后来，施乐公司将其业务定义更改为"我们帮助提高办公效率"。这一经营使命的改变，使施乐公司连上两个台阶。首先，施乐公司从一个"箱子"公司变成了一个系统提供者，不仅经营复印机，而且与其他办公用品的生产企业合作，经营其他办公用品；其次，施乐公司成立了专业文件服务公司，利用信息工具的协同效果，为一些大公司提供信息的收集、处理、储存的专业文件服务。

企业使命阐明了企业的前进方向和对未来的业务展望，应当适时对它进行修改。正如德鲁克所说，"关于一个企业的宗旨和使命的定义，很少有维持到三十年的，更不用说五十年了，一般的只能维持十年"。所以，他认为企业要经常分析外部环境和内部条件，审视自己的使命，问一问"我们的企业将会成为什么样子？我们的企业应该是什么？"。

著名企业的使命

企业使命是一个十分严肃和理性的方向定位，不宜频繁草率地改变。否则，将导致企业在复杂的、充满诱惑和陷阱的现实经济社会中迷失方向，最终陷入困境。

目前，越来越多的专家学者和企业家开始重视企业使命的意义，因为它几乎可以作为区别我们是做生意，还是做事业的判据。

例如，华为在表述自己的企业使命时，不但规定了企业所从事的领域，还规定了自己不做什么。华为在创业之初，就着手制定了绝无仅有的《华为基本法》，在其开篇的第一条就明确规定了自己的使命："第一条，华为的追求是在电子信息领域实现顾客的梦想，并依靠点点滴滴、锲而不舍的艰苦追求，使我们成为世界级领先企业。为了使华为成为世界一流的设备供应商，我们将永不进入信息服务业。通过无依赖的市场压力传递，使内部机制永远处于激活状态。"

华为企业核心价值观宣传片

（2）企业愿景。

企业愿景（Vision）要回答的根本问题是"我们要做到什么程度？"

企业愿景是企业对其前景所进行的广泛的、综合的和前瞻性的设想。它是用文字描绘的企业未来图景，它使人们产生对未来的向往，从而使人们团结在这个伟大的理想之下，集中他们的力量和智慧来共同奋斗。企业愿景只描述对未来的展望，而不包括实现这些展望的具体途径和方法。

企业愿景不一定全部实现，只要有 50%～70% 的可能性就可以了，关键是要能使人们认可并激励人们前进。企业愿景一般包括 10 年到 30 年可见的目标（甚至是与企业的终极目标相联系，往往具有可望不可即的属性），以及对这个目标实现情景的生动描述。有四类愿景的陈述方式（见表 2-1）可供借鉴。

表 2-1 愿景的陈述方式

陈述的维度	案 例	
	陈 述	组 织
从质和量的角度陈述	到 2000 年成为价值 1 250 亿美元的公司	沃尔玛，1990 年
	成为在世界范围内改变人们认为日本产品质量差的看法的最知名的公司	索尼，20 世纪 50 年代
	成为世界商业飞机的主角并将世界带入喷气时代	波音，1950 年
从战胜竞争者的角度陈述	击败 RJR，成为世界第一烟草公司	菲利普·莫里斯，20 世纪 50 年代
	粉碎阿迪达斯	耐克，20 世纪 60 年代
	摧毁雅马哈	本田，20 世纪 70 年代
从相关的角度陈述	用 20 年的时间成为像今天的惠普公司一样受人尊敬的公司	一家办公设备公司
	成为西部的哈佛	斯坦福大学，20 世纪 40 年代
从内部改造的角度陈述	通过把大公司的优势与小公司的精干和灵敏结合起来，使公司成为所服务的市场中第一或第二位的公司	通用电气，20 世纪 80 年代
	将公司由国防领域转变为世界上最好的多样化的高科技公司	罗可维尔，1995 年

（3）经营哲学。

经营哲学也称企业哲学，是一个企业特有的从事生产经营和管理活动的方法论原则，是指导企业行为的基础。经营哲学主要通过以下两方面表现出来。

① 企业提倡的共同价值观。国际商用机器公司（IBM）前董事长小 T.J·华森论述了共同价值观念的重要性。他说："我的论点是，首先，我坚信任何组织为了生存并获得成功，必须树立一套正确的信念，作为它们一切方针和行动的前提。其次，我相信一个公司成功的最主要因素是其成员忠诚地坚持那些信念。最后，我认为如果一个组织在不断变动的世界中遇到挑战，它必须在整个寿命期内随时准备变革它的一切，唯有信念却永远不变。"

② 企业对利益相关者的态度。企业内部利益群体包括企业的股东、董事会、管理人员和员工。企业的外部利益群体包括企业的顾客、供应商、销售商、竞争者、政府和一般公众等。企业应有效地满足其内、外部利益群体的合理要求。

3. 确定企业宗旨的意义

企业的宗旨可以不用文字陈述出来，而只为企业高层领导人所掌握。但是，精心策划、措辞恰当的企业宗旨对管理者来说具有真正的价值。

（1）企业宗旨使公司的高层管理者对公司的长远发展方向和未来业务结构有一个清晰的认识。

（2）企业宗旨可以降低公司管理部门在缺少企业宗旨指导的情况下制定决策的风险。

（3）它传递着公司的目标，会激励员工竭尽全力为实现企业的宗旨做出自己的贡献。

（4）基层管理部门可以依照它来制定部门的宗旨，设置部门使命和目标体系，制定与公司的发展方向和总体战略协同一致的职能部门战略。

（5）它有助于为公司规划未来做好充分的前期准备。

2.1.3 企业目标

企业目标是企业宗旨和使命在特定条件下的具体化。

德鲁克对此有精辟的阐述："有关企业及其宗旨和使命的基本定义必须转化成各种目标。否则，它们仍旧是永远不会产生成果的构想、良好的愿望和漂亮的警句。"

一般来讲，企业的目标由四部分组成：(1) 目的，这是企业期望实现的标志；(2) 衡量实现目的的指标；(3) 企业应该实现的指标水平；(4) 企业实现指标的时间表。

企业的目标是一个体系，可分为长期目标和年度目标。建立目标体系的目的是将企业的宗旨和使命转换成明确具体的业绩目标，从而使企业有一个可以测度的指标，为管理活动指明方向，为考核提供标准。同时，目标还能起到激励、凝聚员工的作用。

2.1.4 企业战略的构成要素和层次

公司文化体系金字塔

1. 企业战略的构成要素

从狭义战略的角度来讲，企业战略由以下四个要素组成。

（1）经营范围。

经营范围是指企业从事生产经营活动的领域。它反映出企业与其外部环境相互作用的程度，也反映出企业计划与外部环境发生作用的要求。企业应该根据自己所处的行业、自己的产品和市场来确定自己的经营范围。

（2）资源配置。

资源配置是指企业过去和目前对资源和技能进行配置、整合的能力与方式。资源配置的优劣极大地影响企业战略的实施能力。企业只有注重对优质战略资源的积累，形成不可模仿的自身特殊能力，才能更好地开展生产经营活动。如果企业的资源匮乏或缺乏有效配置，企业对外部机会的反应能力就会大大削弱，企业的经营范围也会受到限制。

（3）竞争优势。

竞争优势是指企业通过其资源配置模式与经营范围的决策，在市场上所形成的优于其竞争对手的地位。竞争优势既可以来自企业在产品和市场上的地位，也可以来自企业对特殊资源的正确运用。

（4）协同作用。

协同作用是指企业从资源配置和经营范围的决策中所能寻求到的各种共同努力的效果。就是说，分力之和应大于各分力简单相加的结果。

2. 战略层次

企业的目标是多层次的，它包括企业的总体目标、企业内各个层次的目标及各经营项目的目标，各层次目标形成一个完整的目标体系。企业的战略，不仅要说明企业整体目标及实现这些目标的方法，而且要说明企业内每一层次、每一类业务以及每个部门的目标及其实现方法。因此，企业总部制定总体战略，事业部或经营单位制定经营单位战略，部门制定职能战略。

（1）总体战略。

总体战略又称公司战略，它是企业最高管理层指导和控制企业一切行为的最高行动纲领。在大型企业里，特别是多元化经营的企业里，它需要根据企业的宗旨和目标，选择企业可以竞争的经营领域，合理配置企业经营所必需的资源，决定企业整体的核心业务和业务组合，促使各经营业务相互支持、相互协调。

总体战略主要有发展战略、稳定战略和收缩战略。在三种战略中最重要的是发展战略，它包括决定向什么方向发展，是在原行业中进行产品或市场的扩张，还是通过一体化、多元化进入新的经营领域；还决定用什么方式发展，要在内部创业、并购、合资等发展方式中做出战略选择。

总体战略主要回答企业应该在哪些经营领域内进行生产经营的问题。因此，从战略的四种要素上看，经营范围和资源配置（投资组合问题）是总体战略中主要的构成要素。竞争优势和协同作用两个要素则因企业不同而需要进行具体分析。在多元化经营企业中，竞争优势和协同作用很重要，它们主要是解决企业内部各产品的相关性和在市场上进行竞争的问题。在多种行业联合的大型企业里，竞争优势和协同作用相对来讲不是十分重要，因为企业的各类经营业务之间存在一定的协调性，可以共同形成整体优势。即使某个经营业务略有不善，其他的经营业务也可以支持整个企业形成优势。

企业总体战略与企业的组织形态有着密切的关系。当企业的组织形态简单，经营业务和目标单一时，企业总体战略就是该项经营业务的战略，即经营单位战略。当企业的组织形态为了适应环境的需要而趋向复杂化，经营业务和目标也多元化时，企业的总体战略也相应复杂化。不过，战略是根据企业环境变化的需要而提出来的，它对组织形态会有反作用，会要求企业组织形态在一定的时期做出相应的变化。

（2）经营单位战略。

一个经营单位一般有着自己独立的产品和细分市场。它的战略主要针对不断变化的环境，在各自的经营领域里有效开展竞争。为了保证企业的竞争优势，各经营单位必须有效地控制资源的分配和使用。同时，经营单位还要协调各职能层的战略，使之成为一个统一的整体，经营单位战略主要有基本竞争战略、投资战略，以及针对不同行业和不同行业地位的经营战略。

从战略构成要素的角度来看，竞争优势与资源配置通常是经营单位战略中最重要的组成部分。在这里，资源配置主要是指产品和市场寿命周期问题。在多数情况下，经营范围与产品和细分市场的选择有关，与产品和市场的发展阶段有关，而与产品和市场的深度与广度的关系较少。在这个层次上，协同作用是指把经营单位中不同职能领域的活动加以协调。

（3）职能部门战略。

职能部门战略是为了贯彻、实施和支持总体战略与经营单位战略而在企业特定的职能管理领域制定的战略。职能战略一般可分为市场营销战略、人力资源战略、财务战略、生产战略、研发战略等。

从战略构成要素来看，协同作用和资源配置是职能战略的关键要素，而经营范围则通常不用职能战略考虑。要根据经营单位战略的要求，在各职能部门中合理地配置资源，并确定各职能的协调与配合。

如前所述，在军事上习惯用战略和战术来区分不同层次和范围的决策。但在企业战略管理中，通常不用战略和战术的说法对上述问题做出处理，而是将战略分为三个层次。与企业总体战略相比，职能战略用于确定和协调企业短期的经营活动，期限较短，一般在一年左右；职能战略是为负责完成年度目标的管理人员提供具体指导的，所以它较总体战略更为具体；职能战略是由职能部门的管理人员在总部的授权下制定出来的。

对于跨行业多元化经营的大型企业来说，三个战略层次十分清晰，共同构成了企业的战略体系。三个层次战略的制定与实施过程实际上是各管理层充分协商、密切配合的结果。对于中小型企业而言，它们的战略层次往往不十分明显。中小型企业往往相当于大型企业的一个经营单位，所以竞争战略对它们来说十分重要。如果它们成功了，就闯过了一个发展的关口。对于单一经营的大型企业而言，前两个层次的战略也往往是合并在一起的。

2.1.5 企业基本竞争战略

为在某一特定竞争领域形成某种竞争优势，企业通常在四种基本的战略中进行选择：成本领先战略、差异化战略、集中化战略、最优成本供应商战略。

1. 成本领先战略

成本领先战略是通过设计一整套行动，以最低的成本生产并提供为顾客所接受的产品和服务。

成本领先战略的有效执行能使公司在激烈的市场竞争中赚取超出平均水平的利润。低成本优势可以有效防御竞争对手的进攻，因为一旦拥有成本领导者的有利位置，竞争对手就很难在价格上与其竞争。当然，竞争对手还会通过一些差异化的途径来与成本领导者竞争。

2. 差异化战略

差异化战略是通过设计一整套行动方案，生产并提供一种"顾客认为很重要"的与众不同的产品或服务，并不断升级形成顾客认为有价值的差异化特征。差异化战略的重点不是成本，而是不断地投资和开发顾客认为重要的产品或服务的差异化特征。差异化战略的企业可以在很多方面使自己的产品不同于竞争对手，而且企业的产品或服务与竞争对手之间的相似性越少，企业受竞争对手行动的影响也就越小。

3. 集中化战略

集中化战略是通过设计一整套行动方案来生产并提供产品或服务，以满足某一特定竞争性细分市场的需求。包括某一特定的购买群体，某一特定的产品细分市场，或某一特定的地理市场。与采用成本领先战略和差异化战略的企业不同，执行集中化战略的企业寻求通过利用其核心竞争力以满足某一特定行业细分市场的需求。所有集中化战略的精髓在于比竞争对手更好地服务于目标细分市场的购买者，成为小市场中的巨人。

4. 最优成本供应商战略

企业采取该战略的目的是为顾客所支付的价格提供更多的价值。它的基本思想是：满足或者超过购买者在质量、服务、特色、性能属性上的期望，低于他们在价格上的期望，从而最后为购买者创造超值的价值。其目的是低成本地提供优秀的、卓越的产品，然后利用成本优势来制定比有可比属性品牌的价格还低的价格。从市场的观点来看，它的核心思想是为用户追求令人满意的"性价比"。

采取这种竞争战略，企业追求的是竭尽全力成为一家成本不断降低、同时产品质量越来越高的厂商。在质量、服务、特色、性能上紧跟最好的竞争对手，在成本上打败它，这就是最优成本供应商优势的源泉。

小链接

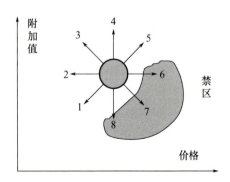

图2.2 战略钟示意图

附加值与差异化战略相关联，价格与成本领先战略相关联。因此，战略钟（图2.2）理论实际上反映了差异化战略要素和成本领先战略要素的无数动态组合形态。其中，具有特征意义的组合有以下四类。

（1）基于价格的战略（路径1、2）。
（2）差异化战略（路径4、5）。
（3）混合战略（路径3）。
（4）失败的战略（路径6、7、8）。

2.2　企业战略管理过程

战略管理是制定和实施战略的一系列管理决策与行动。一般认为，战略管理是由几个相互关联的阶段所组成，这些阶段有一定的逻辑顺序，包含若干必要的环节，由此而形成一个完整的体系。

2.2.1　战略分析

战略分析的主要任务是对为保证组织在现在和未来始终处在良好状态的那些关键性影响因素形成一个总体看法，即对企业的战略形成有影响的关键因素进行分析，并根据企业目前的"位置"和发展机会来确定未来应该达到的目标。这个阶段的主要工作如下所述。

1. 明确企业当前宗旨、目标和战略

企业当前的宗旨、目标和战略是指导企业目前行动的纲领性文件，是战略分析的起点。

2. 外部环境分析

外部环境分析的目的就是要了解企业所处的战略环境，掌握各环境因素的变化规律和发展趋势，发现环境的变化将给企业的发展带来哪些机会和威胁，为制定战略打下良好的基础。

3. 内部环境分析

了解企业自身所处的相对地位，分析企业的资源和能力，明确企业内部条件的优势和劣势；了解不同的利益相关者（投资人、债权人、员工、客户、供应商等）对企业的期望，理解企业的文化，为制定战略打下良好的基础。

4. 重新评价企业的宗旨和目标

当掌握了环境的机会和威胁，并且识别了自身的优势和劣势之后，需要重新评价

企业的宗旨，必要时要对它做出修正，以使其更具有导向作用，进而确定下一步的战略目标。

2.2.2 战略选择

战略选择阶段的任务是决定达到战略目标的途径，为实现战略目标确定适当的战略方案。企业战略管理人员在战略选择阶段的主要工作如下所述。

1. 产生战略方案

根据外部环境和企业内部环境、企业宗旨和目标，拟订要供选择的几种战略方案。

2. 评价战略方案

评价战略备选方案通常使用两个标准：一是考虑选择的战略是否发挥了企业的优势，克服了劣势，是否利用了机会，将威胁削弱到最低程度；二是考虑该战略能否被利益相关者所接受。需要指出的是，实际上并不存在最佳的选择标准，经理们和利益相关者的价值观和期望在很大程度上影响着战略的选择。此外，对战略的评估最终还要落实到战略收益、风险和可行性分析的财务指标上。

3. 最终选出供执行的满意战略

在充分评价的基础上，通过特定的优选准则，最终选择满意方案。

2.2.3 战略实施与控制

战略实施与控制过程就是把战略方案付诸行动，保持经营活动朝着既定战略目标与方向不断前进的过程。这个阶段的主要工作包括计划、组织、领导和控制等管理职能的活动。其重点如下所述。

（1）战略实施的关键在于其有效性。要保证战略的有效实施，首先要通过计划活动，将企业的总体战略方案从空间上和时间上进行分解，形成企业各层次、各子系统的具体战略或策略，在企业各部门之间分配资源，制订职能战略和计划。制订年度计划，分阶段、分步骤来贯彻和执行战略。为了实施新的战略，要设计与战略相一致的组织结构。这个组织结构应能保证战略任务、责任和决策权限在企业中的合理分配。一个新战略的实施对组织而言是一次重大的变革。变革总会有阻力，所以对变革的领导是很重要的。这包括培育支持战略实施的企业文化和激励系统，克服变革阻力等。

（2）战略实施的成功与否取决于管理者激励员工能力的大小和人际技能。战略实施活动会影响企业的所有员工和管理者。每个部门都必须回答以下问题：为了实施企业战略中属于我们责任的部分，我们必须做什么？我们如何才能将工作做得更好？战略实施是对企业的一种挑战，它激励企业的管理者和员工以主人翁精神和热情为实现已明确的目标而努力工作。

（3）战略控制是战略管理过程中的一个不可忽视的重要环节，它伴随战略实施的整个过程。建立控制系统是为了将每一阶段、每一层次、每一方面的战略实施结果与预期目标进行比较,以便及时发现偏差,适时采取措施进行调整,以确保战略方案的顺利实施。如果在战略实施过程中,企业外部环境或内部条件发生了重大变化,则控制系统会要求对原战略目标或方案做出相应的调整。

图 2.3 总结了前面讲的战略管理过程。需要指出的是,在管理实践中,并不是各阶段都按直线排列。由于各项工作是相互联系及交织,很可能战略分析和战略决策重叠在一起;也可能评价战略时就开始实施战略了。所以,以上的步骤更偏重理论上对战略管理问题的讨论。

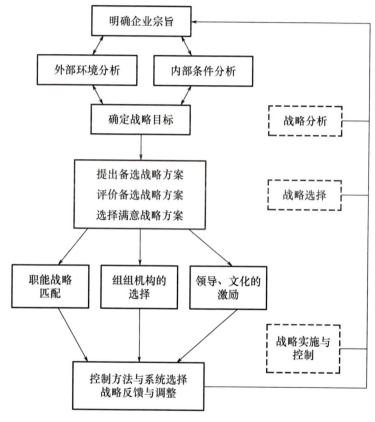

图 2.3 战略管理的过程

2.2.4 SWOT 分析法

在战略分析和战略选择的过程中,态势分析法,即 SWOT 分析法能够发挥有效的作用。

SWOT 分析法是一种对企业外部环境中存在的机会、威胁和企业内部环境的优势、劣势进行综合分析,据此对备选的战略方案做出系统的评价,最终选择出最佳的竞争战略的方法。SWOT 中的 S 是指企业内部的优势(Strengths);W 是指企业内部的劣势(Weaknesses);O 是指企业外部环境中的机会(Opportunities);T 是指企业外部环境的威胁（Threats）。

企业内部的优势和劣势是相对于竞争对手而言的，一般表现在企业的资金、技术装备、职工素质、产品、市场成就、管理技能等方面。判断企业内部的优势和劣势一般有两项标准：一是单项的优势和劣势，例如，企业资金雄厚，则在资金上占优势；市场占有率低，则在市场上占劣势。二是综合的优势和劣势。为了评估企业的综合优势和劣势，应选定一些重要因素，加以评价打分，然后根据其重要程度按加权计算来确定。

机会是指环境中对企业有利的因素，如政府支持、进入有吸引力的市场上、入市障碍正在降低、市场需求增长势头强劲等。威胁是指环境中对企业不利的因素，如新竞争对手的出现、市场增长率缓慢、购买者和供应者讨价还价能力增强、不利的人口特征的变动等，这是影响企业当前竞争地位或影响企业未来竞争地位的主要障碍（见表 2-2）。

表 2-2 SWOT 分析法

环境	能力	
	优势（S）	劣势（W）
机会（O）	利用优势抓住计划（SO）	利用机会克服弱点（WO）
威胁（T）	利用优势减少威胁（ST）	使弱点和威胁最小化（WT）

TCL《大国品牌》之《全球化》篇

2.3 市场营销管理过程

市场营销管理与营销战略紧密相联。营销战略作为企业的职能战略，是关于寻求企业外部市场机会与内部资源配置相一致的总体方案，它既从属于企业战略，又对企业战略具有重要的影响。企业在制定战略之后，还需要考虑时间和空间因素来制定具体的行动方案，即具体由谁规定？在什么时候？做什么？怎么做？实现什么样的阶段目标？其核心就是如何对企业市场营销进行有效的管理，使企业的经营活动与不断变化的市场营销环境相适应，从而提高企业经济效益。

市场营销管理过程就是识别、分析、选择和发掘市场营销机会，以完成企业的任务和目标的管理过程，即企业与它最佳的市场机会相适应的过程。这个过程包括四个步骤：第一，分析市场机会；第二，选择目标市场；第三，制定、优化市场营销组合；第四，管理营销活动。

市场营销信息系统示意

2.3.1 分析市场机会

分析市场机会就是通过各种信息寻找和识别市场机会。寻找和分析评价市场机会，是企业市场营销管理人员的重要任务,也是企业市场营销管理过程的首要步骤。

市场营销机会是企业开展经营活动的内容和领域,即市场上尚未满足的消费需求。市场需求是不断变化的,任何企业都不能永远依靠现有产品长期生存下去。每个企业都必须善于发现并抓住新的市场机会,靠新的产品和服务满足市场上那些尚未满足的消费需求。发现市场机会是企业开展营销活动的首要问题。

企业寻找新的市场机会有正规和非正规两种方法。非正规的方法是偶然的、无计划的,如通过阅读报刊、参加展览会、研究竞争者的产品等方式,发现和识别未满足的需求,提出新的构想。许多企业都是用非正规的方法去发现新的市场机会的。

寻找市场机会的正规方法是有计划和有意识的方法。产品—市场发展图就是其中比较实用的一种,见表2-3。

表2-3 产品—市场发展图

市场性质	发展前景	
	现有产品	新产品
现有市场	市场渗透	产品开发
新市场	市场开发	多元化经营

2.3.2 选择目标市场

选择目标市场,必须先确定企业市场营销目标。市场营销目标是企业在市场环境分析和市场调查预测的基础上,把企业的外部条件与内部条件相互协调后,充分利用现有资源,促使企业为长期发展而制定的营销活动要达到的目的。企业指标化的市场营销目标主要有市场占有率、销售增长率、销售额和利润等。

市场营销目标必须和企业的市场营销能力相一致。这就要求企业在制定市场营销目标时,要正确评价自己。任何市场营销战略不可避免地会遇到企业目标和企业能力之间的冲突:目标过高,可能造成资源浪费;目标过低,无异于自我挫败。因此,企业在确定目标时,至少要满足以下几个条件:一是目标必须有利于企业使命的实现,必须符合企业科学的价值观和社会伦理道德标准。二是目标能够产生激励。一般情况下,凡是上下级共同制定的目标,只要能够量化和具体化,就能产生指导和激励的力量。三是目标应当是可行的。四是在目标群中同一层次上的目标之间或主从目标之间必须相互协同、互相助长,不能彼此矛盾相互冲突。

企业在确定市场营销战略目标后,还要确定产品方向和市场活动范围。由于任何产品的市场都有许多顾客群,他们各有不同的需要,并且分散在不同的地区,因此,任何企业也不可能完全满足所有顾客群的需要。所以,企业在市场环境分析和调查预测及制定营销目标过程中,发现和选择了有吸引力的市场后,就要进行市场细分,根据自己的营销目标和优势,决定进入哪个或哪些市场。

2.3.3 制定、优化市场营销组合

制定、优化市场营销组合是建立在企业营销计划和预算的基础之上的。

计划和预算是保证企业市场营销战略目标实现的关键步骤。在实践工作中,我们能够发现,通过预算可以使计划形象化,通过预算可以列出在执行预定销售战略后,能给企业带来的收益及营销费用的分配,从而检验营销目标、策略、方案的可行性程度。营销预算有助于市场研究、促进营销等工作的顺利开展,使企业一切营销工作都有条不紊地顺利进行。

进入目标市场,要在制定周全而详尽的市场营销计划和预算的基础上确定市场营销组合。市场营销组合是市场营销学中的一个基本的、重要的概念,它是企业可控制因素(产品、定价、分销、促销等)的策略组合。正确制定市场营销组合,使之协调配合,才可以顺利完成营销目标。

2.3.4 管理营销活动

管理营销活动,主要是对营销计划进行有效实施和控制。

营销计划的实施与控制,是指企业营销管理者采取一系列行动,使实际营销结果与营销计划尽可能一致,在控制中通过不断评审和信息反馈,对营销计划乃至营销战略进行不断的修正。为了卓有成效地进行控制,在控制过程中,必须遵循的原则是:控制必须同企业的组织系统互相配合;必须符合经济原则;指标要有可比性。具体管理活动如下所述。

1. 建立营销组织、执行营销计划

企业要贯彻执行市场营销计划,有效地管理营销活动。首先,必须建立和发展市场营销组织,使企业营销系统中各级人员保持协调一致;其次,营销部门还必须与生产、人事、财务、采购等其他部门密切配合。

产品型组织示意图

营销计划的执行情况,不仅取决于它的组织机构,而且取决于对人员的挑选、培养、指导、激励和评估。每个工作人员都应获得与其能力和贡献相适应的报酬,并且都有平等的晋升机会。企业应使每个人明确自己的职责、权利和前途,应使每一个营销人员都知道企业对他们的要求和希望是什么,他们的表现将如何被考查和衡量。

为了更好地执行计划,企业应将计划落实到每个人,即指派专人负责在规定的时间内完成计划任务。如把销售指标分解,合理地分配到各个岗位及个人。

地区型组织示意图

2. 控制计划执行情况

控制计划执行是管理营销活动的一个重要内容。在营销计划实施过程中,可能出现很多意想不到的情况,这就需要一个控制系统来保证营销目标的实现。市场营销控制包括:年度计划控制、盈利能力控制和战

略控制三种。

企业为了保证完成年度计划中提出的销售利润和其他目标，必须实行年度营销计划的控制。年度计划控制是一种短期的即时控制，中心是目标管理。其工作步骤包括：管理者必须将年度计划指标分解为每月或每季；管理者必须随时跟踪掌握营销情况；当营销实绩与计划发生偏差时，及时找出产生偏差的原因；提出改善计划实施的措施，消除目标与实际执行结果之间的差距，在必要的时候可以修改目标。

除了年度营销计划控制外，企业还需要测算它的各类产品在不同地区、不同市场、通过不同分销渠道出售的实际获利能力。这一分析结果能帮助主管人员决定哪些产品或市场应予以扩大，哪些产品或市场则应缩减，甚至放弃。

职能型和市场营销型组织示意图

3. 调控不同需求情况下市场营销的模式取向

在执行营销计划的过程中，随着环境的变化，市场需求也在不断地发生着改变，从而使需求在水平、时间、性质等方面表现出不同的具体特征。为了保证营销活动的有效性，企业必须根据这些变化，针对市场需求的不同状况，调整市场营销模式取向。

（1）否定的需求与转变性市场营销。

否定的需求，指的是市场的主要部分不喜欢、不满意或厌恶某种产品，因而在行动上对这种产品加以回避，不予购买。在否定需求的情况下，企业市场营销管理的具体任务是转变性市场营销，即企业的市场营销部门通过调查研究，了解和分析造成上述状况的原因，然后有针对性地制定对策并采取措施，如重新设计产品或包装、改进加工工艺、提高产品质量、降低成本和价格、改进促销方式、完善售后服务工作等。从而千方百计地转变市场对这种产品的信念和态度，从而把否定的需求转变为肯定的需求。

（2）无需求与刺激性市场营销。

无需求不同于否定的需求。它指的是消费者并非因为不满意，或者厌恶某种产品而采取否定态度不加以购买，而是因为对这种产品不了解、尚未感觉到这方面的需要或者不感兴趣等原因而对其漠不关心，不予购买。例如，一些新产品、新的劳务服务在最初进入市场时就常常面临这种情况。在无需求的情况下，企业市场营销管理的具体任务是刺激性市场营销，即企业的市场营销部门在调查研究的基础上，根据具体原因采取加强广告宣传、现场操作演示及价格促销等措施，引起消费者的注意，加深他们对这种产品的用途、性能、效果等方面的了解，以便引发消费需要和购买动机，增强人们的购买兴趣，从而将无需求转变为具有一定水平的现实需求。

（3）潜在的需求与开发性市场营销。

潜在的需求，指的是市场上现有产品种类未能满足或消费者尚未完全意识到的隐而未见的需求。在潜在需求的情况下，企业市场营销管理的具体任务是开发性市场营销，即企业首先致力于市场调查研究，然后有针对性地开发能够满足人们某种潜在需求的新产品或劳务服务，同时采取种种有效的营销措施开发市场，把潜在的需求变为现实的需求。尽管上述做法具有一定的风险性，然而一旦成功就易于使企业在一定的产品市场上占据有利地位，并取得较大的效益。

（4）退却的需求与重新性市场营销。

退却的需求，指的是市场对某种产品的需求低于正常水平，存在下降或衰退的趋势。在退却需求的情况下，企业市场营销管理的具体任务是重新性市场营销。由于产品需求水平下降的原因常常是多方面的，性质也多有不同，因此，企业市场营销部门必须经过深入的调查研究，了解导致一种产品需求下降的具体原因及其性质，从而对症下药，有针对性地采取营销措施。例如，通过提高产品质量、搞好售后服务等措施，击退竞争对手的进攻和对本企业产品市场的侵蚀；通过改进产品的结构、功能、外观及增加花色品种等方式适应变化了的市场需求；通过发现产品新的用途、开拓新的市场等方法促使老产品进入新的生命周期等。由于产品市场生命周期的原因，一种产品趋向于衰退往往是不可避免的，并且在许多情况下试图为其拓展新的生命周期也很困难，甚至根本实现不了，在这种情况下，重新性市场营销通常会与寻求潜在需求及新产品开发相联系。

（5）不规则的需求与同步性市场营销。

不规则的需求，指的是有些产品或劳务的市场需求在一定时间内（如天、周、月、季、年等），随时间顺序以常态的形式时多时少地发生较大波动的需求情况。在一定时期内，企业通常都有一个期望的需求水平，以实现供求之间的平衡。然而在不规则需求的情况下，有时市场需求量过高，远远超出了企业的供给能力；有时市场需求量过低，致使企业的供给能力不能充分发挥，造成很大浪费。这些情况都会给企业的生产经营活动带来不利的影响。在不规则需求的情况下，企业市场营销管理的具体任务是同步性市场营销，即企业的市场营销部门通过调查研究，掌握需求变化的规律，采取适当的措施（如价格手段、多样化经营等方式），调节某种产品或劳务的市场需求，以使供求在时间上趋于同步；或者通过对企业自身供给能力、储存条件等方面进行调整，以保持供求关系的平衡。

（6）充分的需求与维持性市场营销。

充分的需求，指的是某种产品或劳务的市场需求水平、时间等与企业的期望值相一致。对企业来说，这是最为理想的需求情况。在充分需求的情况下，企业市场营销管理的具体任务是维持性市场营销，即企业采取适当的措施，如努力保证市场供应、保持或提高产品的质量、降低成本，保持合理的价格水平、提供良好的售后服务和保证、激励销售人员和经销商提供良好的销售服务等，千方百计地维持目前的需求水平。与此同时，企业要密切注意消费偏好与需求可能发生的变化，警惕竞争者的挑战，掌握可能侵蚀本企业产品市场份额的不利因素，努力保持本企业在市场上的优势地位。

（7）过度的需求与多向性市场营销。

过度的需求，指的是某种产品或劳务的市场需求超过了企业现实，甚至将来所能供应或所愿供应的数量，市场上出现了供不应求的状况。过度需求形成的原因往往较为复杂，企业必须在深入了解其产生原因、发展趋势及影响等的情况下，正确地确定市场营销管理的具体任务，有针对性地采取对策。在市场需求的增势较为强劲，而且具有长期趋向的情况下，企业可以采取充分供应的市场营销措施，即通过增强投资等形式提高供给能力，以便充分满足市场需求。在市场需求因偶然性因素（如通货膨胀下的抢购风潮、短时的流行热潮等）的影响突然升势较猛，但没有明显的长期趋向时，企业可以采取常态供应的市场营销措施，即通过充分挖掘现有的潜力，尽量满足市场需要。在市场需求增长过猛、过于集中，会对企业、消费者及社会等方面造成压力过大或产生不良影响的情况下，企业可以采取减低市场营销的措施（如宣传疏导、提高价格、减少促销及服务等），以便暂时或永久地降低对这种产品或劳务的市场需求，使其保持在合理的水平上。同时，也可以采取分流性市场营销措施，以便将这种过猛、过于集中的需求引向替代性产品或劳务上去，从而促使企业获得新的市场机会。

（8）无益或有害的需求与反市场营销。

无益或有害的需求，指的是对无益或有损于消费者的根本利益、社会利益的产品或劳务（如黄赌毒等）的消费需求。对无益或有害的需求，企业市场营销管理的具体任务是反市场营销，即通过一定的营销措施劝导人们放弃这种需求，限制或最终消除这种需求。反市场营销与上述的减低性市场营销有着明显的区别，前者仅针对需求态势，并不责难其需求对象，其目的在于减少需求；而后者则要指出需求对象本身对需求者无益或有害，并通过不生产或不经营等方式达到限制以至最终消灭这种需求的目的。例如，有些国家（包括我国）和地区规定企业必须在香烟包装和广告上宣传吸烟的危害性，从企业来看，这就是对吸烟这种有损于人体健康的需求采取的一种反市场营销措施。

各种不同的需求状况和企业营销

以上几种需求通常同时存在于整体市场上，只是每个企业面临的具体情况有所不同而已。企业必须在对市场需求现状及其他有关的营销环境进行深入调查研究的基础上，确定市场营销管理的具体任务，有针对性地制定营销策略和措施，主动地开展营销活动，才能完成企业战略规定的任务，实现企业的战略目标。

本 章 小 结

完整的市场营销体系，应该是体现企业战略的市场营销的统一体。企业战略是指在环境与能力动态平衡条件下，企业实现宗旨（使命和愿景）和目标的总体方案。企业战略由经营范围、资源配置、竞争优势和协同作用四个要素组成；企业战略一般可分为总体战略、经营单位战略和职能战略层次；企业基本竞争战略有成本领先战略、差异化战略、集中化战略、最优成本供应商战略四种选择模式。SWOT分析法是一种对企业备选的战略方案做出系统的评价，最终选择出最佳的竞争战略的方法。

市场营销管理与营销战略密切联系。市场营销管理过程就是识别、分析、选择和发掘市场营销机会，以实现企业的任务和目标的管理过程。为了保证营销活动的有效性，企业必须针对市场需求的不同状况，主动调整市场营销模式。

拓展训练项目

一、阅读分析

诺基亚"跌落神坛"

诺基亚前CEO乔玛·奥利拉近期在回忆录中承认了自己在任内所犯的错误，例如，未能发现消费者需求的变化,以及推动新软件开发等。

奥利拉的这本回忆录名为《不可能的成功》。书中称,2001年后,由于智能手机市场的激烈竞争以及亚洲厂商廉价手机的冲击,诺基亚无法继续扮演无线行业的主要创新者。诺基亚的几款产品被证明是失败的,该公司未能跟上触摸屏和翻盖手机等潮流。

在奥利拉的领导下,诺基亚成为全球最大手机厂商。在回忆录中,奥利拉表示,诺基亚最终"痛苦地发现",其手机平台落后于一些美国公司的软件,无法应对苹果手机(iPhone)的挑战。尽管美国的一些服务提供商对诺基亚表示,价格超过300美元的智能手机没有市场,但苹果公司当时正推出超过600美元的iPhone。

奥利拉称:"苹果公司开发了一些全新的东西,包括出色的用户体验和解决方案,使手机成为服务和应用生态系统的关键。而诺基亚未能创造出这样的全新生态系统。"

奥利拉1985年加入诺基亚,担任诺基亚掌门人达14年,将其从一家家用电子设备公司转型为移动设备公司。2006年,当诺基亚在全球手机市场的份额达到41%时,奥利拉选择了退出,但仍是董事会的活跃成员。

诺基亚高管团队的资深成员康培凯成为继任者。然而康培凯未能推动诺基亚财富的增长,因此,2010年,奥利拉认为应当寻找一名新的CEO。他选择了微软高管史蒂芬·埃洛普,尽管埃洛普并非第一选择。

对于将手机业务出售给微软,奥利拉表示,这是诺基亚董事会"戏剧性的、勇敢的"一步,但将芬兰拥有40多年历史的公司出售给国外公司"令人悲伤"。

(资料来源:吴健安,2014. 市场营销学 [M]. 5 版. 北京:高等教育出版社.)

思考题

1. 从总体战略的角度分析,你认为诺基亚公司存在哪些方向性的失误?
2. 根据经营战略(竞争战略)的要求,诺基亚手机可以怎样选择目标市场、考虑定位和营销组合战略?

二、拓展项目设计

自由结合组成学习小组(3~5人),通过实地调查或间接资料研究,熟悉一家企业的情况,在此基础上对其文字形态的"企业使命""企业愿景""营销哲学"等进行分析,并说明对制定该企业目标的作用,以及对制定营销战略的影响。

在线答题

第 3 章

市场营销环境分析

教学目标

通过本章学习，了解市场营销环境的含义、特点以及企业与营销环境的关系；掌握微观环境和宏观环境的构成因素；了解分析、评价机会和环境威胁的基本方法，并熟悉企业面对环境变化应该考虑和可以采取的对策。

教学要求

知识要点	能力要求	相关知识
市场营销环境概述	结合实际情况对相关概念及知识有较好地理解	含义、特点、关系
微观环境分析	结合实际情况能够分辨微观环境的因素及影响	企业自身、营销中介、顾客、竞争者、社会公众
宏观环境分析	结合实际情况能够分辨宏观环境的因素及影响	人口、经济、自然、技术、政治法律、社会文化
市场营销环境分析	结合实际情况能够分析企业应对环境变化应采取的对策	市场营销环境分析法、环境威胁和环境机会分析

 **导入案例**

微软成立慈善事业部 欲推动科技普及

微软本周成立了新的慈善事业部门"微软慈善"。

微软慈善的运营将类似于谷歌（微博）的Google.org，专注于利用科技去解决人类的问题。该部门的负责人是布拉德·史密斯（Brad Smith）。史密斯从1993年开始供职于微软，于今年9月被任命为微软总裁。

在一篇博文中，史密斯介绍他对微软慈善部门的愿景："通过微软慈善，我们将以更具影响力的新方式给社会生态系统做出贡献，将科技带来的福利提供给最需要的人，并努力促进全球经济的包容性增长。通过技术的普及，我们将努力弥合社群内部和社群之间的鸿沟，提高这些社群成员的效率和生活质量。凭借云计算和数据科学，这一领域的机会比以往更丰富。"

史密斯表示，微软慈善将投入资源，帮助那些无法获得最新技术及相应机会的人群。这一人群可能收入较低、存在残疾，或是位置偏远、受教育程度不高。

他随后展望了该部门未来的战略。未来3年内，微软慈善将向STEM（科学、技术、工程和数学）领域的教育事业投入7 500万美元，向"致力于帮助偏远地区新业务发展"的非营利组织投资，并促进"对社会有益的营销项目"。

微软并未太多地透露未来的具体项目，但目前看来，该公司将专注于与技术普及有关的慈善事业。

毫无疑问微软此举值得欢迎。不过需要指出的是，微软创始人及慈善家比尔·盖茨（Bill Gates）此前曾暗示，相对于推动技术普及，治疗疟疾等疾病更值得重视。

盖茨目前已不再参与微软的日常运营，而微软利用自己的优势给社会带来帮助也很合理。

（资料来源：https://m.chinairn.com/news/20151217/110532450.shtml，2022-05-17.）

企业营销行为既要受自身条件的制约，也要受外部条件的制约，关注并研究企业内外部营销环境的变化，把握环境变化的趋势，识别由于环境变动而造成的机会和威胁，是营销人员的主要职责之一。在营销活动中，环境既是不可控制的，又是不可超越的因素。企业必须根据环境的实际与发展趋势，相应制定并不断调整营销策略，自觉地利用市场机会，防范可能出现的威胁，扬长避短，才能确保在竞争中立于不败之地。

3.1 市场营销环境概述

3.1.1 市场营销环境的含义

企业作为社会经济组织，总是在一定的外界环境条件下开展市场营销活动。企业的营销活动不可能脱离环境而孤立地进行，因为外界环境是企业的生存空间，是企业赖以生存的基础和条件。

市场营销环境是指在企业营销活动之外，能够影响营销部门建立并保持与目标顾客良好关系的能力的各种因素和力量。市场营销环境既能提供机遇，又能造成威胁。

市场营销环境包括微观环境和宏观环境。微观环境是指与企业紧密相联，直接影响其营销能力的各种参与者。这些参与者包括企业的供应商、营销中间商、顾客、竞争者以及社会公众和影响营销管理决策的企业内部各个部门；宏观环境是指影响企业微观环境的巨大社会力量，包括人口、经济、政治、法律、科学技术、社会文化及自然地理等多方面的因素。微观环境直接影响和制约企业的市场营销活动，而宏观环境主要以微观营销环境为媒介间接影响和制约企业的市场营销活动。所以微观环境也称为直接环境，宏观环境也称为间接环境。

3.1.2 市场营销环境的特点

（1）客观性：环境对企业营销活动的影响具有强制性和不可控性的特点，尤其是宏观环境，企业难以按照自身的要求和意愿随意改变它，但企业可以主动适应环境的变化和要求。

（2）差异性：不同的国家和地区的宏观环境存在广泛的差异。企业为适应不同的环境和变化，必须采用各有特点和针对性的营销策略。

（3）多变性：市场营销环境是一个动态系统，构成营销环境的各个因素都受众多因素的影响，每一环境因素都随着社会经济的发展而不断变化。

（4）相关性：营销环境各个因素之间相互影响、相互制约，某一因素的变化会带动其他因素的相互变化，形成新的营销环境。

3.1.3 企业和市场营销环境的关系

1. 企业必须要适应市场营销环境

市场营销环境包含的要素既广泛又复杂，同时又表现了构成市场营销环境的各个因素之间存在的相互作用、相互制约的关系。这是由于社会经济现象的出现，往往不是由某一单一因素所能决定的，而是受到一系列相关因素影响的结果，一个因素的变化也会引起其他因素的变化。正是这种复杂的相互关系给企业营销活动带来了一定的难度。

市场营销环境并不是一成不变的，而是一个不断发展变化的过程，是一个动态的概念。市场营销环境中的人口、经济、政治法律、社会文化等因素都在发生着巨大的变化，尤其是科学技术的发展异常迅速。这些环境的变化或者给企业带来可以利用的市场机会，或者给企业带来一定的环境威胁。例如，德国政府对环境保护苛刻的要求使许多企业感到压力和威胁，但也为新材料、新能源产业和环保产业带来巨大商机。企业必须积极地反映和适应这种环境变化。企业对营销环境的适应，既是营销环境客观性的要求，也是企业营销观念的要求。企业的一切营销活动必须和营销环境相适应，这是企业经营成败的关键。现代营销观念以消费者需求为出发点和中心，它要求企业必须清楚地认识环境及其变化，发现需求并比竞争对手更好地满足需求。否则，企业就会被市场所淘汰。而且，因为环境的复杂性和动态性，企业对环境的适应必须是永不松懈的。消费者的需求不断变化，市场上就不存在永远正确的营销决策和永远受欢迎的产品，对企业来说，唯有通过满足消费需求实现赢利目标的任务是永恒的。而成功地完成这一任务，适应环境是关键。

小链接

20世纪60年代，能源充足、价格低廉，美国制造的大体积、大功率汽车销量大增。20世纪70年代，石油危机爆发，美国制造的大功率汽车的市场份额下滑。能源短缺时代持续到20世纪80年代中期，日本对美元的汇率使日本能以比美国和欧洲同类产品更低的成本出口，日本制造的小型、低耗能、高质量的汽车取得成功。美国政府在通用、福特、克莱斯勒三大汽车制造商的压力下对日本汽车进口实行"自动限额"。

（资料来源：笔者根据网络资料整理）

2. 发挥主观能动性，影响改变环境

传统理论认为，既然营销环境是企业不可控的客观存在，企业只有消极被动地接受和适应它。实际上，强调企业对其市场营销环境的不可控制，并不意味着企业对于环境无能为力，只能消极、被动地改变自己以适应环境。企业的营销是一种主动、能动的活动。企业既可以以各种不同的方式增加适应环境的能力，避免受到营销环境的威胁，也可以在变化的环境中寻找自己的新机会，并可能在一定条件下改变环境。现代市场营销理论，特别强调企业对环境的能动性和反作用，认为在企业与环境的对立统一中，企业是居于主动地位的，成功的营销者往往是那些主动认识、适应和改造环境的人。

企业对营销环境的影响主要表现在两方面。

首先，营销环境虽然有不可控性，企业仍可借助科学的营销研究手段认识并预测环境的变化趋势，及时地调整营销计划。例如，目前，许多企业意识到消费者对自身健康和社会环境的关注将对市场需求产生深远影响，纷纷开发绿色产品，力争在市场竞争中获得先机。

其次，企业可以通过广告、公共关系等经营资源，来创造和引导需求，从而影响和改变营销环境。在现实生活中，绝大多数的消费流行或时尚潮流都是由企业所创造出来的。牛仔服刚进入我国市场时，被人们视为"异物"，与游手好闲、不三不四的群体形象联系在一起。后来，服装企业通过一系列的营销努力，使牛仔服成为广大消费者喜爱的一个服饰种类。

> **小链接**
>
> 美国银行巨头花旗银行多年来一直想在美国马里兰州开展全方位的银行业务，当时它在该州只有信用证业务和小型业务。根据马里兰州的法律，非本州的银行只能在该州提供有限的服务，不能做广告、建立分行和进行其他方式的营销。1985年，花旗银行承诺在该州建立一个信用卡中心，这将带来1 000个白领工作机会，并将为该中心所占用的土地向州政府提供100万美元的现金。通过这个有益于马里兰州的富有创意的建议，花旗银行成为第一个能在马里兰州提供全方位银行业务的州外银行。
>
> （资料来源：笔者根据网络资料整理）

3.2 微观环境分析

企业的微观营销环境主要由企业、营销中介（营销中间商）、供应商、顾客、竞争者、社会公众组成（见图3.1）。

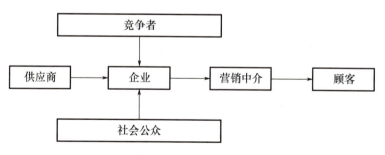

图3.1 微观营销环境因素

3.2.1 企业

企业的市场营销是由营销部门管理的。除市场营销部门外，企业本身还包括最高管理层和其他职能部门，如制造部门、采购部门、研究开发部门及财务部门等，这些部门与市场营销部门都在最高管理层的领导下，为实现企业目标共同努力。正是企业内部的这些力量构成了企业内部微观环境。

企业的市场营销部门一般由主管市场营销的副总裁、品牌经理、市场研究人员、广告及促销专家、销售经理及销售代表等组成。而市场营销部门在制订营销计划和决策时，不仅要考虑企业外部的环境因素，而且要考虑与企业内部其他力量的协调，争取高层管理部门和其他职能部门的理解和支持。

首先，企业的市场营销部门只能在最高管理层所规定的范围内进行决策，以最高管理层制定的企业任务、目标、方针政策和发展战略为依据，制订市场营销计划，并得到最高管理层批准后方可实施。

其次，企业的市场营销部门要成功地制订和实施营销计划，还必须有其他职能部门的密切配合和协作。例如，财务部门负责解决实施营销计划所需的资金来源，负责成本与收益的核算，帮助市场营销部门了解企业利润目标实现的状况；研究开发部门给市场营销部门提供新产品支持；采购部门则在获得足够生产原料和降低产品成本方面承担重要责任；而制造部门的生产进度影响着向市场提供产品的时间。

3.2.2 营销中介

任何企业都不可能自己承担有关产品和服务的全部生产和营销活动，只有与营销渠道中的其他企业合作才能完成生产和营销的任务。

1. 供应商

供应商是指向企业及其竞争者提供生产产品和服务所需资源的企业或个人。供应商所提供的资源主要包括原材料、零配件、设备、能源、劳务及其他用品等。

供应商对企业营销活动产生重要的影响，主要表现在以下三方面。

（1）供货的稳定性与及时性。原材料、零部件、能源及设备等货源的保证，是企业营销活动顺利进行的前提。各项生产要素准备充足，才能使企业的生产活动正常开展。供应量不足、供应短缺，都可能影响企业按期完成交货任务。

（2）供货的价格变动。毫无疑问，供货的价格直接影响企业的成本。如果供应商提高原材料价格，生产企业将被迫提高其产品价格，由此可能影响企业的销售量和利润。

（3）供货的质量水平。供应货物的质量直接影响企业最终产品的质量。

针对上述影响，企业应选择那些能保证质量，交货期准确和低成本的供应商，并且避免对某一家供应商过分依赖，不至于受该供应商突然提价或限制供应的控制。为了减少供应商对企业的影响和制约，传统的做法是选择几家供应商，按不同比重分别进货，并使他们互相竞争，从而迫使他们利用价格折扣和优质服务来尽量提高自己的供货比重。这样做虽然能使企业节约进货成本，但也隐藏着很大的风险，如供货质量参差不齐、过度的价格竞争使供应商负担过重而放弃合作等。因此，越来越多的企业开始把供应商视为合作伙伴，尽可能保持与供应商的良好合作关系，及时了解供应商的变化与动态，设法帮助他们提高供货质量和及时性，使货源供应在时间、连续性和价格水平上能得到切实保证。

2. 营销中间商

营销中间商是协助企业推广、销售和分配产品给最终购买者的机构。它们包括中间商、实体分配公司、营销服务机构及金融机构等。

（1）中间商。

中间商是协助企业寻找顾客或直接与顾客进行交易的商业组织和个人。中间商分为两类：代理中间商和商人中间商。代理中间商指专门协助达成交易，推销产品，但不拥有商品所有权的中间商，如经纪人、代理人和制造商代表等。商人中间商指从事商品购销活动，并对所经营的商品拥有所有权的中间商，包括批发商、零售商。除非企业完全依靠自己建立的销售渠道，否则中间商对企业产品从生产领域流向消费领域具有极其重要的影响。在与中间商建立合作关系后，企业要随时了解其经营状况，并可采取一些激励性合作措施，推动其业务活动的开展。而对于不能履行其职责的中间商，企业应适时终止与其的合作关系。

（2）实体分配公司。

实体分配公司主要指协助企业储存产品和把产品运送至销售目的地的仓储公司和运输公司。这些公司的作用在于使市场营销渠道中的物流畅通无阻，为企业创造时间和空间效益。每个企业都需从成本、运送速度、安全性和交货方便性等因素进行综合考虑，选择合适的实体分配方式。

（3）营销服务机构。

营销服务机构包括市场调研公司、广告公司、各种广告媒介及营销咨询公司等为企业提供营销服务的各种机构。企业可自设营销服务机构，也可委托外部营销服务机构代理相关业务。但凡一个企业决定委托专业公司办理这些事务时，它就需谨慎地选择哪一家，因为各个公司都各有特色，所提供的服务内容不同，服务质量不同，价格也不同。

（4）金融机构。

金融机构包括银行、信贷公司、保险公司等对企业营销活动提供融资或保险服务的各种机构。在现代社会里，每一个企业都与金融机构有一定的联系和业务往来。企业的信贷来源、银行的贷款利率和保险公司的保费变动无一不对企业市场营销活动产生直接的影响。

供应商和营销中间商都是企业向消费者提供产品或服务价值过程中不可缺少的支持力量，是价值让渡系统中主要的组成部分。以一家生产电动车的工厂为例，首先，必须与供应商订货，以获取生产电动车所需的各项生产资源，如钢材、轴承、轮胎等。其次，还要将生产的电动车销给中间商，即批发和零售企业，同时需要运输公司、银行等服务商的服务，以取得分销的便利和资金融通。为了提高营销效率，还要运用广告代理商、市场咨询机构等。

3.2.3 顾客

顾客是企业服务的对象，是企业经营活动的出发点和归宿。企业的一切营销活动都要以满足顾客的需要为中心。因此，顾客是企业最重要的环境因素。

对企业的目标顾客可根据购买者和购买目的来进行分类，包括以下几方面。

（1）消费者市场。个人和家庭购买商品及劳务以供个人消费。

（2）生产者市场。个人和企业购买产品与劳务，供生产其他产品及劳务所用。

（3）中间商市场。批发商和零售商购买产品及劳务，用以转售并从中赢利。

（4）政府市场。政府机构购买产品及劳务以提供公共服务或把这些产品及劳务转让给其他需要的人。

（5）国际市场。购买者在国外，这些买主包括外国消费者、生产者、中间商及政府机构。

企业的目标顾客可以是以上五种市场中的一种或几种，不同类型目标市场的需求特点和购买行为，要求企业以不同的方式提供相应的产品和服务，从而影响企业营销决策的制定和服务能力的形成。

3.2.4 竞争者

竞争是市场经济的普遍规律，企业在目标市场进行营销活动的过程中，不可避免地会遇到竞争对手的挑战。这些和企业争夺同一目标顾客的力量就是企业的竞争者。

企业必须时时从顾客的角度出发，考虑顾客购买决策过程中可能考虑的因素，通过有效的产品定位来取得竞争优势。值得注意的是，企业的竞争环境不仅包括其他同行企业，而且包括发生于消费者进行购买决策全过程的其他更基本的内容。从市场营销的角度分析，企业在市场上面临着四种类型的竞争者。

（1）愿望竞争者，即满足消费者目前各种不同的愿望的竞争者。当一个消费者休息时可能想看书、进行体育运动或吃东西，每一种愿望都可能意味着消费者将在某个行业进行消费。

（2）一般竞争者，即满足消费者某种愿望的不同方法的竞争者。假设一个消费者吃东西的愿望占了上风，那他可以选择的食品很多，如水果、冰淇淋、饮料、糖果等。

（3）产品形式竞争者，即在满足消费者某种愿望的特定产品类别中仍有不同的产品形式可以选择。假设消费者选中了糖果，则有巧克力、奶糖、水果糖等多种产品形式可满足他吃糖的欲望。

钉钉——
竞争者

（4）品牌竞争者，即能满足消费者某种愿望的同种产品不同品牌的竞争者。或许消费者对巧克力感兴趣，并特别偏爱德芙，于是，该品牌的产品在竞争中赢得了最后的胜利。

品牌竞争者是这四种类型的竞争者中最常见和最显现的，其他类型的竞争者则比较隐蔽和深刻。有远见的企业并不仅仅满足于品牌层次的竞争，而会关注市场发展趋势，抓住机会扩大整个市场。

🔗 小链接

某人赚了一笔钱，他想用这笔钱买一个交通工具或一套音响，或到外地旅游，因为他目前有这些需要，这些目前愿望就叫愿望竞争者。

此人经过反复考虑，认为他目前迫切需要解决的是上下班的交通工具，要满足这种愿望，可以有几种选择，如买一辆小汽车，或者买一辆自行车，或者买一辆摩托车，这些能改善他上下班交通条件的种种方式叫一般竞争者。

后来，此人考虑自己的资金和需要，决定买一辆摩托车，这时候他会考虑买哪种型号的摩托车，是二冲程还是四冲程，这叫产品形式竞争者。

型号确定了以后，他才会考虑品牌，是嘉陵、豪爵、还是雅马哈、本田、铃木，这就是品牌竞争者。

（资料来源：笔者根据网络资料整理）

3.2.5 社会公众

社会公众是指对企业实现其目标的能力具有实际或潜在利害关系和影响力的群体。

公众会增强或妨碍一个企业实现自己目标的能力。企业应该采取积极措施，树立良好的企业形象，力求保持和社会公众之间的良好关系。大多数企业都建立了公共关系部门，专门筹划与各类公众的建设性关系。

企业所面临的社会公众主要有七类。

（1）融资公众。融资公众对企业的融资能力有重要的影响，如银行、投资公司、证券经纪公司、保险公司等。企业应在融资公众中树立信誉。

（2）媒介公众。媒介公众主要是报纸、杂志、广播电台、电视台和互联网等大众传播媒体。企业要与媒体建立友善关系，争取媒体的正面宣传。

（3）政府公众。政府公众指负责管理企业营销业务的政府机构。企业的发展战略与营销计划必须和有关政府机构的发展规划、产业政策、法律法规保持一致。

（4）社团公众。社团公众包括保护消费者权益的组织、环保组织及其他群众团体等。一个企业营销活动可能会受到社团公众的质疑和批评。

（5）地方公众。地方公众是指企业所在地的邻里居民和社区组织等。企业需重视与地方公众的联系，争取地方公众的理解和支持。

（6）一般公众。一般公众指上述各种关系公众之外的社会公众。虽然一般公众并不会有组织地对企业采取行动，然而一般公众对企业的印象却影响着消费者对该企业及其产品的看法。

（7）内部公众。企业的员工，包括高层管理人员和一般职工，都属于内部公众。企业的营销活动需要全体员工的充分理解、支持和具体执行。

3.3 宏观环境分析

宏观营销环境指对企业营销活动造成市场机会和环境威胁的主要社会力量，包括六大因素，即人口环境、经济环境、自然环境、科学技术环境、政治与法律环境、社会文化环境（图3.2）。

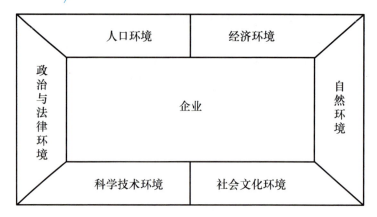

图 3.2　宏观营销环境因素

3.3.1　人口环境

<u>人口是构成市场的第一位因素</u>。市场是由有购买欲望同时又具有购买力的人构成的。人口的多少直接决定市场的潜在容量。而人口的年龄结构、地理分布、出生率、死亡率、人口密度、人口流动性等特性会对市场格局产生重要影响,并直接影响企业的市场营销活动和企业的经营管理。因此,企业必须重视对人口环境的研究,密切关注人口特性及其发展动向。

人口环境对企业的影响主要体现在以下几个方面。

1. 人口数量与增长速度对企业营销的影响

随着科学技术的进步、生产力的发展和人民生活条件的改善,世界人口平均寿命延长,全球人口尤其是发展中国家的人口持续增长。据估计,目前,世界总人口已经超过76亿,并且以每年近9 000万的速度增长,到2025年将超过80亿。世界人口的迅速增长意味着人类需求的增长和世界市场的扩大。东亚地区被人们誉为"最有潜力的市场",除了因为该地区近年来经济发展迅速外,也因为它的人口数量庞大且增长较快,使得该地区的市场需求日益扩大。中国有14亿人口,并且以每年1 000万的速度增长,这对任何一个企业来说,都是一个巨大的市场。

众多的人口及人口的进一步增长,给企业带来了市场机会,也带来了威胁。首先,人口数量是决定市场规模和潜力的一个基本要素,人口越多,如果收入水平不变,则对食物、衣着、日用品的需要量也越多,那么市场也就越大。例如,随着我国人口增长,对住宅需求量日益增加,这就给建筑业及建材业的发展带来机会。但是,人口的迅速增长,也会给企业营销带来不利的影响。比如,人口增长导致房屋紧张引起房价上涨,从而增加企业的营销成本。

2. 人口结构对企业营销的影响

人口结构主要包括人口的年龄结构、性别结构、家庭结构、社会结构、民族结构等。

（1）年龄结构。

不同年龄的消费者对商品的需求不一样。目前，人口老龄化是世界人口年龄结构变化的新特点，其原因在于许多国家尤其是发达国家的人口死亡率普遍下降，平均寿命延长。这一人口环境动向对市场需求的影响是十分深刻的。例如，由于人口老龄化，市场对摩托车、体育用品等青少年用品的需求将会减少；另外，老年人的医疗和保健用品、营养品、生活服务的市场需求将会迅速增加。据中国老年协会介绍，中国目前60岁以上的老年人已达2.6亿，并以每年3%的速度递增，老年产品与服务的多种需求构成了一个十分庞大、丰富多彩的市场。

小链接

德国有一家名为萨加（Saga）的旅行社，它通过市场调查发现，德国50岁以上的老人约占人口的1/4，这些老人由于大多有较好的医疗条件和财政规划，加上长期的债务又已还清，小孩不需抚养等多种原因，越来越注重享受生活，而不再节省和克制自己消费。该公司就锁定这一目标市场，成为一家专门为老年人服务的特色旅行社，目前已经从一个单一经营的旅行社发展到身兼旅游、出版、金融服务的综合性机构。

（资料来源：笔者根据网络资料整理）

（2）性别结构。

人口的性别不同，对商品的需求也有明显的差异。男性和女性在生理、心理和社会角色上的差异决定了他们不同的消费内容和特点。反映到市场上就会出现男性用品市场和女性用品市场，男性消费者多为购买大件商品和耐用品等，女性消费者多为购买衣服、日用品、化妆品等。

小链接

据调查统计男人陪女人逛街的平均极限时间是40分钟。

电视上的球赛和拳击赛节目拥有较多的男性观众，而电视连续剧拥有较多的女性观众。

男性消费者、女性消费者对广告媒体有明显不同的习惯。

（3）家庭结构。

家庭是购买和消费的基本单位。家庭的数量直接关系某些商品的消费数量。目前，家庭规模缩小已经是世界趋势。家庭小型化,一方面导致家庭总户数的增加,进而引起对家具、家用电器总需求的增长;另一方面则意味着家庭结构的简单化,从而引起家庭需求结构的变化,例如单人户、双人户和三人户的增加使得家庭对产品本身的规格和结构有不同于多世同堂的大家庭对产品的要求。

(4) 社会结构。

据第七次人口普查统计,我国有 36.11% 的人口在农村,他们普遍青睐物美价廉的商品。企业在国内市场中应当充分考虑到农民的需要,积极开拓农村市场。2008 年 1 月,由财政部和商务部统一部署的"家电下乡"活动在山东、河南和四川三省率先试点,农民在购买补贴范围内的彩电、冰箱、手机三类家电产品时,将享受销售价格 13% 的财政补贴。这项政策刺激了农民购买力,扩大了农村家庭对家电产品的消费需求,也给国内家电生产企业提供了极佳的市场机会。

(5) 民族结构。

不同民族的消费者在各自传统民族文化的影响下,其消费行为、消费内容有鲜明的民族性。我国是一个多民族的国家,除汉族外,还有 50 多个少数民族。每个民族都有特殊的需求和消费习惯。以不同民族消费者为目标顾客的营销者必须尊重民族文化,理解民族文化间的差异,重视开发适合各民族特性、受其欢迎的商品。

3. 人口的地理分布及区间流动对企业营销的影响

地理分布指人口在不同地理区域的密集程度。由于各区域的自然地理条件、经济发展水平、社会文化传统及人口政策等因素的不同,人口的分布绝不会是均匀的。我国人口主要集中在东南沿海一带,人口密度由东南向西北逐渐递减。另外,城市的人口比较集中,尤其是大城市人口密度很大,而农村人口则相对分散。人口的这种地理分布表现在市场上,就是人口的集中程度不同,则市场大小不同。此外,不同地理区域的人口也具有不同的需求特点和消费习惯。例如,南方人以大米为主食,北方人以面粉为主食;江浙沪沿海一带的人喜甜食,而川湘鄂一带的人则喜辣。人口的地理分布并不是一成不变的,它是一个动态的概念,这就是人口流动。在发达国家除了国家之间、地区之间、城市之间的人口流动外,还有一个突出的现象就是城市人口向农村流动。在我国,人口的流动主要表现在农村人口向城市或工矿地区流动;内地人口向沿海经济开放地区流动。人口流动现象无一不造成了市场需求和消费结构的相应变化,企业必须充分考虑人口的地理分布及其动态特征对商品需求及流向的影响。

> **小链接**
>
> 美国人口稠密的地方是大西洋沿岸、五大湖边缘和加利福尼亚沿海地区,这些地区也是美国大城市的所在地。该地区对食物的消费相对较少,对汽车的需求量却明显高于其他地区,而且是重要的皮货、化妆品和艺术品的集散地。
>
> (资料来源:笔者根据网络资料整理)

3.3.2 经济环境

经济环境指企业进行营销活动时所面临的外部社会经济条件。市场不仅是由人组成的，人的需求只有在具备购买能力时才是现实的市场需求，而社会购买力是受宏观经济环境制约的。因此，社会经济运行状况及发展趋势会直接或间接地对企业营销活动产生影响。

1. 直接影响营销活动的经济环境因素

一定的购买力水平是市场形成并影响其规模大小的决定因素，它也是影响企业营销活动的直接经济环境。

（1）消费者收入水平。

消费者的收入是消费者购买能力的源泉，消费者收入水平的高低制约了消费者支出的多少和支出模式，从而影响了市场规模的大小和不同产品或服务市场的需求状况。但消费者并不是把全部收入都用来购买商品或劳务，在研究消费者收入时，可以从宏观和微观两个方面进行具体分析。

从宏观上看，主要分析国民收入和人均国民收入这两个指标，它们大体反映了一个国家的经济发展水平。

国民收入：指一个国家物质生产部门的劳动者在一定时期内（一年）所创造的价值的总和。它是衡量一个国家经济实力与购买力的重要指标。从国内生产总值的增长幅度，可以了解一个国家经济发展的状况和速度。

人均国民收入：是用国民收入总量除以总人口的比值。这个指标大体反映了一个国家人民生活水平的高低，也在一定程度上决定商品需求的构成。

从微观上看，主要分析个人可支配收入和个人可任意支配收入这两个重要概念。

个人可支配收入：指在个人总收入中扣除税金后，消费者真正可用于消费的部分，它是影响消费者购买力水平和消费支出结构的决定性因素。

个人可任意支配收入：是在个人可支配收入中减去用于维持个人与家庭生存不可缺少的费用（如房租、水电、食物、燃料、衣着等项开支）后剩余的那部分收入，一般还要扣除稳定的储蓄。这部分收入是消费需求变化中最活跃的因素，主要用于满足人们基本生活需要之外的开支，一般用于购买高档耐用消费品、旅游等。非必需品的消费主要受它的限制。

需要注意的是，在分析消费者收入时，还要区分货币收入和实际收入。它们的区别在于后者通过了物价因素的修正，而前者没有。货币收入只是一种名义收入，并不代表消费者可购买到的实际商品的价值。所以，货币收入的上涨并不意味着社会实际购买力的提高。唯有考虑了物价因素的实际收入才会对实际购买力产生影响。例如，在消费者货币收入不变的情况下，如果物价下跌，消费者的实际收入就会上升、购买能力提高；相反，如果物价上涨，消费者的实际收入则下降、购买能力降低。即使货币收入随着物价上涨而增长，如果通货膨胀率大于货币收入增长率，消费者的实际收入仍会减少，社会购买力下降。

（2）消费者支出模式。

消费者支出模式指消费者各种消费支出的比例关系，也就是常说的消费结构。社会经济的发展、产业结构的转变和收入水平的变化等因素直接影响了社会消费支出模式。德国经济学家和统计学家恩格尔发现了关于家庭收入变化与各种支出之间比例关系的规律性，提出了著名的恩格尔定律。根据恩格尔定律得出的恩格尔系数已成为分析消费结构的重要工具。

$$恩格尔系数 = 食物支出总额 \div 家庭消费支出总额$$

食物开支占总消费量的比重越大，恩格尔系数越高，生活水平越低；反之，食物开支所占比重越小，恩格尔系数越小，生活水平越高。恩格尔系数是衡量一个国家、地区、城市、家庭生活水平高低的重要参数。

消费者支出模式除了主要与消费者收入有关以外，而且还受到下面两个因素的影响：一是家庭生命周期的阶段。据调查，没有孩子的年轻人家庭，往往把更多的收入用于购买冰箱、电视机、家具、陈设品等耐用消费品上，而有孩子的家庭，则在孩子的娱乐、教育等方面支出较多，而用于购买家庭消费品的支出减少。当孩子长大独立生活后，家庭收支预算又会发生变化，用于保健、旅游、储蓄部分就会增加；二是家庭所在地点。如住在农村与住在城市的消费者相比，会发现在交通、住房和食品等方面有不同的支出比例。

（3）消费者的储蓄和信贷状况。

消费者的储蓄和信贷，直接影响着消费者的不同时期的货币持有，也就直接影响着消费者的实际购买力。

消费者的储蓄形式有银行存款、债券、保险等。储蓄意味着推迟了购买力，储蓄越多，当期购买力就越低，但潜在消费量越大；反之，储蓄越少，当期购买力就越高，但潜在消费量越小。企业营销人员应当全面了解消费者的储蓄情况，尤其是要了解消费者储蓄目的的差异。储蓄目的不同，往往影响潜在需求量、消费模式、消费内容、消费发展方向的不同。一方面，居民储蓄增加，显然会使企业目前产品价值的实现比较困难。但另一方面，企业若能调动消费者的潜在需求，储蓄也能迅速地转变成现实购买力。消费者信贷是指消费者先凭信用取得商品使用权，然后再按期归还贷款的购买方式。消费者信贷有短期赊销、分期付款和信用卡信贷等多种形式。这实际上就是消费者提前支取未来的收入，对当前社会购买是一种刺激和扩大。比如，在购买住宅、汽车等高额商品时采用按揭方式。按揭即指购买者支付一定数额的购买资金作为首期，而对其余不足以支付的部分，再以所购商品向银行抵押，进而取得银行贷款支付给销售商，消费者按照与银行签订的按揭合同，分期偿还本息。

一键可以自动烧饭做菜

2. 间接影响营销活动的经济环境因素

除了上述因素直接影响企业的市场营销活动外，企业的营销活动还要受到国家或地区经济发展状况的制约。

（1）经济发展阶段。

企业的市场营销活动要受到国家或地区的整体经济发展阶段的制约。经济发展阶段不同，居民的收入不同，顾客对产品的需求也不一样，从而会在一定程度上影响企业的营销。对消费者市场来说，经济发展阶段高的地区，在市场营销方面，强调品牌、产品款式、性能及特色，感性诉求多于理性诉求。而在经济发展阶段低的地区，则较侧重于产品的功能、实用性及性价比，价格因素占据主导地位。对生产者市场而言，经济发展阶段高的地区重视投资较大而能节省劳动力的生产设备，而经济发展阶段低的地区引进生产设备偏重多用劳动力而节省资金。因此，对于不同经济发展阶段的地区，企业应采取不同的市场营销策略。

如何划分经济发展阶段，运用较多的是美国学者罗斯顿的"经济成长阶段理论"。按照这一理论，世界各国的经济发展阶段归纳为以下五种类型：传统经济社会阶段、经济起飞前的准备阶段、经济起飞阶段、迈向经济成熟阶段、大量消费阶段。凡属前三个阶段的国家称为发展中国家，而处于后两个阶段的国家则称为发达国家。我国目前已进入经济起飞阶段。所谓经济起飞是指一国已克服了各种经济发展的阻碍，创造了使经济得以持续发展的力量，正如飞机在地面上克服了各种阻力得以起飞一样。因此，企业应当注意经济起飞阶段市场中的变化，把握时机，主动迎接市场的挑战。

（2）经济形势。

在经济全球化的情况下，国际经济形势也是企业营销活动的重要影响因素。如1997年7月起在泰国开始爆发的金融风暴，迅速席卷东南亚各地，并横扫韩国、日本等地，演变成亚洲金融危机。在这场亚洲金融危机中，泰国发生了房地产大危机，韩国发生了大企业泡沫危机，也给中国的经济增长带来巨大压力。一个国家或地区的经济形势，对企业的投资方向、目标市场以及营销战略的制定等都会带来巨大影响。就中国国内的经济形势而言，整体经济一直保持较高的增长速度，中国的综合国力得到极大提高，人民生活得到显著改善。同时，中国经济也还存在一些困难和问题，如地区经济发展不平衡、产业结构不尽合理、就业问题压力很大等。因此，国际、国内经济形势都是复杂多变的，机遇与挑战并存，企业必须及时认识与判断，制定相应的营销策略。

3.3.3 自然环境

自然环境是指企业所面临的各种形式的自然资源，如矿产资源、森林资源、土地资源、水利资源等。企业应不断地分析和认识自然环境变化的趋势，根据不同的情况来开展营销活动。自然环境对企业营销的影响主要表现在两个方面。

1. 自然资源变化的影响

随着工业的发展，自然资源将逐渐短缺。传统上，人们将自然资源分成三大类：取之不尽，用之不竭的无限资源，如空气、阳光、水等；有限但可更新的资源，如森林、粮食等；有限且不可再生的资源，如石油、煤和各种矿物。由于现代工业文明无限度地索取和利用，导致矿产、森林、能源、耕地等资源日益枯竭。石油这一不可再生的有限资源，已经构成未来经济增长所遇到的最严重的问题。世界上的主要工业国都对石油有极大的依赖，石油价格也持续高涨，WTI和布伦特原油价格均由2021年12月初的不足70美元/桶上涨至2月初的90美元/桶以上。2月24日，WTI和布伦特原油盘中最高价格双双突破100美元/桶，创7年来新高。油价上涨不仅对工业生产成本的上升直接作用，还导致消费群体的生活成本增加。在国际原油价格不断高企的压力下，中国的经济增长结构和增长方式合理变革的迫切性及其受到的挑战日益加大。据统计，2020年中国累计出口了 4 574 万吨原油，而同一年中国进口 5.43 亿吨原油，花费了 1.22 万亿人民币。2021 年，中国进口了 51 297.8 万吨原油。中国已经成为全球最大的石油进口国、第二大石油消费国。自然资源的短缺已成为各国经济进一步发展的制约力甚至反作用力。

> **小链接**
>
> 九寨沟风景区是全国为数不多的实行限制游客进入数量的著名风景区之一。九寨沟把日游客数控制在 4 万人以内。九寨沟风景区做出此项决定的主要目的就是减轻生态压力，更好地保护自然景观，避免因游客过多对景物造成破坏。
>
> （资料来源：笔者根据网络资料整理）

2. 环境的污染与保护

随着工业化和城市化的发展，环境污染程度日益增加。人类面临资源枯竭、海洋污染、土壤沙化、温室效应、物种灭绝和臭氧层破坏等一系列生态环境危机，环境污染问题已成为举世瞩目的问题。自然环境变化及人们环境观的改变，对那些造成污染和以传统的方式利用资源、对自然资源进行超负荷利用和开发的行业和企业无疑是一种环境威胁。在社会舆论的压力和政府的干预下，它们不得不采取一定的措施控制污染或转移投资。另外，这种趋势也给控制污染、研究开发无污染的新包装材料等行业和企业以发展的良机。

3.3.4 科技环境

科学技术是第一生产力，它的发展对于社会的进步、经济的增长和人类社会生活方式的变革都起着巨大的推动作用。科技环境作为营销环境的一部分，不仅直接影响企业内部的生产和经营，还同时与其他环境因素互相依赖、相互作用，特别与经济环境、文化环境的关系更紧密，对企业的营销活动产生重要影响。

1. 新技术引起的产业变化

新技术的蓬勃发展促进了产业的更新换代，刺激了新产业的诞生。与此同时，新技术也使某些产业受到冲击，甚至被无情地淘汰。

2. 新技术引起的企业生产方式的变化

科学技术的发展为人类发展不断提供新资源、带来新材料、新工艺、新设备等，使企业的生产方式不断地在发生变化。例如，新的交通运输工具加快了产品的运输速度，计算机技术的应用极大地提高了企业的生产效率。

3. 新技术引起的企业经营管理的变化

技术革命是管理改革的动力，它向企业管理提出了新的要求，又为企业改善经营管理、提高管理效率提供了新的条件。例如，目前凡是大众化的商品，在商品包装上都印有条形码，使得结账作业迅速提高，大大提高了零售商店收款效率；MRP、MRP Ⅱ、ERP 等企业管理信息系统大大促进企业管理效率的提高。

4. 新技术对企业营销方式和人们消费习惯的影响

随着传媒及网络技术的发展，出现了电视购物和网络营销，消费者轻轻松松在家即可完成购物。网络时代给我们的工作和生活带来了前所未有的改变，数字化和信息化的生存模式以及工业生产革命，使整个世界的经济面临新的机遇和挑战。电子商务作为全球经济发展的新趋势，将成为贸易活动的基本形态。2021 年，网上零售额达 13.1 万亿元，同比增长 14.1%，其中实物商品网上零售额占社会消费品零售总额比重达 24.5%。随着互联网的发展，网上购物这一新型消费方式和购物观念也在逐步深入人心。截至 2021 年 12 月，我国网络购物用户规模达 8.42 亿，较 2020 年 12 月增长 5 968 万，占网民整体的 81.6%。

新技术的发展给企业市场营销既带来了机会，又带来了威胁。营销者应准确地把握科技革命的发展趋势，密切注意技术环境的变化对市场营销活动的影响，并及时地采取适当的对策。

3.3.5 政治与法律环境

政治与法律是影响企业营销的重要的宏观环境因素。政治因素像一只无形的手，调节着企业营销活动的方向，法律则为企业规定营销活动行为准则。政治与法律相互联系，共同对企业的市场营销活动发挥影响和作用。

1. 政治环境因素

政治环境是指企业市场营销活动的外部政治形势及国家方针政策给企业市场营销活动带来的影响。

（1）政治局势。

政治局势是指企业营销所处的国家或地区的政治稳定状况。一个国家如果政局稳定，社会和谐，人民安居乐业，就会给企业营造出良好的营销环境。相反，如果社会不稳定，政局动荡，发生战争、恐怖活动等，将会影响社会经济发展和人民的购买力，对企业营销活动产生不利影响。因此，社会是否安定对企业的市场营销关系极大，特别是在开展国际营销活动中，一定要考虑东道国政局变动和社会稳定情况可能造成的影响。

（2）经济政策。

一个国家在不同时期需要进行宏观调控，从而制定出相应的经济政策和经济发展方针，这些方针政策不论对本国企业还是外国企业在本国市场的营销活动都有着巨大的影响。就对本国企业的影响来看，一个国家制定出来的经济与社会发展战略、各种经济政策等，企业都是要执行的，而执行的结果必然要影响市场需求。改变资源的供给，扶持和促进某些行业的发展，同时又限制另一些行业和产品的发展。除这种直接影响外，国家也可以通过方针、政策对企业营销活动施以间接影响。例如，通过征收个人收入调节税来调节消费者收入，从而影响消费者的购买力来影响消费者需求；国家还可以通过增加产品税来抑制某些商品的需求，如对香烟、酒等课以较重的税来抑制消费者的消费需求。从对国外企业的影响来看，市场国的方针、政策是外国企业营销的重要环境因素。随着我国改革开放的进一步深入，社会主义市场经济得到长足的发展，我国城乡居民的消费水平显著提高，外资看到了在华投资的前景，因而扩大投资规模，延长投资期限，来华投资的国外企业也越来越多。这说明，市场国的方针和政策对外来投资有非常大的影响作用。

（3）国际关系。

国家之间的关系直接影响着一国政府实行限制或开放的程度，因为经济交流的双方受双方国家的政治、文化、军事等双边关系的影响。比如，中美两国之间的贸易关系就经常受到两国外交关系的影响。美国在贸易上也常常采取一些歧视政策，如搞配额限制，所谓"反倾销"等，阻止中国产品进入美国市场。这对中国企业在美国市场上的营销活动是极为不利的。

2. 法律环境因素

政府的政策往往是通过法律来实施的。对企业来说，法律是评判企业营销活动的准则，只有依法进行的各种营销活动，才能受到国家法律的有效保护。因此，企业开展市场营销活动，必须了解并遵守国家或政府颁布的有关经营、贸易、投资等方面的法律和法规。我国在发展社会主义市场经济的同时，也加强了市场法制方面的建设，陆续制定并颁布了一系列有关的重要法律法规，如《中华人民共和国公司法》《中华人民共和国广告法》《中华人民共和国商标法》《中华人民共和国反不正当竞争法》《中华人民共和国消费者权益保护法》《中华人民共和国产品质量法》等，这对规范企业的营销活动起到了重要作用。如果从事国际营销活动，企业就既要遵守本国的法律制度，还要了解和遵守市场国的法律制度和有关的国际法规、国际惯例和准则。例如，一些国家对外国企业进入本国经营设定各种限制条件。日本政府曾规定，任何外国公司要进入日本市场，必须要找一个日本公司同它合伙。也有一些国家利用法律对企业的某些行为作特殊限制。美国《反托拉斯法》规定，不允许几个公司共同商定产品价格，一个公司的市场占有率超过20%就不能再合并同类企业。

因此，企业必须知法守法，自觉用法律来规范自己的营销行为。同时，还要善于运用法律武器维护自己的合法权益。

挪威禁止一些促销的方式，例如赠券、竞赛和奖金等不适当或不公平的方式。泰国要求在全国范围内销售食品的公司必须有低价位的产品，以使低收入的消费者能在货架上找到经济的产品。在印度，食品公司若推出市场已有的某类商品，如新品牌的可乐饮料或稻米等，必须获得专门的批准。

（资料来源：笔者根据网络资料整理）

3.3.6 社会文化环境

市场营销学中所说的社会文化因素，主要指在一种社会形态下已经形成的信念、价值观念、宗教信仰、道德规范、审美观念以及世代相传的风俗习惯等被社会所公认的各种行为规范。社会文化作为人们一种适合本民族、本地区、本阶层的是非观念，强烈影响消费者的购买行为，使生活在同一社会文化范围内的各成员具有众多相同特征。企业的市场营销人员应分析、研究和了解社会文化环境，以针对不同的文化环境制定不同的营销策略。

1. 教育状况

教育是一种传授生产经验和生活经验的必要手段，反映并影响着一定的社会生产力、生产关系和经济状况。教育状况对营销活动的影响，可以从以下几个方面考虑：一是对企业选择目标市场的影响，处于不同教育水平的消费者，对商品的需求不同；二是对企业营销商品的影响，文化不同的国家和地区的消费者，对商品的包装、附加功能和服务的要求有差异；三是对营销调研的影响，企业的营销调研在受教育程度高的国家和地区更为方便；四是对企业经销方式的影响，企业的产品目录、产品说明书的设计要考虑目标市场的受教育状况。

2. 宗教信仰

纵观历史上各民族的消费习惯的产生和发展，可以发现宗教是影响人们消费行为的重要因素之一。一种新产品出现，可能会与宗教信仰相冲突，也有可能会适合特定群体的市场需求。企业需避免宗教禁忌给企业营销活动带来的损失，而利用目标市场中各种宗教的节日和仪式，努力获得宗教组织的支持，创造有利的营销机会。

3. 价值观念

价值观念就是人们对社会生活中各种事物重要性的认识，由此而引发的态度和看法。不同的社会文化背景下，人们有不同的价值观念。消费者对商品的需求和购买行为深受价值观念的影响。如中国人认为手工艺品很平常，而工业发达的西方国家却认为手工艺品很珍贵。

4. 消费习俗

消费习俗是人类各种习俗中的重要习俗之一，是人们历代传递下来的一种消费方式，也可以说是人们在长期经济与社会活动中所形成的一种消费风俗习惯。不同的消费习俗具有不同的商品需要，研究消费习俗，有利于组织消费用品的生产与销售。例如，华人在每逢农历新年，都要大量购买各种礼品、节日用品，家家户户贴着吉祥如意的春联，有些地方还举办庙会、灯会等庆祝活动。

5. 审美观念

人们在市场上挑选、购买商品的过程，实际上也就是一次审美活动，这个审美的全过程完全由消费者的审美观念来支配。消费者的审美活动实质上反映了一个时代、一个社会人们共同的审美观念和审美趋势。近年来，我国人民的审美观念随着物质文化生活水平的提高，已经发生了明显的变化。

（1）追求健康的美。体育用品和运动服装的需求量呈上升趋势。

（2）追求形式的美。服装市场的异军突起，不仅美化了人们的生活，更重要的是迎合了消费者的求美心理。

（3）追求环境美。消费者对环境的美感体验，在购买活动中表现得最为明显。如建造大型购物中心、商场的橱窗设计等，都会给顾客以环境美的享受。

因此，营销人员应注意把消费者对商品的评价作为重要的反馈信息，使商品的艺术功能与经营场所的美化效果融为一体，更好地满足消费者的审美要求。

在研究社会文化环境时，还要重视亚文化群对消费需求的影响。每一种社会文化的内部都包含若干亚文化群，亚文化群共同遵守主文化，但又具有自己的信仰、态度和生活方式等。因此，企业市场营销人员在进行社会和文化环境分析时，可以把每一个亚文化群视为一个细分市场，生产经营适销对路的产品，满足顾客需求。

3.4　市场营销环境分析

企业在制订和调整营销战略和计划时，要根据其掌握的市场信息，进行机会和威胁分析，根据市场营销环境对企业影响的不同状况，制定相应的市场对策，以获得生存和发展。

3.4.1　市场营销环境分析方法（SWOT 分析法）

营销环境分析常用的方法为态势分析法，即 SWOT 分析法，是对企业内部的优势与劣势和外部环境的机会与威胁进行的综合分析。

1. 外部环境分析（机会与威胁）

环境机会的实质是指市场上存在"未满足的需求"。它可能来源于宏观环境因素，也可能产生于微观环境因素。随着消费者需求的不断变化，需要不断开发新的产品来满足消费者的需求，从而市场上出现了许多新的机会。

环境机会对不同企业是不相等的，同一个环境机会对一些企业可能成为有利的机会，而对另一些企业可能就造成威胁。环境机会能否成为企业的机会，要看此环境机会是否与企业目标、资源及任务相一致，企业利用此环境机会能否比其竞争者带来更大的利益。

环境威胁是指对企业营销活动不利或限制企业营销活动发展的因素。这种环境威胁主要来自两方面：一方面，是环境因素直接威胁着企业的营销活动。例如，一些大城市禁止摩托车上路，这会对摩托车的生产者和经销商产生一定影响。另一方面，企业的目标、任务及资源同环境相矛盾。例如，传统的造纸企业会排放出大量的废气和废水，与整个社会追求可持续发展的大环境相违背，这就给企业的生存和发展带来了巨大的威胁。

2. 内部环境分析（优势与劣势）

每个企业都要定期审视自己的优势与劣势，企业的优势反映它的实力，代表它相对于竞争对手的强项；其劣势则反映它的缺陷，代表它相对于竞争对手的弱项。企业只有明确自身的优势和劣势，才能充分发挥优势和克服劣势。

分析企业内部环境的优劣势主要用价值链分析法。企业生产是一个创造价值的过程。企业的价值链就是企业从事的研发、设计、生产、销售、售后等基本性活动以及人力资源等支持性活动的集合体。企业对价值链中的每项活动进行分析，来发现存在的优势和劣势以及价值链中的各项活动的关系。

波士顿咨询公司的负责人乔治·斯托克提出，能获胜的公司是取得公司内部优势的企业，而不仅仅是只抓住公司的核心能力。每一个公司必须管理好某些基本程序，如新产品开发、原材料采购、对订单的销售引导、对客户订单的现金实现、顾客问题的解决时间等。每一程序都创造价值，需要内部各部门协同作战。

3.4.2 环境威胁和环境机会分析

企业面对不同程度的威胁和机会的营销环境，需要通过市场营销环境分析来评估环境威胁和环境机会。评估环境威胁和环境机会可采用威胁分析矩阵和机会分析矩阵。

1. 环境威胁分析

环境威胁是指营销环境中不利于企业营销的各种因素的总和。对环境威胁的分析可以从两个方面展开：一是威胁的潜在严重性；二是威胁出现概率（图3.3）。

在图3.3中，企业必须特别重视Ⅱ区，因为它表示威胁出现的概率高，并且威胁的潜在严重性也高，企业应尽早制定应变对策。对Ⅳ区，企业不必过于担心，但应观察其发展变化，是否有转化为其他的可能。对Ⅰ区，威胁出现的概率低，但一旦出现，潜在严重性却高；对Ⅲ区，威胁的潜在严重性虽然低，但出现的概率却高，因此，企业对Ⅰ区和Ⅲ区都应重视，密切关注其变化。

2. 环境机会分析

环境机会是指营销环境中对企业营销有利的各种因素的总和。对环境机会的分析可以从两个方面展开：一是企业成功概率；二是机会潜在利润（图3.4）。

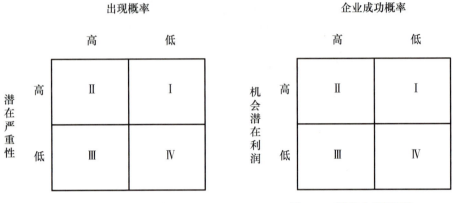

图 3.3　环境威胁分析矩阵　　　　图 3.4　环境机会分析矩阵

在图 3.4 中，企业应牢牢把握Ⅱ区，大力发展，因为它表示机会潜在利润高，并且企业成功概率也高。对Ⅳ区，机会潜在利润低，企业成功概率也低，企业应改善自身条件，注意机会的发展变化，审慎而适时地开展营销活动。对Ⅰ区，企业成功概率低，但一旦出现机会潜在利润却高；对Ⅲ区，机会潜在利润虽然低，但企业成功概率却高，因此企业对Ⅰ区和Ⅲ区都应重视，密切关注其变化。

3. 企业营销对策

用上述市场机会与环境威胁的矩阵对企业进行分析和评价，将会发现四种处于不同状况的企业，如图 3.5 所示。

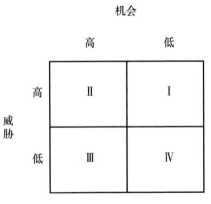

图 3.5　环境综合分析矩阵

理想的企业，即高机会和低威胁的企业。
冒险的企业，即高机会和高威胁的企业。
成熟的企业，即低机会和低威胁的企业。

困难的企业，即低机会和高威胁的企业。

企业必须慎重地评估所面临的市场机会，对于所面临的环境威胁，一般可以选用以下几种对策。

（1）对理性业务，应看到机会难得，甚至转瞬即逝，必须抓住机遇，迅速行动。

（2）对冒险业务，面对高利润与高风险，不宜盲目冒进，也不应迟疑不决，坐失良机。应全面分析自身的优势和劣势，扬长避短，创造条件，争取突破性的发展。

（3）对成熟业务，机会与威胁处于较低水平，可作为企业的常规业务，用以维持企业的正常运转，并为开展理想业务和冒险业务准备必要的条件。

（4）对困难业务，要么努力改变环境，走出困境或减轻威胁，要么立即转移，摆脱无法扭转的困境。

本 章 小 结

企业作为市场营销活动的主体，需要面对客观存在的市场营销环境。市场营销环境影响着企业营销活动及其目标实现，营销管理者应该采取积极、主动的态度能动地去适应营销环境。微观环境包括企业本身、市场营销渠道企业、顾客、竞争者和公众等因素。宏观环境包括人口、经济、自然、科技、政治与法律、社会文化环境。

外部环境对企业营销活动的影响包括市场机会和环境威胁。企业需要通过环境分析来评估市场机会和环境威胁，慎重地评估所面临的市场机会，对于所面临的环境威胁需要采用相关对策，争取避害趋利，获得竞争优势。

拓展训练项目

一、阅读分析

索尼：抗击营销环境的"完美风暴"，坠落巨人

近些年来，苹果、谷歌、亚马逊和三星等公司风头十足，人们一时之间很难记起曾经的市场统治者——索尼。实际上，不久以前，索尼还是一个高科技明星，它不仅仅是全球最大的消费品电子产品生产商，而且其众多创新产品——比如特丽珑电视机、便携式音乐随身听（walkman）、数码摄像机、游戏手柄——都一度变革了整个消费电子产品行业。索尼的创新创造并引领了潮流文化，受到大众的膜拜，也为公司带来了丰厚的财富。索尼两个字，曾经代表着创新、时尚，以及优秀品质。

但是，今天的索尼更像是一个过气的摇滚明星，隐匿在新贵们的阴影中。十几年前，当索尼还是一家在全球很多城市及郊区拥有众多分支的全球性大企业时，三星就赶超了这个曾经的市场领先者——索尼作为世界最大的消费电子产品生产企业的日子开始一去不复返。随后，苹果公司也开始用一个又一个的创新产品打击着索尼。"我年轻时，索尼产品都是不二之选。"一个分析师总结说："但是现在的年轻人更愿意拥有的品牌是苹果。"所有这些将索尼的品牌承诺"创造，信仰"变成了

一种"虚幻"。

索尼的财务状况反映了其在消费者当中受欢迎程度的下降。最近几年,三星和苹果的总收入都已超过索尼。就在索尼的亏损达到灾难性水平的同时,三星的盈利却连年激增。竞争对手的股价和品牌价值飞涨,索尼的市值却创下新低。穆迪投资者服务公司将索尼的信用评级调整为"垃圾级",犹如在索尼的伤口上撒盐。

索尼怎么会这样迅速地衰败下去?答案很复杂。索尼从来没有丧失那些曾经使其辉煌的能力。实际上,过去的十几年里,索尼已经准备好用MP3播放器、智能手机、网上数码商店和许多其他企业已经成功营销的产品席卷市场。但是,由各种环境因素形成的疾风暴雨将索尼紧紧困住,抑制了它的增长和成功。有些因素超出了索尼的可控范围。但是,剥离这些不可控因素,究其根本原因,还是索尼没有紧盯市场,不能适应周边发生的重大变化,这使其失去了远见,对未来感到迷茫。

多重打击

首先,索尼在技术上落后了。索尼一度辉煌的帝国是建立在独立电子产品(电视机、CD播放器、游戏手柄)的创新性工程施工和设计水平之上。可是,网络和数字技术蓬勃发展,创造出一个更加紧密连接和移动的新世界,独立的硬件产品很快被新的连接技术、媒体、内容取代。消费者娱乐领域已经转变为通过个人电脑、iPod、智能手机、平板电脑、数字电视机等进行数字化下载和内容分享,索尼却行动迟缓,没有及时改变和适应。

自大的索尼认为没有人能够撼动其市场领先地位,坚持使用成功的旧技术而不是积极地采用新技术。例如,早在2001年苹果发布第一代iPod之前,索尼可以下载和播放电子音乐文件的设备已经面市3年了。索尼实际上拥有可以制造类似iPod和iTunes在线媒体库的一切资源和能力,包括自己的音乐公司和艺人。但是它没有在意,而是更加看重业已成功的CD业务。"苹果的乔布斯想出来的,我们也想出来了,但我们没有实行。"索尼的前任CEO霍华德·斯金格说道:"我们认为音乐人不希望看到CD消失。"(但消费者不在乎这些,方便、便宜、质量好就行)

类似的,作为世界上最大的电视机制造商,索尼一直坚持它的特丽珑阴极射线管技术,不顾三星、LG和其他竞争对手争相发展液晶电视机。尽管索尼最终也这样做了,但是为时已晚。时至今日,三星和LG的电视机销量远超索尼。电视机业务曾经是索尼的主要利润来源,却在过去的十年间亏损近80亿美元。近年来,为了重整旗鼓,索尼将电视机事业部分拆为一个独立的业务单位,但是它不得不在与其全盛期完全不同的竞争环境中打一场极其艰难的攻坚战。索尼腹背受敌,不仅市场份额一再被三星和LG抢占,而且海尔、海信、TCL等生产高端液晶电视机的中国企业也凭借成本优势不断冲击着索尼。

索尼的游戏机Playstation也有着类似的经历。该产品曾经是无可争议的市场霸主,在索尼的利润来源中占1/3的比重。当任天堂推出先进的任天堂Wii传感游戏控制手柄时,索尼毫不在意,认为那只是"小众游戏设备",反而继续推出技术尖端的PS3,却由于技术成本过高,每售出一台就亏损300美元。结果,Wii大获成功,成为最畅销的游戏手柄;而PS3给索尼带来上亿美元的损失,行业地位从第一掉到第三。

尽管亏了钱，但是索尼的 Playstation 系统具备完美的硬件和软件组合，这些元素足以让索尼成为电子娱乐分销和社交网络新世界的领头羊。索尼的管理者甚至将 Playstation 视为有潜力创造"电脑与娱乐完美融合"的"集成典范"。换句话说，索尼本来可以有力地回击苹果公司的 iTunes，但是这一想法最终在索尼并没有付诸实施，索尼在建立人与电子娱乐世界联系这一迅速发展的业务领域再次落后了（包括创造者和使用者的供应链）。

索尼没有利用市场变化趋势的例子还有很多，尽管他有可以这样做的产品，却一再贻误良好机会。想想看索尼的 MYLO（我的网上生活）吧，这是一个比第一代 iPhone 还要早一年发布的优秀产品，它拥有最终成就智能手机的一切要素——触摸屏、键盘、内置摄像头，甚至应用程序。还有索尼阅读器的画布，比亚马逊用它的第一部 Kindle 阅读器占领市场的时间还早一年。

转折点

当索尼意识到其收入停滞和利润骤降时，便竭力扭转颓势。2005 年，CEO 斯金格入主索尼，希望力挽狂澜将索尼重新拖回正轨。斯金格为索尼的重生殚精竭虑，制定了旨在变革索尼思维和将企业重心转向紧密联系的移动电子新时代的扭亏计划。

但是，索尼崇拜硬件的企业文化使得斯金格的努力受到重重阻碍，成效很慢。"每当我提及内容，"他说，"索尼的人们会不懈地回答，这是一家电子企业，内容是次要的"。但是，尽管受到死板的组织结构和缺乏灵活性的文化的阻碍，索尼的优势还是使之坚持了下来。事实是，斯金格上任的最初几年，这个曾经的电子产品巨人重新焕发生命，其盈利上升了 200%，收入增加了 33 亿美元。

但是，即使没有那么激烈的竞争，索尼的增长也逃不开经济萧条的打击。一年后，索尼又回到了起点，亏损 10 亿美元。斯金格很快指出，如果不是全球金融危机和日元升值，索尼原本可以获得可观的利润。

在经历了几年的亏损之后，2011 年是索尼的回归之年。一大批优秀的产品在十几年间相继上市，包括便携式的游戏机，复杂的 24 兆像素的相机、市场上最先进的智能手机之一、个人 3D 视频浏览器及公司的第一代平板电脑。也许最重要的是，公司已经准备好发布索尼娱乐网络——一个最终将索尼在音乐、电影、游戏方面的优势与电视机、个人电脑、手机、平板电脑等结合起来的类似 iTunes 的全球网络。分析家预测利润可达 20 亿美元。

但是，2011 年 3 月 11 日凌晨 4 点半，斯金格刚抵达纽约，收到了一条信息，日本东北部发生地震和海啸。所幸索尼没有人员伤亡。事实上，索尼的员工积极地投入救援，他们将泡沫运输箱加工成救生艇救助幸存者，以及进行运输补给。但是，这场灾难造成索尼的 10 家日本工厂被迫关闭，蓝光光盘、电池和其他产品停产。

经历了极端自然灾害后，索尼的噩梦却才刚刚开始。一个月之后，公司的网络娱乐服务器突然遭到黑客入侵，这是美国历史上第二大网络数据库外泄事件，索尼不得不关闭其游戏网络。仅仅 4 个月以后，暴徒在伦敦纵火烧毁了索尼的一间仓库和价值约 2 500 万美元的 CD、DVD 及 150 个独立唱片公司的存货。同年年末，泰国的洪水冲垮了索尼的零部件工厂，扰乱了索尼相机的生产与分销。

索尼的2011年回归行动本身没有任何差错，但时运不济。原计划的20亿美元利润变成了31亿美元的亏损，并且标志着接下来连续三年亏损的开始。斯金格的任期将要结束，索尼的下一任CEO井平一夫开始公开承认索尼的"危机感"，实际上，索尼随后一年净亏损60多亿美元，是亏损最为严重的一年。

评估损失

究竟是什么导致了索尼的失败？是对硬件的痴迷、没有竞争力的成本结构、全球金融危机、自然灾害、黑客还是暴乱？回顾以往，所有这些营销环境因素组合在一起给了索尼接二连三的打击。索尼所遭受的由环境力量形成的"完美风暴"表明，这些环境力量完全可以造成巨大的破坏，无论是不可预见的自然灾害、经济事件，还是可以预见的技术突破。

尽管过去十几年间索尼历经劫难，有一点还是毋庸置疑的。索尼是一家拥有悠久历史、拒绝放弃的强大企业。即使是现在，井平一夫和他的同事们依然在坚定不移地挽救企业。凭借工程和设计方面的核心优势，他们依然具有在当今市场上成为全面娱乐提供商的资本和能力。索尼是游戏机制造商、电视机制造商、移动公司、家用电器公司、音乐工作室，也是主要的唱片录制公司。伴随着努力降低成本、推倒部门之间的围墙，索尼优质的新产品组合统一在索尼娱乐网络下显示着巨大的潜力，现在，索尼只是在祈祷经济环境和自然环境的支持。

（资料来源：菲利普·科特勒，加里·阿姆斯特朗，2015.市场营销：原理与实践（第16版）[M].楼尊，译.北京：中国人民大学出版社.）

思考题

1. 谈谈索尼公司为何坠落？
2. 结合本案例，你认为一家企业如果想要可持续发展，应该如何对待营销环境？

二、拓展项目设计

请大家站在高等教育未来发展战略的高度，综合运用所学环境分析方法，分析所在学校面临的环境形势、所面临的机会、威胁、自身的优势和劣势。

在线答题

第 4 章

购买行为研究

教学目标

通过本章学习，了解消费者市场的特点及其购买行为模式；掌握影响消费者行为的主要因素及消费者购买的决策过程；了解生产者购买行为的特征以及生产者购买行为的类型和生产者购买决策过程。

教学要求

知识要点	能力要求	相关知识
消费者市场及购买行为研究	结合实际情况分析影响消费者购买行为的因素，能阐述消费者购买的决策过程	消费者市场含义及特点；消费者行为模式；影响消费者购买行为的因素；消费者购买决策过程
生产者市场及购买行为研究	结合实际情况分析影响生产者购买行为的因素，能阐述生产者购买的决策过程	生产者市场购买的特点；生产者购买行为的主要类型；影响生产者购买行为的因素；生产者购买决策过程

 **导入案例**

人们越来越喜爱宠物保险公司

除了欢迎我们回家、给我们陪伴，宠物还可能成为保险公司的稳定收入来源。

毫无疑问，狗、猫和其他宠物已经成为零售商销售额的稳健来源。2017年亚马逊宠物食品销售额达14亿美元，同比增长38%。而且这还不包括发声玩具或搞怪的小号宠物服装等其他宠物产品。上一季度电商宠物用品相关数据显示，在线购买宠物产品的成年人比例自2015年以来增长了至少45%。宠物商业杂志Pet Business报道称："根据第三方数据，亚马逊预测2018年在线宠物产品销售额将达到82亿美元。"美国宠物用品协会表示，美国消费者在宠物身上的总消费额超过700亿美元。

宠物保险市场

虽然宠物保险行业刚刚起步，已有不少公司把关注点转向这一行业。Veterinarian's Money Digest援引2018年北美宠物健康保险状况行业报告称，2017年北美至少有200万只宠物投保，同比增长17%。2017年年底，宠物保险业的承保保费超过10亿美元，同比增长15%。2017年狗的平均意外险和疾病险保费为535美元（44.58美元/月），猫的保费335.19美元（27.93美元/月）。新闻报道追溯，1981年出现了第一项宠物保险政策，兽医学博士Jack Stephens召集了900多名兽医，共同创建了第一家宠物健康保险公司。同比显著增长显示，宠物健康保险行业正在蓬勃发展。购买宠物保险后，宠物生病或发生意外的情况下，宠物主人需要支付医疗费用时将获得赔偿，而不会因为经济压力选择安乐死。

尽管如此，宠物保险政策仅覆盖了一小部分家养宠物动物。全美宠物狗数量超过6 900万只，宠物猫数量超过7 400万只。但平均数字显示，狗主人每年带狗去看兽医的次数仅为2.6次，犬类医疗费用开支平均为227美元。

市场潜力

宠物发生意外，会大大提高主人的兽医费用，宠物主人在急诊时花掉成千上万美元，这样的故事俯拾皆是。但如果给宠物投保，则会减轻宠物主人的负担。目前约有十几家公司涉足市场，提供宠物保险。

宠物保险公司努力在盈利，并吸引更多投资者参与这个行业。美国全国广播公司财经频道（CNBC）报道称，"尽管宠物业务不断增长，宠物保险公司仍在努力扭亏为盈。过去六年里，行业领先者Trupanion收入连年增长，从2012年的5 550万美元增加到2017年的2.427亿美元，同期投保宠物数量翻了两番。"由此可见，宠物保险市场潜力巨大。

千禧一代的需求

消费者在宠物健康方面花费越多，对宠物保险的兴趣就越浓厚。CNBC报道援引

TD Ameritrade 的一项研究称,"千禧一代"(1982—2000 年出生的人)已经成为养宠物的主流人群,对宠物医疗保健的关注多于对自身健康的关注,因此也具有更强的消费意愿。"医疗保健是宠物行业防御性最强的细分市场。宠物主人可能会在经济衰退期间改喂普通狗粮,但是如果狗生病了,他们一定会带着狗去看兽医。"这些观察结果显示,人们的宠物观正在改变。很多分析家评论道:宠物被看做孩子,特别是对于很多放弃生育的年轻消费者来说,更是这样。这对未来几年的宠物保险市场无疑是一个好兆头。

(资料来源:https://baijiahao.baidu.com/s?id=1604859519174354565&wfr=spider&for=pc,2018-07-02.)

市场是企业营销活动的出发点和归宿点。按照顾客购买目的或用途不同,市场可分为消费者市场和生产者市场两大类。对于消费品的生产经营企业而言,深刻认识消费者市场的特点,准确把握消费者的购买行为,才能科学地确定产品的销售对象,有针对性地制造产品、价格、渠道和促销策略,提高市场营销的效率,在充分满足消费者需要的前提下实现企业的发展目标。同消费者市场相对应的是生产者市场,它是企业所面临市场的重要组成部分。生产者市场由于其主体的性质和购买的目的与消费者市场有很大不同,所以对其购买行为有必要进行特定的分析和研究。

4.1 消费者市场及购买行为研究

4.1.1 消费者市场的含义及特点

1. 消费者市场的含义

消费者市场是指为满足个人或家庭消费需要而购买产品和服务的个人和家庭构成的市场。由于产品和服务进入消费领域即进入流通的终点,所以消费者市场也称为最终产品市场。消费者市场是现代市场体系的基础,是现代营销理论的主要研究对象。

2. 消费者市场的特点

(1)消费者市场的主体消费者由于年龄、性别、国籍、收入、信仰、教育程度等多个方面的差异,造成消费者在消费需要、消费习惯上的复杂性和多样性。消费者对不同的产品或者同样的产品,在性能、款式、价格等多个方面的需求是五花八门、千差万别的。其次,消费者的需求并非是一成不变的,随着消费者所处环境的变化,消费者需求会发生改变。例如,以前年轻人联络,多采用短信方式,现在多采用微信方式。

(2)消费者市场是以个人或家庭为购买单位的,目的是个人或家庭消费。首先,受消费品的特点影响,消费者要经常购买,购买频率高但每次购买量小。其次,消费者人数众多,居住分散,带来消费者市场范围广,购买规模庞大。

(3)消费者市场的购买者——消费者往往缺乏购买产品的专业知识,属于典型的非专业性购买，其购买行为具有很强的冲动性和自发性，极易受广告宣传和产品包装的诱导和影响。

4.1.2 消费者行为模式（"刺激—反应"模式）

人类获取和生产消费品的行为贯穿了历史的全过程，而对消费者行为的研究只是最近几十年的事。然而，在这短暂的几十年中，消费者行为不仅引起不同行业、不同国家和地区人们的瞩目，还成为多门类学科探讨的课题。不同的学科从不同的领域研究、探索、提出了各具特色的购买行为模式，这些模式对于企业在市场营销活动中弄清特定的购买者行为及其与企业各项营销方针、方法和策略的关系，掌握规律性以诱发有利的购买行为，有着重要的参考价值。

消费者购买行为研究模式中比较有代表性的是"刺激—反应"模式，如图4.1所示。它是研究消费者的起点，因为营销者要了解诸如消费者对营销者所采取的各种营销刺激手段做出何种反应，这些反应与他们最终购买行为的关系又是怎样的。

图4.1说明了消费者受到外界刺激后的反应模式，营销和其他刺激进入购买者"黑箱"，然后产生购买反应。人的行为是受心理活动支配的，消费者的行为受其心理活动支配。心理活动是如何起作用的呢？心理学家认为，人们产生行为的动机是一种内在的心理活动过程，就像一只"黑箱"，是一个不可捉摸的神秘过程。客观的刺激，经过黑箱（心理活动过程）产生反应，引起行为。只有通过对行为的研究，才能了解心理活动过程。营销刺激指企业营销活动的各种可控因素，即"4P"：产品、价格、渠道、促销；其他刺激指消费者所处的环境因素（经济、技术、政治、文化等）的影响，如国内政治经济形势的变化、币值的波动、失业率的高低等。这些刺激通过购买者的黑箱产生反应，如产品选择、品牌选择、经销商选择、购买时机和购买数量选择等。

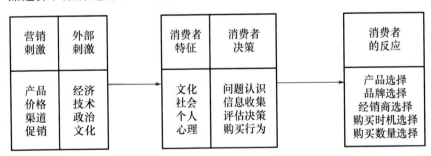

图 4.1 消费者购买行为模式（"刺激-反应"模式）

刺激和反应之间的购买者黑箱包括两个部分：第一部分是购买者的特性，购买者特性受到许多因素的影响，进而影响购买者对刺激的理解和反应，不同特性的消费者对同一种刺激会产生不同的理解和反应；第二部分是购买者的决策过程，虽然我们不可能对市场上成千上万的消费者的"黑箱"完全了解，但是通过对行为中带有规律性的反应的观察和分析，就能够基本掌握行为规律性。对购买行为的研究也是这样，这正是建立"消费者购买行为模式"的意义。同时，通过建立这个行为模式，也得到了如何研究消费者购买行为的基本方法：通过分析"购买者黑箱"中的"购买者行为特征（的影响因素)"和"购买者决策过程"这两个行为心理过程,来掌握消费者购买行为的形成与变化规律。

消费者对各种外界影响的反应如何,这是企业研究消费者行为的中心问题。那些真正了解消费者对不同产品特征、价格、广告的反应的企业,较之竞争对手有更大的竞争优势。因此,营销人员和科研人员用了大量的精力去研究营销刺激和消费者反应这两者之间的关系。

4.1.3 影响消费者购买行为的因素

1. 外在因素

(1)文化因素。

① 文化。文化指人类从生活实践中建立起来的价值观念、道德、理想和其他有意义的象征的综合体。每一个人都在一定的社会文化环境中成长,通过家庭和其他主要机构的社会化过程学习并形成了基本的文化观念。文化是决定人类欲望和行为的基本因素,文化的差异引起消费行为的差异,表现为婚丧、服饰、饮食起居、建筑风格、节日、礼仪等物质和文化生活等各个方面的不同特点。比如,中国的文化传统是仁爱、信义、礼貌、智慧、诚实、忠孝、上进、尊老爱幼、尊师重教等。

② 亚文化。每一个国家的文化中又包含若干不同的亚文化群,如,民族亚文化群、宗教亚文化群、种族亚文化群和地理亚文化群。

此外,亚文化还可以分为年龄亚文化、性别亚文化、职业亚文化、社区亚文化等。

③ 社会阶层。社会阶层是社会学家根据职业、收入来源、教育水平、价值观和居住区域对人们进行的一种社会分类,是按层次排列的、具有同质性和持久性的社会群体。社会阶层具有以下特点。

A. 同一阶层的成员具有类似的价值观、兴趣和行为,在消费行为上相互影响并趋于一致。

B. 人们以自己所处的社会阶层来判断各自在社会中占有地位的高低。

C. 一个人的社会阶层归属不仅仅由某一变量决定,而是受到职业、收入、教育、价值观和居住区域等多种因素的制约。

D. 人们能够在一生中改变自己的社会阶层归属,既可以迈向高阶层,也可以跌至低阶层,这种升降变化的程度随着所处社会的社会层次森严程度的不同而不同。

(2)相关群体。

相关群体也称为参考群体或参照群体,指一个人在认知、情感的形成过程和行为的实施过程中用来作为参照标准的某个人或某些人的集合。换言之,相关群体是个人在特定情况下作为行为向导而使用的群体。只要某一群人在消费行为、态度或价值观等方面存在直接或间接的相互影响,就构成一个相关群体,不论他们是否相识或有无组织。某个相关群体有影响力的人物称为"意见领袖"或"意见领导者",他们的行为会引起群体内追随者、崇拜者的仿效。

① 识别相关群体的主要变量。相关群体可以按照不同的变量来分类，主要变量有四类：接触类型、组织类型、吸引力和成员资格。

A. 按照与消费者接触的密切程度，相关群体可分为主要群体和次要群体。

主要群体：也称为基本群体，指与消费者有日常密切接触的群体，如家庭成员、亲朋好友、邻居和同事等。这类群体对消费者认识和行为发生重要的影响。

次要群体：指与消费者较少发生直接接触的群体，如商场购物时的人流、乘车时的乘客、街上偶遇的行人等。当群体规模扩大时，人际接触会趋于减少。与主要群体相比，次要群体对消费者认识和行为的影响较小。

B. 按照是否存在较为正式的组织，可分为正式群体和非正式群体。

正式群体指存在正式组织的群体，如单位同事、同校学生、专业协会成员、球迷协会成员等，群体成员都是该组织成员。

非正式群体指不存在正式组织的群体，如家庭成员、亲戚朋友、各界名人及其追随者等。

C. 按照群体的吸引力，即消费者对群体的态度，可分为正相关态度群体和负相关态度群体。

正相关态度群体指其行为被消费者同意和赞赏的群体，即该群体对消费者的吸引力为正。人们通常会仿效和乐于加入正相关态度群体。

负相关态度群体指其行为被消费者否定或厌恶的群体，即该群体对消费者的吸引力为负。

D. 按照消费者是否属于特定相关群体成员，可分为成员群体和非成员群体。

成员群体指该消费者是该群体成员之一。

非成员群体指该消费者并非该群体成员。

② 相关群体对消费者行为的影响。特定的相关群体有特定的行为规范，人们用这些规范定义自己。相关群体对个体行为的影响主要有 3 种方式：信息性影响、功利性影响和价值表现影响。

A. 信息性影响，指相关群体的价值观和行为被个人作为有用的信息加以参考。这些信息可以主动收集，如个体主动地了解群体其他成员的价值观和行为特点；也可以被动获得，如群体成员或领导者热心推荐或通过其他偶然原因获得。信息性影响的强弱取决于被影响者与群体成员的相似性以及施加影响的群体成员的专长。

B. 功利性影响，指相关群体的价值观和行为方式对消费者发生作用后可以帮助其获得奖赏或避免惩罚。如果相关群体的某些成员由于消费某些产品而获得群体的赞赏或认同，群体中其他希望获得赞赏或认同的成员就会消费同样或同类的产品。如果某种消费行为受到群体成员的否定，如嘲笑或厌恶，那么其他成员就会避免此类消费行为。

C. 价值表现影响，指群体的价值观和行为方式被个人所内化，无须任何外在的奖惩就会依据群体的价值观或规范行事。这时，群体的价值观和行为规范已经完全被个体接

消费动机的激发

受，成为个体价值观和行为规范。

（3）家庭。

消费者以个人或家庭为单位购买产品，家庭成员和其他有关人员在购买活动中往往起着不同作用并且相互影响，构成消费者的"购买组织"。分析这个问题，有助于企业抓住关键人物开展营销活动，提高营销效率。家庭不同成员对购买决策的影响往往由家庭特点决定，家庭特点可以从家庭权威中心点、家庭成员的文化与社会阶层等方面分析。

① 家庭权威中心点。社会学家根据家庭权威中心点不同，把所有家庭分为4种类型：A.各自做主型，亦称自治型，指每个家庭成员对自己所需的商品可独立作出购买决策，其他人不加干涉；B.丈夫支配型，指家庭购买决策权掌握在丈夫手中；C.妻子支配型，指家庭购买决策权掌握在妻子手中；D.共同支配型，指大部分购买决策由家庭成员协商作出。"家庭权威中心点"会随着社会政治经济状况的变化而变化。由于社会教育水平增高和妇女就业增多，妻子在购买决策中的作用越来越大，许多家庭由"丈夫支配型"转变为"妻子支配型"或"共同支配型"。

② 家庭成员的文化与社会阶层。家庭主要成员的职业、文化及家庭分工不同，在购买决策中的作用也不同。据国外学者调查，在受教育程度较低的"蓝领"家庭，日用品的购买决策一般由妻子作出，耐用消费品的购买决策由丈夫作出。在科学家和教授的家庭里，贵重商品的购买决策由妻子作出，日用品的购买普通家庭成员就能决定。

（4）身份和地位。

每个人的一生会参加许多群体，如家庭、公司、俱乐部及各类组织。一个人在群体中的位置可用身份和地位来确定。身份是周围的人对一个人的要求或一个人在各种不同场合应起的作用。比如，某人在女儿面前是父亲，在妻子面前是丈夫，在公司是经理。每种身份都伴随着一种地位，反映了社会对他的总评价。消费者做出购买选择时往往会考虑自己的身份和地位，企业把自己的产品或品牌变成某种身份或地位的标志或象征，将会吸引特定目标市场的顾客。当然，人们以何种产品或品牌来表明身份和地位会因社会阶层和地理区域的不同而不同。

2. 内在因素

影响消费者行为的内在因素主要有消费者的心理因素等。其中，心理因素包括较多内容，有消费者的知觉、消费者的动机、消费者的学习、消费者的态度和经济因素、生理因素与生活方式等。

（1）消费者的知觉。

知觉是人脑对直接作用于感觉器官的客观事物各个部分和属性的整体反映。这是影响个人购买行为的一个重要心理因素。一个被动机驱使的人随时准备着行动，但具体如何行动则取决于他对情景的知觉如何。两个处于同样情景的人，由于对情景的知觉不同，其行为可能不大相同。知觉的性质不同对市场营销的作用机理也不同。

① 知觉的整体性，也称为知觉的组织性，指知觉能够根据个体的知识经验将直接作用于感官的客观事物的多种属性整合为同一整体，以便全面地、整体地把握该事物。

有时,刺激本身是零散的,而由此产生的知觉却是整体的。

② 知觉的选择性,指知觉对外来刺激有选择地反映或组织加工的过程,包括选择性注意、选择性扭曲和选择性保留。

A. 选择性注意,指在外界诸多刺激中仅仅注意到某些刺激或刺激的某些方面,而对其他刺激加以忽略。人的感官每时每刻都可能接受大量的刺激,而知觉并不是对所有刺激都会做出反应。知觉的选择性保证了人能够把注意力集中到重要的刺激或刺激的重要方面,排除次要刺激的干扰,更有效地感知和适应外界环境。

B. 选择性扭曲,指人们有选择地将某些信息加以扭曲,使之符合自己的意向。受选择性扭曲的作用,人们在消费品购买和使用过程中往往忽视所喜爱品牌的缺点和其他品牌的优点。

C. 选择性保留,指人们倾向于保留那些与其态度和信念相符的信息。

正由于上述三种知觉加工处理程序,使得同样数量和内容的信息,不同的消费者会产生不同的反应,而且都会在一定程度上阻碍消费者对信息的接收。这就要求市场营销人员必须采取相应的市场营销策略,如大力加强广告宣传,不断提高和改善商品的质量和外观造型、包装装潢等,以打破各种知觉障碍,使本公司和企业的商品信息更易为消费者所注意、了解和接收。

(2) 消费者的动机。

消费者购买某种商品的原因十分复杂,难以一一分析,应着重了解关于人们行为和动机的一些基本理论。动机是指足以迫使人们去寻找满足的需要。心理学家曾提出许多人类动机理论,其中最著名的是由美国行为科学家马斯洛(A.H.Maslow)提出的需要层次理论,这种理论对消费者分析和市场营销的推论有一定参考价值。

马斯洛曾试图解释为什么在某一特定时间人们被特定的需求所驱使,为什么有些人花大量的时间和精力去寻求个人安全,而另一些人则花大量的时间和精力去追求令人尊重,并在此基础上形成了"需要层次"理论。这个理论的出发点是:第一,人类是有需要和欲望的,随时有待于满足,已满足的需要不会形成动机,只有未满足的需要才会形成引起行为的动机;第二,人类的需要是从低级到高级,具有不同层次的,只有当低一级的需要获得基本满足时,才会产生高一级的需要。一般来说,需要强度的大小和需要层次的高低成反比,即需要层次越低,其强度越大。

马斯洛依照需要强度的次序,把人类需要分为五个层次:生理需要、安全需要、社会需要、尊重需要和自我实现需要。根据马斯洛需要层次理论,这些需要的重要性不同。

① 生理需要,包括饥饿、干渴等方面的需要,这是人类最基本的需要,也是人类最首要的需要。在这类需要没有得到满足时,人们一般不会产生更高的需要,或者不认为还有什么需要比这类需要更高、更重要。

② 安全需要,这是与人们为免遭肉体和心理损害有关的需要,最主要的是为保障人身安全和生活稳定。一般的表现是对保险、保健、保安的需要。但往往还有一些表现不很明显的需要。例如,在一个安定的社会里,个人还可能通过提高教育和职业培训,加强自己的社会地位来保证生活安定。

③ 社会需要,即爱和归属感的需要,包括感情、亲昵、合群、爱人和被人爱等。

希望被别人或相关群体承认和接纳，能给予别人和接受别人的爱及友谊等这些需要，它往往是影响人们行为的最重要的因素。

④ 尊重需要，包括威望、成就、自尊、被人看重和有身份等需要。这些具体不同的需要，同样也会从不同的侧面影响人们的行为。例如，威望这种需要既可鼓舞人们去完成有益的事业，也可导致人们做出破坏性的行为。

⑤ 自我实现需要，这是最高层次的需要，包括个人行使自主权及获得成就的需要。人们一般都会有这样的经验，当个人完成一件工作或达到一项目标时，都会感到一种内心的愉悦。马斯洛阐述的这一需要层次和第四需要层次往往是不易明显区分的，因为自我实现的需要往往与受表扬的需要、追求地位的需要密不可分。

以上就是马斯洛需要层次论中从低到高的五个层次需要。但是应指出，个人行为也可能会出现某种差异，有的人甚至在其低级需要还未完全满足时，会受到为满足更高需要目标动机的影响，因为人们是可以容忍某种需要只得到部分满足的。马斯洛通过观察研究发现，可能一般人容忍生理需要获得80%的满足，尊重需要得到40%的满足，自我实现的需要得到10%的满足。

马斯洛的需要层次论最初应用于美国的企业管理中，分析如何满足企业员工的多层次需要以调动其工作积极性，后来被用于市场营销中分析多层次的消费需要并提供相应的产品来予以满足。例如，对于满足低层次需要的购买者要提供经济实惠的商品，对于满足高层次需要的购买者应提供能显示其身份地位的高档消费品，还要注意需要层次随着经济发展而由低级向高级的发展变化。

除此之外，美国心理学家弗雷德里克·赫茨伯格于1959年创立了双因素理论，也称为动机保健理论，首先应用于行为科学。其要点是把动机与工作满足联系起来，提出工作满足与不满足两类因素，前者称为动机需要，后者称为保健需要。动机需要包括成绩、承认、工作本身、个人发展和提升，这些可推动职工努力工作，从工作中获得满足。保健需要包括与工作性质无关的一些因素，如工作条件、福利待遇、管理条例、公司的经营和政策等。二者的区别在于：如果保健需要得不到满足，就会导致工作不满足，但是仅仅满足保健需要却不能产生工作满足，只有动机需要得到满足时才能产生工作满足。

赫茨伯格双因素理论也可用于分析消费者行为。企业用于吸引消费者购买商品的市场营销诸因素可分为保健因素和动机因素两类，保健因素是消费者购买的必要条件，动机因素是魅力条件，在有选择余地的情况下，如果消费者对保健因素不满意，就肯定不会购买；但是仅仅对保健因素满意，也不一定购买，只有对动机因素也满意才会购买。必要条件和魅力条件随着时代、消费动向和产品寿命周期的不同而变化。在电冰箱问世的初期，制冷功能和耐用性是必要条件，而耗电少是魅力条件。随着产品的普及和更新，耗电少成为必要条件，款式成为魅力条件。分析消费者购买动机必须注意分析特定时期的保健因素和动机因素，一般而言，质量、性能和价格等属于保健因素，情感和设计等大多属于动机因素。

> **小链接**

钻石

人们出门旅游,可能是出于健康动机、文化动机、交际动机、地位和声望动机、宗教动机、业务动机、购物动机。

（3）消费者的学习。

学习是指由于经验而引起的个人行为的改变。人类行为大都来源于学习。内在需要引起购买某种商品的动机,这种动机可能在多次购买之后仍然重复产生,也可能在一次购买之后即刻消失。为何会重复或消失,心理学家认为来自"后天经验",可用"学习的模式"来表述。

① 驱使力,指存在于人体内驱使人们产生行动的内在刺激力,即内在需要。心理学家把驱使力分为原始驱使力和学习驱使力两种。原始驱使力指先天形成的内在刺激力,如饥、渴、逃避痛苦等。新生婴儿也知道饿了要吃,渴了要喝,疼了要哭等。学习驱使力指后天形成的内在刺激力,如恐惧、骄傲、贪婪等。成人会担心财产安全、交通安全,希望工作取得成就等,都是从后天环境中学习得到的。

② 刺激物,指可以满足内在驱使力的物品。比如,人们感到饥渴时,饮料和食物就是刺激物。如果内在驱使力得不到满足,就会处于"紧张情绪"中,只有相应刺激物可使之恢复平静。当驱使力发生作用并寻找相应刺激物时,就成为动机。

③ 诱因,指刺激物所具有的能吸引消费者购买的因素。所有营销因素均可成为诱因,如刺激物的品种、性能、质量、商标、包装、服务、价格、销售渠道、销售时间、人员推销、展销、广告等。

补充性消费——态度

④ 反应,指驱使力对具有一定诱因的刺激物所发生的反射行为。比如,是否购买某商品及如何购买等。

⑤ 增强或减弱,指驱使力对具有一定诱因的刺激物发生反应后的效果。若效果良好,则反应被增强,以后对具有相同诱因的刺激物就会发生相同的反应;若效果不佳,则反应被削弱,以后对具有相同诱因的刺激物不会发生反应。

（4）消费者的态度。

态度是指一个人对某个客观事物或想法的相对全面而稳定的评价。例如,"不买对的,就买贵的"就是一种消费态度。

内疚感——心理

态度对任何人的生活都有影响,它影响个人对其他人、其他事物和事件的判断方式和反应方式。因此,人们生活的许多方面都受到自己所持态度的支配。

态度的基本特性是持久性和广泛性。持久性指一种态度会在相当长的时间内维持不变,转瞬即逝的评价并不构成态度。广泛性指一种态度适用于所有同类事物,而不是仅仅适用于单一事物。比如,消费者对某品牌评价较差,就会对使用该品牌的所有产品都有不好的评价,而不仅仅针对其中的个别产品。

（5）经济因素、生理因素与生活方式。

① 经济因素。经济因素指消费者可支配收入、储蓄、资产和借贷的能力。经济因素是决定购买行为的首要因素，决定着能否发生购买行为以及发生何种规模的购买行为，决定着购买商品的种类和档次。比如，一般中等收入的家庭会考虑购买汽车代步，而低收入家庭只能购买基本生活必需品以维持温饱。

亚瑟士跑鞋——生理

② 生理因素。生理因素指年龄、性别、体征（高、矮、胖、瘦）、健康状况和嗜好（比如饮食口味）等生理特征的差别。生理因素决定着对产品款式、构造和细微功能有不同需求。比如，儿童和老人的服装要宽松，穿脱方便；身材高大的人要穿大号鞋；江浙人嗜甜食，四川人嗜麻辣；病人需要药品和易于吸收的食物。

③ 生活方式。生活方式指一个人在生活中表现出来的活动、兴趣和看法的模式。不同的生活方式群体对产品和品牌有不同的需求。营销人员应设法从多种角度区分不同生活方式的群体，如节俭者、奢华者、守旧者、革新者、高成就者、自我主义者、有社会意识者等，在设计产品和广告时应明确针对某一生活方式群体。比如，保龄球馆不会向节俭者群体推广保龄球运动，名贵手表制造商应研究高成就者群体的特点以及如何开展有效的营销活动，环保产品的目标市场是社会意识强的消费者。

综上所述，一个人的购买行为是文化、社会、个人和心理因素之间相互影响和作用的结果。其中，很多因素是市场营销者无法改变的，但这些因素在识别那些对产品有兴趣的购买者方面颇有用处。其他因素则受到市场营销者的影响，市场营销者借助有效的产品、价格、地点和促销管理，可以诱发消费者的强烈反应。

4.1.4 消费者购买决策过程

1. 消费者购买决策过程的参与者

对大多数日用消费品而言，购买决策者只有一个，而且很容易识别。例如，洗护用品的购买一般是女性决定，烟酒类的购买一般是男性决定；而对于高档消费品来说，情景就不同了，参与其购买决策的人大多不止一个，而且，不同的人在购买决策中扮演不同的角色。

按各种角色在决策过程中所起的不同作用，可将决策参与者分为五种类型。

（1）发起者：第一个提议或想到去购买某种产品的人。

（2）影响者：直接或间接影响最终购买决定的人。

（3）决策者：最终决定购买与否，购买什么、何时、何处购买的人。

（4）购买者：实际执行购买决定的人。比如，与卖方商谈交易条件，带上现金去商店选购等。

（5）使用者：实际使用或消费该商品的人。

企业管理者和营销人员除须了解影响消费者的各种因素、消费者购买模式之外，还必须弄清楚哪些人参与购买决策及参与者在决策中的不同作用，以便采取相应的措施，实现企业的营销目标。了解每个购买者在购买决策中扮演的角色，并针对其角色地位与特性，采取有针对性的营销策略，就能较好地实现营销目标。比如，购买一台空调，提出这一要求的是孩子；是否购买由夫妻共同决定，而丈夫对空调的品牌做出决定，这样空调公司就可以对丈夫做更多有关品牌方面的宣传，以引起丈夫对本企业生产的空调的注意和兴趣；至于妻子在空调的造型、颜色方面有较大的决定权，公司则可设计一些在造型、颜色等方面受妻子喜爱的产品……只有了解了购买决策过程中的参与者的作用及其特点，公司才能够制订出有效的生产计划和营销计划。

2. 购买者行为类型

不同消费者购买过程的复杂程度不同，究其原因，是受诸多因素影响，其中，最主要的是购买介入程度和品牌差异大小。购买介入程度指消费者购买风险大小或消费者对购买活动的关注程度。如果产品价格昂贵，消费者缺乏产品知识和购买经验，购买具有较大的风险性和高度自我表现性，则这类购买行为称为高度介入购买行为，这类消费者称为高度介入购买者；如果产品价格低或消费者有产品知识和购买经验，购买无风险或无自我表现性，则称为低度介入购买行为，这类消费者称为低度介入购买者。同类产品不同品牌之间的差异大小也决定着消费者购买行为的复杂性。差异小，无须在不同品牌之间精心选择，购买行为就简单。因此，同类产品不同品牌之间的差异越大，产品价格越昂贵，消费者越是缺乏产品知识和购买经验，感受到的风险越大，购买过程就越复杂。比如，牙膏、火柴与电脑、轿车之间的购买复杂程度显然是不同的。阿萨尔（Assael）根据购买行为的介入程度和产品品牌差异程度区分出四种复杂程度不同的购买类型。

（1）复杂的购买行为。

如果消费者属于高度介入，并且了解现有各品牌、品种和规格之间具有显著差异，则会产生复杂的购买行为。复杂的购买行为指消费者购买过程完整，要经历大量的信息收集、全面的产品评估、慎重的购买决策和认真的购后评价等各个阶段。比如，家用计算机价格比较昂贵，不同品牌之间差异大，某人想购买家用计算机，但又不知硬盘、内存、主板、中央处理器、分辨率、Windows等为何物，对于不同品牌之间的性能、质量价格等无法判断，贸然购买有极大的风险。因此，他要广泛收集资料，弄清很多问题，逐步建立对此产品的信念，然后转变成态度，最后才会做出谨慎的购买决定。

对于复杂的购买行为，营销者应制定策略来帮助消费者了解与该产品有关的知识，并设法让他们知道和确信本产品在比较重要的性能方面的特征及优势，使他们树立对本产品的信任感。在这期间，企业要特别注意针对购买决定者做介绍本产品特性的多种形式的广告，以影响其最终购买决定，简化购买过程。

（2）减少失调感的购买行为。

当消费者高度介入某项产品的购买，但又看不出各品牌有何差异时，对所购产品往往产生失调感。因为消费者购买一些品牌差异不大的商品时，虽然他们对购买行为持谨慎的态度，但他们的注意力更多的是集中在品牌价格是否优惠、购买时间、地点是否便利，而不是花很多精力去收集不同品牌间的信息并进行比较，而且从产生购买动机到决定购买之间的时间较短。因而这种购买行为容易产生购后的不协调感，即消费者购买某一产品后，或因产品自身的某些方面不称心，或得到了其他产品更好的信息，从而产生不该购买这一产品的后悔心理或心理不平衡。为了改变这样的心理，追求心理的平衡，消费者广泛地收集各种对已购产品的有利信息，以证明自己购买决定的正确性。

对于这类购买行为，营销者要提供完善的售后服务，通过各种途径经常提供有利于本企业和产品的信息，帮助消费者消除不平衡心理，坚定其对所购产品的信心，使其相信自己的购买决定是正确的。

（3）习惯性的购买行为。

如果消费者属于低度介入并认为各品牌之间没有什么显著差异，就会产生习惯性购买行为。习惯性购买行为指消费者并未深入收集信息和评估品牌，没有经过信念—态度—行为的过程，只是习惯于购买自己熟悉的品牌，在购买后不一定会评价产品。对习惯性购买行为的主要营销策略有以下几点。

① 利用价格与销售促进吸引消费者试用。由于产品本身与同类其他品牌相比难以找出独特优点以引起顾客的兴趣，就只能依靠合理价格与优惠、展销、示范、赠送、有奖销售等销售促进手段吸引顾客试用。一旦顾客了解和熟悉产品，就可能经常购买并形成购买习惯。

② 开展大量重复性广告加深消费者印象。在低度介入和品牌差异小的情况下，消费者并不主动收集品牌信息，也不评估品牌，只是被动地接受包括广告在内的各种途径传播的信息，根据这些信息所形成的对不同品牌的熟悉程度来决定选择。消费者选购某种品牌不一定是被广告打动或对该品牌有忠诚的态度，只是熟悉而已。购买之后甚至不去评估它，因为并不介意它是否完全满足自己的需求。这种购买过程是：首先由被动的学习形成品牌信念，然后是购买行为，最后可能有也可能没有评估过程就进行购买。因此，企业必须投放大量广告使顾客通过被动地接受广告信息而产生对品牌的熟悉。为了提高效果，广告信息应简短有力且不断重复，只强调少数几个重要论点，突出视觉符号与视觉形象。根据古典控制理论，不断重复代表某产品的符号，购买者就能从众多的同类产品中认出该产品。

③ 增加购买介入程度和品牌差异。在习惯性购买行为中，消费者只购买自己熟悉的品牌而较少考虑品牌转换，如果竞争者通过技术进步和产品更新将低度介入的产品转换为高度介入并扩大与同类产品的差距，将促使消费者改变原先的习惯性购买行为，寻求新的品牌。提高介入程度的主要途径是在不重要的产品中增加较为重要的功能和用途，并在价格和档次上与同类竞争性产品拉开差距。

（4）寻求多样化的购买行为。

如果消费者属于低度介入并了解现有各品牌和品种之间具有显著差异，则会产生多样性的购买行为。多样性的购买行为指消费者购买产品有很大的随意性，并不深入收集信息和评估比较就决定购买某一品牌，在消费时才加以评估，但是在下次购买时又转换其他品牌。转换的原因是厌倦原口味或想试试新口味，是寻求产品的多样性而不一定有不满意之处。

对于寻求多样性的购买行为，市场领导者和挑战者的营销策略是不同的。市场领导者力图通过占有货架、避免脱销和提醒购买的广告来鼓励消费者形成习惯性购买行为。而挑战者则以较低的价格、折扣、赠券、赠品和强调试用新品牌的广告来鼓励消费者改变原习惯性购买行为。

3. 消费者购买决策的一般过程

不同购买类型反映了消费者购买决策过程的差异性或特殊性，消费者的购买决策过程也有其共性或一般性。西方营销学者对消费者购买决策的一般过程做了深入研究，提出若干模式，采用较多的是五阶段模式。

这个购买决策过程模式适用于分析复杂的购买行为，因为复杂的购买行为是最完整、最有代表性的购买类型，其他几种购买类型是越过其中某些阶段后形成的，是复杂购买行为的简化形式。模式表明，消费者的购买决策过程早在实际购买之前就已开始，并延伸到实际购买以后，这就要求营销人员注意购买决策过程的各个阶段而不是仅仅注意销售。

（1）确认需要。

确认需要指消费者确认自己的需要是什么。需要是购买活动的起点，升高到一定阈限时就变成一种驱力，驱使人们采取行动予以满足。需要可由内在刺激或外在刺激唤起。内在刺激是人体内的驱使力，如饥、渴、冷等。人们由从前的经验学会如何应付这种驱力，并受到激励去寻找能满足这种驱力的物品，如食品、饮料和服装。外在刺激是外界的"触发诱因"。食物的香味，衣服的款式等都可以成为触发诱因，形成刺激，导致对某种需要的确认。但是需要被唤起后可能逐步增强，最终驱使人们采取购买行动，也可能逐步减弱以致消失。所以，营销人员在这个阶段的任务有以下两项。

① 了解与本企业产品有关的现实的和潜在的需要。在价格和质量等因素既定的条件下，一种产品如果能够满足消费者多种需要或多层次需要就能吸引更多的购买。

② 了解消费者需要随时间推移以及外界刺激强弱而波动的规律性设计诱因，增强刺激，唤起需要，最终唤起人们采取购买行动。

（2）信息收集。

被唤起的需要立即得到满足须有三个条件：第一，这个需要很强烈；第二，满足需要的物品很明显；第三，该物品可立即得到。这三个条件具备时，消费者满足被唤起的需要无须经过信息收集阶段，也可理解为这个阶段很短、很快、接近于零。在很多情况下，被唤起的需要不是马上得到满足，而是先存入记忆中作为未满足的项目，称为"累积需要"。随着累积需要由弱变强，可分为两种情况：一是"高亢的注意力"，指消费者对能够满足需要的商品信息敏感起来。虽然并不有意识地收集信息，但是留心接受信息，比平时更加关注该商品的广告、别人对该商品的使用和评价等。二是"积极的信息收集"，指主动地、广泛地收集该产品的信息。所需信息量取决于购买行为的复杂性。营销人员在这一阶段的任务有以下三项。

① 了解消费者信息来源。消费者信息来源有四种：第一，经验来源，指直接使用产品得到的信息；第二，个人来源，指家庭成员、朋友、邻居、同事和其他熟人所提供的

信息；第三，公共来源，指社会公众传播的信息，如消费者权益组织、政府部门、新闻媒介、消费者和大众传播的信息等；第四，商业来源，指营销企业提供的信息，如广告、推销员介绍、商品包装的说明、商品展销会等。

② 了解不同信息来源对消费者的影响程度。一般来说，消费者经由商业来源获得的信息最多，其次为公共来源和个人来源，最后是经验来源。但是从消费者对信息的信任程度看，经验来源和个人来源最高，其次是公共来源，最后是商业来源。研究认为，商业来源的信息在影响消费者购买决定时只起"告知"作用，而"个人来源"则起评价作用。比如，消费者购买空调，他从广告中得知有哪些品牌，而评价不同品牌优劣时，就向朋友和熟人打听。营销人员应通过市场调查了解消费者的信息来源以及何种来源的信息最有决定作用。

③ 设计信息传播策略。在利用商业来源传播信息外，还要设法利用和刺激公共来源、个人来源和经验来源，也可多种渠道同时使用，以加强信息的影响力或有效性。

（3）评估选择。

消费者在获得全面的信息后就会根据这些信息和一定的评价方法对同类产品的不同品牌加以评价并决定选择。一般而言，消费者的评价行为涉及三个方面。

① 产品属性，指产品所具有的能够满足消费者需要的特性。产品在消费者心中表现为一系列基本属性的集合。

例如，下列产品应具备的属性。

冰箱：制冷效率高，耗电少，噪声低，经久耐用。

电脑：信息储存量大，运行速度快，图像清晰，软件适用性强。

药品：迅速消除病痛，安全可靠，无副作用，价格低。

宾馆：洁净、舒适、用品齐全、服务周到、交通方便、收费合理。

在价格不变的条件下，一个产品如有更多的属性将更能吸引顾客购买，但是会增加企业的成本。营销人员应了解顾客主要对哪些属性感兴趣以确定本企业产品应具备的属性。

② 品牌信念，指消费者对某品牌优劣程度的总的看法。每一品牌都有一些属性，消费者对每一属性实际达到了何种水准给予评价，然后将这些评价连贯起来，就构成他对该品牌优劣程度的总的看法，即他对该品牌的信念。

③ 效用要求，指消费者对该品牌每一属性的效用功能应当达到何种水准的要求。或者说，该品牌每一属性的效用功能必须达到何种水准他才会接受。

在明确了上述三个问题以后，消费者会有意或无意地运用一些评价方法对不同的品牌进行评价和选择。比如，某人打算购买电视机，收集了A～I一共9种品牌的资料，他要求价格不超过3 000元，则A、C、E 3种超过此价的品牌被淘汰；他要求画面清晰度要超过9分（按主观标准打分），B、D、F、G 4种未达到9分的品牌被淘汰，于是，还剩下两种品牌可供选择。

（4）决定购买。

做出购买决定和实现购买，这是购买决策过程的中心环节。消费者对商品信息进行比较和评价后，已经形成购买意图，然而从购买意图到实际购买之间，还要受两个因素的影响。第一个因素是他人的态度。例如，某人已准备购买某品牌彩电，但他的家人或亲友持反对意见，就会影响购买意图。反对意见越强烈，或持反对意见者与购买者的关系越密切，修改购买意图的可能性就越大。第二个因素是意外的情况。购买意图是在预期家庭收入、预期价格和预期获益的基础上形成的。如果发生了意外的情况，如失业、意外急需、产品涨价、新出现的有关该产品令人失望的信息等，都可能导致购买意图的修改。

消费者修改、推迟或取消某个购买决定，往往受已察觉的风险的影响。"察觉风险"的大小，随购买金额的大小、产品性能的稳定程度和购买者的自信心强弱而定。因此，营销者应设法使消费者所承担的风险减到最低限度，促使消费者做出购买决定并付诸实现。目前，有些大商场做出零风险承诺，对促进购买者决定很有效。

顾客一旦决定实现购买意向，必须作出以下决策。

① 产品种类决策，即在资金有限的情况下优先购买哪一类产品。
② 产品属性决策，即该产品应具有哪些属性。
③ 产品品牌决策，即在诸多同类产品中购买哪一品牌。
④ 时间决策，即在什么时间购买。
⑤ 经销商决策，即到哪家商店购买。
⑥ 数量决策，即买多少。
⑦ 付款方式决策，即一次付款还是分期付款，现金购买还是其他方式等。

（5）购后过程。

与传统观念相比，现代市场营销观念最重要的特征之一是重视对消费者购后过程研究以提高其满意度。消费者的购后过程分为以下三个阶段。

① 购后使用和处置。消费者在购买所需商品或服务之后，会进入使用过程以满足需要。有时只是一个直接消耗行为，比如喝饮料、看演出等；有时则是一个长久的过程，如家电和家具等耐用消费品的使用。营销人员应当关注消费者如何使用和处置产品。如果消费者使用频率很高，说明该产品有较大的价值，会增强其对购买决策正确性的信心，有的消费者甚至为产品找到新用途，这些都对企业有利。如果一个应该有高频率使用的产品而消费者实际使用率很低或闲置不用，甚至丢弃，说明消费者认为该产品无用或价值较低，或产生不满意，进而怀疑或懊悔自己的购买决定。如果消费者把产品转卖他人或用于交换其他物品，将会影响企业产品的销售量。

② 购后评价。消费者通过使用和处置过程对所购产品和服务有了更加深刻的认识，检验自己购买决策的正确性，确认满意程度，作为以后类似购买活动的参考。消费者的购后满意程度不仅取决于产品质量和性能发挥状况，心理因素也具有重大影响。

③ 购后行为。消费者对产品满意与否直接决定着以后的行为。如果感到满意，则反应大体相同，即重复购买或带动他人购买该品牌。如果感到不满意，则会尽量减少或消除失调感，因为人的心理机制中存在一种建立协调性、恢复平衡的驱使力。消费者消除失调感的方式各不相同，第一种方式是寻找能够表明该产品具有高价值的信息或避免能够表明该产品具有低价值的信息，证实自己原先的选择是正确的。第二种方式是讨回损失或补偿损失，比如要求企业退货、调换、维修、补偿在购买和消费过程造成的物质和精神损失等。如果遭到拒绝，就可能向政府部门、法院、消

费者组织和舆论界投诉，力求依靠法律和舆论的力量讨回和补偿损失，还有可能采取各种抵制活动，比如，不再购买或带动他人拒买等，通过发泄不满来寻求心理平衡。

企业应当采取有效措施减少或消除消费者的购后失调感。比如，电脑销售部门在产品售出以后，请顾客留下姓名、地址、电话等，定期与顾客联系，寄贺信，祝贺他们买了一台电脑，通报本企业电脑的质量、服务和获奖情况，提供适用软件，指导顾客正确使用产品，征询改进意见等，建立良好的沟通渠道处理消费者意见并迅速赔偿消费者所遭受的不公平损失。事实证明，与消费者进行购后沟通可减少退货和取消订货的情况，如果让消费者的不满发展到向有关部门投诉或抵制产品的程度，企业将遭受更大的损失。

从以上分析可见，研究购买者决策过程各阶段的特点，对市场营销有重要意义。营销者可根据不同阶段的特点，采取有针对性的措施，制定有效的营销方案。

4.2　生产者市场及购买行为研究

企业产品和服务的购买者不仅仅是消费者，还有各种形式的组织。有些企业的产品是某种原材料、生产设备或办公设备，购买者是有关企业和部门；有些企业虽然生产最终消费品，但是并不直接卖给消费者，而是经由商业部门转卖出去，直接购买者是商业部门。因此，组织市场是企业所面临的市场的重要组成部分，组织市场的购买者是企业的重要营销对象，企业应当充分了解他们的特点和购买行为。

在组织市场中，生产者市场的购买行为有典型意义，它与消费者市场的购买行为有相似性，又有较大差异性，特别是在市场结构与需求、购买单位性质、购买行为类型与购买决策过程等方面。

4.2.1　生产者市场购买的特点

1. 购买过程的特点

（1）供求谈判时间长。工业品的购买涉及厂房、建筑、能源、机器、设备、交通工具、各种规格型号的原材料、各种辅助设备、标准件等，投入的资金大，有的设备使用时间长，购买者不仅要考虑设备的物质寿命，而且要考虑技术寿命和经济寿命，导致谈判协商时间长。

（2）高尖技术设备和定制设备的购买，一般是供需双方直接见面。因为需要根据购买者提出的技术要求进行设计和制造。

（3）原材料及次要的小设备、标准件，一般通过批发商、零售商购买。

（4）购买次数较少。如设备一次购入，使用多年；原材料、标准件按企业预先制定的经济订购批量和采购次数进行采购或一次合同分批分期交货；生产者客户比消费者客户要少。

（5）需要提供产品服务。有部分工业产品，如工业锅炉等的购买需要提供技术服务，为购买者提供安装、维修、操作培训等多方面服务，才能激发购买者的购买动机。

（6）在工业品的质量和供应时间上有一定的要求。工业品的质量直接影响着生产者产品的质量，工业品的质量要符合化学的、物理的性能要求。供应时间是保证生产者进行正常生产经营的条件，既不能推迟，也不能过早。

（7）生产者购买决策复杂。工业品的购买不是由采购人员一人所能决定的，它通常要根据计划提出的品种、规格、型号、材质、数量和期限购买物资，有关技术要求、货款的支付，还要同主管领导、工程技术人员、财会人员和厂长商榷之后才能最后决定。

除此之外还有购买的批量大、金额大等特点。生产者购买比消费者购买要复杂得多。

2. 购买行为的特点

（1）购买的目的性。生产者购买的目的是生产出市场需要的产品。要根据市场的需求量，确定生产量，进而决定所需购买的数量。采购的物资既不能多，也不能少，否则都会影响生产者的经济效益。

（2）购买的理智性。生产者所购买的工业品必须考虑质量、品种、规格、价格、供货期及售后服务。如果某几种工业品质量与功能相似，生产者会购价格低的产品；在质量上，则需购买符合技术特性要求的生产设备和原材料。生产者的购买是技术性很强的理智性业务活动，涉及由生产者的产品质量而引起的人身安全、假冒伪劣产品等法律问题，不可轻易购买。

（3）购买的组织性。购买的组织性是指企业内部的组织体系。生产者的购买要根据每个购买组织自己的目标、政策、程序、组织结构及组织系统的要求而进行。营销者应当了解生产者（购买者）企业组织体系结构，了解有多少人参加购买决策，哪些人参加购买决策，购买标准是什么，购买者企业有哪些政策会影响购买行为。

（4）购买的集团性。一项重大工业品的购买，往往由一个集团来决定，它通常由许多具有不同地位、权力、职能的人组成，如质量管理者、采购申请者、使用者、财务主管、工程技术人员及经理等。他们的购买心理与期望不同，往往会导致决策的矛盾及决策过程复杂化。

（5）个人动机性。因为参加购买决策的每一个人的年龄、收入、受教育程度、职业、个性及对风险的态度不同，导致每个人的购买动机不同。营销者要善于抓住和引导正确动机，使营销顺利成功。

（6）购买的环境性。生产者购买时受当时的经济、技术、政治环境及文化、竞争环境的影响，其中，最主要的是经济、技术环境，也就是经济、技术前景因素的影响。当今时代，科技飞速发展，产品更新换代一般只有3～5年，生产者担心购买的工业品是即将换代的产品，或是即将降价的处理品。营销者要恰如其分地介绍有关经济、技术的前景，便于加速销售。

4.2.2 生产者购买行为的主要类型

1. 直接重购

直接重购指生产者用户的采购部门按照过去的订货目录和基本要求继续向原先的供应商购买产品。这是最简单的购买类型。直接重购的产品主要是原材料、零配件和劳保用品等，当库存量低于规定水平时，就要续购。采购部门对以往的所有供应商加以评估，选择感到满意的作为直接重购的供应商。被列入直接重购名单的供应商应尽力保持产品质量和服务质量，提高采购者的满意程度。未列入名单的供应商会试图提供新产品和满意的服务，以便促使采购者转移或部分转移购买，逐步争取更多的订货。

2. 修正重购

修正重购指生产者用户改变原先所购产品的规格、价格或其他交易条件后再行购买。用户会与原先的供应商协商新的供货协议，或者更换供应商。原有的供应商感到压力，会尽力保持交易，而新的供应商则认为是获得交易的最好机会。这种决策过程较为复杂，买卖双方都有较多的人参与。

3. 新购

新购指生产者用户初次购买某种产品或服务。这是最复杂的购买类型。新购产品大多是不常购买的项目，如大型生产设备，建造新的厂房或办公大楼，安装办公设备或计算机系统等。采购者要在一系列问题上作出决策，如产品的规格、购买数量、价格范围、交货条件及时间、服务条件、付款条件、可接受的供应商和可选择的供应商等。购买的成本和风险越大，购买决策的参与者就越多，需要收集的信息就越多，购买过程就越复杂。由于顾客还没有一个现成的供应商名单，对所有的供应商来说都是机会，也是挑战。

4.2.3 影响生产者购买行为的主要因素

影响生产者购买决策的基础性因素是经济因素，即商品的质量、价格和服务。在不同供应商产品的质量、价格和服务差异较大的情况下，生产者的采购人员会高度重视这些因素，仔细收集和分析资料，进行理性的选择。但是在不同供应商产品的质量、价格和服务基本没有差异的情况下，生产者的采购人员几乎无须进行理性的选择，因为任一供应商的产品和服务都能满足本公司的各项目标，这时，其他因素就会对购买决策产生重大影响。

影响生产者用户购买决策的主要因素可分为四大类：环境因素、组织因素、人际因素和个人因素。供应商应了解和运用这些因素，引导买方购买行为，促成交易。

1. 环境因素

环境因素指生产者无法控制的宏观环境因素，包括国家的经济前景、市场需求水平、技术发展、竞争态势、政治法律状况等。假如国家经济前景看好或国家扶持某一产业的发展，有关生产者就会增加投资，增加原材料采购和库存，以备生产扩大之用。经济不景气时，生产者会减少甚至停止购买，供应商的营销人员试图增加生产者需求总量往往是徒劳的，只能想尽办法努力保持自己的市场占有率。

2. 组织因素

组织因素指生产者自身的有关因素，包括经营目标、战略、政策、采购程序、组织结构和制度体系等。企业营销人员必须了解的问题有：生产者用户的经营目标和战略是什么；为了实现这些目标和战略，他们需要什么产品；他们的采购程序是什么；有哪些人参与采购或对采购发生影响；他们的评价标准是什么；该公司对采购人员有哪些政策与限制等。比如，以追求总成本降低为目标的企业，会对低价产品更感兴趣；以追求市场领先为目标的企业，会对优质高效的产品更感兴趣。有的公司建立采购激励制度，奖励那些工作突出的采购人员，这将导致采购人员为争取最佳交易条件而对卖方施加压力。有的公司实行集中采购制度，设立统一的采购部门，将原先由各事业部分别进行的采购工作集中起来，以保证产品质量、扩大采购批量和降低采购成本。这种改变意味着供应商将同人数更少，但素质更高的采购人员打交道。有的公司提高了采购部门的规格并起用高学历人员，供应商也应当提高销售部门的规格，派出级别和学历高的销售人员以便同买方的采购人员相称。

3. 人际因素

人际因素指生产者内部参与购买过程的各种角色（使用者、影响者、决策者、批准者、采购者和信息控制者）的职务、地位、态度和相互关系对购买行为的影响。供应商的营销人员应当了解每个人在购买决策中扮演的角色是什么、相互之间关系如何等，并利用这些因素促成交易。

4. 个人因素

个人因素指生产者用户内部参与购买过程的有关人员的年龄、受教育程度、个性、偏好、风险意识等因素对购买行为的影响，与影响消费者购买行为的个人因素相似。比如，有些采购人员是受过良好教育的理智型购买者，选择供应商之前经过周密的竞争性方案的比较；有些采购人员个性强硬，总是同供应商反复较量。例如，某啤酒厂的采购经理每年要采购上亿只啤酒罐，就利用这一优势对那些"不太顺从"或不太理想的供应商采取"惩罚"行动。如果某些供应商提出涨价要求、产品质量下降或供货不及时，他就减少或停止采购。

4.2.4 生产者购买决策过程

从理论上说，生产者用户完整的购买过程可分为八个阶段，但是具体过程依不同的购买类型而定，直接重购和修正重购可能跳过某些阶段，新购则会完整地经历各个阶段。

1. 提出需要

提出需要是生产者购买决策过程的起点。需要的提出既可以是因为内部的刺激，也可以是由外部的刺激引起。如内部的刺激，或因企业决定生产新产品，需要新的设备和原材料；或因存货水平开始下降，需要购进生产资料；或因发现过去采购的原料质量不好，需要更换供应者。外部刺激诸如商品广告，营销人员的上门推销等，使采购人员发现了质量更好、价格更低的产品，促使他们提出采购需求。

2. 确定需要

确定需要指确定所需产品的数量和规格。简单的采购由采购人员直接决定，而复杂的采购则须由企业内部的使用者和工程技术人员共同决定。复杂的采购流程包括：第一，对设备的确认需求，为生产某新产品，提高某种老产品的质量、产量或降低消耗，经工艺研究需购置某种设备，并已被厂务会批准购置若干台；第二，对原材料、标准件的确认需求，根据企业计划产量和定额资料可以确定某种原材料、标准件的需要量，再查阅该物资的库存量，进而确定需购买的数量。

企业的采购部门确定需要以后，要指定专家小组对所需品种进行价值分析，做出详细的技术说明。价值分析是美国通用电气公司采购经理迈尔斯于 1947 年发明的。1954 年，美国国防部开始采用价值分析技术，并改称为价值工程。价值分析中所说的"价值"，是指某种产品的"功能"与这种产品所耗费的资源（即成本或费用）之间的比例关系，也就是经营效益（或经营效果）。其公式为：

$$V（价值）= F/C$$

公式中的 F（功能）是指产品的用途、效用、作用，也就是产品的使用价值；C 为成本或费用。

迈尔斯看到，人们购买某种产品，实际上要购买的是这种产品的功能。价值分析的目的是耗费最少的资源，生产出或取得最大的功能，提高经营效益。产业购买者在采购工作中要进行价值分析，调查研究本企业要采购的产品是否具备必要的功能。

例如，某家具公司要采购制造沙发用的沙发布，过去这家公司一向用纯棉的沙发布，现在市场上有两种代用品，化纤的沙发布和人造革。经过功能分析，这三种沙发布的必要功能（包括使用功能和贵重功能）都一样，这家公司就采购价格最便宜的原料；如果这三种原料的功能不一样，但价格一样，就采购功能最大的原料。采购单位的专家小组要对所需品种进行价值分析，并写出文字精练的技术说明，作为采购人员取舍的标准。供货企业的市场营销人员也要运用价值分析技术，向顾客说明其产品有良好的功能。最后，还要把各种原材料的技术特性要求、规格和数量详尽的明细表格，经主管部门审核后，报主管生产的副厂长和厂务会议研究批准。

3. 说明需要

说明需要指由专业技术人员对所需产品的规格、型号、功能等技术指标做具体分析，并做出详细的说明，供采购人员做参考。

4. 物色供应商

为了选购满意的产品，采购人员要通过工商企业名录等途径来物色服务周到、产品质量高、声誉好的供应商。生产者对所需原材料、标准件及外协件的供应者，必须做深入的调查、了解、分析和比较后才能确定。对原材料、标准件供应商，主要从产品的质量、价格、信誉及售后服务方面进行分析、比较。对大批量外协件供应商的了解内容除上述的几个方面外，还必须深入提供外协件的各企业内部，调查、了解该企业的生产技术检验水平及企业管理的能力，经分析、比较后再确定。供货企业应通过广告等方式，努力提高企业在市场上的知名度。

5. 征求供应建议书

对已物色的多个候选供应商，购买者应请他们提交供应建议书，尤其是对价值高、价格贵的产品，还应要求他们写出详细的说明。对经过筛选后留下的供应商，要他们提出正式的说明。因此，供应商的营销人员应根据市场情况，写出实事求是而又别出心裁、能够打动人心的产品说明，力求全面而形象地表达所推销产品的优点和特性，力争在众多的竞争者中获得优势。

6. 选择供应商

在收到多个供应商的有关资料后，采购者将根据资料选择比较满意的供应商。在选择供应商时，不仅考虑其技术能力，还要考虑其能否及时供货，能否提供必要的服务。供应商遴选的主要条件是：交货快慢、产品质量、产品价格、企业信誉、产品品种、技术能力和生产设备、服务质量、付款结算方式、财务状况、地理位置。

企业根据上述条件遴选出数个供应商，在最后确定供应商之前，有时还要和供应商面谈，争取更优惠的条件。不少企业最后确定的供应商不限于一个，其目的在于：一方面有多个供应商，以免受制于人；另一方面，也可以通过几个供应商的竞争，促使他们改进服务质量。当然，企业在确定的几个供应商中，必定有一个为主，其他为辅。比如，购买者最后确定了三个供应商，便向为主的供应商购买所需产品总量的 60%，向为辅的两个供应商分别购买所需产品总量的 30% 和 10%。

7. 发出正式订单

企业的采购部门最后选定供应商以后，就是采购经理开订货单给选定的供应商，在订货单上列举技术说明、需要数量、期望交货期等。现在，许多企业日趋采用"一揽子合同"，即和某些供应商建立长期的供货关系，供应商允诺会按合同规定的价格及时供货。这种"一揽子合同"对供求双方都带来了方便。对采购者而言，不但减少了多次签约的麻烦和由此增加的费用，也减轻了库存的压力——因为根据合同，企业所购货物是存放在供应商的仓库。企业需要时，只需用计算机自动打印或电传一份订单给供应商即可。因此，"一揽子合同"又称为"无库存采购计划"。而对于供应商，他的产品有了固定的销路，减轻了竞争的压力。

8. 绩效评价

产品购进后，采购者还会及时向使用者了解其对产品的评价，考查各个供应商的履约情况，并根据了解和考查的结果，决定今后是否继续采购某供应商的产品。为此，供应商在产品销售出去以后，要加强追踪调查和售后服务，以赢得采购者的信任，保持长久的供求关系。同时，对本次购买活动进行总结。总结应有两个方面的内容：一方面，对购买的工业品的质量进行验证，看是否符合明细表和设计图纸的要求；另一方面，对所付出的购买金额和差旅费等进行分析，是超支还是节余，查明原因，以便继续购买或改换供应单位。

本 章 小 结

分析消费者的购买行为，主要依靠采用"刺激—反应"行为分析模式建立的消费者购买行为模式，其中，了解"购买者黑箱"的内容，是掌握消费者购买行为规律性的关键。消费者购买决策的一般过程可分为需要认识、信息收集、备选产品评估、购买决策和购后行为五个阶段。营销人员的任务是了解消费者在购买过程不同阶段的行为特点，制定有效的营销策略促进购买并提高购后满意度。

生产者购买行为可分为直接重购、修正重购和新购三种类型，新购的购买过程最为复杂。在产品同质化的条件下，环境因素、组织因素、人际因素、个人因素和文化因素会成为影响生产者购买的主要因素。生产者一般的购买过程分为提出需要、确定需要、说明需要、物色供应商、征求供应建议书、选择供应商、发出正式订单、绩效评价八个步骤。供应商应了解生产者在各阶段的具体需求和特点，采取相应的营销策略促进购买。

拓展训练项目

一、阅读分析

GoPro 真的已经"黔驴技穷"了吗！为什么消费者不买账了？

GoPro 这家以一己之力引领运动摄像风潮的公司，陷入内外交困的局面已经很久了。当前可以说前有瓶颈难以突破，后有追兵来势汹汹。

由于运动相机市场容量有限，而内容转型和无人机业务皆没达到预期目标，GoPro 连年亏损并进行了多轮裁员来削减开支。现在 GoPro 的股价长期在 5 美元上下浮动，与巅峰时期每股接近 100 美元相比，可谓是一泻千里。

在 GoPro 赖以发家的运动相机市场上，众多竞争对手对其围追堵截。比如说大疆在今年 5 月份发布的 Osmo Action 运动相机，拥有前后双彩屏设计、RockSteady 增稳、4K HDR 视频拍摄、11 米裸机防水和 2 499 元的低价格，对 GoPro Hero 系列产品造成很大压力，运动相机霸主地位摇摇欲坠。

在第二季度财报中，GoPro 提升了 2019 年全年业务收入增长预期，首席执行官尼古拉斯·伍德曼（Nicholas Woodman）更表示依靠"今年晚些时候推出颇具实力的新产品"来实现这些目标。可以看出，现在的 GoPro 上下都把扳回一局的希望寄托在 Hero 8 上。问题是，这款产品能够起担当逆转形势的重任吗？

Hero 8 发布，是王者归来还是强弩之末？

根据目前泄漏的资料显示，Hero 8 最大的升级在于能够录制 4K 120fps 或者 1080p 480fps 的视频，而新的镜头也应该会带来更高的画面质量，但也有消息称 120fps 在 Hero 8 上可能实现不了。此外，新的外壳能够连接新的扩展配件（麦克风，LED 灯，外接屏幕等），外接屏幕更方便 Vlog 拍摄，微型的外接麦克风能够方便快捷地提升录制效果，LED 灯在暗光下也会是一大助力。

通过多方消息，我们也能大概了解 Hero 8 的样子，其针对此前产品在 Vlog 拍摄场景中无前屏、收音不好、暗光环境画质不好等短板都有所改善。但是细细一想，这款产品从本质上并不能拓展产品边界，这还是让人略有失望。毕竟在运动相机市场强敌环伺的当下，没有硬核的技术创新，仅凭简单刷新一下硬件参数，增加配件来打补丁还是很难赢得这场绝地反击战。

就 GoPro 推出的组合配件而言，很明显是为了规避产品本身的设计缺陷。GoPro 为什么不从产品本身的设计上去解决这个问题呢？毕竟通过添加额外配件的形式很有可能带来了新的问题。比如说这些配件防护性能较低，配件组合容易损坏，还不知道能不能防水，跟运动相机坚固耐摔的性能相悖。而且这些配件需要额外采购，根据 GoPro 以往的配件定价策略推断，价格应该不会很便宜。

由此看来，GoPro 这家公司研发和创新力度还得再上一层楼，毕竟现在运动摄像领域大环境已经不是当年躺着赚钱的年代了。

从"一飞冲天"到"一落千丈"，GoPro 究竟经历了什么？

GoPro 创业的成功是典型美国车库文化的体现。

GoPro 的创始人尼古拉斯·伍德曼（Nicholas Woodman）热爱冲浪，但苦于市面上没有能够很好拍摄冲浪画面的相机，他用母亲的缝纫机和一把电钻在自家的老款面包车里捣鼓出来 GoPro 相机的原型。

极限运动在欧美十分流行，而一般的摄影设备都无法在运动过程中实现自主拍摄，经过多次迭代，外形娇小、牢固而耐摔、具有防抖特性和超广角的 GoPro 的 Hero 系列相机应运而生，并适用多种场景，可通过配件佩戴在运动者的腕上、头上或胸前，或者是装在冲浪板、汽车、自行车上。无论是高速运动还是冲浪潜水，Hero 相机都能完成出色的拍摄。2009 年 3 月 GoPro 正式入驻 YouTube，用 GoPro 产品拍摄的酷炫视频也成为其招牌广告，使得消费者对 GoPro 产品趋之若鹜。

市场空白和运动名人示范效应共同促进了 Hero 前几代相机的销量高速增长，GoPro 在 2014 年进行了一场堪称最成功之一的技术 IPO，这让伍德曼赢得了跟乔布斯相提并论的名声，当时 GoPro 的股价也一度攀升到 100 美元的高位。

本来以为是开始，谁知道却是巅峰。

GoPro 很早就意识到产品的目标群体是少数热爱极限运动的人，市场盘子有限，故而不断进行业务拓展的尝试。但接下来几次商业决策的失误让这家公司走下神坛。

GoPro 试图通过运动视频内容和 Hero 相机的硬件构筑生态圈，甚至提出了"我们是一家内容生产公司，硬件只是辅助"的口号，轻视硬件创新，着重打造内容社群。然而，GoPro 的如意算盘没能打响。人们更习惯将视频分享在 Facebook、Twitter 这样常用的社交软件上，而不是 GoPro 的用户社区。尽管在 YouTube 上坐拥七百万粉丝，但是喜欢极限运动又有能力生产出酷炫震撼视频的用户毕竟是少数，而能够为内容付费的更是少之又少。由于内容战略无法产生更多实际的盈利，2016 年 GoPro 先后进行了两次裁员，并关闭了娱乐部门。

此外，GoPro 公司也投入巨资研发无人机产品，但是旗下无人机 Karma 发布后仅仅两周后就因故障召回。2018 年 1 月 8 日，GoPro 宣布公司将至少裁员 250 人，同时停止无人机业务。当 GoPro 公司发现内容转型、无人机等策略都走不通的时候，终于回头重新把视野聚焦于运动相机。但如今江湖已经不是以前的江湖了。GoPro 并没有因为早期的优势，在运动相机市场上形成完全的垄断。相反，越来越多厂家入局运动相机市场：老牌的相机厂商索尼推出酷拍，小米也发布价格低廉的小蚁相机，连 HTC 也推出了 RE 迷你运动相机……不过，这些相机技术创新和使用体验并不出众，并没有对 GoPro 造成很大威胁。直到今年大疆推出 Osmo Action，凭借在影视行业多年的技术积累，这款产品的前屏设计和 RockSteady 增稳技术给市场带来新的活力，成为 Hero 相机的强劲对手。反观 GoPro，因为定价较高、创新力不足、政策摇摆不定等问题，竞争力不断被削弱。这个曾经是运动相机代名词的品牌，如今不再一枝独秀。

GoPro 启示录：2019 年运动相机市场还能怎么玩？

GoPro 的衰落，既有自身的因素，又有市场的瓶颈。当年 GoPro 可以说是因为抓住运动摄像的市场空白成就一代传奇，但是随着智能手机硬件配置的升级、高端数码相机也可以做到一定程度的防水，运动相机还能在什么地方给用户充分的购买理由？

事实上，运动相机除了适合小部分极限运动兼摄影爱好者使用之外，在近几年风靡全球的 Vlog 拍摄中也大有文章可做。预计在 5G 时代全面到来之际，比起单纯的运动拍摄，Vlog 拍摄将是一块很大的蛋糕。

而在这方面，GoPro 市场敏锐度反而比不上新入场的大疆。

大疆在 Osmo Action 中添加前置屏幕这一个小小的改动，就解决了运动相机在 Vlog 拍摄中很大一个痛点。反观 GoPro，普通用户如果只是用于日常拍摄往往不好上手。之前很多用户都反映，GoPro 在使用过程经常会出现宕机的情况，而且因为无前屏、收音不好、暗光环境画质不好，在除运动拍摄外其他应用场景中的表现实在乏善可陈。相机系统也不够人性化，在拍摄中如需调整参数操作设置不够简单快捷。但是这些用户一直关心的痛点问题直到 Hero 7 也没有得到解决。现在这款吊足大家胃口的 Hero 8，依目前泄漏的信息来看也还是停留在修修补补阶段，没有很大的革新性。

对于硬件产品来说，要长久走下去，技术和研发才是硬道理。伍德曼并不是一个有技术背景的人，GoPro 也并非一家技术驱动公司。GoPro 的数次大起大落，无疑是给了那些想要擅营销轻研发、谋求上市圈钱的智能硬件公司以当头一棒：即使在互联网时代，硬件的产品力依旧是企业生存的硬指标。Hero 8 的推出，可以看出它在努力自救。但是凭借这款产品能否重塑自己的"护城河"？我们在这里表示怀疑。GoPro 依然是一家优秀的公司，但是反应还不够快。

毕竟，市场留给它的时间已经不多了。

（资料来源：https://baijiahao.baidu.com/s?id=1645810358490385523&wfr=spider&for=pc，2019-09-27.）

思考题

1. 消费者对 GoPro 公司产品不买账的原因是什么？
2. 要解决困境，GoPro 公司应该怎么做？

二、拓展项目设计

分组讨论影响大学生购买手机的外在和内在因素有哪些？设计一份调查问卷，问卷内容应包含外在及内在影响因素。

第 5 章

市场营销调研与预测

教学目标

通过本章学习,要求了解市场营销信息系统的构成及运作原理;掌握市场营销调研的内容、类型、步骤和基本方法及其特点;了解调查问卷设计的基本技巧;掌握市场需求预测的类型、内容和步骤,充分理解市场营销信息系统对企业的重要性。

教学要求

知识要点	能力要求	相关知识
市场营销信息系统	能够通过专业理论学习,掌握并灵活应用	内部报告系统、营销情报系统、营销调研系统、营销分析系统
市场营销调研	结合实际情况可以开展市场营销调研活动	概念、作用、内容、类型、程序、方法、调查问卷
市场需求预测	能够结合现实市场开展市场需求预测	概念、分类、内容、方法

 **导入案例**

虚拟购物

最近在计算机图表和三维模型的技术方面取得的进展大大拓展了模拟市场测试的应用范围。为什么呢？因为营销者可以快速、便宜地在计算机屏幕上复制出一种真实零售店的感觉。

例如，一位消费者能看到装满各种产品的货架。消费者通过触摸监视器上货物的图象就可以选择货架上的物品。然后，产品会移到屏幕的中心。在屏幕上，消费者可以利用一种三维的追踪球来转动产品，以便从各方位查看产品。要想购买产品，消费者只需触摸购物车图象，然后产品就会移到车上，这与消费者在一家商店里购买时把产品放到购物车里一样。在购买过程中，计算机记录下消费者购买每类产品所花的时间、检验包装的每一面所用的时间、购买产品的数量及购买产品的顺序。

计算机模拟的环境，就像上文描述的那一种，提供了许多优于传统研究方法的优点。第一，虚拟商店可以完全复制一个实际的市场。消费者能在一个更现实和复杂多样的环境中购物。第二，调查人员能迅速纠正测试中出现的问题。一旦计算机记录了产品的购买过程，调查人员便可以在几分钟内在货架空间方面做出改变，包括各种品牌的集合、产品包装、价格及促销。因为由购买而产生的信息能被计算机自动地捕获并储存，所以数据搜集迅速而简洁。第三，由于展示是在电子操作的基础上创造的，所以测试成本低。一旦硬件和软件都就绪，测试的成本就基本取决于被测试者的人数。一般来说，对参与受试者要给予小的鼓励。第四，这种模拟具有高度的灵活性。已经能用于测试整个新的营销观念或用于调整现有的计划。这种模拟还可以排除或者至少控制现场实验中存在的大量干扰因素。

然而，这种调研方法最重要的好处还是它给予市场调查人员实现他们新设象的机会。它将模拟市场测试从实验计划后期的"是否去做"变为一种可以试验新创意的有效的营销实验室。不必实际制造产品和支出广告费及促销折扣，不会引起竞争者的注意，不必首先了解新创意是否可行，产品经理就能测试新的创意。

（资料来源：https://www.renrendoc.com/paper/149647437.html，2021-10-10.）

在快速多变的当今世界，每一个行业都面临着科技、人口、社会文化、自然、政治法律急剧变化的影响。企业为了营销决策更能反映具体情境，更具洞察力与灵感，必须对影响宏观趋势和企业经营绩效的各个因素拥有全面和及时的信息。本章将主要介绍企业市场营销信息系统、市场调研和市场需求预测的相关内容。

5.1 市场营销信息系统

马里恩·哈伯曾经说过,管理好一个企业就是要管理好它的未来,而管理未来就是管理信息。拥有丰富信息的公司能够准确选择市场,有效开发产品,出色地实施营销计划。例如,百思买公司构建了一个存储量超过 15 000G 的数据库,记录了 7 500 万个家庭 7 年的数据。这个大型的数据库帮助百思买建立顾客档案,将顾客分类,实行精准营销,提高顾客的主动回头率。由此可见,企业有必要开发能够详细而丰富的提供有关购买者欲望、偏好和行为等信息的市场营销信息系统。

5.1.1 市场营销信息系统的概念

市场营销信息系统(Marketing Information System,MIS),是指一个由人员、机器和程序所构成的相互作用的复合体。企业借助市场营销信息系统收集、挑选、分析、评估和分配适当的、及时的和准确的信息,为市场营销管理人员改进市场营销计划、执行和控制工作提供依据。

5.1.2 市场营销信息系统的构成

营销信息系统一般由内部报告系统、营销情报系统、营销调研系统和信息分析系统所构成,它们各司其职共同完成企业内外部环境的沟通,形成了完整的市场营销信息流循环过程(图 5.1)。企业的营销决策者通过该过程密切注视和了解营销环境中的各种动向,收集和处理相关信息,据此而做出企业的营销决策,制订具体营销计划和方案,然后以营销决策和沟通信息作用于营销环境,最终使企业的营销目标得以实现。

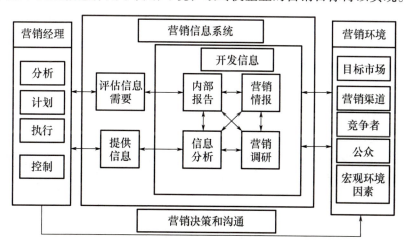

图 5.1 市场营销信息流循环过程

1. 内部报告系统

内部报告系统以企业内部会计系统为主，辅之以销售信息系统，是营销信息系统中最基本的子系统。其作用在于报告订货、库存、销售、费用、现金流量、应收账款、应付账款等方面的数据资料。

内部报告系统的核心是订单—发货—账单的循环（图 5.2）。销售人员把订单送至企业，负责管理订单的机构把有关订单的信息送至企业的有关部门，然后企业把账单和货物送至购买者的手中。这是一般营销企业的常规操作程序，然而是否有能力保证这一循环中的各个步骤快速而准确地完成，则明显地反映着企业不同的营销能力和营销效率。

内部报告系统还包括及时、全面、准确的销售报告。这个功能应该主动地为决策者提供他们暂时还不了解但实际需要的信息，以帮助决策者把握最佳的决策时机，提高企业的竞争优势。就现实情况而言，由于信息网络的普及，企业基本上都建立了比较健全的销售报告系统，可以快速、准确地提供销售和库存数据。

通过分析内部报告系统所提供的信息，能发现重要的机会和问题。但应注意尽量避免该系统提供重复信息，那样会造成营销成本上升和相关人员陷入烦琐的销售资料堆中。

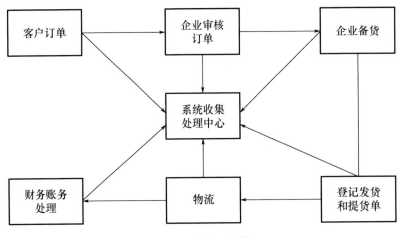

图 5.2 内部报告系统

2. 营销情报系统

营销情报系统是企业日常收集有关企业营销环境发展变化信息的一些来源或程序，往往由本公司人员、中间商、外部各种机构提供二手资料。公司一般倾向于：①训练和鼓励销售人员去发现和报告竞争的新情况；②鼓励分销商、零售商和其他中间商把重要的市场情报及时报告公司；③公司向外界的情报供应商和信息研究公司购买所需信息。

营销环境的变化与企业的营销活动密切相关，其中，既可能潜伏着企业营销危机的早期警告信号，也可能孕育着企业发展的各种营销机会。一般而言，内部报告系统向营销决策者提供的是企业内部发生的实际数据信息，而营销情报系统提供的则是外部环境变化的各项有关情报。

企业可以通过广泛的途径获取相关信息,如书籍、报刊和同业出版物;顾客、供应商、分销商、零售商和调研公司;网络社交媒体,与其他公司经理会谈等渠道获得情报。

> **小链接**
>
> 一般而言,企业可以通过如下方式来改进营销情报的数量系统和质量。
> (1)训练和鼓励销售人员现场观察和及时报告最新进展。
> (2)激励分销商、零售商和其他中间商提供重要情报。
> (3)聘用外部专业人员收集情报。
> (4)内部与外部网络。
> (5)建立顾客咨询小组。
> (6)利用政府数据资料。
> (7)从调研公司和供应商购买信息。
> (8)在线收集营销情报。
> (资料来源:菲利普·科特勒,凯文·莱恩·凯勒,2012.营销管理[M].14版.于永贵,等译.上海:格致出版社,上海人民出版社.)

3. 营销调研系统

除了利用好内部报告系统和市场营销情报系统之外,营销管理者还常常需要对某些特定的营销问题和营销机会进行专题调查研究。市场营销调研系统可以帮助企业系统地、客观地识别、收集、分析和传递有关市场营销活动的信息,分析与企业所面临的特定的营销问题有关的市场营销调研报告,从而制订有效的营销决策。

关于营销调研的详细内容将在5.2节专门讨论。

4. 信息分析系统

为营销决策提供分析方案是市场营销信息系统的第四项服务功能,亦称最高级信息服务功能。信息分析系统由先进的统计步骤和统计模型构成。该系统对收集来的数据资料利用科学的技术、技巧进行分析归纳,从而得出更为精确的研究结果,并使之转换成能用于市场营销决策的市场营销信息,以帮助决策者更好地进行营销决策。

信息分析系统由统计工具库和模型库构成。统计工具库是一组统计方法,用来从所收集的各种数据资料中抽取有意义的信息,以供营销决策的需要。在营销分析系统中常用计算平均数、测量离散度、资料交叉列表、回归分析、相关分析、因素分析、聚类分析等统计方法。想要回答"假设某条件下,可能有哪些情况?什么是最佳情况?"等问题需要依赖模型库,它负责收集有助于营销人员制定更好的营销决策的各种模型,包括:最佳产品特征模型、价格模型、销售区域优化模型、广告媒体组合模型、营销组合预算模型等。

小链接

营销经理对信息的需求：
1. 哪些类型的决定是你经常做出的？
2. 做出这些决定时，你需要哪些类型的信息？
3. 哪些类型的信息是你可以经常得到的？
4. 哪些类型的专门研究是你定期所要求的？
5. 哪些类型的信息是你现在想得到而未得到的？
6. 哪些信息是你想要在每天、每周、每月、每年得到的？
7. 哪些杂志和贸易报道是你希望能定期阅读的？
8. 哪些特定的问题是你希望经常了解的？
9. 哪些类型的数据分析方案是你希望得到的？
10. 对目前的营销信息系统，你认为可以实行的四种最有用的改进方法是什么？

（资料来源：菲利普·科特勒，2001.营销管理 [M].梅汝和，等译.北京：中国人民大学出版社：126.）

5.2　市场营销调研

日本卡西欧公司的成功

闻名世界的日本卡西欧公司，自公司成立之日起便一直以新、以优取胜，其新、优主要得力于市场调查。卡西欧公司的市场调查方式主要是销售调查卡。销售调查卡只有明信片一般大小，但考虑周密，设计细致，调查项目应有尽有。

第一栏是对购买者的调查，其中包括性别、年龄、职业，分类十分细致。第二栏是对使用者的调查，使用者可以是购买者本人、家庭成员或其他人。每一类人员又分年龄、性别。第三栏是对购买方法的调查，分为个人购买、团体购买和赠送。第四栏是调查如何知道该产品的，是否看见商品的橱窗布置、报纸杂志广告、电视台广告，是否朋友告知，是否看见他人使用等。第五栏是调查为什么选中了该产品，所拟答案有操作方便、音色优美、功能齐全、价格便宜、商店的介绍、朋友的推荐、孩子的要求等。第六栏是调查使用后的感受，是非常满意、一般满意，还是不满意。

另外还有几栏分别对产品的性能、购买者所拥有的乐器、学习乐器的方法和时间、所喜爱的音乐、希望有哪些功能等方面作了详尽的调查。如此，这为企业提高产品质量、改进经营方式、开拓新的市场提供了可靠依据。

思考：卡西欧公司的成功对我们有哪些启示？

"没有调查就没有发言权",同样地,没有正确的调查就没有正确的发言权。在现代市场条件下,每个企业在制订营销计划和策略时,都必须以市场情况为依据。企业只有在充分了解和掌握与之相关的各种信息资料的前提下,才有可能做出正确的决策,制订出切实可行的营销计划和行之有效的营销策略。而要做到这一点,企业必须开展市场调研。因此,学习市场营销调研与预测知识就显得格外重要了,可以说调研是一切营销战略与策略制定的基础。

5.2.1 市场营销调研的概念

市场营销调研(Marketing Research)是指为提高营销决策质量而进行系统和客观地识别、收集、分析和传播信息的过程。菲利普·科特勒认为,市场营销调研就是"对公司所面临的特定营销环境有关资料及研究结果做系统的设计、收集、分析和报告的活动。"美国市场营销协会(AMA)将市场营销调研定义为:通过信息,即阐明特定市场机会和问题的信息,把市场营销者同消费者、顾客和社会结合起来。

市场营销调研是企业营销活动的出发点,对其认识可以从以下三点着手。

第一,市场营销调研是一个系统的过程。即,在这个过程中,每个阶段的所有步骤应该事前安排,有条不紊,应使用科学的方法对资料进行收集和分析,以验证以前的假设和概念。

第二,市场营销调研者应持客观态度,即调研者应努力提供真实状况的准确信息。尽管调研过程总是受到调研者的调研哲学的影响,但应避免受调研者和管理者个人主观偏见的影响。

第三,市场营销调研包括识别、收集、分析和传播信息等,这个过程的每一阶段均是重要的。

5.2.2 市场营销调研的作用

市场营销调研为企业营销决策提供依据,即市场营销调研在企业制定营销规划、确定企业发展方向、制定企业的市场营销组合策略等方面有着极其重要的作用。在营销决策执行过程中,为调整营销计划、改进和评估各种营销策略提供依据,有着检验与矫正的作用。具体说来有如下几个方面。

1. 市场营销调研可为企业发现市场机会提供依据

市场情况瞬息万变,环境变化难以预测。一些新的产品会流行起来,而另一些产品则会退出市场。激烈的竞争给企业进入市场带来困难,同时也为企业创造出许多机遇。通过市场营销调研,可以确定产品的潜在市场需求和销售量的大小,了解顾客的意见、态度、消费倾向、购买行为等,据此进行市场细分,进而确定其目标市场,分析市场的销售形势和竞争态势,作为发现市场机会、确定企业发展方向的依据。

2. 市场营销调研是企业产品更新换代的依据

科学技术的日新月异，顾客需求的千变万化，致使市场的竞争日趋激烈，新产品层出不穷，产品更新换代的速度越来越快。通过市场营销调研，可以发现企业的产品目前处于产品生命周期的哪个阶段，以便适时调整营销策略，对是否要进行产品的更新换代做出决策。

3. 市场营销调研是企业制定市场营销组合策略的依据

市场的情况错综复杂，有时难以推理，因为现象也会掩盖问题的本质。例如，某产品在南方受到顾客青睐，可在北方却销售不畅。通过市场营销调研可以指出问题所在，或许是因南北方顾客的需求差异所致，只有找到原因，才能制定出产品策略。又如，产品的价格不仅取决于产品的成本，还受供求关系、竞争对手的价格、经济大环境、价格弹性等多因素的影响。毫不夸张地说，市场上产品的价格是瞬息万变的，通过市场营销调研，企业可以及时地掌握市场上产品的价格态势，灵活调整价格策略。再如，产品打入市场，能否制定出切实有效的促销策略至关重要，销售渠道是否畅通无阻亦同样重要。这一切都需要通过市场营销调研来提供市场信息，作为企业制定营销组合策略的依据。

4. 市场营销调研是企业增强竞争能力提高经济效益的基础

千亿级的外卖市场

通过市场营销调研，企业可以及时了解市场上产品的发展变化趋势，掌握市场相关产品的供求情况，清楚顾客需求等。据此制订市场营销计划，组织生产适销对路的产品，增强企业的竞争能力，实现企业的赢利目标，提高企业的经济效益。

5.2.3 市场营销调研的内容

现代营销观念认为，企业的市场营销活动范围相当广泛，因此，与之相关的市场调查的内容和范围也是很广泛的。

1. 消费需求调查

现代营销观念中，市场营销的核心是如何满足消费者的需求与欲望，所以在进行市场调查时，首要内容便是消费需求调查。它包括消费者需求的影响因素、购买动机、购买数量、地区分布、品牌偏好以及消费者对本企业产品的意见反馈与改进建议等。

（1）影响消费需求的因素调查。

影响消费需求的因素主要有：消费者对价格的敏感程度、广告对消费者的影响程度、消费者的购买经验、习惯及对商品知识的了解程度、价值观念与态度、购买者的数量等。

（2）消费者购买动机调查。

消费者的需要是复杂多样的，因而在此基础上所产生的消费者购买动机也是多样化、复杂化的。消费者购买动机大体可概括为两大类：生理性和心理性购买动机。生理性购买动机是消费者由于生理上的需要而产生的，购买用于满足其生理需要的商品而产生的购买动机。消费者为寻求温饱与安全，逃避痛苦与危害，以及增强体质与智能等方面的需要所引发的购买动机均属此类。生理性购买动机是消费者本能的，最能促使购买行为发生的内在驱动力，在所有购买动机中最具普遍性和主导性。心理性购买动机是消费者由于心理或精神需要而引起的，购买用于满足其精神或感情需要的商品的动机，这类动机比生理性购买动机更加复杂。由于社会经济的发展和社会生活的多元化，心理性购买动机对于购买行为的影响占有越来越重要的地位。

（3）消费者购买行为的心理活动过程调查。

消费者行为调查是指对购买行为所进行的调查行为，包括消费者购买什么、为什么购买、谁决定购买、怎样去购买、什么时候购买及在什么地方购买等问题。调查过程中应仔细调查清楚，并做出具体回答。

（4）消费结构调查。

消费结构是指各类消费支出占总消费支出中的比重，它对营销决策也具有重要的意义。消费结构与消费者的收入水平密切相关。德国统计学家恩格尔指出：当家庭收入增加时，多种消费的比例会相应增加，但用于购买食物支出的比例将下降，而用于服装、交通、保健、文娱、教育的开支及储蓄的比例将上升。这就是"恩格尔定律"，该定律对研究消费需求结构、预测需求变化很有用。

（5）市场总需求调查。

市场总需求情况是市场调查的核心内容之一。市场总需求一般可通过市场容量或一定时期的商品购买力来反映。市场容量是指消费者在一定时期内有支付能力的市场需求量。一定时期总的市场容量是由本期市场上购买商品的货币总额构成，表明本期商品需求的最大规模，包括现实的商品购买力和潜在的商品购买力。

（6）消费者结构调查。

在具体的市场调查工作中，还须对消费者人口构成进行深入调查，主要应查明下列一些指标：人口总数、人口分布、人口密度、人口的年龄结构、人口的性别结构、人口的职业结构、人口的文化程度结构，以及人口增长与流动的一些变动指标。这些指标不仅反映了市场的总规模，而且直接影响着该市场的产品需求格局。

2. 竞争情况调查

随着市场竞争的日益激烈，对竞争对手的调查了解显得越来越重要。竞争者的情况对企业的经营决策同样具有很大的影响力。企业在制定各种市场营销策略之前，必须认真调研市场竞争的动向。竞争情况包括竞争者数量、竞争者产品的特性、竞争者的市场营销组合策略等。

3. 企业内部状况调查

"知己知彼，百战不殆"是句古训，它同样适用于现代的企业经营决策。因此，经营者对于企业内部的各方面情况也应调查了解清楚，以便为经营决策层提供有效的依据，比如，企业产品的市场占有率、市场供求情况、商品销售情况等。市场占有率的高低直接反映了本企业产品在市场上的地位和竞争能力。商品供求状况调查主要是调查商品的供求缺口在哪方面，缺口多大，企业补缺的机会与能力如何。市场销售是个变数，商品销售情况主要是调查本企业产品的销售曲线、生命周期阶段如何等。

4. 宏观环境调研

VR产业应用的新拓展

宏观环境即外部环境。宏观环境的变化会明显地影响市场需求的变化，影响企业的生存、发展和营销活动。因此，企业必须重视宏观环境的调查，分析宏观环境对企业经营的影响，主动地适应甚至超前引导宏观环境的变化。宏观环境调查包括政治环境、法律环境、经济环境、科学技术环境、社会文化环境和自然地理环境调查等几方面的内容。

5.2.4 市场营销调研的类型

市场调研既涉及市场营销的各个方面，又运用许多经济学和统计学的方法，因而，可以根据其特性、所使用的方法及适用的范围作不同的分类。但市场调研是用来帮助解决特定营销问题的，根据调研的功能或目的来划分可以使我们更好地理解营销问题的性质是如何影响调研方案选择的。根据调研的目的和功能，我们可以把市场调研分成四种基本类型。

1. 探索性调研

探索性调研是为了界定问题的性质以及更好地理解问题的环境而进行的小规模调研活动。探索性调研特别有助于把一个大而模糊的问题表达为小而精确的子问题，以使问题更明确，并识别出需要进一步调研的信息。探索性调研适合于那些我们知之甚少的问题。此类调查一般不必制定严密的调查方案，往往采取简单的方法，如收集现有的二手资料、访问熟悉有关问题的专家、业务人员、用户，或约请他们座谈，以及参考历史上类似问题的经验教训等，及时掌握有关信息资料，以便较快地得出调查的初步结论。

2. 描述性调研

描述性调研，正如其名，处理的是总体的描述性特征。描述性调研寻求对"谁""什么""什么时候""哪里"和"怎样"这样一些问题的回答。不同于探索性调研，描述性调研基于对调研问题性质的一些预先理解。尽管调研人员对问题已经有了一定理解，但仍需要收集决定行动方案必需的事实性问题做出回答的结论性证据。描述性调研注重于客观情况照实记录，一般要进行实地调查，收集第一手资料。其目的主要在于摸清问题的过去和现状，并在此基础上，寻求解决问题的办法和措施。多数市调查属于此类，如消费者购买力调查、企业市场占有率调查、商品销售渠道调查等均属此类调查。

3. 因果性调研

因果性调研是指调查一个变量是否引起或决定另一个变量的研究，目的是识别变量间的因果关系。在市场调查中，经常会碰到需要找出两个以上变量之间因果关系的问题。例如，两种价格、质量大体相仿的手机，为什么消费者喜欢 A 品牌而不喜欢 B 品牌；X 公司某时期商品销售量大幅度增加，而同一时期广告支出也增加，两者是否存在因果关系等。为了查明客观事物间的因果关系，需要通过这类调查，以收集有关市场变量的数据资料为主，并运用统计分析方法和逻辑推理，找出它们之间的相互关系，判明何者是自变量（原因），何者是因变量（结果）。

4. 预测性调研

预测性调研是以预测未来市场变动趋势为目的的调查，主要通过了解现有市场状况，结合过去状况，总结市场变动趋势和规律，从而运用类推、推测或建立数学模型的方法对未来市场变化作出预测。例如，调查消费者在预测期购买某商品的情况、调查销售人员对预测期销售趋势的看法、调查生产者在预测期的生产计划安排意见等。在实际工作中，此类调查是预测的一个重要步骤。

针对上述四种市场调研类型进行归纳，见表 5-1 所示。

表 5-1 市场营销调研的类型

调研类型	具体内容
探索性调研	其所要回答的问题是"是什么"。在情况不明时，找出问题的症结和明确进一步深入调查的内容和重点
描述性调研	其所要回答的问题是"如何"或"何时"。回答是谁、什么、何时、何地和如何等问题
因果性调研	其所要回答的问题是"为什么"。确定是否某个变量导致或决定另一个变量值
预测性调研	预测未来市场的发展变化趋势的调查

5.2.5 市场营销调研的程序

市场营销调研是一项十分复杂的工作，要顺利地完成调研任务，必须有计划、有组织、有步骤地进行。一般而言，根据调研活动中各项工作的自然顺序和逻辑关系，市场营销调研可分为以下五个步骤：明确调研目的→制订调研计划→进行实际调研→整理、分析、解释资料→提出调研报告。此过程亦可用"信息"一词贯穿始终：需要获得哪些信息、如何获得这些信息、收集信息、分析信息、得出信息报告（图 5.3）。

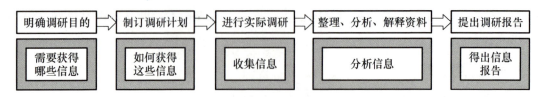

图 5.3 市场营销调研的步骤

1. 明确调研目的——需要获得哪些信息

明确调研目的是进行市场调研必须<u>首先解决的问题</u>，主要是明确为什么要进行此项调查，通过调查要了解哪些问题，调查结果的具体用途。经验证明，市场调研人员设想的市场调查，开始往往涉及面很宽，提出的问题也比较笼统，因此，应先进行初步调查，通过初步调查，找出市场的主要问题。如某商业企业在经营过程中，出现商品销售额持续下降现象，需要分析发现问题的原因是商品货源不足，还是经营商品结构不合理？是服务质量下降，还是消费者购买力发生转移？是企业资金不足，周转缓慢，还是企业促销不力？这些要考虑的问题，涉及面较宽，问题也比较笼统，需要有一个初步调查过程，找出主要原因，进而选择市场调查要解决的主要问题。

在初步调查过程中，首先要对市场的初步情况进行分析，即市场调查人员对所掌握的有关资料，如企业业务活动记录、统计报表、会计报表、产品质量、消费者的消费习惯、流通渠道情况、经销单位合同数量及同类新产品情况等资料，进行认真的研究分析，把握了解其间的因果关系。其次，要进行某些非正式调查，即试验性的访问调查，如访问有经验的专业人员，听取他们对市场分析，找出症结所在。在此基础上，最后还需要确定市场调查的范围，因为市场调查范围直接影响着市场调查的工作量和工作效率。在确定市场调查范围的过程中，排除与调查目的关系不大的设想，使可确定市场调查范围目标更加集中。

在市场调查过程中，调查人员面对的是复杂多变的调查对象，每次调查的直接目的不同，调查项目也多种多样，不同的调查课题要求调查人员有不同的知识准备。此外，一些市场调查工作，由于工作量较大，有时还需要聘请一些临时性的工作人员，人员具有一定的流动性。

2. 制订调研计划——如何获得这些信息

调研目标的实现有赖于周密的计划，<u>计划</u>是指导调研工作顺利执行的详细蓝图，以此来指导整个调查活动有条不紊地进行。调研计划的<u>主要内容包括</u><u>确定资料的来源和收集方法</u>、<u>确定调查的地点</u>、<u>调查对象</u>、<u>确定调查方法</u>、<u>甄选调查人员</u>、<u>培训调查人员</u>、<u>编制调查预算</u>等。

（1）确定资料来源和收集方法。

为有效地利用企业内外现有资料和信息，首先，应该利用室内调研方法，集中搜集与既定目标有关的信息，这包括对企业内部经营资料、各级政府统计数据、行业调查报告和学术研究成果的搜集和整理。在尽可能充分地占有现成资料和信息的基础上，再根据既定目标的要求，采用实地调查方法，以获取有针对性的市场情报。

（2）确定调查地点。

首先，要从市场调查的范围出发，如果是调查一个城市的市场情况，还要考虑是在一个区调查还是在几个区调查；其次，考虑调查对象的居住地点，是平均分布还是分布在不同地区，还是可以集中于某些地区。

（3）确定调查对象。

这里主要是确定调查对象应具备的条件，如有关性别、文化水平、收入水平、职业等方面的选择要求。确定调查对象就是根据市场调查目的选择符合条件的市场活动参与者，选定样本的数目，主要是确定调查对象的数目。

（4）确定调查方法。

确定调查方法主要应从调查的具体条件出发，以有利于搜集到集合需要的第一手原始资料为原则。一般来说，如果直接面对消费者做调查，直接搜集第一手材料，可以分别采取访问法、观察法和实验法；如果调查内容较多，可以考虑留置问卷法。

（5）甄选调查人员。

甄选调查人员主要是确定参加市场调查人员的条件和人数，包括对调查人员的必要培训。首先，要求市场调查人员应具备一定的文化基础知识，能正确理解调查提纲、表格、问卷内容，能比较准确地记录调查对象反映出来的实际情况和内容，能做一些简单的数字运算和初步的统计分析。其次，要求市场调查人员应具备一定的市场学、管理学、经济学方面的知识，对调查过程中涉及的专业性概念、术语、指标应有正确的理解。要具备一定的社会经验，要有文明的举止，大方、开朗的性格，善于和不同类型的人打交道，取得他们对调查工作的配合。最后，参加市场调查，不但工作任务复杂繁忙，有时也单调枯燥，如果缺乏良好的工作态度，不能严肃认真地按要求去进行调查，那么取得的调查资料将会产生很大偏差，可信程度降低，严重的甚至导致调查工作的失败。因此，要求调查人员必须具备严肃、认真、踏实的工作态度。

（6）培训调查人员。

培训工作的进行首先要围绕调查课题的具体内容对市场调查人员进行思想教育，统一认识，使每个调查人员都能深刻认识该调查的具体目的和现实意义。其次，介绍本次调查的具体要求，根据调查项目的含义，对有关专业性概念、术语进行解释，明确统计资料的口径及选择调查对象的原则、条件等。最后，要对调查人员进行工作技能训练，包括如何面对调查对象、如何提问、如何解释、遇到一些情况如何处理。对市场调查人员的培训可采用模拟训练法，即由有经验的调查人员扮演调查对象，由初次参加调查的人员进行模拟过程的共同讨论、评价，找出解决最佳方法。模拟训练法可以使新手迅速胜任工作，避免由于缺乏经验而给调查工作带来损失。培训调查人员是保证调查工作质量的重要环节。

（7）编制调查预算。

每次市场调查活动都需要支出一定的费用，因此在制订计划时，应编制调查费用预算，合理估计调查的各项开支。编制费用预算的基本原则是：在坚持调查费用有限的条件下，力求取得最好的调查效果。或者是在保证实现调查目标的前提下，力求使调查费用支出最少。调查费用以总额表示，至于费用支出的细目，如人员劳务费、问卷印刷费、资料费、交通费、问卷处理费、杂费等，应根据每次调查的具体情况而定。

（8）**工作进度日程和工作进度的监督检查**。

工作进度日程是对各类调查项目、调查方法的工作程序、时间、工作方法等要求做出的具体规定。如何时做好准备工作，由谁负责；何时开始培训工作，由谁主持；通过什么方式进行等。切合实际的工作进度日程可以使整个调查活动有节奏地进行，使每个相对独立地从事调查工作的人员行动有方向，也可以为调查活动的监督检查提供依据。

对工作进度的监督检查是及时发现问题，克服薄弱环节，保证整个调查活动顺利进行的重要条件。在对工作进度的监督检查过程中，最后采取现场检查，以利于及时指导，改进工作。

3. 进行实际调研——收集信息

此阶段为调研执行阶段，即根据前面所确定的调研计划着手进行资料的搜集。一般从公开的出版物、信息咨询机构、国家有关部门或者其他一些途径均可获得二手资料。

而原始资料则需要通过市场调查人员亲自观察、询问、登记取得，主要包括以下两方面。

（1）**组织实地调查**。

实地调查需要调研人员直接参与，调研人员的素质影响着调查结果的正确性，因而，首先，必须对调研人员进行适当的技术和理论训练。其次，还应该加强对调查活动的规划和监控，针对调查中出现的问题及时调整和补救。

（2）**进行观察试验**。

在调查结果不足以揭示既定目标要求和信息广度和深度时，还有采用实地观察和试验方法，组织有经验的市场调研人员对调查对象进行公开和秘密的跟踪观察，或是进行对比试验，以获得更具有针对性的信息。

4. 整理、分析、解释资料——分析信息

市场调查获得的资料大多数是分散的、零乱的，难免出现虚假、冗余等现象，甚至加上调查人员的偏见，难以反映调查特征和本质。整理资料就是运用科学方法，对调查资料进行编校、分类和分析，使之系统化、条理化，并以简明的方式准确反映调查问题的真实情况。

（1）编校。

编校是指对收集到的资料进行检验、检查，验证各种资料是否真实可靠、合乎要求，剔除调查中取得的不符合实际的资料。其具体做法是：首先，检查调查资料的真实性和准确程度。真实性检验既可以根据以往的实践经验对调查资料进行判断，也可以根据调查资料的内在逻辑关系进行判断，如收入和支出，如果调查资料显示支出大大超过收入，显然不符合收入与支出之间的逻辑关系。还可以通过各种数字来进行检查，比如，检验各分组数字之和是否等于总数，各部分百分比相加之和是否为100%。其次，要检查记录的一致性，口径的统一性。经过检查，对含糊不清的资料或记录不准备的地方，应及时要求调查人员辨认，必要时就复核更正。对于不合格的调查资料应剔除不计，以保证资料的完整性、准确性。

（2）资料分类。

资料分类是把经过编校检验的资料，分析归入适当的类别，并制作成有关的统计表或统计图，以便于观察分析运用。资料的分类有两种方法：一是在设计调查提纲、调查问卷时，就按照调查项目的不同设计调查指标，调查时即按分类指标搜集资料、整理资料；二是在调查资料收集起来之后，再根据资料的性质、内容或特征将相异的资料区别开来，将相同或相近的资料合为一类。对资料的分类，要注意研究不同类别资料之间的差异性和同一类别共同性。同一资料只能归于一类，而不能出现重复归类现象。同时，要注意分类的结果必须把全部资料都包括进去，每一条资料都要有归属，不能有遗漏。在条件允许的情况下，资料分类宜细不宜粗。详细分类有利于把被调查者多方面的反应都包括进去，更好地发挥调查资料的作用。

（3）分析资料。

对资料的分析应注意计算各类资料的百分率，以便人们对调查结果产生清楚的概念。运用的分析方法有"回归分析""相关分析""因素分析""判断分析""聚类分析"等。资料分析要客观、全面、准确。

5. 提出调研报告——得出信息报告

资料的整理和分析是提出调研报告的基础，而提出调研报告则是市场调研的必然过程和结果。调研报告应包括以下几方面的内容（表5-2）。

（1）序言：主要说明调研的目的，调研过程及采用的方法。
（2）主体部分：根据调研的目的，分析情况，做出结论与工作建议。
（3）附件：主要是报告主体部分引用的重要数据和资料，必要时可以把详细的统计图表和调研资料作为附件。

表 5-2 营销调研报告的结构

报告结构	报告内容
封面	报告题目，作者，执行单位，委托单位，日期
目录	内容目录，图表目录，附件目录
执行总结	主要成果，结论，建议
正文	1. 调研背景、问题
	2. 调研方法
	3. 调研设计
	4. 数据分析
	5. 调研结果
	6. 调研局限
	7. 结论和建议
附件	问卷和图表，统计分析结果，清单

值得注意的是，调查人员不应当把调查报告看作是市场调查的结束，而应继续注意市场情况变化，发现问题及时反馈，以检验调查结果的准确程度，并发现市场新的趋势，为改进以后的调查打好基础。

 小链接

美国航空公司对飞机上提供电话服务的调研

美国航空公司注重为航空旅行者提供他们需要的新服务。美国航空公司的一位营销经理提出在飞行途中为乘客提供电话服务的想法。其他的经理们认为这是激动人心的，并同意应对此做进一步的调研。于是，提出这一建议的营销经理自愿进行初步调研。他同一家大型电信公司接触，探讨波音747飞机在美国东、西海岸的飞行途中，电话服务在技术上是否可行。据电信公司介绍，这种服务每次航行成本大约是1 000美元。因此，如果每次通话收费25美元，则在每航次中至少有40人使用这种服务才能保本。于是这位经理与本公司的营销调研经理联系，请他调查飞行途中旅客对这种新服务的反应如何。

1. 确定问题与调研目标

（1）乘客在飞行途中通话的主要原因是什么？
（2）哪些类型的乘客最喜欢在航行中打电话？
（3）有多少乘客可能在飞行途中打电话？通话价格对他们有何影响？
（4）这一新服务会使美国航空公司增加多少乘客？
（5）这一服务对美国航空公司的形象会产生怎样的影响？
（6）电话服务与其他服务诸如航班计划、食物和行李处理等相比，是否重要？

2. 拟定调研计划

假定美国航空公司准备不做任何市场调研就在飞机上提供电话服务可获得长期利润5万美元，而营销经理认为调研会帮助公司改进促销计划并可获得长期利润9万美元。在这种情况下，在市场调研上所花的费用不能超过4万美元。调研计划包括：资料来源、调研方法、调研工具、抽样计划、接触方法等。

3. 收集信息

4. 分析信息

5. 完成调研报告

（1）在飞机上使用电话服务的主要原因是：有紧急情况、紧急的商业交易，等等。用电话来消磨时间的现象是不大会发生的。绝大多数的电话是商人所打的，并且他们需要报销单。

（2）每200人中，大约有20位乘客愿花费25美元打一次电话；而约40人希望每次通话费为 15 美元。因此，每次收 15 美元（40×15＝600）比收 25 美元（20×25＝500）有更多的收入。然而，这些收入都大大低于飞行通话的保本点成本 1 000 美元。

（3）推行飞行中的电话服务使美国航空公司每次航班能增加 2 名额外的乘客，从这 2 人身上能收到 400 美元的纯收入，然而，这也不足以帮助抵付保本成本点。

（4）提供飞行电话服务增强了美国航空公司作为创新和进步的航空公司的公众形象。

（资料来源：摘编自菲利普·科特勒，2001.营销管理 [M].梅汝和，等译.北京：中国人民大学出版社：129-142.）

5.2.6 市场营销调研的方法

在市场调查中，调查资料通常要通过一定的手段与方法来获取。根据资料性质的不同，即调查信息收集的途径不同，可将调查资料的获取方法分为直接调查和间接调查，分别针对原始资料与二手资料的收集而言。原始资料也称一手资料，是指调查为了某种特定的目的而通过专门调查获得的资料；二手资料是指在某处已经存在，并已经按某种目的编辑过的资料。

1. 一手资料的收集方法——实地调查法

实地调查法也称直接调查法，是指调查人员在周详严密的调查方案与程序下，通过实地观察或直接访问被调查对象而获取资料的调查，主要分为访问法、观察法和实验法。

（1）访问法。

访问法又称询问调查法，就是调查人员采用访谈询问的方式向被调查者了解市场情况的一种方法，它是市场调查中最常用的、最基本的调查方法。

根据对访问内容是否有统一设计，访问法可以区分为标准化访问和非标准化访问；按访问者与被访问者的交流方式不同，访问法可分为直接访问与间接访问；根据访问对象的特点不同，访问法可分一般性访问和特殊性访问；根据访问调查一次访问人数的多少，访问法可分为个别访问和集体访问。而按访问内容传递方式可分为口头访问（面谈调查、电话调查）与书面访问（邮寄调查、留置问卷、日记调查）。

① 面谈访问。面谈访问是调查者根据调查提纲直接访问被调查者，当面询问有关问题，既可以是个别面谈，主要通过口头询问；也可以是群体面谈，可通过座谈会等形式。这是调查者与被调查者面对面交谈的一种方法，是最直接的访问调查方法。

面谈访问是目前在国内使用最广泛的方法，涉及市场调查的各个应用范围，如消费者研究方面：消费者的消费行为研究、消费者的生活形态研究、消费者满意度研究等；媒介研究方面：媒介接触行为研究、广告效果研究等；产品研究方面：对某产品的使用情况和态度研究、对某产品的追踪研究、新产品的开发研究等；市场容量研究方面：对某类产品的目前市场容量和近期的市场潜力估计、各竞争品牌的市场占有量研究等。

面谈访问的回答率高，可通过调查人员的解释和启发来帮助被调查者完成调查任务，可以根据被调查者性格特征、心理变化、对访问的态度及各种非语言信息，扩大或缩小调查范围，具有较强的灵活性。它的缺点是人力物力耗费较大，要求调查人员的素质要高，对调查人员的管理较困难。此外，这个方法还可能被拒绝，无法完成。

 小链接

Levi's 利用 CATI 技术进行访谈

在进行流行趋势调查时，Levi's 公司感到他们的调研越来越耗时费力。其中一个问题是如何实施有准确性、一致性的高效率的调研，并使 9～14 岁的儿童能专心参加 30～45 分钟的访谈。通过与 TouchStone 调研公司和 ACS 公司的合作，Levi's 设计了一项由访谈员与计算机共同进行的调研。访谈分为两部分，其中一部分为孩子与计算机交流，该系统配有指导解释录像、颜色、声音和实际操作都受到孩子的欢迎。同时，还有一些娱乐项目供孩子在休息时使用。

使用计算机辅助访谈计划（CATI），能使孩子们更容易表达个人的真实感情。该系统也为访谈员简化了访谈程序，相应的软件也减少了访谈员的书面工作。

（资料来源 https://wenku.baidu.com/view/d4ba6a90b42acfc789eb172ded630b1c58ee9b5f.html?from=search，2022-05-18.）

建构注意力市场：如何吸引数字时代的消费者

② **电话调查**。这是利用电话收集市场信息资料的一种方法，这种调查方式的成本低，能迅速获得资料，且不受地区大小的限制。但它只适用于安装了电话的被询问者。如果电话能询问的对象较少，所调查的资料无法代表全部母体。电话调查的通话时间一般不能太长，使调查的内容难以深入，访问的成功率比较低。因此，这种方式适用于对热点问题、突发性问题、特定问题和特殊群体的调查，也适用于对比较固定的客户企业的调查。

电话调查的优点是取得市场信息的速度较快；节省调查费用和时间；调查的覆盖面较广；可以访问到一些不易见到面的被调查者，如某些名人等；可能在某些问题上得到更为坦诚的回答；易于控制实施的质量等。电话调查的缺点是只能得到简单的资料，无法深入了解情况；难以进行有形产品的调查；无法辨别答案的真伪；拒绝访问情况较多等。

 小链接

美国宝洁公司为了听取用户意见，广泛收集信息，推出免费电话的措施。公司在产品包装上标明该公司及各分厂的电话号码，欢迎顾客随时就产品质量问题打电话及时反映，且通话费用全部记在公司账上。公司对所有来电都给予答复，并视情况给予各种奖励。仅 1994 年，该公司就接到 25 万名顾客的来电，从中得到启发而开发出的新产品的销售额达到 1 600 万美元。

（资料来源：http://www.360doc.com/content/16/0519/22/8224881_560569973.shtml，2022-05-18.）

③ 邮寄调查。这是将设计好的调查问卷以信函形式寄给被调查者，由被调查者填写意见后寄回的一种访问方法。这种调查方法的成本低，调查范围广，被调查者可以自由、充分地回答问题，由于调查是匿名的，被调查者的回答较为真实，但这种方式也有缺点，如回收率较低，影响调查效果；如果调查问卷不被调查者正确理解，会出现答非所问的现象；无法判断被调查者的性格特征和其回答的可靠程度；有些答卷者可能迟迟不寄回答案，收集信息的时间较长；有些答卷者也可能不是所要调查的对象；这种方法还要求被调查者应具有一定的文字理解能力和表达能力等。

④ 留置问卷调查。这是指将调查问卷当面交给被调查者，说明调查意图和要求，并留下问卷，由被调查者自行填写回答，由调查人员按约定日期收回的一种调查方法。这是介于面谈法和邮寄调查法之间的一种调查方法，可以消除面谈法和邮寄调查法的一些不足。

留置调查的一个优点是调查问卷回收率高。由于当面送问卷，说明填写要求和方法，澄清疑问，因此，可以减少误差，而且能控制回收时间，提高回收率。另一个优点是答案正确率高。被调查者有充分的时间来考虑问题，并不受调查人员的影响，能做出比较准确的回答。

⑤ 日记调查。日记调查是指对固定样本连续调查的单位发放登记簿或账本，由被调查者逐日逐项记录，再由调查人员定期加以整理汇总的一种调查方法。

小链接

一次，一个美国家庭接待了一位日本客人，日本客人每天都在做笔记，记录美国人居家生活的各项细节，包括吃什么食物，看什么电视节目等。两个月后，日本客人走了。不久，日本丰田公司针对美国家庭汽车使用的需求，推出了新型的汽车，并在报纸上刊登他们对美国家庭的调研报告，以及他们对被调研家庭的感谢函。那个美国家庭这才恍然大悟，原来那位留宿的日本人是丰田公司众多调查人员之一。

（资料来源：https://www.doc88.com/p-103570709432.html，2022-05-18.）

综上所述，五种访问法的优缺点见表 5-3。

表 5-3　五种访问法优缺点的比较

访问方法	面谈访问	电话调查	邮寄调查	留置问卷调查	日记调查
调查范围	较窄	较窄	广	较广	较广
调查对象	可控可选	可控可选	一般	可控可选	可控可选

续表

访问方法	面谈访问	电话调查	邮寄调查	留置问卷调查	日记调查
影响回答的因素	能了解控制和判断	无法了解控制判断	难了解控制和判断	能了解控制和判断	能了解控制和判断
回收率	高	较高	较低	较高	较高
回答速度	可快可慢	最快	慢	较慢	慢
回答质量	较高	高	较低	较高	较高
平均费用	最高	低	较低	一般	一般

（2）观察法。

观察法是调查员凭借自己的感官和各种记录工具，深入调查现场，在被调查者未察觉的情况下，直接观察和记录被调查者行为，以收集市场信息的一种方法。例如，通用磨坊在开发优诺品牌的"Go-Gurt"酸奶（美国最畅销的酸奶制品）时，就观察了其目标市场——儿童在校园内玩耍的情景。该公司意识到，由于儿童活泼好动的天性，他们可能更喜欢便于携带、能够快速打开并用一只手拿住的产品。于是该公司想出了从包装进行创新的办法，从而诞生了"Go-Gurt"酸奶，这是一种装在可挤压软管内的酸奶，孩子们不用调羹就能食用。

观察法有直接观察和测量观察两种基本类型。

① 直接观察。直接观察就是观察人员直接到商店、家庭、街道等处进行实地观察。一般只看不问，不使被调查者感觉到在接受调查。这样的调查比较自然，容易得到真实情况。这种方法可观察顾客选购商品时的表现，有助于研究购买者行为。

小链接

美国肯德基公司在全球几十个国家和地区有近万家连锁店。然而美国肯德基公司在万里之外，怎么能了解各分公司的经营情况呢？一次，上海肯德基有限公司收到3份美国总公司寄来的鉴定书，对他们外滩店的工作质量进行了3次评分，分别为83分、85分、88分。公司中方经理十分惊讶，这3个分数是怎么评定的？

原来，美国肯德基公司雇佣调查公司，让他们伪装顾客，进入店内进行检查评分。这些人来无影、去无踪，而且没有时间规律，这就使得餐厅的经理、雇员时时感受到压力，丝毫不敢懈怠。

伪装购物，又称神秘购物法（Mystery shopping studies）。让经过专门训练的"神秘顾客"假扮成普通的消费者，进行购物或消费活动，并记录下购物和消费过程中发生的情况。目的是分析商店或是服务单位的服务质量和存在的问题。

这种方法的应用非常广泛，美国已有200余家专门的调查公司提供该服务，大多数服务企业都接收过该类调查。同时也会对美国企业在海外的分公司、代理商进行调查。

"神秘顾客"所带来的压力，使企业员工严格贯彻服务标准，提高服务满意度，从而提高企业竞争力。

（资料来源 https://wenku.baidu.com/view/d4ba6a90b42acfc789eb172ded630b1c58ee9b5f.html?from=search，2022-05-18.）

② 测量观察。测量观察也称作机器观察法，指借助于电子仪器或机械工具进行记录和测量，例如，某广告公司想了解电视广告的效果，选择了一些家庭做调查样本，把一种特殊设计的"测录器"装在这些家庭的电视机上，自动记录所收看的节目。经过一定时间，就了解到哪些节目收看的人最多，在以后的工作中根据调查结果合理安排电视广告的播出时间，收到很好的效果。

通过观察法这种方法能客观地获得准确性较高的第一手信息资料。但是，这种方法也有一定的局限性，例如，它只反映事物的现象，而无法说明事件发生的原因。此种方法调查面略窄，花费时间较长。

小链接

速溶咖啡刚进入美国市场时，受到了美国消费者强烈的抵制。于是，厂商聘请专家调查原因。整个调研经历了四个简捷而严密的阶段：第一阶段，提出封闭式的问题"您是否饮用速溶咖啡"，描述性的问题，结果有 99.7% 答不饮用，得出结论——绝大多数的人不饮用速溶咖啡。第二阶段，提出开放式的问题"您为什么不饮用速溶咖啡"，因果性的问题，统计分析后表明，多数消费者认为速溶咖啡口味不佳。第三阶段，为了确认口味不佳是不是真正的原因，来测试一下，进行了著名的"盲目测验"，向每位被试者提供了两杯咖啡，两杯咖啡没有任何标签说明，请测试者分辨哪一杯是速溶咖啡，哪一杯是所谓的真正咖啡，结果差异非常大，其实两杯咖啡都是速溶咖啡。

证明消费者对速溶咖啡口味的不满可能是一种托词，也就是说口味不佳并不是真正的原因，真正的原因尚未发现。于是进入了最后的一个阶段，专家们设计了两份购货清单，这两份清单除了所购咖啡有别，比如说一张写真正的咖啡，另一张写速溶咖啡，清单上其他的物品都是一模一样的，主持人向被测试者展示完两份清单后，他要求测试者对持有清单的两名家庭主妇的个人特征作出评价，测试结果如下：大多数人对购买鲜咖啡的评价是贤妻良母、精于烹饪、勤快能干、献身家庭、明晓事理等；而对购买速溶咖啡的评价是自私自利、懒惰、不善于管理家庭等都是一些贬义词。

于是专家们做出判断，由于早期的速溶咖啡强调省事方便，让人容易对使用者产生不好的联想。后来，公司改变了营销手段，才成功打开美国市场。

（资料来源 https://wenku.baidu.com/view/d4ba6a90b42acfc789eb172ded630b1c58ee9b5f.html?from=search，2022-05-18.）

（3）实验法。

实验法是指市场调研者有目的、有意识地改变一个或几个影响因素，来观察市场现象在这些因素影响下的变动情况，以认识市场现象的本质特征和发展规律。实验调查既是一种实践过程,又是一种认识过程,并将实践与认识统一为调查研究过程。企业的经营活动中经常运用这种方法,如开展一些小规模的包装实验、价格实验、广告实验、新产品销售实验等,来测验这些措施在市场上的反映,以实现对市场总体的推断。

实验调查法按照实验的场所可分为实验室实验和自然实验。实验室实验是指在人造的环境中进行实验,研究人员可以进行严格的实验控制,比较容易操作、时间短、费用低。自然实验是指在日常生活等自然条件下,有目的、有计划地创设和控制一定的条件来进行研究的一种方法。自然实验法比较接近人的生活实际,又兼有实验法和观察法的优点,其实验结果的实用意义更大。

实验调查法的优点是它通过实验活动提供市场发展变化的资料,不是等待某种市场现象发生了再去调查,而是积极主动地改变某种条件,来揭示或确立市场现象之间的相关关系。它不但可以说明是什么,而且可以说明为什么,还具有可重复性,因此,其结论的说服力较强。实验调查法对检验宏观管理的方针政策与微观管理的措施办法的正确性来说,都是一种有效的方法。缺点是实验调查法在进行市场实验时,由于不可控因素较多,很难选择有充分代表性的实验对象和实验环境。因此,实验结论往往带有一定的特殊性,实验结果的推广会受到一定的影响。实验调查法还有花费时间较多、费用较高、实验过程不易控制、实验情况不易保密、竞争对手可能会有意干扰现场实验的结果等缺点。这些缺点使实验调查法的应用有一些局限。

成功营销策划的关键三板斧

2. 二手资料的收集方法——文案调查法

 小链接

日本某公司的信息来源

日本某公司进入美国市场前,通过查阅美国有关法律和规定得知,美国为了保护本国工业,规定美国政府收到外国公司商品单,一律无条件将价格提高50%。而美国法律中规定,本国商品的定义是,"一件商品,美国制造的零件所含价值必须达到这件商品价值50%以上"。这家公司根据这个条款,思考出一条对策:进入美国公司的产品共有20种零件,在日本生产19种零件,从美国进口一种零件,这一种零件价值最高,其价值超过50%,在日本组装后再到美国销售,就成了美国产品,可直接与美国厂商竞争。

(资料来源:https://wenku.baidu.com/view/376bec3aa9956bec0975f46527d3240c8547a15a.html?from=search,2022-05-18。)

文案调查法又称间接调查法,是利用企业内部和外部现有的各种信息、情报资料,对调查内容进行分析研究的一种调查方法。实地调查与文案调查相比,更费时、费力,组织起来也比较困难,故不能或不宜经常进行,而文案调查如果经调查人员精心策划,尤其是在建立企业及外部文案市场调查体系的情况下,具有较强的机动性和灵活性,能随时根据企业经营管理的需要,收集、整理和分析各种市场信息,定期为决策者提供有关市场调查报告。

应该说，文案调查法虽然突破了时空的限制，能够更加方便地获得一些资料与信息，但是其也有其局限性：第一，这种方法依据的主要是历史资料，过时资料比较多，现实中正在发展变化的新情况、新问题难以得到及时的反映。第二，所收集、整理的资料和调查目的往往不能很好地吻合，数据对解决问题不能完全使用，收集资料时易有遗漏。例如，调查所需的是分月商品销售额资料，而掌握的一般是全年商品销售额资料，尽管可计算平均月销售额，但精确度会受到影响。第三，文案调查要求调查人员有较广的理论知识、较深的专业知识及技能，否则将感到无能为力。此外，由于文案调查所收集的次级资料的准确程度较难把握，有些资料是由专业水平较高的人员采用科学的方法搜集和加工的，准确度较高，而有的资料只是估算和推测的，准确度较低，因此，应明确资料的来源并加以说明。

（1）文案调查的渠道。

文案调查应围绕调查目的，收集一切可以利用的现有资料。从企业经营的角度讲，现有资料包括企业内部资料和企业外部资料。因此，文案调查的渠道也主要是这两种。

① 企业内部资料。企业内部资料主要包括以下几种。

A. 业务资料。业务资料包括与企业业务经济活动有关的各种资料。如订货单、进货单、发货单、合同文本、发票、销售记录、业务员访问报告等。

B. 统计资料。统计资料主要包括各类统计报表，企业生产、销售、库存等各种数据资料，各类统计分析资料等。

C. 财务资料。财务资料反映了企业劳动和物化管理占用和消耗情况及所取得的经济效益，通过对这些资料的研究，可以确定企业的发展前景，考核企业经济时效。

D. 企业积累的其他资料。企业积累的其他资料包括平时剪报、各种调研报告、经验总结、顾客意见和建议、同业卷宗及有关照片和录像等。例如，根据顾客对企业经营商品质量和售后服务的意见，就可以对如何改进加以研究。

② 企业外部资料。企业外部资料可从以下几个主要渠道加以收集。

A. 统计部门与各级各类政府主管部门公布的有关资料。国家统计局和各地方统计局都定期发布统计公报等信息，并定期出版各类统计年鉴，内容包括全国人口总数、国民收入、居民购买力水平等。这些均是很有权威和价值的信息，都具有综合性强、辐射面广的特点。

B. 各种经济信息中心、专业信息咨询机构、各行业协会和联合会提供的市场信息和有关行业情报。这些机构的信息系统资料齐全，信息灵敏度高，为了满足各类用户的需要，它们通常还提供资料的代购、咨询、检索和定向服务，是获取资料的重要来源。

C. 国内外有关的书籍、报纸、杂志所提供的文献资料。其包括各种统计资料、广告资料、市场行情和各种预测资料等。

D. 有关生产和经营机构提供的商品目录、广告说明书、专利资料及商品价目表等。

E. 各地电台、电视台提供的有关市场信息。近年来，全国各地的电台和电视台为适应市场经营形势发展的需要，都相继开设了市场信息、经济博览等以传播经济、市场信息为主导的专题节目及各类广告。

F. 各种国际组织、外国使馆、商会所提供的国际市场信息。

G. 国内外各种博览会、展销会、交易会、订货会等促销会议以及专业性、学术性经验交流会议上所发放的文件和材料。

（2）文案调查的方式与方法。

① 文案调查的方式。在文案中，对于企业内部资料的收集相对比较容易，调查费用低，调查的各种障碍少，能够正确把握资料的来源和收集过程，因此，应尽量利用企业的内部资料。

对于企业外部资料的收集，可以依照不同情况采取不同的方式。

A. 有偿收集。有偿收集是指需要采取经济手段才能获得的资料。例如，公开出版、发行的资料，一般可通过订购、邮购、交换等方式直接获得；限制发行或者对使用对象有一定限制或具有保密性质的资料，则需要通过特定的有偿使用的方式获取。有偿方式取得的资料构成了调查成本，因此，要对其可能产生的各种效益加以考虑。随着国内外市场竞争的日益加剧，获取竞争对手的商业秘密已成为市场调查的一个重要内容。

B. 无偿收集。具有宣传广告性质的许多资料，如产品目录、使用说明书、图册、会议资料等，是企、事业单位为扩大影响、推销产品、争取客户而免费面向社会提供的，企业可以无偿取得。

② 文案调查的方法。要想研究现有资料，必须先查找现有资料。对于文献性资料来说，科学地查找资料具有十分重要的意义。从某种意义上讲，文案调查方法也就是对资料的查询方法，在此主要介绍文献性资料的查询方法。

A. 参考文献查找法。参考文献查找法是利用有关著作、论文的末尾所开列的参考文献目录，或者文中所提到的某些文献资料，以此为线索追踪、查找有关文献资料的方法。采用这种方法可以提高查找效率。

B. 检索工具查找法。检索工具查找法是利用已有的检索工具查找文献资料的方法。按照检查工具不同，检索方法主要有手工检索和计算机检索两种：手工检索是一种传统的检索方法，即以手工翻检的方式，利用工具书（包括图书、期刊、目录卡片等）来检索信息的一种检索手段。手工检索不需要特殊的设备，用户根据所检索的对象，利用相关的检索工具就可进行。手工检索的方法比较简单、灵活，容易掌握。但是，手工检索费时、费力，特别是进行专题检索和回溯性检索时，需要翻检大量的检索工具反复查询，花费大量的人力和时间，而且很容易造成误检和漏检。与手工检索相比，计算机检索不仅具有检索速度快、效率高、内容新、范围广、数量大等优点，还可打破获取信息资料的地理障碍和时间约束，能向各类用户提供完善、可靠的信息。在市场调查电子化程度提高之后，将主要依靠计算机来检索信息。

C. 情报联络网法。情报联络网法是企业在全国或者海外重点地区内设立专门情报联络网，使情报资料收集工作的触角伸到四面八方的一种方法。该方法的建立是企业进行文案调查的有效方法。企业可以采取重点地区设立固定情报资料收集点，由企业派专门人员或驻地人员兼职；一般地区可以同行业、同部分以及与此有关的情报中心挂钩，定期互通情报，以获得各自所需的资料。

应当指出的是，文案调查所收集的次级资料，有些十分真实、清楚、明了，可直接加以利用，而有些则杂乱无章且有失真情况发生，对此还应该过加工和筛选，才能最终得出结论。

小链接

可口可乐：跌入调研陷阱

20世纪70年代中期以前，可口可乐一直是美国饮料市场的霸主，市场占有率一度达到80%。然而，70年代中后期，它的老对手百事可乐迅速崛起。1975年，可口可乐的市场份额仅比百事可乐多7%；9年后，这个差距更缩小到3%，微乎其微。

百事可乐的营销策略是：（1）针对饮料市场的最大消费群体——年轻人，以"百事新一代"为主题推出一系列青春、时尚、激情的广告，让百事可乐成为"年轻人的可乐"；（2）进行口味对比。请毫不知情的消费者分别品尝没有贴任何标志的可口可乐与百事可乐，同时百事可乐公司将这一对比实况进行现场直播。结果是，有八成的消费者回答百事可乐的口感优于可口可乐，此举马上使百事的销量激增。

对手的步步紧逼让可口可乐感到了极大的威胁，它试图尽快摆脱这种尴尬的境地。1982年，为找出可口可乐衰退的真正原因，可口可乐决定在全国10个主要城市进行一次深入的消费者调查。可口可乐设计了"你认为可口可乐的口味如何？""你想试一试新饮料吗？""可口可乐的口味变得更柔和一些，您是否满意？"等问题，希望了解消费者对可口可乐口味的评价并征询对新可乐口味的意见。调查结果显示，大多数消费者愿意尝试新口味可乐。可口可乐的决策层以此为依据，决定结束可口可乐传统配方的历史使命，同时开发新口味可乐。没过多久，比老可乐口感更柔和、口味更甜的新可口可乐样品便出现在世人面前。为确保万无一失，在新可口可乐正式推向市场之前，可口可乐公司又花费数百万美元在13个城市中进行了口味测试，邀请了近20万人品尝无标签的新/老可口可乐。结果让决策者们更加放心，六成的消费者回答说新可口可乐味道比老可口可乐要好，认为新可口可乐味道胜过百事可乐的也超过半数。至此，推出新可乐似乎是顺理成章的事了。

可口可乐不惜血本协助瓶装商改造了生产线，而且，为配合新可乐上市，可口可乐还进行了大量的广告宣传。1985年4月，可口可乐在纽约举办了一次盛大的新闻发布会，邀请200多家新闻媒体参加，依靠传媒的巨大影响力，新可乐一举成名。看起来一切顺利，刚上市一段时间，有一半以上的美国人品尝了新可乐。

但让可口可乐的决策者们始料未及的是，噩梦正向他们逼近——很快，越来越多的老可口可乐的忠实消费者开始抵制新可乐。对于这些消费者来说，传统配方的可口可乐意味着一种传统的美国精神，放弃传统配方就等于背叛美国精神，"只有老可口可乐才是真正的可乐"，有的顾客甚至扬言将再也不买可口可乐。每天，可口可乐公司都会收到来自愤怒的消费者的成袋信件和上千个批评电话。尽管可口可乐竭尽全力平息消费者的不满，但他们的愤怒情绪犹如火山爆发般难以控制。迫于巨大的压力，决策者们不得不作出让步，在保留新可乐生产线的同时，再次启用近100年历史的传统配方，生产美国人引以为傲的"老可口可乐"。

（资料来源：笔者通过互联网相关材料改编整理）

3. 网络调查法

网络调查法也叫网上调查法，是指通过互联网进行有系统、有计划、有组织地收集、调查、记录、整理、分析与产品、劳务有关的市场信息的一种新型调查手段。进入信息时代以来，互联网为企业进行市场调研提供了强有力的工具。网络市场调研的出现使传统市场调研发生了巨大的变革。因为互联网络本身就是一个巨大的信息资源库，能够为调研提供大量有力的资料。

网络调查作为一种新兴的调研方法与传统调研方法相比（表5-4），有很强的优越性，例如，及时性、客观可靠性、共享性、便捷性、经济性、互动性（交互性）、可检验性、可控制性、快速答复性，且能跨越时空的限制进行调查。

表 5-4 网络调查与传统调研的比较

调研类型	网络调查	传统调研
调研费用	较低，主要是设计费和数据处理费	昂贵，要支付包括问卷设计、印刷、发放、回收、聘请和培训访问员、录入调查结果
调查范围	全国乃至全球，样本数量庞大	受成本限制，调查地区和样本均有限制
运作速度	很快，只需搭建平台，数据库可自动生成，几天可得出结果	慢，至少需要2个月到6个月才能得出结论
时效性	全天候进行	不同的被访问者对其可进行访问的时间不同
便利性	非常便利，被访问者可自行决定时间、地点回答问卷	不方便，要跨越空间障碍才能到达访问地点
可信度	相对真实可信	一般有督导对问卷进行审核，措施严格，可信度高
实用性	适合长期的大样本调查；适合要迅速得出结论的情况	适合面对面的深度访谈；食品类等需要对访问者进行感观测试

根据调查方法的不同，网络调查法可分为网上问卷调查法、网上讨论法、网上观察法和网上文案调查法。

（1）网上问卷调查法。

网上问卷调查法是在互联网上发布问卷，被调查对象通过网络填写问卷，完成调查。根据所采用的技术，网上问卷调查一般有两种：一种是站点法，即将问卷放在网络站点上，由访问者自愿填写。另一种是用电子邮件将问卷发送给被调查者，被调查者收到问卷后，填写问卷，点击"提交"，问卷答案则回到指定的邮箱。电子邮件调查有以下局限性：问卷的交互性很差，并且数据的处理会很麻烦，每份问卷的答案都是以邮件形式发回，必须重新导入数据库进行处理。这种网上问卷调查法是最常用的方法，比较客观、直接，但不能对某些问题做深入的调查和分析。网络问卷调查的价值也受到人们填答意愿的限制，因为在类似调查的狂轰滥炸下，人们可能干脆不理睬，也可能根据其内容、主题、娱乐性或者调查的其他特性而作出参与调查的决定，从而影响到网络问卷调查的可信度。

> **小链接**
>
> 美国消费者调查公司（American Opinion）是美国的一家网上市场调研公司。通过互联网在世界范围内征集会员，只要回答一些关于个人职业、家庭成员组成及收入等方面的个人背景资料问题即可成为会员。该公司每月都会寄出一些市场调查表给符合调研要求的会员，询问诸如"你最喜欢的食物是哪些口味，你最需要哪些家用电器"等问题，在调查表的下面注着完成调研后被调查者可以获得的酬金。根据问卷的长短和难度的不同，酬金的范围在4～25美元，并且每月还会从会员中随机抽奖，至少奖励50美元。该公司会员注册十分积极，目前已有网上会员50多万人。
>
> （资料来源：菲利普·科特勒，凯文·莱恩·凯勒，2012. 营销管理 [M]. 14 版. 王永贵，等译. 上海：格致出版社，上海人民出版社.）

（2）网上讨论法。

网上讨论法可通过多种途径实现，如 BBS、ICQ、newsgroup、网络实时交谈（IRC）、网络会议（Netmeeting）等。主持人在相应的讨论组中发布调查项目，请被调查者参与讨论，发表各自观点和意见，或是将分散在不同地域的被调查者通过互联网视频会议功能虚拟地组织起来，在主持人的引导下进行讨论。网上讨论法是小组讨论法在互联网上的应用。它的结果需要主持人加以总结和分析，对信息收集和数据处理的模式设计要求很高，难度较大。

（3）网上观察法。

网上观察法是对网站的访问情况和网民的网上行为进行观察和监测。大量网站都在做这种网上监测。很多可供免费下载的软件事实上也在做网上行为监测。使用这种方法最具代表性的是法国的 Net Value 公司，它的重点是监测网络用户的网上行为，号称为"基于互联网用户的全景测量"。它调查的主要特点是：首先，通过大量的"计算机辅助电话调查（CATI）"获得用户的基本人口统计资料，然后从中抽出样本，招募自愿受试者，由受试者将软件下载到电脑中，由此记录被试者的全部网上行为。其独特之处在于：一方面，一般的网上观察是基于网站的，通过网站的计数器来了解访问量停留时间等，而 Net Value 公司的测量则是基于用户的，可以全面了解网站和用户的情况。另一方面，Net Value 公司的调查是目前世界上唯一基于 TCP/IP 进行的，即它不仅记录了用户访问的网站，而且还记录了网民的上传和下载软件、收发电子邮件等全部网上行为，因此称为"全景测量"。

（4）网上文案调查法。

网上文案调查法是指利用互联网的媒体功能，从互联网收集二手资料。由于越来越多的报纸、杂志、电台等传统媒体，以及政府机构、企业等在互联网上发布信息，因此，网络成为信息海洋，信息蕴藏量极其丰富，关键是如何发现和挖掘有价值信息。

4. 抽样调查法

从市场调查范围、信息收集的规模来划分，可将调查分为：第一，普查。即对有关总体中的所有单位进行观察、询问、登记的一种调查方式。该法工作量大，耗时耗力，企业一般较少使用。第二，重点调查。即，对有关总体中具有举足轻重地位的单位进行调查，以获得总体基本情况的一种调查方式，例如，要了解我国钢铁产量的大致情况，只需对首钢、武钢、鞍钢等几大重点钢铁企业进行调查即可。第三，典型调查。即对有关总体中具有代表性的几个单位进行调查。使用此法的关键是要选好典型，即被调查单位要具有充分的代表性。第四，抽样调查。即，在有关总体中按照随机原则抽取一定量的单位组成样本，根据对样本观察的结果推算总体特征的一种调查方式。

抽样调查法在实际工作中得到广泛的应用，在市场调查工作中也常应用，其优点有：第一，从经济上说，抽样调查节约人力、物力和财力；第二，抽样调查更节省时间，具有较强的时效性；第三，抽样调查具有较强的准确性；第四，通过抽样调查，可使资料搜集的深度和广度都大大提高。尽管抽样调查具有上述优点，但它也存在某些局限性，它通常只能提供总体的一般资料，而缺少详细的分类资料，在一定程度上难以满足对市场经济活动分析的需要。此外，当抽样数目不足时，将会影响调查结果的准确性。

抽样调查的适用范围有：第一，对一些不可能或不必要进行全面调查的社会经济现象，宜用抽样方式解决；第二，在经费、人力、物力和时间有限的情况下，采用抽样调查方法可节省费用，争取时效，用较少的人力物力和时间达到满意的调查效果；第三，运用抽样调查对全面调查进行验证，全面调查涉及面广、工作量大、花费时间和经费多，组织起来比较困难，这时显然不能用全面调查方式进行；第四，对某种总体的假设进行检验，判断这种假设的真伪，以决定行为的取舍时，也经常用抽样调查来测定。

抽样调查法根据选择调查对象的随机程度可分为随机抽样法与非随机抽样法，如图5.4所示。

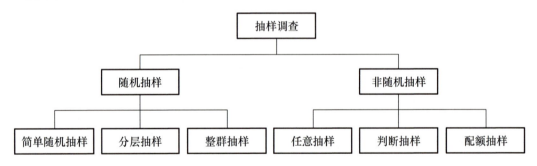

图5.4 抽样调查的方法

（1）随机抽样调查。

随机抽样调查又称概率抽样技术，是对总体中每一个体都给予平等的抽取机会的抽样技术，主要包括以下几类。

① 简单随机抽样，也称纯随机抽样，指在样本抽取之前先对总体单位进行编号，然后直接从总体中随机抽取样本号码的方法。常用的抽取号码的方法有抽签法、等距抽样法和随机数表法等。

A. 抽签法。这种方法是将总体中的所有单位号码放在一个小箱子里，然后从中任意抽出其中的号码，或者用摇号机摇出号码，以此来确定样本单位。

B. 等距抽样法。该法是根据所需样本数，按号码顺序和一定的间隔抽取号码，这种方法应用的前提是每个总体单位的编号必须是按无关标志排队的。

C. 随机数表法，也称乱数表法。随机数表是将数字任意组合排列而成的表，通常是两位数组合，使用时根据需要也可将其组成三位数、四位数等，但原数字前后顺序不变。抽样时先随意指定某行某列的数为第一个样本单位，然后依次取下去，碰到重复的号码去掉，直至取满所需单位数。

② 分层抽样。此方法是将总体单位按其属性分为若干层，然后在各类中以随机方法抽取样本。分层抽样中是将其有同一性质的单位分为一类。每类中的个体特性都相似，差异不大，但类与类之间的差异可能较大，所以从每一类中抽取不同比例的基本单位综合起来，就可以比较全面地代表总体的全貌。在这种情况下，类型抽样比纯随机抽样更能得到准确的结果。分层抽样多用于总体范围大、总体中单位间差异大的调查。

③ 整群抽样，也叫分群抽样。此方式是先将总体按某标准分成若干群，然后以群为单位从中随机抽取某些群，再对抽取群中所有单位进行全面调查的抽样组织形式。该法与类型抽样的区别是：类型抽样的各类之间差异较大，每类内部差异则较小；整群抽样正好相反，各群之间差异并不大，但每群之内差异明显。

（2）非随机抽样调查。

非随机抽样调查指抽样时不是遵循随机原则，而是按照研究人员的主观经验或其他条件来抽取样本的一种抽样方法。其适用场合包括：严格的概率抽样是无法进行的；调查目的仅是对问题的初步探索或提出假设；调查对象不确定或根本无法确定；总体各单位间离散程度不大，且调查人员有丰富的调查经验。非随机抽样方式主要有三种：任意抽样、判断抽样和配额抽样。

① 任意抽样。任意抽样又称便利抽样，是根据调查者的方便与否来抽取样本的一种抽样方法。"街头拦人法"和"空间抽样法"是方便抽样的两种最常见的方法。

A. "街头拦人法"，又叫"定点拦截法"，是在某街道或路口任意找某个行人，将其作为被调查者，进行调查。例如，在街头向行人询问其对市场物价的看法，请行人填写某种问卷等。

B. "空间抽样法"是对某一聚集的人群，从空间的不同方向和方位对他们进行抽样调查，如在商场内向顾客询问对商场服务质量的意见；在劳务市场调查外来务工人员打工情况等。

任意抽样简便易行，能及时取得所需的信息资料，省时、省力、节约经费，但抽样偏差较大，一般用于非正式的探测性调查。只有在调查总体各单位之间的差异不大时，抽取的样本才具有较高的代表性。

② 判断抽样。判断抽样又称目的抽样，是凭调查人员的主观意愿、经验和知识，从总体中选择具有代表性的样本作为调查对象的一种抽样方法。判断抽样选取样本单位一般有两种方法：一种选择最能代表普遍情况的调查对象，常以"平均型"或"多数型"为标准，应尽量避免选择"极端型"。

判断抽样方法在样本规模小及样本不易分门别类挑选时有其较大的优越性。但由于其精确性依赖于调查者对调查对象的了解程度、判断水平和对结果的解释情况，所以判断抽样方法的结果的客观性受到人们的怀疑。

③ 配额抽样。配额抽样是非随机抽样中最流行的一种，配额抽样是首先将总体中的所有单位按一定的标志分为若干类（组），然后在每一类（组）中用便利抽样或判断抽样方法选取样本单位。与其他方法不同的是，配额抽样不遵循随机原则，而是主观地确定对象分配比例。

配额抽样方法简单易行，可以保证总体的各个类别都能包括在所抽样本之中，因此，配额抽样的样本具有较高的代表性。但也应注意到，这种方法具有一定的假设性，即假定具有某种相同特征的调查对象，其行为、态度与反应都基本一致，因此，对同一层内的调查对象，是否采取随机抽样就无关紧要了。由于抽样误差不大，只要问卷设计合理、分析方法正确，所得的结果同样值得信赖。这种假设性是否得以成立，在很大程度上取决于调查者的知识、水平和经验。

 小链接

咖啡杯的颜色

日本三叶咖啡店请了 30 名消费者喝咖啡。他们先后端出四杯浓度完全相同但咖啡杯颜色不同的咖啡，请这 30 人试饮。结果：当用咖啡色杯子喝时，有 2/3 的人评论"咖啡太浓了"；用青色杯子喝时，所有的人异口同声地说"咖啡太淡了"；当用黄色杯子喝时，大家都说"这次咖啡浓度正合适，好极了"；最后端上用红色杯子盛的咖啡时，10 个人中有 9 个人都认为"太浓了"。

根据这一调查，三叶咖啡店决定将店里的杯子一律改为红色。该店借助于颜色，既可省料、省成本，又能使大多数顾客感到满意。

（资料来源：https://wenku.baidu.com/view/251c4d8f6aec0975f46527d3240c844769eaa028.html，2022-05-18.）

5.2.7 调查问卷的设计方法

1. 问卷的设计要求

问卷调查是进行市场调查时经常采用的方式之一。它通过精心设计的一系列问题来征求被调查者的答案，并从中筛选出调查者想了解的问题及答案。问卷中的问题设计、提问方式、问卷形式及遣词造句等都直接关系到能否达到市场调查的目标，因此，要对问卷进行精心设计。一份设计合理的调查问卷应该具备如下条件。

（1）概念清楚、语言简洁。一份问卷的内容太多可能会使受访者拒绝参与调查，最好运用简单的日常用语，问题设计简单明了。

（2）方便评价，易于分析。问卷的主要作用就是提供管理决策所需要的信息。

（3）便于受访者无顾虑地回答。问题应设计合理，尽量避免涉及隐私或难以回答的问题。

2. 问卷设计步骤

问卷的设计步骤有以下几点。

（1）确定主题。确定调查的目的、对象、时间、方式（面谈、电话、信函）等。

（2）设计问卷。首先，将调查目标分解成问题，也就是要设计出全部问题，当对方回答完，就能得到你想了解的全部答案；其次，要技巧性地排列上述问题；最后，尽量使提出的问题具有趣味性。

（3）试验阶段。问卷设计出来以后，为了使问卷所列项目更切合调查目标，而且能使被调查者接受，还要对试卷进行小范围的检验。选择一个拟调查的对象试答问卷，看看所设计的问卷是否便于回答，用户是否愿意回答，回答所需要的时间是否适宜，最后还要分析一下问卷的项目是否易于整理、分类和统计，进而修改问卷，使之趋于完美。

（4）制表、打印、印刷阶段。问卷经过设计、修改后就可以制表、打印和印刷了。

3. 问卷设计的格式

一般情况下，问卷主要包括如下内容。

（1）问卷的标题。
（2）问卷说明。
（3）被调查者基本情况。
（4）调查主体内容，也为称为正方部分。
（5）编码。

4. 问卷设计技术

（1）问题的类型：①事实性问题；②行为性问题；③动机性问题；④态度性问题。

（2）问题设计的原则：①被调查者易理解；②被调查者愿回答；③问题应有明确的界限；④问题不能暗含假设。

（3）敏感问题的处理技巧。

① 释难法。即通过在问题之前添加一段有助于减轻被调查者心理负担的文字作为过渡，使提问自然化。如，"据说，公房出租在我市已是普遍现象，你有公房出租吗？"

② 投影法。投影法即通过漫画、第三人称、语词联想法、完形填空法等间接的方式了解被调查事情的态度。

③ 数值归档法。对于年龄、收入、支出、住房面积、身高、体重等敏感数字问题，用归档法（如 30～40 岁、40～50 岁）比较容易消除被调查者的心理障碍。

5. 问题的提问形式

问卷中问题的形式一般有两种，即开放式问题和封闭式问题。开放式问题在提出问题时不提供任何答案，由被调查者根据实际情况自由回答。封闭式问题在提出问题的同时，还必须将答案设计出来，就是限定对方在划定的范围内来回答问题。

（1）封闭式问题的主要形式。

形　式	说　明	举　例
对错式	一个问题提出两个回答供选择	入住本酒店之前，你是直接与本酒店预订房间的吗？ □是　□不是
不定项式	一个问题提出三个或更多的回答供选择	这次与您同住本酒店的是： □没有人　□家人　□同事　□旅行团　□子女　□朋友
程度式	被调查人可以在同意和不同意的量度之间选择	外资酒店的服务质量普遍高于内资酒店： □极同意　□同意　□无意见　□不同意　□极不同意
重要性	对某些属性从"根本不重要"到"极重要"进行重要性分等	酒店服务质量是选择酒店的＿＿＿＿因素。 □最重要　□重要　□普通　□不重要　□最不重要
语意差别式	在两个意义相反的词之间列上一些维度，由被调查人选择代表其意愿方向和程度的某一点	你觉得本酒店： 昂贵．＿．＿．＿．＿．便宜 卫生．＿．＿．＿．＿．不卫生 方便．＿．＿．＿．＿．不方便
评议式	对某些属性从"质劣"到"极好"进行分级	您认为本酒店的服务质量？ □很好　□好　□一般　□不好　□很不好

（2）开放式问题的主要形式。

形　式	说　明	举　例
自由发挥式	一个被调查者可以用几乎不受任何限制的方法回答问题	你对本航空公司有什么意见？
词汇联想式	列出一些词汇，每次一个，由被调查者提出他头脑中涌现的第一个词	当你听到下列文字时，你脑海中涌现的第一个词是什么？ 航空公司＿＿＿＿　广州＿＿＿＿　旅行＿＿＿＿
词句完成式	提出一些不完整的词句，每次一个，由被调查者完成该词句	当我选择一个航空公司时，在我的决定中最重要的考虑点是＿＿＿＿
故事完成式	提出一个未完成的故事，由被调查人来完成	我在几天前乘坐了南航班机。我注意到该飞机的内部都展现了明亮的颜色，这使我产生了下列联想和感慨。……现在该你完成这一故事了
图画完成式	提出一幅有两个人的图画，一个人正在发表一个意见，要求被调查人发表另一个意见，并写入图中的空框中	好，吃的就在这里。 请在空框内填上回答的话
主题联想测试	提出一幅图画，要求被调查者构想出一个图中正在发生或可能发生的故事	

开放式问题一般只用于文化程度较高的顾客或对本企业产品较喜爱的忠诚顾客的调查。如果对一般性顾客，采用这种提问形式，回收率一般不会高。

6. 问卷的外观形式

问卷的外观形式如何对调查的反应有很大影响。在邮寄问卷调查时，问卷的形式直接关系到回收率的高低。

较好的问卷形式应注意以下几点。

（1）问卷大小。如果问卷设计需用一张 8 开的纸，最好采用两张 16 开的纸代替。纸张太大会给对方造成心理压力。

（2）第一印象。问卷表面设计明快、简洁、庄重，纸张较高级，像是一份正式文件。不要粗制滥造。

（3）单面印刷。问题只印刷在问卷的单面，每个问题都必须给对方留下足够空间回答。如果第一条问题的留空就太紧张，对方将不会继续回答下去。

（4）条理清楚。所有问题的列出必须一目了然，以方便阅读和回答。

（5）统一编号。每张问卷都在右上方印上统一编号，以便查阅和管理，同时也让对方感觉调查的严肃性，以收到更好的效果。

5.3 市场需求预测

5.3.1 市场需求预测的概念与分类

1. 市场需求预测的概念

市场需求预测又称为市场预测，它是在市场调研的基础上，运用科学的方法对市场需求、企业需求及影响市场需求变化的诸因素进行分析，对未来的发展趋势作出判断和推测，为企业制定正确的市场营销决策提供依据。其预测的对象是企业可能或将要面对的未来的、尚未形成的市场现象和营销事件，它是市场调研的延续。

2. 市场需求预测的类型

需求预测有许多不同的层次，它可以在产品范围、市场空间和时间三个维度上分层次展开。菲利普·科特勒指出，如果把产品范围分为 6 个层次（产品细目、产品、产品线、公司销售、行业销售和全部销售）；空间范围分为个人、地区、国内、洲别、世界 5 个层次；时间分短期、中期和长期 3 个层次，则共有 90 种需求预测的类别。

根据预测任务和预测特征的差异，可将市场需求预测划分为若干类型。

（1）根据预测范围划分。

① 宏观市场需求预测。宏观市场需求预测是从全社会商品销售或社会消费品零售的角度，对未来市场需求的总量的预测。从宏观上看，市场需求总量是国民经济发展的

结果，也是国民经济发展的标志。宏观市场需求总量表现为全社会总的购买力，因而是全社会商品价值可能达到的最高实现水平。

② **行业需求预测**。行业需求预测是指对一定市场上某类商品（行业产品）总需求水平的预测。例如，有关今后十年国内市场对电冰箱需求总量的预测，就是对整个电冰箱制造行业而言的。行业需求预测可以说明产品需求总量以及产品生命周期变化。

③ **企业需求预测**。企业需求预测是工商企业从合理组织商品生产和经营的角度出发，对未来一定时期具体市场对某类或某种商品的购买量的推测和估计。例如，在开发一种新产品时，市场营销管理者需要了解这种新产品在市场上可能达到的最低销售量水平，以便估计可能实现的销售收入和可能取得的利润，进而判断是否值得投资开发。在企业考虑进行设备投资扩大生产能力时，市场营销管理者需要了解这种产品在市场上可能达到的最大的销售量水平以及企业能够取得的市场份额，从而测算出能最有效利用的生产能力和最佳投资规模，避免生产能力过小，不能满足顾客需要，或者生产能力过大以至于设备经常被闲置的情况发生。行业需求预测和企业需求预测都属于微观预测。

（2）根据预测的时间长短划分。

① **长期预测**。长期预测是指对五年以上的市场环境变化及其对市场需求的影响的预测，有的可能包括整个产品生命周期或者更长时期。在企业制定长期发展规划或者开发新产品、作出重大技术改造投资决策之前，通常需要进行长期预测，以便准确地把握较长远的市场需求变动趋势。

② **中期预测**。中期预测是指有关一年以上、五年以内市场需求变动趋势和可能的市场形势的预测，如推测新产品是否进入成长期或成熟期，在产品生命周期中某个阶段销售增长态势及可能达到的销售水平。这是企业在制订战略性经营发展计划、市场营销计划时，为掌握市场需求变动速度、幅度、方向和性质，必须进行的市场需求预测。

③ **短期预测**。短期预测是指一年之内的市场需求预测，如季度需求预测，通常适用于那些季节性强的商品。这类预测活动能够保证企业适应市场需求的季节变化或短期波动，在变动之前及时采取合适对策，避免市场需求变化带来的冲击。这种预测也适用于对市场促销活动的效果预测和审计，为市场营销管理者做出合理决策提供效益分析的依据。

（3）按预测方式的差异划分。

① **判断预测**。判断预测主要根据以往的经验和现有的资料对经济现象做主观的判断和估计。它一般是定性预测，包括领导判断法、销售人员评判法和专家意见法等。

② **计量预测**。计量预测指在市场调查的基础上对资料进行处理，将一系列定性问题都转化为定量问题，然后利用数学方法进行计算推测，从而得到预测结果的方法。它一般是定量预测，主要有指数平滑法、移动平均法和回归预测法等。

5.3.2　市场需求预测的内容

在市场营销过程中，企业要分析市场机会，确定自己的目标市场，一般都要对市场需求情况进行预测，其大致内容如下所述。

1. 市场总需求

市场总需求是指在特定的行业以及特定的营销环境、特定时间和特定市场范围内，一定消费者群可能购买的某种产品或服务的总量。

2. 地区市场需求

在营销过程中，企业需要选择在最有利的地区投入它的人力、物力和财力，选择的根据是各地区市场需求的情况，因此需要对此进行预测。

3. 企业的市场占有率

市场占有率的高低是衡量企业竞争能力、决定企业市场地位的重要指标，因此，市场预测中不可避免地应对市场占有率进行测量。

4. 商品销售情况预测

商品销售情况预测是指对市场中商品的价格、销售量、商品的生命周期及商品需求变化趋势的预测。这对企业的营销决策同样具有重要意义。

5.3.3 市场需求预测的步骤

对市场需求情况做预测，一般需要经历以下几个步骤（图 5.5）。

图 5.5　市场需求预测的步骤

1. 确定市场预测目标

预测目标决定了预测的内容、范围、要求、期限，它是预测的主题，直接影响预测方案的拟定和预测模型的选择。预测目标要准确、具体，还要考虑企业在市场预测方面的资源、能力及预算。

2. 编写预测方案

根据预测目标的内容和要求，编制预测计划，为全面展开预测工作做好各方面的准备。

3. 搜集预测资料

通过各种市场调研方式（包括实地调研和二手资料的搜集），为预测提供必要的数据。如用时间序列分析法预测明年的市场需求量，需搜集近几年的市场需求量数据及这期间其他相关的市场数据，如通货膨胀率等。

4. 选择预测方法

在获取相关数据的基础上，根据预测目标的要求及预测的可行性，选择适当的预测方法，确定经济参数，分析各种变量间的关系，建立反映实际的预测模型。

5. 分析预测结果，撰写预测报告

利用选定的预测模型和方法实施预测后，对得到的预测结果进行跟踪分析，检验预测值和实际测出值是否相符，分析误差的大小及其产生的原因，并以此为依据对预测模型进行修正，不断提高预测质量。

5.3.4 市场需求预测的方法

市场预测的方法有很多，一些复杂的方法涉及许多专门的技术。对于企业营销管理人员来说，应该了解和掌握的企业预测方法如下所述。

1. 定性预测

定性预测是指不依托数学模型的预测方法。这种方法在社会经济生活中有广泛的应用，特别是在预测对象的影响因素难以分清主次，或其主要因素难以用数学表达式模拟时，预测者可以凭借自己的业务知识、经验和综合分析的能力，运用已掌握的历史资料和直观材料，对事物发展的趋势、方向和重大转折点做出估计与推测。定性预测的主要方法有指标法、购买意向调查预测法、销售人员意见综合法、业务主管人员意见综合法和专家预测法。

（1）指标法。

指标法又称朴素预测法，是通过一些通俗的统计指标，利用最简单的统计处理方法和有限的数据资料来进行预测的一种方法。这些统计指标包括平均数、增减量、平均增减量等。

（2）购买意向调查预测法。

购买意向预测法是一种在市场研究中最常用的市场需求预测方法。这种方法以问卷形式征询潜在的购买者未来的购买量，由此预测出市场未来的需求。由于市场需求是由未来的购买者实现的，因此，如果在征询中潜在的购买者如实反映购买意向的话，那么据此作出的市场需求预测将是相当有价值的。在应用这一方法时，对生产资料和耐用消费品的预测较非耐用消费品精确，这是因为对非耐用消费品的购买意向容易受到多种因素的影响而发生变化。

（3）销售人员意见综合法。

销售人员意见综合法是指企业直接将从事商品销售的经验丰富的人员组织起来，先由预测组织者向他们介绍预测目标、内容、预测期的市场经济形势等情况，要求销售人员利用平时掌握的信息结合提供的情况，对预测期的市场商品销售前景提出自己的预测意见和结果，最后提交给预测组织者进行综合分析，以得出最终的预测结论。

（4）业务主管人员意见综合法。

业务主管人员意见综合法是指预测组织者邀请本企业内部的经理人员和采购、销售、仓储、财务、统计、策划、市场研究等部门的负责人作为预测参与者，向他们提供有关预测的内容、市场环境、企业经营状况和其他预测资料，要求他们根据提供的资料，并结合自己掌握的市场动态提出预测意见和结果，或者用会议的形式组织他们进行讨论，然后由预测组织者将各种意见进行综合，做出最终的预测结论。其适用范围有：市场需求、企业销售规模、目标市场选择、经营策略调整、企业投资方向等重要问题的预测性研究。

（5）专家预测法。

专家预测法即应用有关专家的专业知识和经验进行预测。专家预测法主要分为以下三种。

① 个人判断法。个人判断法是用规定程序对专家个人进行调查的方法。这种方法是依靠个别专家的专业知识和特殊才能来进行判断预测的。其优点是能利用专家个人的创造能力，不受外界影响，简单易行，费用也不多。但是，依靠个人的判断，容易受专家的知识面、知识深度、占有资料是否充分以及对预测问题有无兴趣所左右，难免带有片面性。专家的个人意见往往容易忽略或贬低关联部门或关联学科的研究成果，专家之间的当面讨论又可能产生争执。因此，这种方法最好与其他方法结合使用，让被调查的专家之间不发生直接联系，并给时间让专家反复修改个人的见解，才能取得较好的效果。

② 集体判断法。集体判断法又叫专家会议法，是在个人判断法的基础上，通过会议进行集体的分析判断，将专家个人的见解综合起来，寻求较为一致的结论的预测方法。这种方法参加的人数多，所拥有的信息量远远大于个人拥有的信息量，因而能凝集众多专家的智慧，避免个人判断法的不足，在一些重大问题的预测方面较为可行可信。但是，集体判断的参与人员也可能受到感情、个性、时间及利益等因素的影响，不能充分或真实地表明自己的判断。因此，运用集体判断法时，会议主持人要尊重每一位与会者，鼓励与会者各抒己见，使与会者在积极发言的同时要保持谦虚恭敬的态度，对任何意见都不应带有倾向性。同时还要掌握好会议的时间和节奏，既不能拖得太长，也不要草草收场；当话题分散或意见相持不下时，能适当提醒或调节会议的进程。

③ 德尔菲法。德尔菲法是为避免专家会议法之不足而采用的预测方法，是专家会议法的一种特殊形式。"德尔菲"传说是希腊一个古城的名字，城中有座神殿，众神每年在这里汇聚，预言未来，非常灵验。本方法借此而命名。据报道，用这种预测方法预测的结果准确率相当高。实际上，这是由美国兰德公司设计的一种系统的交叉预测法。应用这种方法时，企业首先要确定邀请参与预测的专家的名单，这些专家在所要预测的问题方面应有渊博的知识和真知灼见。然后，将要预测的问题及有关背景材料寄给各位专家，请他们提出个人预测意见并寄回企业。由于每位专家的经验和知识各不相同，因而，其预测结果会有差异，为消除这种差异，采用多轮反馈预测的方式，最后专家们的意见一般会趋向一致，预测组织者据此可以得出比较切合实际的预测值。

这种方法的特点有以下三点。

第一，多次双向反馈性。每位专家在多轮反馈中，可以在多次参考其他专家意见的基础上，修正自己的意见或提出新的意见。

第二，匿名性。专家组成员互相不知道、不交流，这种匿名性防止了把某一意见归属于任何个人，也鼓励每位专家对其他专家的见解给予充分的分析评价，并在参考其他专家正确意见的基础上修改自己的意见，而不必有所顾虑。

第三，收敛性。一般经过几次反馈后，专家们的意见将趋于比较一致。

2. 定量预测

这是一类依据历史和现实的数据资料，利用统计方法和数学模型近似地表示预测对象的数量变动关系，并据此对预测对象做出定量测算的预测方法。随着计算机技术在企业管理中的广泛应用，这类方法日益为人们所重视。

定量预测法可分为两大类：一是依据连续性原理，利用时间序列分析预测目标发展趋势的时间序列分析预测法；二是依据因果关系原理，分析预测目标与其他相关现象之间因果联系的回归分析预测法。

（1）时间序列分析预测法。

时间序列是指按时间的前后顺序排列的某个经济变量的一组数据。根据事物发展变化的连贯性原理，通过对时间序列数据的分析，可以揭示某种经济变量或市场需求的变化规律，通过对取得的这些规律所进行的预测就称为时间序列分析预测法。运用时间序列分析法的重点在于对影响时间序列变动的各种因素进行分解，分别找出在各种因素的影响下，市场需求的变化趋势，进而预测未来的市场需求。一般来说，经济变量的时间序列包括四种因素的影响，它们共同作用造成时间序列的变动趋势。

① 趋势（T），是指人口、资本构成和技术状况等方面共同作用的结果。通过对过去销售资料的分析，就可以看出它的变化趋势。

② 周期（C），是指销售额时间序列中的周期性变化规律。例如，受到经济运动周期的影响，很多商品的销售额会呈现涨落交替、反复循环的现象。

③ 季节（S），是指在一个波动周期内，销售量时高时低或增长时快时慢的变化规律。

④ 偶发因素（E），是指相当多的商品销售额时间序列表现出的无规则变化。例如，自然灾害、战乱、博览会、庆祝活动等。

对以上四个数据进行组合，通过识别时间序列长期趋势的类型，建立趋势预测模型进行外推预测，就可以得到销售预测值。

（2）回归分析预测法。

回归分析预测法是根据事物的发展变化都有内在原因的原理，通过分析市场需求与有关影响因素之间的关系，来建立一个市场需求预测函数，然后借助对各种影响因素调研所取得的数据资料，来预测未来市场需求水平的方法。这里其他的相关因素被看作是"因"，预测对象被看作是"果"。这种方法抓住市场需求与各种影响之间的联系，利用预测目标（因变量）与影响因素（自变量）之间的相关关系，通过建立回归模型，由影响因素的数值推算预测目标的数值，具有较高的科学性和完善性。

本 章 小 结

市场营销信息系统是一个由人员、机器和程序所构成的相互作用的复合体。企业借助该系统收集、挑选、分析、评估和分配适当的、及时的和准确的信息,以利于销售人员完成分析、规划、执行、控制的任务。市场营销信息系统由企业内部报告系统、营销情报系统、营销调研系统和营销分析系统构成。

市场营销调研指为提高营销决策质量而进行系统和客观地识别、收集、分析和传播信息的过程。市场营销调研为企业发现市场机会、企业产品更新换代、制定市场营销组合策略提供依据。市场营销调研的内容包括消费需求调查、竞争情况调查、企业内部状况调查和宏观环境调研四个方面。市场调研分成探索性调研、描述性调研、因果性调研和预测性调研四种基本类型。一般的市场营销调研可分为以下五个步骤:确定调研目的→制订调研计划→进行实际调研→整理、分析、解释资料→提出调研报告。此过程亦可用"信息"一词贯穿始终:确定需要获得哪些信息、如何获得这些信息、收集信息、分析信息、得出信息报告。根据资料性质的不同,即调查信息收集的途径不同,可将调查资料的获取方法分为直接调查和间接调查(分别针对原始资料与二手资料的收集而言)、网络调查、抽样调查法四种方法。

市场需求预测又称为市场预测,它是在市场调研的基础上,运用科学的方法对市场需求、企业需求及影响市场需求变化的诸因素进行分析,对未来的发展趋势作出判断和推测,为企业制定正确的市场营销决策提供依据。根据预测任务和预测特征的差异,可将市场需求预测划分为若干类型。在市场营销过程中,企业对市场需求情况进行预测大致内容有:市场总需求预测、地区市场需求预测、企业的市场占有率预测、商品销售情况预测。对市场需求情况做预测,一般需要经历以下几个步骤:确定市场预测目标→编写预测方案→搜集预测资料→选择预测方法→分析预测结果→撰写预测报告。市场预测的方法可分为定性预测法和定量预测法两种。

拓展训练项目

一、阅读分析

新可口可乐跌入调研陷阱

曾经在朋友处听到这样一个美国式的幽默,假若你在酒吧向侍者要杯可乐,不用猜,十次他会有九次给你端出可口可乐,还有一次呢?对不起,可口可乐卖完了。可口可乐的魅力由此可见一斑。在美国人眼里,可口可乐就是传统美国精神的象征。但就是这样一个大品牌,20世纪80年代中期却出现了一次致命的失误。

(一)百事以口味取胜

20世纪70年代中期以前,可口可乐一直是美国饮料市场的霸主,市场占有率一度达到80%。然而,70年代中后期,它的老对手百事可乐迅速崛起,1975年,可口可乐的市场份额仅比百事可乐多7%;9年后,这个差距更缩小到3%,微乎其微。

百事可乐的营销策略是：一、针对饮料市场的最大消费群体——年轻人，以"百事新一代"为主题推出一系列青春、时尚、激情的广告，让百事可乐成为"年轻人的可乐"；二、进行口味对比。请毫不知情的消费者分别品尝没有贴任何标志的可口可乐与百事可乐，同时百事可乐公司将这一对比实况进行现场直播。结果是，有八成的消费者回答百事可乐的口感优于可口可乐，此举马上使百事可乐的销量激增。

（二）耗资数百万美元的口味测试

对手的步步紧逼让可口可乐感到了极大的威胁，它试图尽快摆脱这种尴尬的境地。1982年，为找出可口可乐衰退的真正原因，可口可乐决定在全国10个主要城市进行一次深入的消费者调查。

可口可乐设计了"你认为可口可乐的口味如何？""你想试一试新饮料吗？""可口可乐的口味变得更柔和一些，您是否满意？"等问题，希望了解消费者对可口可乐口味的评价并征询对新可乐口味的意见。调查结果显示，大多数消费者愿意尝试新口味可乐。

可口可乐的决策层以此为依据，决定结束可口可乐传统配方的历史使命，同时开发新口味可乐。没过多久，比老可乐口感更柔和、口味更甜的新可口可乐样品便出现在世人面前。

为确保万无一失，在新可口可乐正式推向市场之前，可口可乐公司又花费数百万美元在13个城市中进行了口味测试，邀请了近20万人品尝无标签的新/老可口可乐。结果让决策者们更加放心，六成的消费者回答说新可口可乐味道比老可口可乐要好，认为新可口可乐味道胜过百事可乐的也超过半数。至此，推出新可乐似乎是顺理成章的事了。

（三）背叛美国精神

可口可乐不惜血本协助瓶装商改造了生产线，而且，为配合新可乐上市，可口可乐还进行了大量的广告宣传。1985年4月，可口可乐在纽约举办了一次盛大的新闻发布会，邀请200多家新闻媒体参加，依靠传媒的巨大影响力，新可乐一举成名。

看起来一切顺利，刚上市一段时间，有一半以上的美国人品尝了新可乐。但让可口可乐的决策者们始料未及的是，噩梦正向他们逼近。很快，越来越多的老可口可乐的忠实消费者开始抵制新可乐。对于这些消费者来说，传统配方的可口可乐意味着一种传统的美国精神，放弃传统配方就等于背叛美国精神，"只有老可口可乐才是真正的可乐"。有的顾客甚至扬言将再也不买可口可乐。每天，可口可乐公司都会收到来自愤怒的消费者的成袋装的信件和上千个批评电话。尽管可口可乐竭尽全力平息消费者的不满，但他们的愤怒情绪犹如火山爆发般难以控制。

迫于巨大的压力，决策者们不得不做出让步，在保留新可乐生产线的同时，再次启用近100年历史的传统配方，生产美国人引以为傲的"老可口可乐"。

仅仅3个月的时间，可口可乐的新可乐计划就以失败告终。尽管公司前期花费了2年时间、数百万美元进行市场调研，但可口可乐忽略了最重要的一点——对于可口可乐的消费者而言，口味并不是最主要的购买动机。

（资料来源：https://wenku.baidu.com/view/82fb86153d1ec5da50e2524de518964bce84d264.html，2022-05-18.）

思考题

1. 你认为可口可乐失败的最大原因是什么？
2. 从该案例中你对市场调查与预测有什么理解和认识？

二、拓展项目设计

对某一商铺的营销环境进行调查并分析

1. 项目设计目的：学会市场营销调查的步骤和方法，并学会应用环境分析法对营销环境进行分析。

2. 项目设计步骤（分组实施，按照营销调研的步骤开展）：

（1）确定问题及调研目标。

注意营销环境都涉及哪些要素，从而明确调查的要素点。

（2）制定调研计划。

主要明确不同的要素点采用的调研方式。

（3）开展调研收集资料。

注意资料的全面性和细致性，鼓励大家进行问卷设计调查。

（4）分析资料。

结合环境分析方法的思路进行资料的筛选和分析，注意资料的有效性，不要为了框架需要，生搬硬套。

（5）总结出企业面临的营销环境的机会和威胁。

3. 项目设计要求：

（1）各小组对学校周围的某一商铺进行市场调研。

（2）分析其所处的营销环境，并提出可行性建议或策略。

在线答题

第 6 章

目标市场营销

教学目标

通过本章学习,要求学生了解市场细分的概念和作用;掌握市场细分的标准和方法;了解目标市场的概念与特征;掌握目标市场选择策略;掌握市场定位的概念与方法;并能运用相关理论细分并选择具有吸引力的市场并进行有效的市场定位。

教学要求

知识要点	能力要求	相关知识
市场细分	掌握市场细分的标准和方法,能够运用相关理论对整体市场进行有效细分	市场细分的概念、作用、依据、标准、方法及有效细分市场的特征
目标市场选择	学会分析并选择目标市场,能够运用相关理论,确定目标市场战略	目标市场的概念、选择目标市场的步骤、目标市场营销策略、影响目标市场选择的因素
市场定位	能够识别潜在的竞争优势、选择适宜的竞争优势和正确传达选定的竞争优势	市场定位的概念、步骤、策略,以及市场定位中应注意的问题

目标市场营销就是企业在市场调查的基础上，识别不同消费群体的差别，有选择地确认若干个消费群体去作为自己的目标群体，发挥自身优势，满足其需要。目标市场营销包括市场细分（Segmenting）、目标市场选择（Targeting）和市场定位（Positioning），也被称为STP战略。STP战略是现代市场营销战略的核心，它的制定与实施是企业制定产品策略、价格策略、渠道策略和促销策略的必备前提和基础。

导入案例

传音手机，专注做好非洲市场

传音，除了名字有点好听之外，很多国人并不是很清楚，它是做什么的。但是，在遥远的非洲大陆，传音可谓鼎鼎大名，号称非洲手机王者，市场占有率多年持续超过40%。据IDC发布的数据，2018年全球手机出货量排名，传音位居第四，仅次于三星、苹果和华为。据悉，2016—2018年，传音控股分别实现营业收入116.37亿元、200.44亿元和226.46亿元，年复合增长率达39.5%，产品全部出口海外，一手打造了非洲商业帝国。

那么，传音凭什么成为非洲手机王者呢？首先，传音专门为非洲兄弟黑色皮肤定制各种功能，针对非洲兄弟黑色皮肤特点专门提供美颜照相模式、可以在光线很暗的地方也能拍出非洲人的美。其次，巨响的来电铃声，附送的头戴式耳机，动感的低音炮效果，契合了非洲独特的娱乐文化生活。再者，超长待机半个月，火箭般的充电技术，充电半小时、坚挺7小时，在电力基础设施不太完善的非洲，大受欢迎。当然，还有漫天遍野的广告，塑造了强大的品牌认知。甚至当村子里的灯因电力不足而熄灭时，传音巨大的LED广告牌，还能为非洲人民带来了夜晚的光亮。

这些极致的体验，是传音成为非洲之王的强大助力。但是，能够让这些极致体验不断地发生，则是传音战略与战术的成功。我们还原一下，传音的战略战术路线。

第一，定位极度聚焦。传音的战略，聚焦非洲。传音成立于2006年，那时候"手机中的战斗机"波导在诺基亚等国际品牌的冲击下盛极而衰，波导的灭亡宣告了华强北山寨机技术到顶了，国产手机全面落败。波导的市场副总裁竺兆江带领了一批人，成立了传音，竺兆江从1996年进入波导，除了做手机，什么也不会。传音还是做手机，但是当时在国内，国产手机无立足之地，何况一家小小的创业公司。竺兆江的眼光瞄向了非洲，非洲消费水平低，几乎无手机商进入，诺基亚、三星等企业在非洲只设立了办事处，也卖不了几部手机，目的就是插个旗子，证明自己的手机征服了全球各大陆。但是，竺兆江不这么想，没有人做，就是蓝海。而且非洲有十几亿人口，堪比中国和印度，中国手机市场已是血海一片，而非洲没有竞争对手，为什么不去做？聚焦非洲，为传音王者之路指明了方向。

第二，重新定义性价比。传音在非洲所售的手机，四分之三为功能机，价格低到几十块钱人民币。而智能手机，也鲜有超过1 000元。非洲的经济并不发达，但是非洲人民愿意消费，而且是今天赚了今天花，哪怕今天只赚了3元钱，他也会去买一瓶可口可乐。在非洲做手机，只能做性价比。何为性价比？用户很喜欢，但是价格也不高就是性价比。非洲人民喜欢跳舞,传音提供低音炮手机;非洲天热,人容易出汗,传音提供防滑功能……以当年华强北横扫中国的手机技术,这些并不是问题,一个带手电筒功能的手机,几十块钱完全搞定!

第三,深入一线农村,塑造可信赖的品牌形象。传音在刚进入非洲时,特意避开三星等厂商占据的几个大城市,用书包背着一大包手机,深入一线农村,在田间地头、茅草屋与非洲人民谈买卖。还给村民安装 LED 灯照亮道路,虽然主要目的是做广告。等传音攻陷了广大农村,城市的三星、诺基亚等厂商已经失去竞争力,城市的大街小巷充斥着传音的宣传广告,布满了维修中心。

传音,终于成为非洲独一无二的王者。凭借非洲市场的成功,传音再次杀入印度等发展中国家和经济体,目前已成为印度第二大智能手机供应商,而第一名 Oneplus(一加)手机也是中国的。传音,有着全球的格局,精准的定位,从农村包围城市,一路高歌猛进。

(资料来源:https://new.qq.com/omn/20190714/20190714A00F0J00,2019-07-14.)

6.1 市场细分

企业的资源和能力是有限的,企业不可能在大型、广泛或多样的市场中与所有顾客建立联系,也没有办法满足市场上所有顾客的需求,但企业可以将消费者群划分为一块块具有相似的需求和欲望的细分市场,辨别并选择它可以有效服务的细分市场。

6.1.1 市场细分的概念

如果我们把市场比喻为一个蛋糕,那么市场细分就是将"市场"这块大蛋糕切成一块块小蛋糕的过程。每块小蛋糕(细分市场)均由一组具有相似需要和欲望的消费者组成。从这个意义来看,所谓市场细分,就是指把具有异质性需求的整体市场划分为若干个需求大体相同的消费者群的小市场,从而确定企业目标的过程。

6.1.2 市场细分的作用

1. 有利于企业了解和发现市场营销机会

企业运用市场细分的原理来分析研究市场,不仅可以了解市场的总体情况,还可以较具体地了解每一个细分市场的实际购买量、潜在需求量、购买者满足的程度,以及市场上的竞争状况,使企业能对每一个细分市场推销机会的大小加以比较,进一步找出市场营销的好时机,采取相应的市场营销策略;使企业可以选择最能发挥自己优势的市场作为自己的目标市场;使企业的资金和物质资源得到最有效的应用,从而能迅速取得市场的优势地位。

2. 有利于企业针对市场开发适销对路的产品

市场细分为企业按市场的需求改良现有产品和设计、开发新产品提供了有利条件。企业的营销目标与市场的需求更加协调一致，产品更加适销对路，从而增加销售量，获得更高的利润。

3. 促使企业针对目标市场制定适当的营销组合策略，增强竞争优势

一个企业拥有的人力、物力、财力和技术水平总是有限的，通过细分市场，针对市场需求确定生产什么样的产品，选择、建立和培养什么样的渠道，并辅之以何种促销措施，制定出更符合客观实际的营销组合方案，使有限的资源发挥更大的经济效益。例如，中国移动选择和逐步发展了针对三个主要的消费者细分市场的子品牌：以突出品质服务的"全球通"品牌服务商务人群；以突出时尚体验的"动感地带"品牌服务年轻时尚一族；以突出实惠低价的"神州行"品牌服务低收入人群。

4. 有利于企业扬长避短，发挥优势

通过市场细分，企业可以更好地了解自己和竞争者在每一个细分市场上的优势和劣势，同时了解环境因素给行业带来的机会是否能成为本企业的机会，以及能否在该细分市场上有效开发和利用本企业的资源优势。只有把自己的优势资源集中到与自己优势相适应的某个细分市场，企业才能真正形成优势，提高竞争力。

小链接

海尔集团根据市场细分的原则，在选定的目标市场内，确定消费者需求，有针对性地研制开发多品种、多规格的家电产品，以满足不同层次消费者需要。

海尔洗衣机是我国洗衣机行业跨度最大、规格最全、品种最多的产品。在洗衣机市场上，海尔集团根据不同地区的环境特点，考虑不同的消费需求，提供不同的产品。

其中包括：

针对江南地区"梅雨"天气较多，洗衣不容易干的情况，海尔集团及时开发了洗涤、脱水、烘干于一体的海尔"玛格丽特"三合一全自动洗衣机，以其独特的烘干功能，迎合了饱受"梅雨"之苦的消费者。此产品在上海、宁波、成都等市场引起轰动。

针对北方水质较硬的情况，海尔集团开发了专利产品"爆炸"洗净的气泡式洗衣机，即利用气泡爆炸破碎软化作用，提高洗净度 20% 以上，受到了北方消费者的欢迎。

针对农村市场，海尔集团研制开发了下列产品："大地瓜"洗衣机，满足盛产红薯的西南地区农民图快捷省事，在洗衣机里洗红薯的需要；小康系列滚筒洗衣机，针对较富裕的农村地区；"小神螺"洗衣机，价格低、宽电压带、外观豪华，非常适合广大农村市场。

（资料来源：http://www.docin.com/p-435934725.html，2022-05-18.）

6.1.3 市场细分的依据

市场细分

市场细分是20世纪50年代中期由美国市场营销学家温德尔·史密斯（Wendell R. Smith）在总结西方企业市场营销实践经验的基础上，基于消费者需求的异质性理论提出的。这一理论的核心观点是：每个消费者的需求、爱好、购买动机及购买行为都是有差异的。但在某一类市场中，消费者对营销策略的反应又具有一定的相似性。这样从需求状况角度考查，各种社会产品的市场可以分为同质市场和异质市场两类。凡消费者或用户对某一产品的需求、欲望、购买行为及对企业营销策略的反应等方面具有基本相同或极为相似的一致性，这种产品的市场就是同质市场。现实中，只有极少部分产品（主要是初级产品）的市场属于同质市场，而绝大多数产品的市场都是异质市场，即购买者对产品的质量、特性、规格、档次、花色、款式、质量、价格、包装等方面的需求和欲望是不相同的，或者在购买行为、购买习惯等方面存在着异性。例如，所有消费者对普通食盐、白糖的消费需求、消费习惯和购买行为等都大体相同，甚少有食盐或白糖生产企业细分这类产品市场。而所有奶粉企业都将奶粉划分为婴幼儿奶粉、儿童奶粉、成人奶粉、孕妇奶粉、中老年奶粉，其中婴幼儿奶粉甚至按婴幼儿的月龄划分为不同的阶段。正是由于这种差异性，使市场细分成为可能。市场细分也就是把一个异质市场分为若干个相对来说是同质的细分市场。

在异质市场中，根据消费者对商品特性的偏好程度不同，可以将消费者的偏好类型作如下划分。

第一种类型是同质偏好[图6.1（a）]。当某类商品市场上的消费者偏好大体相同，对商品的特性没有显著的需求差异时，这类市场上消费者的偏好属于同质型。在这种情况下，企业在制定营销策略时，必须同时兼顾商品的所有特性，才能满足消费者的需求。

第二种类型是分散偏好[图6.1（b）]。例如，在牙膏市场上，消费者的偏好不集中，有的追求牙齿美白，有的追求牙齿防蛀，有的同时兼顾两者，而这些不同偏好的消费者分布又比较均匀，这种消费者偏好的类型就是分散偏好。

第三种类型是集群偏好[图6.1（c）]。这种偏好类型与分散偏好有一些相似之处，主要体现为消费者偏好不集中，消费者对商品的各种特性各有偏重。但集群偏好与分散偏好相比也有明显的不同之处，主要体现在不同偏好的消费者分布不是呈均匀状态。

6.1.4 市场细分的标准

为了确定哪些细分市场是企业可以有效服务的，我们首先需要了解是什么使每一个细分市场与众不同。这里，我们试图通过一些变量来正确识别和细分市场。由于消费者市场和企业市场之间固有的差别，营销者不能用完全相同的变量来细分这两种市场。相反，他们使用一组变量作为细分消费者市场的基础，使用另一组变量作为细分企业市场的基础。

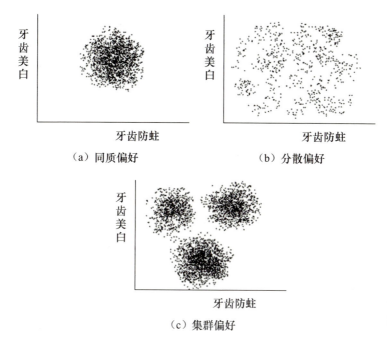

图 6.1 消费者偏好的基本类型

1. 消费者市场的细分标准

影响消费者需求的因素是多种多样的,因此,消费者市场细分的标准也很多。其中,常见的主要有地理因素、人口因素、心理因素和行为因素,如表 6-1 所示。

表 6-1 中国消费者市场的细分标准

变量	标准	典型分类
地理因素	国界	国外、国内
	地区	华东、华北、华中、华南、西南、西北、东北
	地形	高原、盆地、平原、丘陵、山地
	气候	温带大陆性气候、温带海洋性气候、温带季风气候、亚热带季风气候、高原山地气候
	城乡	大城市、中等城市、小城市、郊区、乡村
人口因素	年龄	婴儿、儿童、少年、青年、壮年、老年
	性别	男性、女性
	民族	汉族、壮族、回族、蒙古族等 56 个民族
	家庭规模	1 人、2 人、3 人、4 人、5 人以上
	家庭生命周期	单身、新婚、满巢、空巢、解体
	月收入	1 500 元以下、1 500～3 000 元、3 000～5 000 元、5 000 元以上

续表

变量	标准	典型分类
人口因素	职业	教师、医生、律师、军人、公务员、工人、农民等
	教育程度	文盲、小学、初中、高中（中专）、大学、研究生等
	宗教	佛教、基督教、伊斯兰教、道教等
	种族	黄种人、白种人、黑种人等
心理因素	生活方式	时髦、朴素、保守、传统、现代、东方、西方
	个性	外倾性、宜人性、责任心、情绪稳定性、开放性
	社会阶层	上上层、上下层、中上层、中下层、下上层、下下层
行为因素	准备阶段	不知晓、知晓、已了解、感兴趣、渴望、准备购买
	使用者状况	未曾使用者、曾经使用者、潜在使用者、初次使用者和经常使用者
	利益诉求	质量、服务、经济、速度
	品牌忠诚度	绝对忠诚者、不坚定的忠诚者、转移型忠诚者和易变者
	使用频率	不常使用、一般使用、经常使用
	对产品的态度	狂热、积极、不关心、否定、敌视

（1）地理因素。

地理因素又称地理变量，主要指消费者所在的地理位置以及地形、气候、交通运输条件等因素。按地理因素细分，就是按消费者所在的地理位置、地理环境等变数来细分市场。因为处在不同地理环境下的消费者对于同一类产品往往会有不同的需要与偏好，他们对企业所采取的市场营销战略，对企业的产品、价格、分销渠道、促销宣传等营销策略也有不同的反应。

小链接

地理位置与消费偏好

处于不同地理位置的消费者往往有着不同的消费偏好。例如，在我国的茶叶市场，花茶主要畅销华北、东北地区，绿茶主要畅销华南地区，砖茶主要畅销民族地区。又如我国的酒类市场，高度白酒在北方市场较为畅销，而低度白酒和果酒则在南方市场较受欢迎。再如，美国东部人爱喝味道清淡的咖啡，西部人爱喝味道较浓的咖啡，于是美国通用食品公司根据上述不同地区消费者的不同偏好推出了不同味道的咖啡，投放市场后非常畅销。

（2）人口因素。

人口因素又称人口变量，主要包括年龄、性别、收入、职业、教育程度、家庭规模、家庭生命周期、宗教、种族、国籍等因素。 企业按照人口变量所进行的市场细分可称为人口细分。人口变量很久以来一直是细分消费者市场的重要变量，这是因为消费者需求的差异往往与人口因素具有密切的关系。不同年龄、不同文化水平的消费者会有不同的生活情趣、消费方式、审美观和产品价值观，因而对同一产品必定会产生不同的消费需求。而经济收入高低的不同则会影响人们对某一产品在质量、档次等方面的要求差异。对企业来说，人口变量比其他变量更容易测量。

 小链接

年龄与消费偏好

根据年龄可以把消费者市场分为：儿童市场、青年人市场、中年人市场和老年人市场。

儿童市场，也称"向阳市场"。目前，我国的儿童多数为独生子女，由于家庭地位和儿童的好奇心理以及随意性，儿童消费日益成为家庭消费的中心和重点。特别是在儿童玩具、文具、书籍、乐器、运动器材、食品、营养品和服装等方面存在巨大的市场容量。

中、青年人市场，也称"活力市场"。中、青年人领导着时代的消费潮流，代表着世人的消费水平，成为消费群体中的"生力军"。"能挣会花""能拼搏会享受"成为一些年轻人的追求口号和生活目标。在这个市场中，高档服装、家具、住宅、生活用品等的消费比较活跃。

老年人市场，也称"银色市场"。目前，我国的老年人口约2.1亿人，而且，我国的老年人每年还在以3%的速度增加，预计到21世纪中期我国60岁以上的人数将会超过4亿人。"银色浪潮"奔涌而来，老年人市场在不断扩大。在"银色市场"中，消费者对保健食品、医疗、服务、娱乐等有着特殊的需求。

（资料来源：郭松克，2013. 市场营销学 [M]. 2版. 广州：暨南大学出版社.）

（3）心理因素。

心理因素又称心理变量，主要指消费者的生活方式、个性、社会阶层等因素。 企业按照消费者心理因素进行的市场细分可称为心理细分。

生活方式是消费者对消费、工作、娱乐的特定习惯和倾向性方式或态度，人们追求的生活方式不同，对商品的喜好或需求也就不同；个性是指心理与言行的个人特征，如内向与外向或冷静与冲动的人在购买行为上就存在很大的差异；社会阶层决定了人们的社会地位，也决定了人们的生活方式，不同阶层的社会成员对商品需求的种类、数量、品质是不同的。

小链接

个性特征与消费偏好

一般情况下，个性会通过自信、自立、保守、顺从和适应等性格特征表现出来。每个人的个性都会有所不同，因而也就会有不同的消费偏好。如性格开放、较活泼者，可能比较容易接受外观新颖或新开发的产品；而性格内向、较沉稳者，则会更多地倾向于购买自己熟悉的老字号产品，并更注重产品的内在质量和适用性。企业可以按照人的性格特征进行市场细分，给自己的产品赋予品牌个性，以迎合相应消费者的个性特征。如20世纪50年代末期，福特牌汽车和雪佛兰牌汽车就是按消费者的个性特征来促进销售的。人们认为购买福特牌汽车的消费者有独立性、容易冲动、锐意改革、有男子汉气概、有较强的自信心；而购买雪佛兰牌汽车的消费者往往保守、缺乏阳刚之气。这就强调了"个性"这一消费因素在细分市场中的作用。

（资料来源：郭松克，2013. 市场营销学[M]. 2版. 广州：暨南大学出版社.）

（4）行为因素。

行为因素又称行为变量，主要指消费者对某一产品的知识、态度、使用情况和反应。具体表现为消费者购买或使用某种产品的时机、消费者所追求的利益、使用者情况、产品的使用频率、消费者对品牌的忠诚程度等。企业按照行为变量所进行的市场细分就是行为细分。

时机包括消费者形成需要、购买产品或使用产品的时机，比如礼品在节日期间买得多，其他时间买得少。时机细分可以帮助企业拓宽产品的使用范围；消费者所追求的利益就是其购买商品的动机；使用者情况是消费者对某种商品的使用状况，据此可将消费者分为未曾使用者、曾经使用者、潜在使用者、初次使用者和经常使用者；使用频率是消费者对某种商品使用的次数或数量，据此可将消费者分为不常使用者、一般使用者和经常使用者；忠诚程度是消费者对某种特定商品所具有的偏爱程度，据此可将消费者分为绝对忠诚者、不坚定的忠诚者、转移型忠诚者和易变者；在不同的待购阶段，消费者对某种商品认识了解的程度是不一样的，掌握处于不同待购阶段的人数对于企业制订营销计划是十分重要的。

 小链接

使用时机与企业促销

旅行社在"春节黄金周""十一黄金周"之前，大做广告宣传黄金周旅游项目，以吸引更多的游客；"六一"儿童节是销售儿童用品的大好时机。在西方国家，每到"情人节""母亲节""圣诞节"，商家就铺天盖地地做广告，特意进行宣传，以促进鲜花、首饰和服装等商品的销售。在大型运动会，如奥运会、世界锦标赛期间，世界许多著名的大公司都争先赞助，并大肆宣传，都是为了加强企业和产品对消费者的影响，以促进产品的销售。

（资料来源：郭松克，2013. 市场营销学 [M]. 2 版. 广州：暨南大学出版社 .）

2. 生产者市场的细分标准

很多用来细分消费者市场的标准同样也可用于细分生产者市场，例如，可根据追求的利益和使用率、对品牌的信赖程度等变量加以细分。不过，生产者市场与消费者市场相比有所不同，一是两者在购买动机与行为上存在差别，二是两者在购买决策方式上存在差异。生产者购买决策由有关专业人员做出，一般属于理性行为，受感情因素影响较少。因此，细分消费者市场标准也基本适用于细分生产者市场，但应对这些标准赋予新的内容，并增加新的变量。

（1）地理因素。

由于地理位置、资源条件、气候及历史发展等不同，形成了有些地区工业集中且发达，有些地区工业分散且落后；有些地区是原材料供应地，有些地区是工业设备与制成品的产地。这样就产生了不同的投资需求。

（2）用户组织因素。

这是生产者市场细分的基本标准和特定因素。用户组织因素主要包括用户规模的大小和最终用户性质。规模大小可从资产额、职工人数、营业额、利润额、产品线类型等指标综合考查。考察用户组织规模大小的目的是了解用户的购买力大小和投资需求的高低。一般而言，大企业数量少，购买力旺盛，购买量大且集中，而小企业则相反。最终用户的性质决定了它对产品质量服务的标准，如农用拖拉机制造商、汽车制造商、飞机制造商需要的橡胶轮胎在档次与安全标准上显然不同。

（3）参与购买决策的成员的个人特点。

这主要指购买决策中的各类人员的情况，如决策者、影响者及使用者的购买行为和关注焦点有差别。此外，年龄、受教育的程度、个性特征、社会经历等因素也会使购买行为发生差异，特别是对高新技术设备的采购与否有着很不同的观点。

（4）用户的购买状况。

用户的购买状况主要是指购买者的购买能力、购买目的、购买方式、购买批量、付款方式、采购制度和手续等。例如，工业者购买的主要方式包括直接重购、修正重购及新任务购买。不同的购买方式的采购程度、决策过程等不相同，因而可将整体市场细分为不同的小市场群。

6.1.5 有效细分市场的特征

细分一个市场的要素有很多，它们的组合就更多了，但并不是所有的细分市场都是有效的。例如，对大米市场进行市场细分，根据消费者的年龄层次不同，可以得到儿童市场、青年人市场、中年人市场和老年人市场等，但这种细分市场的划分基本上是毫无意义的。同样，也并不是所有的细分市场都值得企业去经营，例如，经常有这样的情况，一个顾客因为脚特别大而买不到鞋子，问题不在于企业没有发现这样一个细分市场，而是这一细分市场太小导致不存在获利的可能性（当然并不排斥这一细分市场在某种条件下有一定的宣传价值）。因此，一个有效的细分市场应该具有如下一些特征。

1. 可衡量性

细分市场必须是可以衡量的，即企业对购买者的需求特点和行为方式可以通过准确的方式描述出来，并以此明确市场的需求范围，而且对其容量大小也能大致做出判断。否则，各细分市场将会无法界定和衡量，难以描述与说明，也就失去了市场细分的意义。

2. 可接近性

细分出来的市场应是企业营销活动能够抵达的，即是企业通过分销和促销活动的努力能够使产品进入并对顾客施加影响的市场。一方面，有关产品的信息能够通过一定的媒体顺利传递给该市场的大多数消费者，这要求细分市场的消费者必须在沟通和接触方面具有一定的相似性，如地域上的集中，这样才便于企业做广告宣传；另一方面，企业在一定时期内有可能将产品通过一定的分销渠道运送到该市场，否则该细分市场的价值就不大。

3. 可盈利性

相对企业规模来说，细分市场应有一定的规模，有足够的利润吸引企业在这个市场上经营，值得企业为该市场制定专门的战略、策略和为此投入资源。如果每个细分市场中的收入都不足以弥补为开发这个市场所付出的成本，也不能在多个细分市场经营中获得联合优势，那么这个细分过程就没有意义。例如，福特汽车公司曾经在20世纪50年代打算专门为1.2米以下的侏儒生产特制汽车，但通过市场调研与细分后，发现这一汽车细分市场的需求极其有限，人口较少，盈利前景暗淡，最终放弃了这一构想。

4. 可辨别性

各细分市场的消费者对市场营销计划方案要有不同的反应，即用某种特定方法细分出来的各个细分市场，其成员对市场营销计划的反应必须是不同的。如果已婚女性和未婚女性对香水销售的反应相同，她们就不能构成两个细分市场。若不同细分市场的顾客对产品需求差异不大，行为上的同质性远大于其异质性，此时企业就不必费力对市场进行细分。

5. 可行动性

这是指企业为吸引和服务细分市场，而系统地提出有效计划的可行性程度。企业有足够的能力进入选定的细分市场，并占有一定的市场份额。企业的人力、物力、财力及营销组合足以有效地覆盖该细分市场，并有所作为。例如，一家小型公司虽然找出了多个细分市场，但由于其员工太少，不可能针对每个细分市场开发专门的营销计划，这样必然有若干个细分市场对该公司来说是没有可行性的。另外，有些细分市场是可望而不可即的，有极大的进入和退出壁垒，例如，中国联通在进入固定电话市场时遭遇了极大的进入壁垒。

6.1.6 市场细分的方法

1. 单因素细分法

单因素细分法是指按影响消费需求的某一个因素来细分市场。例如，创办于1993年，专注英语教育培训22年的新东方，已累计培训学员超过2 000万人。它按年龄这一因素把培训市场划分为婴幼儿英语早教、学龄前儿童英语培训、小学英语辅导、中学英语辅导、大学四六级考前培训、研究生考前英语培训、出国考试英语培训、职场英语能力提升等不同的细分市场。

2. 双因素细分法

双因素细分法是指按影响消费需求的某两个因素来细分市场，细分后的子市场数是类别数的乘积。例如，某婴儿纸尿裤品牌按婴儿性别和体重两个因素来分类，除了常规按大小码数分类外，还按性别分为男婴专用纸尿裤、女婴专用纸尿裤，将市场细分成12个子市场。

3. 综合因素细分法

综合因素细分法是指按影响消费需求的多种因素进行综合划分。因为顾客的需求差别常常极为复杂，只有从多方面去分析、认识，才能更准确地把他们区别为不同特点的群体。例如，影响服装需求的因素有很多，如性别、年龄、收入、生活性格和追求的利益等，这样对整个服装市场就可综合运用这五个因素来进行细分，按性别分为男性、女性；按年龄可分为婴幼儿、儿童、青少年、青年、中年和老年；按收入可分为高、中、低收入；按生活性格可分为追求时尚、安于现状、朴素大方；按追求的利益分为重视质量、重视价格、重视外观、重视品牌（图6.2）。

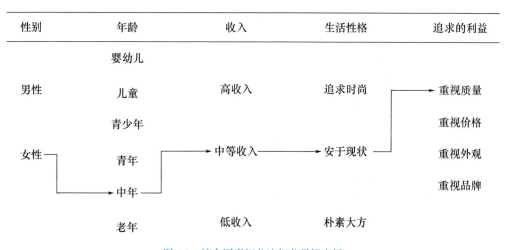

图6.2 综合因素细分法细分目标市场

6.2 目标市场选择

经过市场细分,我们把市场这块大蛋糕已经切成一块块小蛋糕(细分市场),接下来要解决的就是该选择哪块或哪几块小蛋糕(细分市场)。选择最合适本企业实际情况的细分市场,就是要解决企业应该满足谁的需要、向谁提供产品和服务的问题。

6.2.1 目标市场的概念

所谓目标市场是指企业在细分市场的基础上,经过评价和筛选所确定的作为企业经营目标而开拓的特定市场,即企业渴望能以某种相应的商品和服务去满足其需求、为其服务的若干个消费者群体。

6.2.2 选择目标市场的步骤

1. 评估细分市场

企业为了选择目标市场,必须对各细分市场进行评估,判断细分市场是否具备目标市场的基本条件。这主要应从以下几个方面考虑。

(1) 适当的细分市场规模。

细分市场所具有的规模是决定该细分市场是否值得进入的主要因素,也就是企业进入该细分市场是否有利可图。如果市场规模狭小或者趋于萎缩状态,企业进入后便难以获得发展。"适当"规模是一个相对概念。一般而言,大企业重视销售量大的细分市场,以充分利用规模经济的好处,而往往忽略销售量小的细分市场,认为不值得为之消耗资源。另外,小企业经常避免进入大的细分市场,因为这必然要面对很多竞争,特别是有实力的大企业。

(2) 细分市场有增长潜力。

分析一个细分市场不仅需要了解它当前的规模大小,而且还要能够预测到该细分市场今后可能的发展方向和空间。任何一个市场都必然存在自身的生命周期,企业必须对所要进入的市场所处的生命周期阶段准确地判断,否则要么误入歧途,要么错失良机。例如,随着我国网络环境进一步发展成熟,越来越多的企业进入互联网金融市场,很重要的一个原因就是他们看到该市场未来巨大的发展潜力。

(3) 有足够的市场吸引力。

吸引力主要是从获利的立场看细分市场长期获利率的大小。细分市场可能具有适当规模和增长潜力,但从利润方面来看不一定具有吸引力。决定细分市场是否具有长期吸引力的因素主要有现实的和潜在的竞争者、替代品、购买者及供应者。一个细分市场如果已经有很多强大的现实竞争者和来势凶猛的潜在竞争者,就缺乏吸引力;细分市场里如果存在很多替代品，就会影响价格和盈利；如果细分市场上的购买者有很强的讨价还价能力，能迫使对方降低价格，提出更多的质量和服务方面的要求，并使竞争者互相争斗，这就会影响销售者的利益；如果细分市场中有强大的供应商能左右价格、质量和供应量，这个细分市场也是没有吸引力的。因此，企业必须充分估计这几种因素对长期获利率所造成的影响，预测各细分市场的利润有多少。

（4）符合企业的目标和资源条件。

这是指企业对各个细分市场的规模、增长速度、结构吸引力做出评估之后，还应逐一将它们与企业的目标和资源条件做对比检查，看细分市场与企业的长期目标之间的一致性如何，是否具备在该市场获胜所需的技术和资源，如企业的人力、物力、财力等。例如，常常会有这样一种情况，一个似乎有吸引力的细分市场，由于不能大力推动企业向原先既定目标前进，或将转移企业的太多精力，那么这个细分市场将不得不被企业放弃。

2. 选择细分市场

企业通过评估细分市场，将决定进入哪些细分市场，即目标市场的选择。在选择目标市场时通常有五种可供选择的目标市场范围策略，如图6.3所示。

（1）市场集中化策略。

这是一种最简单的目标市场模式，即企业只选取一个细分市场，只生产一种产品，供应某一个顾客群体，进行集中营销。例如，大众汽车公司集中经营小汽车市场，理查德·D.伊尔文公司集中经营经济商业教科书市场。采取市场集中化策略一般基于以下考虑：企业具备在该细分市场从事专业化经营或取胜的优势条件；限于资金能力，只能经营一个细分市场；该细分市场中没有竞争对手；准备以此为出发点，取得成功后向更多的细分市场扩展。需要注意的是，市场集中化策略比一般情况风险更大，很容易出现个别细分市场不景气的情况，或者某个竞争者决定进入同一细分市场，企业因缺少回旋余地而无处可逃。

（2）产品专业化策略。

企业集中生产一种产品，向各类顾客销售这种产品。例如，显微镜生产商向大学实验室、政府实验室和工商企业实验室等顾客群体销售显微镜，而不去生产实验室可能需要的其他仪器；再如，饮水机厂商只生产一个品种，同时向家庭、机关、学校、银行、餐厅、招待所等各类用户销售。产品专业化策略的优点是企业专注于某一种或某一类产品的生产，有利于形成并发展生产和技术上的优势。采取这种策略的企业必须在某个产品方面树立起很高的声誉。否则，如果产品在技术上或质量上受到其他产品的威胁时，这个企业就会发生危机。

（3）市场专业化策略。

企业专门经营满足某一顾客群体需要的各种产品。例如，某工程机械公司专门向建筑业用户供应推土机、打桩机、起重机、水泥搅拌机等建筑工程中所需的机械设备。采取这种策略要求企业必须有良好的声誉，并且和这个顾客群体建立起良好的客户关系，或成为这个市场所需要的各种新产品的销售代理商。这种策略能有效地分散经营风险，但由于集中于某一类顾客，当这类顾客的需求下降时，企业也会面临收益下降的风险。

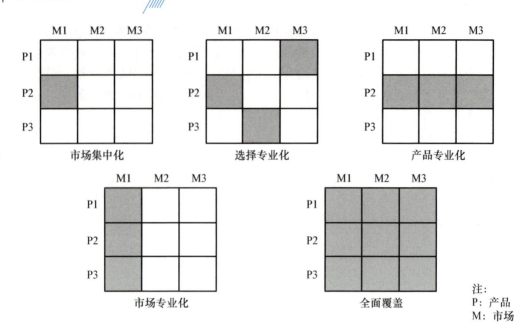

图 6.3 目标市场范围选择策略的五种模式

（4）选择性专业化策略。

企业选取若干个具有良好盈利潜力和吸引力的，并且符合企业的目标和资源条件的细分市场作为目标市场，但各细分市场之间很少有或者根本没有任何联系。这种多细分市场在风险防范方面优于单细分市场，即使某个细分市场失去吸引力，企业仍可继续在其他细分市场获取利润。采取选择性专业化策略的企业应具有较强的资源和营销实力。

（5）市场全面化策略。

这是一种完全的市场覆盖，企业生产多种产品去满足各种顾客群体的需求。通常只有大型企业才能采用这种策略。例如，IBM 公司在全球计算机市场，丰田公司在全球汽车市场，宝洁公司在全球日用化工品市场上都是采取了市场全面化的策略。

 小链接

荣大快印——"券商之家"

北京地铁木樨地站 A 口与 B 口之间，有一座不起眼的四层小楼，这是一家名为"荣大快印"的快印店；每到新股发审前夜，这里都会人声鼎沸、彻夜不眠。牌匾上"券商之家"四个字暴露了打印店生意兴隆的秘密——80% 的上市公司的书面材料都是从荣大快印打印出来送往证监会的。

荣大快印成立于 2000 年，其主营业务是为证券公司、基金公司、银行、期货公司及上市公司等客户提供专业而有特色的图文设计、制作服务。公司是国内最早从事对经印务服务的专业服务商之一，在行业内率先通过了 ISO 9001 质量管理体系认证。公司通过多年的行业沉淀，在证券印务领域的市场占有率达90％以上，得到了近百家券商的认可，在业内享有"券商之家"的美誉。

荣大快印成立多年，几经周折，最后定位于专注服务金融业的快印公司，而其最主要的客户是证券公司。荣大快印为证券公司提供符合证监会要求的专业的排版、文档制作及打印服务。由于荣大快印对券商所用各种材料的要求和规格把握十分到位，尤其是报送证监会的材料更为熟悉，因此其赢得了诸多券商尤其是券商投行部的认可，成为券商制作上会材料的首选公司。荣大快印与国电、水利水电、国研科技、海通证券、银河证券、广发证券、中国农业银行、浦发银行等60余家大型企业建立了长期合作关系。

除了提供打印服务，荣大快印还提供操作间，配备办公桌、网线，并供应食品、饮料等，发行人跟券商可以在这里商量项目，随时对证监会反馈的材料进行答复或补充。而这家店也充分利用了积累下来的券商资源，成立了一家财经公关公司，专门为IPO项目提供IR服务。

IPO造就了荣大快印的券商之家，成为为券商打印首发材料的细分行业老大。"IPO上报发审委的材料一般是整整一个行李箱，打字复印费用至少需要两万元，最多时打字复印费就需要四五万元。"一位保荐人透露。

（资料来源：包涵, 2010.07.17. IPO过会注重书面审查，荣大快印垄断券商材料报送[N]. 第A10版（市场）. 华夏时报）

6.2.3 目标市场营销策略

所谓目标市场营销策略，是指企业对客观存在的不同消费者群体，根据不同商品和服务的特点，采取不同的市场营销组合的总称。传统的目标市场营销策略有三种，即无差异性营销策略、差异性营销策略与集中性营销策略。随着市场细分的不断精细，现在越来越多的企业努力实现顾客定制。

1. 无差异性营销策略

目标市场营销策略

无差异性营销策略就是企业将整个市场看作一个大的目标市场，不进行细分，推出单一产品，运用统一的市场营销组合去吸引尽可能多的购买者（如图6.4所示）。企业在两种情况下会采用无差异性营销策略：一种情况是企业面对的市场是同质市场；另一种情况是企业只考虑市场上消费者需求的共同点或相似点。

企业采用无差异性营销策略时，实际上忽略了消费者需求之间存在的不明显的微小差异，或者企业认为没有必要进行细分。在20世纪60年代前，美国可口可乐公司一直奉行无差异营销策略，以单一的品种、标准的瓶装和统一的广告宣传，长期占领世界软饮料市场。在大量生产、大量销售的产品导向时代，企业多数采用无差异性营销策略进行经营。又如食盐这种产品，消费者需求差异很小，企业认为没有细分的必要，可以采用大致相同的市场营销策略。

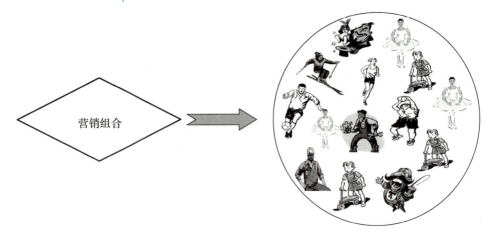

图 6.4 无差异性营销策略

无差异性营销策略的最大优点是可以降低成本。这是由于：第一，产品单一，企业可以实行自动化，按标准大量生产，从而降低产品的生产成本，提高产品质量；第二，单一的广告宣传，单一的销售程序，节省了宣传促销费用；第三，以整个市场为目标市场，不必对市场进行调研细分，相应减少了市场调研、产品研制、制定市场营销组合方案所耗费的人力、物力与财力。

但是，无差异性营销策略对市场上大多数产品都是不适宜的，特别是在当前商品生产发达、市场竞争激烈的情况下，对于一个企业来讲，一般也不宜长期采用。这是因为：第一，消费者需求客观上是千差万别、不断变化的；第二，许多企业同时在一个市场上采取这种策略，竞争必然激化，获得市场的机会反而减少；第三，以一种产品和一套营销组合方案来满足不同层次、不同类型的所有消费者的需求，也是很难做到的，总会有一部分需求尚未满足，这对企业和消费者都是不利的。正因为如此，世界上一些长期实行无差异性营销策略的企业最终不得不放弃此策略，转而使用差异性营销策略。如可口可乐公司由于软饮料市场竞争激烈，特别是被迅速发展壮大的"百事可乐"打破了其独霸市场的局面，终于被迫放弃了传统的无差异性营销策略。

2. 差异性营销策略

差异性营销策略就是企业把整体市场划分为若干个细分市场，从中选择两个以上乃至全部细分市场作为自己的目标市场，分别设计生产不同的产品，运用不同的市场营销组合为其服务，以满足不同细分市场的不同需求（如图 6.5 所示）。

差异性营销策略的优点是企业能扩大销售量，增强竞争力。这是由于：第一，企业可以进行小批量多品种生产，能更好地满足不同消费者的需求，争取更多的顾客，有利于扩大企业的销售额，获取更多的利润；第二，若某一子市场的市场需求、竞争状况发生变化，也不会使企业陷入困境；第三，如果一家企业在几个子市场都占优势，就会大大提高消费者对企业的信任感，从而树立企业整体形象。

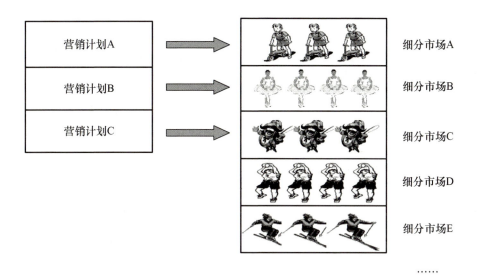

图 6.5　差异性营销策略

小链接

宝洁公司的洗衣粉品牌有 11 个，通过定位实现了各品牌的差异化。碧浪（Ariel）：洁净如新；汰渍（Tide）：去污彻底；兰诺（Lenor）：多重净漂因子，一漂长效柔顺；快乐（Chear）：洗涤并保护颜色；波尔德（Bold）：添加植物柔软剂，柔软而无静电；德莱夫特（Dreft）：适于洗涤婴儿衣服、尿布；象牙雪（Ivory Snow）：去污快；伊拉（Era）：专去油漆等顽固污渍；达诗（Dash）：高价值产品，价格便宜，洗涤能力同样强；奥克多（Oxdol）：能使衣服变白；格尼（Cain）：加酶洗衣粉，气味清新。洗衣粉有许多属性，宝洁的 11 个品牌各定位于某一个属性，舍弃了其他属性，赢得了细分市场的消费者，同时 11 个品牌又使宝洁避免了失去争夺所有洗衣粉市场的机会。

（资料来源：苗杰，2011. 现代广告学 [M]. 5 版 . 北京：中国人民大学出版社 .）

差异性营销策略虽然具有许多优点，但并不是任何企业、任何时候都可以采用的。该策略的不足之处主要是经营成本高。由于产品品种的增加、市场调研和广告宣传、分销、促销等营销活动的扩大和复杂化，企业的生产成本、管理费用、销售费用等方面必然会大幅度增加。因此，企业采用这种策略时，一定要统筹考虑、综合分析。不仅要看到它给企业带来的销售量或销售额的增加，还要考虑它给企业带来的成本费用的增加。当销售额的扩大所带来的利益超过营销总成本费用的时候，企业才适宜采用这种策略。同时，差异性营销策略要求企业应该具有更雄厚的财力、物力资源和更先进的经营管理水平。一个企业如果想选择差异性营销策略，就应量力而行，所选择的细分市场不宜过多，提供的产品和服务不能过于复杂。因此，企业在市场营销中有时需要进行"反细分"策略来扩大顾客的基数，作为对差异性营销策略的补充和完善。

3. 集中性营销策略

集中性营销策略也称密集型营销策略,是指企业集中力量设计生产一种或一类产品,采取一种市场营销组合,为一个细分市场服务(如图 6.6 所示)。

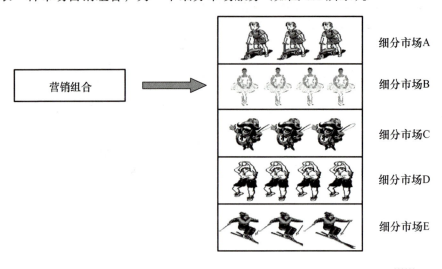

图 6.6　集中性营销策略

采用集中性营销策略的企业,追求的不是在较大市场上占有一席之地,而是力求在一个较小的市场上占有较大的份额。这种营销策略一般适用于实力较弱的中小企业,它们面对众多细分市场的时候不可能奢望占有绝大部分甚至是全部的市场份额,因为其人力、物力、财力非常有限,若将资源分散在许多市场会造成势单力薄,过高的希望会变成不切实际的空想。所以,明智的企业经营者宁可用尽全力去争取某一个细分市场,而不是将自己的资源分散在所有细分市场上。例如,斯泰纳光学公司控制了世界军用眼镜市场 80% 的份额,克罗诺斯公司掌握了全球给瓶子贴标签机器市场 70% 的份额,由于这些公司占领了比较狭小的商品市场的大部分份额,可以把精力集中到设计、质量、服务等方面,扩大了自身的优势。

集中性营销策略的优点在于:第一,有利于企业集中力量在一个小范围内对消费者的需求有更深入的了解,及时得到反馈信息,便于企业提供适销对路的产品和服务;第二,实行专业化的生产和销售,可以节省营销费用,降低生产成本,增加盈利。而这种营销策略的最大缺点在于风险性较大,最容易受竞争的冲击。因为目标市场比较狭窄,一旦竞争者的实力超过自己,消费者的爱好发生转移或市场情况发生突然变化,就有可能使企业陷入困境。

4. 个性化定制策略

市场细分的极致是"个人细分市场""个人定制化营销""一对一营销"。如今的消费者在决定购买什么产品和如何购买上更加主动。他们上网搜索、查找关于产品和服务供给的信息与评价,和供应商、使用者及产品的评论人进行对话,并且在很多情况下,甚至自己设计他们想要的产品。例如，很多购物网站允许顾客通过产品属性、配件、价格、送货方式等菜单做出选择来设计自己想要的产品和服务。定制化不一定适合每一家公司，对于复杂产品来说，它很难实现。同时它也可能增加产品的成本，甚至超过消费者愿意支付的水平。而且一些顾客直到看到实际产品才知道自己想要什么，定制产品还可能很难修改，且没有再售价值。

小链接

上汽大通：C2B 模式的汽车个性化定制生产

上汽大通汽车有限公司（简称"上汽大通"）成立于 2011 年。作为上汽集团的全资子公司，上汽大通承担了集团自主品牌汽车发展任务，采用以户驱动企业生产的定制化模式——C2B 模式，以消费者为核心按需定制，成为汽车行业采用数字化手段实现个性化定制生产的企业代表之一。

上汽大通的定制化生产模式中最大的亮点是其创建了一整套从认识用户、直连互动、众智造车、随心选配、个性创造、自选服务到安心置换等用户全生命周期的数字化场景体验，通过用户参与汽车开发及使用过程的互动与决策，满足用户高质量互动体验和个性化需求。

在 C2B 个性化定制模式下，上汽大通打造数字化平台，包括数字化运营体系和数字化营销体系。通过"我行数字化用户运营"，洞悉用户产品需求及产品使用数据，推动新产品开发及产品迭代；通过"蜘蛛智选"，打穿营销体系和研发制造体系数据链，实现用户个性化产品和服务需求。

基于数字化平台，上汽大通通过全面数字化改造用户运营体系、营销体系和研发制造体系，实现了用户运营在线、营销在线、设计在线、制造在线、供应链在线和车在线等一系列在线。使用户可以与主机厂直接互联，提出产品需求、产品选配意向，进行下单和接受车辆。

（资料来源：笔者通过互联网相关材料改编整理。）

上汽大通 C2B 数据化转型目标

6.2.4 影响目标市场选择的因素

由于不同的目标市场营销策略各有其优缺点，企业在选择使用时应考虑许多方面因素的影响和制约。具体来说，需要考虑的因素如下所述。

1. 企业资源与实力

企业资源条件好，实力雄厚，管理水平较高，可根据产品的不同特性考虑采用无差异性营销策略或差异性营销策略；若资源有限，实力薄弱，无力顾及整体市场或多个细分市场，则最好采用集中性营销策略。

尚品宅配：把少数人的定制变成多数人的生活

2. 产品特点

产品的特点不同，应分别采用不同的营销策略，选择不同的目标市场。有些产品的自然属性类似，消费者并不加以严格区别，如食糖、食盐、大米、面粉等日常生活消费品，虽然事实上存在品质差异，但多数消费者都很熟悉，认为它们之间并没有特别显著的差异，不需要进行特殊的宣传。对这类同质性较高的产品，企业可采用无差异性营销策略。但这类产品较少，大多数产品都是异质性的，如服装、化妆品、家用电器等，其品质、性能差别较大，消费者选购时十分注意其功能和价格，并常常以它们所具有的特性为依据。对这类同质性低的产品，企业应采用差异性营销策略或集中性营销策略。

3. 产品生命周期

产品从投放市场到被市场淘汰大致要经过导入期、成长期、成熟期和衰退期，处于不同阶段的产品也应采取不同的目标市场营销策略。一般来说，当产品处于导入期时，由于竞争者较少，并且企业也难以同时推出多种产品，这时宜采用无差异性营销策略来探测市场需求和潜在顾客，或采用集中性营销策略来开发适合某一特定细分市场的产品。当产品进入成长后期或成熟期后，市场竞争加剧，企业就应改用差异性营销策略，以利于开拓新的市场，尽可能扩大销售，或采取集中性营销策略，稳定产品的市场地位，延长产品的生命周期。当产品进入衰退期后，企业要想维持或进一步增加销售量，较适宜采用差异性营销策略开拓新市场，或采用集中性营销策略，强调本企业品牌与竞争对手品牌的差异性，建立产品的特殊地位，延长产品生命周期，尽可能减少企业损失。

4. 市场特点

不同的市场具有不同的特点，各类市场消费者的文化、职业、兴趣、爱好、购买动机等都有较大的差异。当市场上的消费者需求比较接近，偏好及特点大致相似，对市场营销策略的反应大致相同，对营销方式的要求无多大差别时，企业可实行无差异性营销策略；若消费者需求的同质性较小，明显对同一产品在花色、品种、规格、价格、服务方式等方面有不同要求，则企业宜采用差异性营销策略或集中性营销策略。企业的市场同质性高，类似程度大，说明各细分市场接近，企业若想实施差异性营销策略，或多或少地需要借助于各种强制措施，如设计诱因刺激消费者产生不同的偏好，以分割差异不大的市场。这样即便能收效，代价也必定很高。

5. 竞争者营销策略

商场如战场，在激烈的竞争中，知己知彼方能百战不殆。企业进行目标市场营销策略的选择时，如果不考虑竞争者状况及其采取的营销策略，就难以生存和发展。一般来说，应该同竞争者的目标市场营销策略有所区别，反其道而行之。如果竞争者实行的是无差异性营销策略，因为可能有较次要的市场被冷落，这时企业若能采用差异性营销策略，乘虚而入，往往能取得良好效果；如果竞争者已经实行差异性营销策略，企业若采取无差异性营销策略，就不一定能更好地适应不同市场的特点，与竞争者抗衡。此时企业应该进一步细分市场,实行更为有效的差异性营销策略或集中性营销策略。由于竞争双方的情况经常是复杂多变的,在竞争中应分析力量对比和各方面的条件,扬长避短,掌握有利时机,采取适当策略,争取最佳效果。

总之,企业选择目标市场营销策略时应综合考虑上述诸因素(如图 6.7 所示),权衡利弊后做出决策。目标市场营销策略应当相对稳定,但当市场形势或企业实力发生重大变化时则应及时转换,对企业来讲没有一成不变的营销策略。

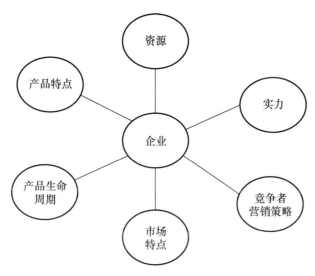

图 6.7　选择目标市场营销策略考虑的因素

6.3　市 场 定 位

企业一旦选定了哪块或哪几块小蛋糕(目标市场),接下来就要确定如何来吃蛋糕。吃蛋糕的过程就是要在目标市场上进行产品的市场定位。市场定位是企业全面战略计划中的一个重要组成部分,它关系到企业及其产品如何扩大影响,关系到占领和巩固企业市场地位。

6.3.1　市场定位的概念

"定位"是由美国两位广告经理阿尔·瑞斯(Al Rise)和杰克·特劳特(Jack Trout)在 1972 年首先提出来的。当时主要是针对广告设计与制作中的大量雷同和无特色而提出的,提醒广告经理们在"信息爆炸"的社会里,为增加人们对广告信息的接受性,必须要突出差别,建立独特形象。这种思想后来被不断提炼、丰富和完善,现已成为营销策略中的一个核心概念,并发展出一系列定位策略。

定位理论推荐图书

市场定位，简单说就是企业及其产品在顾客心中的形象和特色。具体来讲，就是指企业根据竞争者现有产品在细分市场上所处的地位和顾客对产品某些属性的重视程度，塑造出本企业产品与众不同的鲜明个性并传递给目标顾客，使该产品能够在目标市场上占据强有力的竞争位置。例如，星巴克销售的不仅是一份咖啡，而是一份完美的咖啡体验之旅；百事可乐总是宣传自己是"新一代的选择"；汰渍洗衣粉被定位成一种强力、全能的家用洗衣粉。

定位分为长期定位和短期定位。短期定位是指突出产品的某项新功能或一种新的款式，以此作为企业产品区别于竞争者产品的特色，所以短期定位相当于产品在一定时期的一个"卖点"。通过这样一个"卖点"，企业强调了产品的新改进之处，以区别于自己的旧产品和竞争者的产品。随着竞争者的跟进，此类特色逐渐成为这类产品的基本特征，失去了作为区别竞争者品牌的基础。因此，企业还必须要有长期定位。没有短期定位的长期定位是呆板的，没有长期定位或不符合长期定位的短期定位是缺乏生命力的。

小链接

定位理论是信息爆炸的产物。英国学者詹姆斯·马丁统计，人类知识的倍增周期在19世纪为50年，20世纪前半叶为10年左右，到了20世纪70年代缩短为5年，20世纪80年代末已到了每3年翻一番的程度。近年来，全世界每天发表的论文达13 000～14 000篇，每年登记的新专利达70万项，每年出版的图书达50多万种。新理论、新材料、新工艺、新方法的不断出现使知识老化的速度加快。据统计，一个人所掌握的知识半衰期在18世纪为80～90年，19～20世纪为30年，20世纪60年代为15年，进入20世纪80年代缩短为5年左右。还有报告说，全球印刷信息的生产量每5年翻一番，《纽约时报》一周的信息量即相当于17世纪学者毕生所能接触到的信息量的总和。近30年来，人类生产的信息已超过过去五千年信息生产的总和。在这个传播过度的社会里，一方面，要提升品牌竞争力，就必须进行大量的信息传播；另一方面，信息越多，就越容易造成消费者的思维混乱，反而使消费者无所适从。在信息已经超负荷、商品信息传播过度的社会里，在仍不得不继续加大信息传播的环境中，如何确保自己赢得消费者，打败竞争对手，占据更多的市场份额？获得成功的唯一希望目前可能就是定位了。

（资料来源：苗杰，2011. 现代广告学 [M]. 5 版. 北京：中国人民大学出版社.）

在市场营销过程中，市场定位、产品定位与竞争性定位三个概念经常交替使用。市场定位强调的是企业在满足市场需求方面，与竞争者比较，应当处于什么位置，使顾客产生何种印象和认识；产品定位是指企业为产品培养一定特色，并在消费者心目中创造相应的形象；竞争性定位则是指在目标市场上和竞争者的产品相比较，企业应当提供何种具有独特优势的产品。实际上，三个术语是从不同角度认识同一事物。市场定位、产品定位和竞争性定位都是企业市场营销定位策略的组成部分，产品定位往往是其他两种定位的基础和初步定位。因为产品形象是多个因素的综合反映，市场营销就是要强化或放大某些产品因素，从而形成与众不同的特定形象。

6.3.2 市场定位的步骤

市场定位过程包括三个步骤：识别潜在的竞争优势、选择适宜的竞争优势、传达选定的竞争优势。如图 6.8 所示。

图 6.8　市场定位的过程

1. 识别潜在的竞争优势

竞争优势是指企业在为顾客提供价值方面比竞争者更加有效。竞争优势一般包括两种基本类型：一是低成本优势，即在同样的条件下比竞争者的单位成本低，因而能定出更低的价格；二是差异化优势，即以差异化、多样化的提供物来满足顾客的特定偏好。通常，企业实施差异化的切入点有四个：产品、服务、人员和形象。

第一，产品差异化，这是指企业提供的产品所具有的与众不同之处。主要表现在特色、性能、一致性质量、耐用性、可靠性、可维修性、风格和设计等方面。

第二，服务差异化，这是指企业提供各种众不同的服务来增加顾客价值。主要表现在订货方便、送货、安装、用户培训、咨询服务、保养维修及其他服务方面。

第三，人员差异化，这是指通过聘用和培养比竞争者更好的人员来获得强大的竞争优势，表现在员工的称职、礼貌、诚实、可靠、负责和善于沟通等方面。

第四，形象差异化，这是指通过建立企业的个性形象或品牌形象，使顾客从企业获得一种与众不同的印象，从而对企业提供物产生好感及购买欲。形象差异化可以通过标志、媒体、气氛和事件来表达。

企业差异化的切入要点见表 6-2。

表 6-2　企业差异化的切入要点

差异化	切入点	具体内容
产品差异化	特色	对产品的基本功能的某些增补
	性能	产品主要特点在运用中的水平
	一致性	产品的设计和使用与预定标准的吻合程度
	耐用性	产品的预期寿命
	可靠性	在一定时间内产品保持不坏的可能性
	可维修性	产品出了故障或用坏后可以修理的容易程度
	风格	产品给予顾客的视觉和感觉效果
	设计	从顾客要求出发，能影响一个产品外观和性能的全部特征的组合

续表

差异化	切入点	具体内容
服务差异化	订货方便	能使顾客方便地向企业订货
	送货	产品送达顾客的过程
	安装	为了确保产品在预定地点正常使用而必须做的工作
	用户培训	对顾客进行培训，以便使他们能正确有效地使用企业提供的产品
	咨询服务	向顾客无偿或有偿地提供有关资料、信息系统和提出建议等服务
	保养维修	购买本企业产品的顾客所能获得的保养维修服务的水准
	其他服务	其他方法提供各种差异化的服务来增加价值
人员差异化	称职	员工具备所需的技能和知识，有能力完成企业的生产制造和产品销售任务
	礼貌	员工对顾客热情友好，尊重他人，体贴周到
	诚实	员工诚实可信，能够实事求是地传递信息及介绍产品
	可靠	员工能始终如一、正确无误地提供服务
	负责	员工能对顾客的要求迅速做出反应
	善于沟通	员工善于理解顾客并清楚地向顾客传达有关信息
形象差异化	标志	可被明确地识别的企业或品牌的标识，它们可以是文字、符号，也可以是特定的色彩、音乐等
	媒体	通过各种文字和视听媒体广告来传播企业或品牌的个性
	气氛	组织生产或传送其产品或服务的场所创造的一种独特的环境，能使人产生相关的心理共鸣
	事件	企业通过由其资助的各类活动来营造某种形象

识别潜在竞争优势这一步骤的中心任务是要回答以下三大问题：首先，竞争对手的产品定位如何；其次，目标市场上的顾客需要满足程度如何以及还需要些什么；最后，针对竞争者的市场定位和潜在顾客的真正需要，企业应该做什么和能够做什么。要回答这三个问题，企业市场营销人员必须通过相应的调研手段，系统设计、搜寻、分析并报告有关上述问题的资料和研究结果。通过回答上述三个问题，企业就可从中识别和把握自己的潜在竞争优势。

2. 选择适宜的竞争优势

企业不可能也没有必要在所有方面都优于竞争者，它只能选择最有力的项目加以培养并使之成为自己的竞争优势，比如低成本或独特的差异。这里需要指出的是，并非所有的差异都是有意义的或者有价值的，也不是每种差异都能够利用。一种差异在增加顾客利益的同时，也有可能增加企业的成本，因此，企业必须仔细选择与竞争对手相区分的方法。如果满足下列条件,这种差异就是有意义的。

(1)重要性。该差异能向目标买主让渡较高价值的利益。

(2)明晰性。该差异是其他企业所没有的,或者是该企业以一种突出、明晰的方式提供的。

(3)优越性。该差异明显优于通过其他途径而获得相同的利益。

(4)可沟通性。该差异是可以沟通的,是买主看得见的。

(5)专有性。该差异是竞争者难以模仿的。

(6)可负担性。买主有能力购买该差异。

(7)盈利性。企业将通过该差异获得利润。

3. 传达选定的竞争优势

企业选定的竞争优势不会自动在市场竞争中显示出来,必须通过大力宣传,把企业的定位观念准确地传播给潜在购买者。为此,企业首先要建立与市场定位相一致的形象,积极主动地与消费者沟通,引起消费者的注意和兴趣,让顾客对本企业了解、熟悉、认同和偏爱。其次,企业要巩固与市场定位相一致的形象,强化企业形象,宣传企业与产品的相对优势和利益,提高顾客忠诚度。最后,企业应及时矫正与市场定位不一致的形象,对由于定位宣传上的失误而造成的目标顾客的模糊、混乱和误会要加以正确的引导。

依云的目标市场选择与产品定位

6.3.3 市场定位策略

1. 产品正向定位策略

产品正向定位策略即根据产品的属性和消费者所追求的利益等依据来进行定位。其目的是突出产品的某些特色或个性,形成独特的市场形象,从而培养出本企业的品牌忠诚顾客。

(1)根据产品属性定位。

产品属性包括生产制造该产品的技术、设备、生产过程,也包括产品的特殊功能,还包括与该产品有关的原料、产地、历史背景等因素。例如,日本电器、瑞士手表强调的是产地及制造技术;"杜康酒"是以历史定位;裘皮大衣是以原料定位;而绿箭口香糖强调"口气清新";脑白金强调"帮助睡眠、延缓衰老"则是以产品的特殊功能来定位的。

(2)根据产品能为顾客提供的利益定位。

同一类产品往往需要以不同的利益定位来区别于竞争品牌产品,如大众汽车强调"豪华气派",丰田汽车强调"经济可靠",沃尔沃汽车强调"耐用";又如,佳洁士牙膏的定位是"高效防蛀",冷酸灵牙膏的定位是"冷热酸甜,想吃就吃"。

(3)根据产品的质量和价格定位。

质量和价格是消费者最为关注的两个因素,选择在质量和价格上的定位也是突出本企业形象的好方法。这种定位可以强调质量等于价格；可以强调质量高于价格；还可以强调虽然质量一般，但是价格很低，以加速市场渗透，提高市场占有率。在"彩电大战""空调大战"如火如荼的时候，海尔始终坚持不降价，保持较高的价位，这是一种"优质高价"的定位表现。

（4）根据使用者类型定位。

以收入、职业、性别、年龄等标准可以把消费者分为多个小群体，每个小群体的消费能力、消费习惯各不相同，也就为企业按照使用者的类型来定位产品提供了依据。例如，劳力士手表定位于事业有成的高层人士，羽西化妆品定位于亚洲女性等。

2. 产品逆向定位策略

产品逆向定位策略即根据对竞争者产品特性的分析，来确定企业自己产品的市场位置。采用逆向定位策略应该明确竞争对手是谁，以及竞争产品的市场定位是怎样的。在分析研究的基础上，可采用以下三种策略。

（1）迎强定位。

企业选择与竞争对手重合的市场位置，争取同样的目标顾客群，彼此在产品、价格、分销等方面少有差别。这是一种与在市场上处于支配地位的竞争者"对着干"的定位策略，存在很大风险。但是这种方式能够激励企业以较高的目标要求自己，奋发向上，在激烈的市场竞争中赢得生存和发展的空间。例如，百事可乐与可口可乐的竞争、肯德基与麦当劳的竞争等，都是采用这种以强对强的定位策略。采用迎强定位的企业一般应具备三个条件：第一，企业产品的性能、质量和特色确实优于竞争对手；第二，在这个位置上，市场上确实有潜在的销售量，能容得下竞争双方的产品；第三，这个产品定位能发挥企业的优势。从实践中看，迎强定位策略适用于实力雄厚的大中型企业。

（2）避强定位。

当企业通过对竞争者的市场位置、消费者的实际需求和自身产品的属性和特色等进行评估分析后，发现现有市场存在缝隙或空白，这一缝隙或空白有足够的消费者作为一个潜在区域而存在；并且企业发现自己的产品难以同竞争对手正面匹敌，或者发现这一潜在区域比已有区域更有潜力。在这种情况下，企业避开强有力的竞争对手，不与对手直接对抗，将自己置于某个市场"空隙"中。

由于这种定位策略风险较小，成功率较高，经常为大多数企业所采用。如在美国软饮料市场，稳坐第一、第二把交椅的是可口可乐公司和百事可乐公司，而"七喜"公司又挤进该市场，把自己的产品定位于"非可乐型"饮料，满足了不愿饮用带有咖啡因饮料的那部分消费者的需求。又如美国的 Aims 牌牙膏专门对准儿童市场这个空隙，所以能够在佳洁士和高露洁两大品牌统霸的美国牙膏市场上占有 10% 的市场份额。

（3）重新定位。

当企业产品出现滞销、市场反应迟缓等现象时，有必要对产品进行重新定位。初次定位后，随着时间的推移，新的竞争者进入市场，选择与本企业相近的市场位置，使本企业原来的市场占有率下降；或者由于顾客需求偏好发生转移，原来喜欢本企业产品的人转而喜欢其他企业的产品，因此对本企业产品的需求减少。在这些情况下，企业为了摆脱经营困境，重新获得竞争力，而对其产品进行二次定位。如自行车本为代步工具，后逐渐被汽车、摩托车、地铁等交通工具取代，但自行车厂商将自行车的功能稍加改良，并且重新定位为"运动健身与娱乐的工具"，于是开创了自行车市场新的生机。

有时候，产品重新定位并不是企业陷入了困境，相反却是产品意外地扩大了销售范围而引起的。例如，专门为青年人设计的某种款式手表在中老年购买者中也大受欢迎，这种款式的手表就会因此而被重新定位。可见重新定位也可以为产品开发新的市场，打开新的销路，赢得新顾客的青睐。

中国移动"动感地带"的定位

6.3.4 市场定位中应注意的问题

企业在进行市场定位时应注意防止以下几个问题。

1. 定位过低

消费者认为某种产品是低档产品，不符合他们的使用要求，因而对之不屑一顾，这可能导致企业失去某些市场。

2. 定位过高

企业过分强调自己产品的档次，致使大多数消费者对它望而却步。例如，大多数消费者认为某品牌的产品都在 1 000 元以上，实际上这个品牌产品从 50 元到 1 000 元以上都有，却因为市场定位失去低价位产品的潜在消费者。

3. 定位混乱

顾客对品牌形象感到困惑，原因可能是品牌特征太多或者定位改变太过频繁且无章可循。例如，大众汽车公司曾以"往小里想"的定位宣传确立了自己在微型车市场的地位，甲壳虫汽车很快在汽车市场上建立了极其稳固的地位。但是后来，大众汽车公司开始生产豪华车、巴士、吉普、客货两用车，成为一家既生产高档豪华车又生产一般客货车、既生产大型车又生产小型车的汽车公司，产品品牌出现了明显的定位混乱。大众汽车公司宣传得越多，顾客就越觉得混乱，根本不知道"大众"究竟是什么了。结果大众汽车公司的市场份额不仅没有增加，反而丢失了很多。实际上，顾客需要的只是简单、直接的定位理念。

4. 定位可疑

企业对产品特色、价格等方面的宣传和描述夸大其词、让人无法相信。例如，有些企业把自己的产品吹嘘得完美无缺，很容易让消费者生疑。例如，胡师傅无烟锅在广告中宣称自己使用了宇宙飞船所使用的锰钛合金和紫砂合金，能将锅体温度控制在油烟挥发的临界点 240℃ 以内，从而达到无油烟的效果。但事实上，消费者购买该产品后，不仅油烟缭绕，还出现锅体脱落现象。经查实，该产品为铝合金制成，并未通过国家权威部门检测。其发明人胡金高亦承认所谓的"紫砂陶瓷合金"不过是自己编造的名称。风靡一时的"无烟锅"一旦谎言被揭穿，便被消费者所抛弃。

5. 定位所指与需求无关

定位所强调的产品特色对产品来说无关紧要，甚至毫无意义。例如，某企业宣称其生产的办公家具从四楼掉下去也摔不坏，还有企业甚至在广告里演示电视机从柜子上摔下来还完好无损。其实这些产品特性对消费者来说基本上毫无意义。

本 章 小 结

目标市场营销就是企业在市场调查的基础上，识别不同消费群体的差别，有选择地确认若干个消费群体去作为自己的目标群体，发挥自身优势，满足其需要。目标市场营销包括三个方面：市场细分（Segmenting）、目标市场选择（Targeting）和市场定位（Positioning），所以又被称为 STP 战略。

市场细分就是指把具有异质性需求的整体市场划分为若干个需求大体相同的消费者群的小市场，从而确定企业目标的过程。目标市场营销及市场细分思想的产生与发展经历了三个阶段：大量营销阶段、差异化营销阶段、目标市场营销阶段。市场细分的理论依据是消费者需求的异质性理论。

从企业市场营销的角度看，无论消费者市场还是产业市场，并非所有的细分市场都是有意义的，有效的细分市场应该具有可衡量性、可接近性、可盈利性、可辨别性、可行动性这样的特征。市场细分的方法有单因素细分法、双因素细分法、综合因素细分法。

市场细分是为了选择目标市场，企业为了选择目标市场，必须对各细分市场进行评估，判断细分市场是否具备目标市场的基本条件有：适当地细分市场规模和增长潜力、足够的市场吸引力、符合企业的目标和资源条件。在选择目标市场时通常有五种可供选择的目标市场范围策略，即市场集中化、产品专业化、市场专业化、选择性专业化和市场全面化策略。目标市场营销策略主要有三种：无差异性营销策略、差异性营销策略与集中性营销策略。企业选择不同的目标市场营销策略的主要依据是企业资源与实力、产品特点、产品生命周期、市场特点和竞争者营销策略。

市场定位就是指企业根据竞争者现有产品在细分市场上所处的地位和顾客对产品某些属性的重视程度，塑造出本企业产品与众不同的鲜明个性并传递给目标顾客，使该产品能够在目标市场上占据强有力的竞争位置。市场定位策略包括产品正向定位策略和产品逆向定位策略。市场定位通过确认潜在的竞争优势、选择适宜的竞争优势、传达选定的竞争优势三个步骤实现。企业在市场定位中应注意避免定位过低、定位过高、定位混乱、定位可疑、定位所指与需求无关这样的问题。

拓展训练项目

一、阅读分析

拼多多错位竞争之路

淘宝售价 29.9 元的卫生纸，在拼多多上组个团可以拿到全额免单的资格。这就是拼多多，它是一种与淘宝不同的全新电商模式，一种独一无二的存在。

电商发展了十几年，从最初的市场空白到现在的竞争白热化，阿里巴巴、京东等多家公司之间的博弈似乎从未停止。近几年，异军突起的拼多多成为人们口中所说的一只"忽然就冒了头的独角兽"。成立仅仅 4 年多，市值就已突破千亿美元大关，论国内甚至全球电商行业扩张之迅猛者，拼多多如果称第二，恐怕没有谁敢称第一。在黄峥掌舵之下，拼多多一路狂奔，短短不到 5 年的时间成功超越京东，成为国内仅次于淘宝的第二大电商平台。不得不说，黄峥这个看上去温文尔雅的 80 后，的的确确在电商行业创造了一个"奇迹"。尤其是在 2018 年 7 月 26 日成功登陆纳斯达克之后，拼多多更是一路高奏凯歌，市值从刚上市时的 100 亿美元飙升至现在的 1 000 亿美元，成为当之无愧的市值"神话"。

筚路蓝缕创业路

中国的互联网市场就像一张张桌子。不管是新闻领域、社交领域还是电子商务，发展至今，哪一张桌子都是满的。最初淘宝起步的时候，桌子是空的。随着时间的推移，市场的潜力不断被激发出来，自然会有更多的人想要上桌来分一杯羹。拼多多做起来的时候，电商市场的桌子已经坐满了。尤其是面对一家增速史无前例的电商平台，桌上的任何一家可能都不想让你"上桌吃饭"，而桌下的同行又不想让你上去。所以拼多多面临的压力和打击是来自多方面的。

那么，该如何定位拼多多呢？"我们不是腾讯系，也不想和阿里竞争。"拼多多自在微信平台上出现以来，就不断面对质疑，认为这是腾讯与阿里竞争的重要手段，而拼多多，必然是受到关照的腾讯系宠儿。其实，拼多多不是腾讯系，也不想做第二个阿里，拼多多就是一个独特的存在。马云也曾说："这个社会就是应该有多个物种存在，然后互相融合。"

"如果拼多多是利用微信规则起来的，他也看得懂，他为什么起不来？"面对外界所称的拼多多利用微信支持起家，黄峥的回应火药味十足。他主动透露说："拼多多作为微信生态中交易量最大的组织，其实会受到更加严厉的管控。比如'互不挖猎协议'，我们要挖腾讯的人，只有腾讯同意才可以。而腾讯入股拼多多，也绝不是为了对抗阿里，而是拼多多能给腾讯以实实在在的回报。"

拼多多借助微信规则进入人们的生活，相当于在微信创造一个分享场景，以此了解消费者习惯。但微信并非唯一、终极的场景，当拼多多对用户充分了解后，自身平台也能创造新的场景，用机器代替"朋友"给用户推送最具针对性的产品。

而拼多多与淘宝之间是错位竞争的，争夺的是同一批用户的不同场景，正是因为错位才会长得更快，所以不存在打掉淘宝多少订单。互联网今天的竞争多数是在抢流量，其实换个思路，当抛开流量，聚焦场景时，你会发现这里的空间是巨大的，拼多多和淘宝更像是两个不同的纬度在慢慢融合。

对于阿里，黄峥毫不讳言阿里给中国电商行业的极大贡献——"快递、支付、电商的基础设施我们都得益于阿里。"

谈拼多多的发展——服务中国最广大人群的消费升级。

拼多多关注的是最广大的老百姓，也是依靠最广大人群成长起来的，不应该用"五环内人群"俯视的视角来看待。拼多多内部透露的市场定位就是"服务中国最广大人群的消费升级"。调查显示，中国90%的家庭年收入低于20万元，性价比仍是消费时的第一考虑要素。黄峥说："消费升级不是让上海人去过巴黎人的生活，而是让没有用过厨房纸的人有厨房纸用，让更多地区的人方便地吃上好水果。"

拼多多走了一条和传统电商玩家们完全不一样的道路，创造性地推出"低价＋拼团"的营销方式，其最大的优势，便是将薄利多销做到了极致。薄利多销更容易聚集人气，流量自然也会随之而来。

同样是电商平台，拼多多的玩法似乎简单得多。对于入驻京东、天猫等平台的商家来说，需要研究促销策略、不断变化的平台规则、合作流程等，如果在天猫开店，还需要对店铺进行装修、设置产品分类等，但与拼多多合作，只需将产品上架即可。

这一波操作下来，不仅所有商家都有机会上线拼多多，同时也可以大大降低线上运营成本，商家可以拥有更大的利润空间，自然能够让用户得到物美价廉的产品。商家要做的事情很简单，只需要专注于打造拥有强大社交裂变能力的"爆款"产品。

而"爆品"的出现也让降低邮费成为可能，当用户在拼多多上发现两斤苹果9.9元包邮时，或许会惊呼这两斤苹果邮费都不止9.9元，但如果这款产品一天能够卖出上万单，那么快递物流公司很可能会给出极低的单票价格。

低价或许会让一单商品没多少利润可言，但却能够以量取胜，道理谁都懂，而拼多多或许做得更加出色。更重要的是，低价换来高流量，而高流量带来活跃用户的高增长，这是拼多多最引以为傲的追赶老牌电商平台的利器。

拼多多是敏锐的，它瞄准了一群尚未被电商巨头覆盖但是有庞大网购需求的群体，而且很好地抓住了他们的"痒点"。在国内有近6亿用户年收入不到10万元，低价、省钱是他们购物的首要标准，拼多多的营销打法精准针对这群用户。尽管他们的消费观念离不开省钱二字，但整个下层市场仍然孕育了巨大的消费潜力。这或许正是拼多多成功之核心所在——对准价格敏感的用户，而这也是京东、淘宝、唯品会不怎么重视的。细心的朋友会发现：拼多多的竞争对手似乎不是淘宝，而是街边店。能用、实惠已经能满足他们的需求。就地分布而言，拼多多的消费人群，大部分还是三、四线城市及广大城镇用户。这种错位竞争，为拼多多站稳市场打响了第一炮。

（资料来源：https://www.sohu.com/a/250008412_100193137，2022-07-17.）

思考题

1. 拼多多的成功有哪些营销启示？
2. 试分析拼多多的 STP 营销策略。

二、拓展项目设计

1. 观察女性服装市场需求，假设你要开一家服装店，你会选用何种变量进行细分？如何选择目标市场及定位？

2. 你所在的学院或大学如何给自己定位？如果你负责给出一个新的定位，或者说是再定位，你会如何定位你所在的学院或大学？请说明理由。

在线答题

第 7 章

市场竞争战略

教学目标

通过本章学习,要求了解市场竞争者分析的波特五力分析模型;掌握基本竞争战略的概念和类型,为学好以后各章内容打下坚持的理论基础。

教学要求

知识要点	能力要求	相关知识
市场竞争者分析	能够通过专业学习,结合现实生活实例对相关知识有较好的理解,并能基本把握相关知识的区别	同行业现有竞争力量,潜在竞争力量,买方竞争者力量,供应商竞争力量,替代品竞争力量
基本竞争战略	能够结合企业实例分析,加深对市场竞争战略概念的认识	成本领先战略,差异化战略,集中化战略
市场地位与竞争战略	能够理解企业市场地位和竞争战略之间的相互影响关系	市场领导者战略,市场挑战者战略,市场跟随者战略,市场补缺者战略

 **导入案例**

餐饮行业又到了学习麦当劳标准化运营的时候了

2020年年初,各地餐饮企业和美团之间爆发了"讨伐战"。双方的矛盾一直都有,只不过,一场突如其来的疫情让餐饮企业和送餐平台之间隐藏的矛盾浮出水面。疫情期间,外出就餐人员减少,餐厅和外卖平台都面临巨大成本压力,于是爆发了"讨伐战"。那么我们不禁要问,包括外卖平台在内的餐饮行业未来在哪里,是继续相互讨伐,还是一起提升运营效率。在提升效率方面,麦当劳运用标准化的管理来降低成本提升效率的经验是值得广大餐饮企业学习的。

标准化、数字化的操作管理,完善的全职培训体系,合理的晋升奖励制度,就是麦当劳的三项可一直不断复制管理、不断开店的法宝。

麦当劳是全球大型跨国连锁餐厅,1955年创立于美国芝加哥,如今的麦当劳遍布全球六大洲119个国家,在世界上大约拥有3万家分店。

很多人吃过麦当劳,但是绝大部分人不知道麦当劳是如何管理运营的。实际上,麦当劳的成功离不开以下三个方面。

首先,麦当劳标准化的经营理念和管理方式。

虽然麦当劳的招聘要求很低,店员只要初中文化,店长只要高中文化,但是在麦当劳干过几年的小店长却会被很多猎头争相拉拢。因为他们是在麦当劳的标准化体系培养出来的员工。

无论是食品采购、产品制作、焙烤操作程序等,麦当劳生产的每个步骤都是严格、高标准的。同时,麦当劳通过数控改变过去人控的问题,麦当劳的内部系统能更好地让员工简单高效地完成工作。

标准化操作的好处包括:保障所有工作结果趋近一致;通过公司一体化标准流程平台,保障最快的效率完成工作;标准化让培养一名普通员工的效率最高,成本最低。

其次,麦当劳精耕细作的培训制度。

麦当劳的培训制度可以确保每一个平凡的人都能成为麦当劳的可用之才。其95%的管理人员要从员工做起。每年麦当劳北京公司要花费1 200万元用于培训员工,包括日常培训或去美国上汉堡大学。

一位麦当劳餐厅经理的诞生,至少需要上百万的投资及超过450个小时的培训。

最后,麦当劳以人为本的晋升奖励制度。

一般企业的人才结构像金字塔,越往上越小,而麦当劳的人才体系像圣诞树,只要你有能力就能上升一层,成为一个分枝,再上去又成一个分枝,员工永远有升迁机会。

麦当劳有独立的业绩评估制度,凡是在加薪或升职的时候,都需要流程化:自我推荐、公开评价,预先设定目标、定期评价,这一制度避免了滥竽充数现象。这种公平竞争和优越的机会吸引着大批有能力的年轻人。

只有做好了以上方面，餐饮企业才可以提质增效，增强自己的竞争力。

（资料来源：根据中欧商业评论 https://mp.weixin.qq.com/s/69XCQ3aQZWtkt5fZM COKCA；新浪财经 https://finance.sina.com.cn/wm/2020-04-14/doc-iircuyvh7617921.shtml?cre=tianyi&mod=pchp&loc=23&r=0&rfunc=100&tj=none&tr=12 资料整理）

竞争是市场经济的基本特征。当今社会，每一家企业都不可避免要参与竞争者。在优胜劣汰的竞争法则面前，企业必须认真分析和研究竞争者的动向和市场竞争的态势，明确自己在竞争中的市场地位，做到知己知彼，并据此制定科学的竞争战略。

7.1 市场竞争者分析

哈佛大学教授迈克尔·波特认为，企业所面临的竞争一般由五种力量构成：现有竞争力量、潜在竞争力量、买方竞争力量、卖方竞争力量、替代品竞争力量（如图7.1所示）。企业制定有效竞争战略的基础是分析竞争环境和竞争形势，充分了解不同竞争力量的态势。

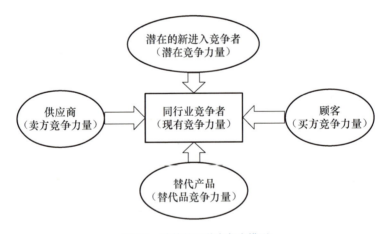

图 7.1　波特的五种竞争力模型

7.1.1 同行业现有竞争力量

同行业内现有企业之间的竞争是最直接、最明显的。众多的竞争对手想在该市场内争取更多的发展机会，抢占更大的市场份额，会通过价格战、广告战、研发特色新产品，提供更完善的售后服务来吸引购买者。一般来说，行业内的竞争往往会表现出以下4种基本状态。

1. 完全竞争

完全竞争指有较多的企业参与某个目标市场竞争，买卖交易都只占市场份额的很小部分。完全竞争大多存在于均质产品市场，如大多数农产品。

在这种情况下，没有一家企业可以影响和控制商品市场的价格水平，所有企业都只能是市场价格的接受者，买卖双方也只能按照供求关系确定的现行市场价格来进行交易。为了争取有限的市场份额，一个企业的拓展必然会使另一个企业衰退。在这种竞争状况中，企业一般通过追求降低营销成本来保持竞争优势。

2. 垄断性竞争

垄断性竞争指尽管参与目标市场竞争的企业比较多，但彼此提供的产品（服务）是有差异的，一些企业会由于其在产品或服务上的某些优势而获得部分市场的相对垄断地位。

这些企业竞争的焦点是扩大本企业品牌和竞争品牌的差异，突出特色，更好地满足目标市场的需求。在现实生活中，垄断竞争是一种普遍存在的行业结构，尤其在日用消费品市场、零售业和服务行业中广泛存在。

3. 寡头竞争

寡头竞争指一个行业被少数几家相互竞争的大企业所控制，其他企业只能处于一种从属的地位。寡头竞争中控制市场的企业依赖的主要是实力优势而不是产品或服务的差异。

寡头竞争态势下，由于部分企业基本控制了市场，在一段时间内，别的企业要进入是相当困难的，但并不等于永远没有市场机会。寡头之间仍然存在竞争，它们互相依存，任何一个企业的独立活动都会导致其他几家企业迅速而有力的反应而难独自奏效，它们一般都具有很强的成本意识。

4. 完全垄断

完全垄断是指某一行业只有一家企业供应产品或服务的行业结构。这种情况下，这家垄断企业提供了整个行业所需的全部产量，其生产的产品没有任何替代品。完全垄断除了极少数是由于实力的优势之外，基本上是由于资源上或技术上的垄断地位所形成的，也有的是由于政府对于某些行业所实行的政策性垄断所致。

7.1.2 潜在竞争力量

每个行业随时都可能有新的进入者参与竞争，它们会给整个行业的发展带来新的生产力，同时也会导致行业内企业之间出现形成更激烈的竞争。作为一种潜在竞争力量，新进入者的威胁取决于进入壁垒和现有企业的预期反应。如果该企业的进入壁垒较高，并且预期现有竞争者会对新进入者实施较为激烈的"报复"措施，该行业潜在竞争力量就较弱。

进入壁垒主要有以下几个方面。

1. 政府政策

政府在准入许可、质量、安全及环保等方面的政策规定和限制，构成了新竞争者的进入壁垒。

2. 规模经济

啥是规模经济 为啥很重要？

规模经济是指随着产量的增加，平均成本递减的经济现象，规模经济使具有较大生产规模的企业具有成本方面的优势。这也意味着，如果新进入者无法实现更大规模，就将处于不利的竞争地位。

3. 转换成本

如果转换成本很高，新进入者就要花费较高的代价弥补消费者的转换成本以吸引消费者。比如，Windows 操作系统和 Office 办公软件就是典型的转换成本造成的进入壁垒。

4. 产品差异

产品差异主要指同一行业中不同企业同类产品的差异程度，产品差异使各企业的产品有不同特色而互相区别，它与企业竞争实力的大小高低有关。

5. 资本要求

某些资金密集型行业的进入需要较大的初始投资，如钢铁、铁路、石油开采等行业，对于缺乏资金的新进入者构成了进入壁垒。

7.1.3 买方竞争力量

买方是企业产品或服务的直接购买者和使用者，它们主要在能否促使卖方降低价格、提高产品质量或提供更好的服务上影响行业竞争状况。买方竞争力量的强弱通常受下列因素影响。

1. 购买数量

如果买方集中购买或大规模购买，那么就相应提高了该买主讨价还价的能力。

2. 产品性质

产品差异性小，或者是标准化产品，顾客在货源上有很多选择，转换成本低，可以利用卖主之间的竞争加强其议价能力。如果是日用消费品，顾客并不特别注重产品的质量，而更关心产品的价格。

3. 顾客特点

消费品的购买者人数众多且分散，购买数量少，议价能力较低；工业品的购买者人数少但分布集中，购买数量大，议价能力较强。

4. 市场信息

如果顾客了解市场供求状况和产品的价格变动趋势，并掌握了卖方生产成本或营销成本的有关信息，就会有很强的议价能力，有可能争取到更优惠的价格。

7.1.4 供应商竞争力量

供应商是指向行业提供原材料等投入的企业。如果没有供货保障，企业也就无法正常运转。因此，企业的所有供货者，自然就构成了一种对企业营销活动产生威胁的竞争力量。供应商竞争力量的强弱主要受以下因素影响。

1. 对货源的垄断程度

如果货源是由少数几家供应商控制或垄断，他们就处于有利的竞价地位，就有能力在产品价格、付款时间、结算方式等方面对买方施加压力，索取利益。

2. 用户特征

如果买方是供应商的重要客户，供应商就会采取积极措施加强与客户的合作，通过合理的价格和各种促进手段来保证彼此关系的协调发展。如果该买方不是供应商的重要客户，那么供应商就具有较强的议价能力。

3. 产品特点

如果该供应商的产品缺乏替代品，而该产品对于买方十分关键，或者产品具有较高的转换成本，供应商就处于有利的竞争地位，拥有更强的议价能力。

因此，为了减少供应商的竞争威胁，企业应该在保证供货相对稳定的基础上，尽可能使自己的供应商多样化，这样可以促使供应商之间的竞争，使企业处于相对有利的竞争位置。

7.1.5 替代品竞争力量

替代品是具有相同功能或类似功能的产品。替代产品会对原产品形成价格约束，降低原产品的获利水平。这种约束作用的强弱主要受两方面影响：一是替代品的价格，替代品的价格越低，约束作用就越强；二是用户的转换成本，用户改用替代品的转换成本越高，约束作用也越强。

另外，从广义来看，两个处于不同行业中的企业，尽管彼此生产的产品（服务）在形式、内容等方面并不相同，但这些产品（服务）却能在特定的角度满足市场的需求，从而吸引社会购买力。

一般而言，替代品竞争力量有以下几种表现。

1. 愿望竞争力量

愿望竞争力量指提供不同产品以满足不同需求的替代竞争力量。比如,对于家电经营企业而言,房产、证券、文化娱乐、汽车等不同类型的行业都属愿望竞争者。在整个市场一定时期内相对稳定的购买力面前,大家都在竭力争取消费者最终的购买投向,这就形成了一种现实的替代品竞争力量的威胁。

2. 平行竞争力量

平行竞争力量指提供能满足同一种需求的不同产品的替代品竞争力量。比如,自行车、电动车、摩托车、汽车等都可以作为家庭交通工具,这几种产品的经营者之间必然存在竞争关系,它们互相成为各自的平行替代竞争者。

3. 产品形式与品牌竞争力量

产品形式竞争力量指生产同种产品,但不同规格、型号、款式的替代品竞争力量;产品品牌竞争力量指产品相同,规格、型号等也相同,但品牌不同的替代竞争力量。显然这两种替代竞争力量来自同行业,十分激烈。

对于不同行业,各种竞争力量对市场竞争状况的作用和影响也不同。企业在制定竞争策略时,应当深入分析所在市场各种竞争力量的来源和强度,确定这些力量对企业的影响途径和大小,以应对和利用市场竞争并获取有力的竞争地位。

7.2 基本竞争战略

每个企业在市场竞争中都会有自己的相对优势和劣势,要想在激烈的市场竞争中取得胜利,必须要以自身的竞争优势为基础制定相应的竞争战略。迈克尔·波特教授总结了取得竞争优势的三种基本战略:成本领先战略、差异化战略和集中化战略(如图7.2所示)。

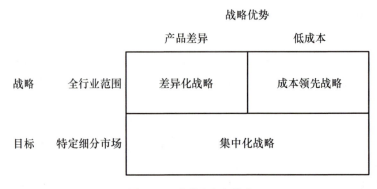

图 7.2 三种基本竞争战略

7.2.1 成本领先战略

成本领先战略也称低成本战略，指企业不断降低产品和运营成本，使自己的总成本低于同行的竞争者，并以较低价格取得竞争优势，争取最大的市场份额。

成本领先战略可以获得以下优势。

（1）扩大消费需求。大部分消费者对价格很敏感，因为对消费者来说，低价格可以获得更多的让渡价值。

（2）形成进入障碍。企业生产和经营成本低，为行业的潜在进入者设置了较高的进入障碍，使那些在生产技术不熟练、经营上缺乏经验的企业或缺乏规模经济的企业很难进入这个行业。

（3）降低替代品威胁。企业的成本低，在与替代品竞争时，仍然可以凭借其低成本的产品和服务吸引消费者，降低或缓解替代品的威胁，使自己处于有利的竞争地位。

（4）避免竞争者侵害。企业的低成本可以在其行业内的竞争者毫无利润的低价格的水平上保持盈利，从而扩大市场份额，保持绝对的竞争优势。

虽然企业采用成本领先战略可以有效地面对行业中的竞争者，以其低成本的优势获得高于行业平均水平的利润。但是，当竞争者的竞争能力过强，就有可能采取模仿的办法或者开发出其他更低成本的生产方法，使得企业的优势成为劣势。当企业一味追求低成本，甚至降低产品和服务质量来追求低成本，就会严重影响消费者的要求，企业效益也有可能为零。

竞争战略

成本领先战略：抠门董事长的管理哲学

7.2.2 差异化战略

差异化战略也就是我们常说的特色化经营，是指企业使自己的产品或服务有别于竞争者，形成与众不同的经营特点。差异化战略不仅包括产品差异，还包括人员差异、服务差异、形象差异和渠道差异等。

差异化战略强调顾客需求有所不同，这种个性需求难以在竞争对手的产品中得到满足，使企业在一定的价格范围避开竞争，降低产品价格的敏感性，在相关领域内持续获得竞争优势而不必追求低成本，从而获得更高的利润。差异化战略可以很好地防御行业中的五种竞争力量，竞争对手要挑战企业差异化战略需要付出沉重的代价。差异化本身强调的就是与众不同，可以增加顾客的忠诚度，树立品牌，使顾客甘愿接受较高的价格。

但企业在实行差异化战略时，往往并不能兼顾占领更多的市场份额，也会面临诸如差异化战略营销成本过高、竞争对手模仿缩小差异及消费者需求变化等威胁。因此，差异化战略的出路只有不断创新，用创新去适应消费者需求的变化，战胜对手的"跟进"，实现企业的"差异制胜"。

亚朵酒店的成长之路

小链接

安德玛靠什么与行业巨头耐克和阿迪达斯竞争？

在体育产品的市场上，所有企业都面临着貌似永远都翻越不过去的两座大山：耐克、阿迪达斯。在安德玛（Under Armour）之前，这两家企业已经很久没有遭遇过强劲的竞争对手。

而安德玛对抗这两个巨人的初期手段，就是单品引爆＋差异化竞争。

安德玛1996年成立，直到2010年左右才开始真正实现爆发式的增长。在这之前，它倾尽全力做了一件最重要的事：做吸汗、透气性强的T恤。

从这家企业成立的那一刻，它就负责为专业运动员制造装备，而非"服装"，这让其天生拥有了专业性极强的产品与品牌定位。随后专注于透气紧身T恤的制造，也很好地延续了这样的思路。

安德玛并未急于将其产品通过海量的营销手段，推销给普罗大众，而是选择深耕专业运动领域，特别是美式足球和专业的健身领域。在这两大领域中，安德玛先后建立起来了强大的品牌认知度。

以至于有网友评论说，只要进入健身房，能看到的运动服基本都是安德玛品牌的。

（资料来源：根据http://news.winshang.com/news-579902.html，2022-05-18，相关内容整理.）

7.2.3 集中化战略

集中化战略也叫目标集中战略，指企业将目标市场锁定某一个或几个较小的细分市场，使企业的有限资源得以充分发挥，提供比竞争对手更好、更有效的服务来增加竞争优势的一种战略。集中化战略与前两个基本竞争战略不同，它不是面向全行业，而是围绕一个特定的目标进行密集性的生产经营活动。

企业采用集中化战略可以控制划分产品的势力范围，在此范围内能避免与其他竞争对手的竞争，故市场占有率能保持稳定；可以更好地了解不断变化的目标市场需求，能够比竞争对手提供更好的产品及服务；还可以在细分市场上获得低成本的差异优势。因此，这一战略尤其适合于中小型企业在较小的市场空间内谋求生存与发展。但这种战略也有其缺点：企业全部力量放在单一或少数细分市场上，目标市场狭窄，一旦市场环境有较大变化，企业就会陷入巨大危机中，如消费者需求偏好改变、政府出台对其不利的政策、有强大的竞争对手进入等，都会给企业经营带来严重威胁。

 小链接

"一条"的电商生存之道

在京东、淘宝两家电商激烈竞争背景下，主打生活美学电商的"一条"则逐渐成长壮大。2018年1月，C+轮融资，估值5亿美金；2018年9月上海实体店开业。"一条"成立于2014年，成立之初每天通过微信、微博，向用户推送优质的原创视频内容，视频集中报道最美的设计、图书、建筑等。截至今天，"一条"团队已采访过全球超过1 000位顶尖设计师、建筑师、艺术家、作家。

"一条"旗下的生活美学电商："一条生活馆"，紧盯中产阶层需求，每天为数千万用户提供在线购物服务，精选来自全球的100 000件生活良品、2 500个优质品牌，家居、家电、服饰、美妆、美食、图书、文创、健康……坚持严格挑选。

（资料来源：根据官网 https://www.yit.com/about#mediumList，2022-05-18，相关内容整理.）

7.3 市场地位与竞争战略

由于企业的经营目标、资源实力、市场地位不同，企业应从实际出发，根据自身能力及竞争对手的状况确定在目标市场的竞争地位，然后有针对性地制订相应营销策略。根据企业在目标市场中所处的地位不同，可将企业分为市场领导者、市场挑战者、市场追随者、市场补缺者。

7.3.1 市场领导者战略

市场领导者是指在相关产品的市场上市场占有率最高的企业。它是市场竞争的导向者，在价格变动、新产品引入、分销及促销等方面都处于主导地位，是其他企业挑战、效仿或回避的对象，如我国的格力空调、美国的苹果公司。

市场领导者要击退其他企业的挑战，保持自己的领导地位，通常可采取三种策略。

1. 扩大需求量

市场领导者在市场上占有巨大的份额，当一种产品的市场需求总量扩大时，受益最大的是处于市场领导地位的企业。因此，市场领导者会努力从以下三个方面扩大市场需求量。

（1）吸引新的使用者。

每类产品都有吸引新的使用者的潜力，或是价格优势，或是性能符合新使用者的需求。

① 市场渗透策略。说服那些尚未使用本行业产品的顾客开始使用本产品，把潜在顾客转变成现实顾客。

② 市场开发策略。在原细分市场需求饱和后可设法进入新的细分市场，说服新细分市场的顾客使用本产品，扩大产品的使用范围。

③ 地理扩展策略。找寻尚未使用本产品的地区，开发新的地理市场。比如，由本地市场转向外地市场，城市市场转向农村市场，国内市场转向国际市场。

（2）发现产品的新用途。

杜邦公司在20世纪30年代研制出尼龙之后，其尼龙纤维织品很快销往美国各地。第二次世界大战爆发后，杜邦公司利用其技术优势转向生产降落伞、飞机轮胎帘子布、军服等军工产品。

（3）增加产品的使用量。

这类需求最典型的就是口香糖广告，清新口气和清洁口腔的诉求使消费者每日消费口香糖的数量急剧上升，而益达的广告"饭后嚼益达""要两粒一起嚼才最好"目的也是如此。

2. 保护市场占有率

在努力扩大市场规模的同时，处于领导地位的企业还必须时刻注意现有业务不被竞争者侵蚀，这就需要采取保护现有市场份额的策略，可采取的策略如下所述。

（1）阵地防御。

企业根据目前的经营领域采取防范措施，以此抵御对手的进攻。阵地防御是最基本的防御形式。比如，可口可乐公司虽然已经发展到年产量占全球饮料半数左右的规模，但仍然积极从事多角经营，如打入酒类市场，兼并水果饮料公司，生产塑料和海水淡化设备等。

（2）侧翼防御。

市场领导者除保卫主要阵地外，还应建立某些辅助性的基地作为防御阵地，或必要时作为反攻基地。在全面防卫整个"阵地"时，市场领导者应特别注意其侧翼的薄弱环节。明智的竞争者总是针对企业的弱点发起进攻。例如，深圳市腾讯计算机系统有限公司作为中国最大的互联网综合服务提供商之一，除了腾讯社交和通信服务QQ及微信（WeChat）、社交网络平台QQ空间、腾讯游戏旗下QQ游戏平台，其多元化的服务还有门户网站腾讯网、腾讯新闻客户端和网络视频服务腾讯视频等，完备齐整的产品系列一直是腾讯公司能够坐稳江山的最大利器。由此可见，企业必须运用侧翼防御战略，留心从各方面考察自己在市场中的处境，保护企业的要害部位，不让竞争者从某一点找到"突破口"。

（3）先发制人。

在竞争对手尚未动作之前，先主动进攻，挫败竞争对手，在竞争中掌握主动地位。具体做法是当某一竞争者的市场占有率可能对本企业形成威胁时，就主动出击，对它发动攻击，必要时还需采取连续不断的正面攻击。

（4）反攻防御。

面对竞争对手发动的降价或促销攻势，主动反攻竞争对手的主要市场阵地。这时可实行正面回击战略，也可实行"侧翼包抄"或"钳形攻势"，以切断竞争对手的后路。例如，在2015年的移动处理器市场，联发科、华为的麒麟、三星的猎户座在高端市场发力，展讯、联芯在低端市场发力，这些品牌正在逐渐动摇高通的市场地位；而2016年，高通骁龙820王者归来。在中低端市场，高通210、410系列的芯片甚至比联发科部分芯片的报价还要更低，整个市场呈现出惨烈的竞争格局。

（5）运动防御。

市场领导者不仅要积极保护现有阵地，还要通过市场扩大化或市场多元化扩展自己的阵地，使企业在变化的市场环境中有更多回旋的余地。

（6）收缩防御。

市场领导者逐步放弃某些对企业不重要的、疲软的市场，把力量集中用于主要的、能获取较高收益的市场。

3. 提高市场占有率

市场领导者设法提高市场占有率，是增加收益、保持领导地位的一个重要途径。例如，宝洁公司在中国市场上仅洗发水就有海飞丝、飘柔、潘婷和沙宣等，通过这种多品牌策略来提高市场占有率。

7.3.2　市场挑战者战略

市场挑战者是指那些在市场上不处于领导地位，但是实力较强，有向市场领导者挑战的能力的企业。市场挑战者通常是指大多在本行业产品的销售额中处于前几名（但不是第一名，处于第二、第三和以后位次）的大企业。如软饮料市场的百事可乐、汽车出租行业的艾维斯等企业。它们随时可以向市场领导者或其他企业发起进攻，但要使自己的进攻获得成功，必须首先确定自己的战略目标和挑战对象，然后选择适当的进攻战略。

1. 确定战略目标和挑战对象

大多数市场挑战者的战略目标是提高市场占有率，进而达到提高投资收益率和利润率的目标。

市场挑战者可以选择以下三种公司作为攻击对象。

（1）攻击市场领导者。

这种战略风险大，潜在收益也大，吸引力也很大。一旦成功，挑战者企业的市场地位将会发生根本改变，而万一失败，也将丧失很多营销机会与资源。企业采取这种策略应谨慎考虑，通常进攻领先者需要满足三种基本条件。

① 拥有一种持久的竞争优势，比如成本优势或创新优势。以前者之优创造价格之优，继而扩大市场份额，或以后者之优创造高额利润。

② 在其他方面程度接近。挑战者必须有某种办法部分或全部地抵消领先者的其他固有优势。

③ 具备某些阻挡领先者报复的办法。必须使领先者不愿或不能对挑战者实施旷日持久的报复。

（2）攻击那些与自己实力相当，但经营不善的企业。

攻击者抓住有利时机，向那些跟自己势均力敌或因经营不善而发生危机的企业发动进攻，夺取它们的市场。

（3）攻击区域性实力较弱的企业。

在某个区域内，挑战者可以通过兼并、收购等方式夺取那些资金匮乏、经营不善的小企业的市场份额，以扩大自身实力和提高市场占有率。很多大公司之所以有今日的规模,并非靠彼此争夺顾客而来的,主要是靠争取一些"小企业"或者"小公司"的顾客而日渐壮大的。

2. 选择进攻策略

在确定了战略目标和进攻对象之后,挑战者还需要考虑采取何种进攻战略。

(1) 正面进攻。

市场挑战者集中优势兵力向竞争对手的主要市场阵地正面发动进攻,即进攻竞争对手的强项而不是它的弱点。正面进攻的胜负取决于双方力量的对比。进攻者必须在提供的产品(或劳务)、广告、价格等主要方面大大超过竞争对手,才有可能成功。20世纪70年代的运动鞋市场是阿迪达斯的天下,不管是美国市场还是欧洲市场,阿迪达斯都处于领先地位,而耐克公司在自己具备一定的优势之后,先是签约乔丹进军NBA市场,成功之后迅速扩大自己在美国的市场份额,随后,更是直指阿迪达斯的本土市场——欧洲市场。

(2) 侧翼进攻。

市场挑战者集中优势力量攻击竞争对手的弱点。进攻者可采取"声东击西"的做法,佯攻正面,实际攻击侧面或背面,使竞争对手措手不及。具体可采取两种策略。

① 地理性侧翼进攻,即在某一地理范围内针对竞争者力量薄弱的地区市场发动进攻。

② 细分性侧翼进攻,即寻找还未被领先者企业覆盖的商品和服务的细分市场迅速填空补缺。

(3) 包围进攻。

市场挑战者开展全方位、大规模的进攻策略。挑战者必须拥有优于竞争对手的资源,能向市场提供比竞争对手更多的质量更优、价格更廉的产品,并确信围堵计划肯定能成功时,可采用包围进攻策略。例如,耐克公司通过提供不同风格、多种样式、不同价格、多种用途的产品,满足不同脚型、体重、性别、技术水平的消费者。另外,耐克公司大力完善分销系统,发展零售商,通过更广泛地接触消费者,增加消费者的购买便利,并通过渠道的建设隔断了消费者跟阿迪达斯的联系。总之,耐克公司在生产环节、销售、市场营销等各方面向阿迪达斯展开全面进攻。

(4) 迂回进攻。

市场挑战者完全避开竞争对手现有的市场阵地而迂回进攻。具体做法有三种。

① 实行产品多角化经营,发展某些与现有产品具有不同关联度的产品。

② 实行市场多角化经营,把现有产品打入新市场。

③ 发展新技术、新产品,取代现有产品。

20世纪60年代起,百事可乐就在着手发展其他行业,意图成为多角化企业向可口可乐发起进攻,而作为老大的可口可乐则是在70年代才开始多角化发展的。虽然第二次世界大战时可口可乐在海外占据了大量市场,但仍有不少空白之地,而可口可乐未进入或进入失败的"真空地带"就是百事可乐的目标所在。

(5) 游击进攻。

以小型的、间断性的进攻干扰对方,使竞争对手的士气衰落,不断削弱其力量。向较大竞争对手市场的某些角落发动游击式的促销或价格攻势，逐渐削弱对手的实力。但要注意，要想打倒对手，光靠游击战不可能达到目的，还需要更强大的攻势。

7.3.3 市场跟随者战略

商业跟随案例

市场跟随者是指安于次要地位，不热衷于挑战的企业。它们愿意维持目前的竞争格局现状，在营销策略上模仿领导者。在新产品研发方面投入人力、物力、财力相对较少，而是从事改良或仿造新的产品，通过低投资、低风险获得可观的利润。

市场跟随者战略效仿领导者为市场提供类似产品，使得市场占有率相对稳定。但是，跟随者并不是盲目、被动地单纯模仿、追随领先者，还必须懂得如何维持现有顾客，并争取一定数量的新顾客；必须设法给自己的目标市场带来某些特有的利益，如地点、服务、融资等；还必须尽力降低成本并保持较高的产品质量和服务质量。其核心是确定一个不致引起竞争性报复的跟随战略。

市场跟随者的跟随策略可分为以下三类。

（1）紧密跟随。

这一策略突出"仿效"和"低调"，指跟随者在多个细分市场中模仿领先者，往往以一个挑战者的面貌出现，但是并不是对领先者构成威胁，因而不会发生正面、大规模的竞争。

（2）距离跟随。

这一策略突出在"合适地保持距离"，指跟随者在目标市场、产品创新、价格水平和分销渠道等方面都追随领导者，但仍与领导者保持若干差异，以形成明显的距离。对领先者既不构成威胁，又因跟随者各自占有很小的市场份额而使领先者免受独占之指责，所以容易被领先者接受。而采取距离跟随策略的企业，可以通过兼并同行业中的一些小企业发展自己的实力。

（3）选择跟随。

这一策略突出在选择"追随和创新并举"。这指跟随者在某些方面紧随领导者，而在另一些方面又别出心裁，自行其是。也就是说，它不是盲目追随，而是择优跟随，在对自己有明显利益时追随领先者，在跟随的同时还要发展自己的独创性，但同时避免直接竞争。这类跟随者之中有些可能发展成为挑战者。

7.3.4 市场补缺者战略

几乎所有的行业都有大量中小企业，这些中小企业盯住大企业忽略的市场空缺，通过专业化营销，集中自己的资源优势来满足这部分市场的需要。

所谓市场补缺者，就是指精心服务于市场的某些细小部分，而不与主要的企业竞争，只是通过专业化经营来占据有利的市场位置的企业。市场补缺者所服务的市场称之为利基市场。

一个理想的利基市场具有如下特征。

（1）有足够的市场潜量和购买力。
（2）市场有发展潜力。
（3）对主要竞争者不具有吸引力。
（4）企业具备有效地为这一市场服务所必需的资源和能力。
（5）企业已在顾客中建立起良好的信誉，足以对抗竞争者。

市场补缺者战略不仅对于中小企业有意义，而且对某些大企业中的较小部门也有意义，它们也常设法寻找一个或几个合适的利基市场。取得利基市场的主要战略是专业化营销，以下是几种可供选择的专业化方案。

（1）最终用户专家。
（2）垂直水准专家。
（3）顾客规模专家。
（4）特定顾客专家。
（5）地理区域专家。
（6）产品或产品线专家。
（7）产品特性专家。
（8）订单专家。
（9）品质价格专家。
（10）服务专家。
（11）销售渠道专家。

本 章 小 结

市场竞争是市场经济的一种客观存在，每个企业都无法避免。企业要想在激烈的市场竞争中立于不败之地，就必须树立正确的竞争观念，制定正确的竞争战略，从而在市场上取得竞争的主动权。本章着重论述了迈克尔·波特的五种竞争力模型，即企业所面临的五种竞争力量，同行业现有竞争力量、潜在竞争力量、买方竞争力量、供应商竞争力量、替代品竞争力量；市场竞争的基本战略，即成本领先战略、差异化战略和集中化战略；市场地位与竞争战略，主要有市场领导者战略、市场挑战者战略、市场跟随者战略、市场补缺者战略。企业必须要充分考虑企业自身和市场竞争者的情况，才能制订有效的竞争战略。

拓展训练项目

一、阅读分析

Costco：我的会员制你学不会

过去几年，传统零售商饱受电商冲击，大量公司或者选择关店，或者被迫转型。而同为传统零售商的 Costco 却顶住了电商冲击，逆势而上，过去 10 年间市值增长 1.7 倍，2019 年上海店更是开业就人流爆满、人山人海。

作为一家在电商大潮中逆势飞扬的传统零售公司，Costco 曾被亚马逊创始人贝索斯称为"最值得学习的零售商"。它的成功与会员制密切相关。要知道，Costco 的会员费收入占总收入的 2.2%，却创造了 70% 的营业利润。那么，它是怎么做好会员制的呢？

（一）人性化的会员政策

作为会员制零售公司，Costoco 只向会员开放。不过 Costco 的会员政策非常人性化。以个人会员为例，消费者可以选择精英卡和普通卡，年费分别为 120 美元 / 年与 60 美元 / 年，其中精英会员可以享受一年内销售金额 2% 返利，以及其他一些优惠。而且如果申请办理 Costco 的 Visa 信用卡，可以获得 60 美元的返现。另外，消费者如果在一年内取消会员卡，Costco 还会退回相应的会费。

（二）为会员提供极致消费体验

Costco 的服务对象是收入 8 万～10 万美元的中产阶级家庭以及中小型企业客户。他们时间成本高，希望一站式购齐所需商品；同时追求高品质生活，对商品质量和性价比有比较高的要求。为了服务好他们，Costco 做了这些事。

1. 严选品类

Costco 只提供 4 000 左右的活跃 SKU，每一个品类都经过精挑细选，只为消费者提供最佳的两三种"爆款"。销售的商品不追求丰富而追求合理，正如一句话所描述的："如果 Costco 没有这样东西，那么你家里也不需要。"也就是说，Costco 已经基于多年运营的大数据帮你挑选好了所有的商品。

2. "疯狂"的退货政策

有消费者用视频在社交网络上分享过他们成功退掉发烂的桃子、吃到只剩一颗的巧克力盒，以及买了几年的衣服。这是因为 Costco 规定，除了电脑、数码相机和投影仪等一些电子产品需要在购买后 90 天内进行退换外，其他商品无需退货理由，也没有退货期限。只要你的 Costco 会员卡里有消费记录，都可以退掉。

3. 无限量试吃和低价引流商品

Costco 每个店面都提供了近 30 个试吃台，消费者在卖场里试吃都能吃撑。同时，卖场内常年提供提价引流商品，比如售价 1.5 美元的热狗＋苏打饮料套餐，4.99 美元的烧鸡，吸引消费者进店囤货。

4. 品类向生活服务拓展

多数人认为 Costco 是一家大型商超，但它不只是商超那么简单。Costco 的许多分店还设置轮胎维修、药店、眼科诊所、照片冲洗、加油站、烘焙屋、旅行代理等。

Costco 正是通过向会员提供极致服务而提升他们的体验，进而促进用户的高续费率。今天，Costco 在全球拥有 9 430 万会员，其中美国和加拿大老会员的续费率达到了 91%。

（三）企业文化和高员工福利

Costco 联合创始人詹姆斯·辛内加尔把座右铭"做正确的事"（Do the right thing）融入 Costco 几十年的运营历程中。要让顾客满意，首先要让为他们服务的员工满意。Costco 深谙此道，是美国零售业平均时薪是 11.24 美元，而 Costco 付给员工的时薪是 22 美元；同时，还提供配套的医疗养老保险和年假计划。2018 年 Costco 员工留存率达到 94%，远远高于行业平均水平。

在服务会员、提升消费者体验方面，Costco 可以说是无所不用其极。总结一下，Costco 的会员服务有三个特点：会员费性价比极高；通过商品品类、服务，以及售后为会员提供极致的消费体验；通过提高员工满意度进而提高会员满意度。

（资料来源：根据 https://mp.weixin.qq.com/s/6uL1vHZXdDFeMkLzxo37gg 整理，中欧商业评论，2019-05-27.）

思考题

1. 从竞争性战略角度出发，评析目前购物市场的状况。
2. 结合所学理论，试分析 Costco 取胜的竞争战略是什么。

二、拓展项目设计

1. 实训目的：充分认识市场竞争战略。
2. 实训方案：3～6人组成一个小组，以小组为单位训练。在现实市场里面找出占据市场领导者、市场挑战者、市场跟随者和市场补缺者的企业，并分别阐述它们各自采取的市场竞争战略。
3. 实训成果：各小组以 PPT 或报告的形式进行展示和讲解。

在线答题

第 8 章

产品策略

教学目标

通过本章学习,使学生了解产品整体概念和产品组合的基本概念;掌握产品生命周期及不同阶段的营销策略;理解新产品开发的重要性及新产品开发的程序;掌握品牌的相关概念和品牌策略;掌握包装的相关概念和包装策略。

教学要求

知识要点	能力要求	相关知识
产品与产品组合	能够结合现实生活实例对相关概念进行理解	现代营销产品整体概念;产品的分类;产品组合策略
产品生命周期	能够根据产品生命周期及不同阶段,制订相应的营销策略	产品生命周期的概念和阶段划分;产品生命周期各阶段的特点及营销策略
新产品开发	能够对新产品进行分类,并掌握新产品开发程序与推广技巧	新产品的概念与类别;新产品的开发程序;新产品的采用与推广
品牌与品牌策略	能够掌握品牌的相关概念,并结合实际制订相应的品牌策略	品牌的基本概念;品牌的作用;品牌分类;品牌资产;品牌设计原则;品牌策略
包装与包装策略	能够掌握包装的相关概念,并结合实际制订包装策略	包装的含义、种类与作用;包装设计;包装策略

 **导入案例**

同是网红产品出身,自热火锅靠什么活到现在?

在日常生活被网络高度渗透的当下,大众对于"网红食品"的套路已经不再陌生,每年都有借助网络以及营销手段或在朋友圈自制的"网红食品"出现,但网红食品也往往像一阵风,总会被下一阵风代替,生命周期比一般产品要短。同是网红出身的自热火锅却摆脱了"网红食品"短命的宿命,从网红逐渐开始走向普众。经过三年多的发展,在关注度达到顶峰之后,依然保持着热度。网红的自热火锅靠什么活了这么久?真正走向普众还需要什么?

从网红产品到产业

和其他网红产品一样,自热火锅在2015年发迹于微商,顶着"在家吃火锅""免煮方便火锅"的头衔成为年轻人的新宠。2017年,是自热火锅爆发的元年。随着自热火锅风口的形成,越来越多的自热火锅企业开始涌现,2017年市场上月销售额达千万元的自热火锅企业有近10家,拥有超20亿元的市场规模。

一方面,自热火锅的销售方式也开始从朋友圈走向更广阔的舞台——线上电商,并且逐渐代替微商成为主要渠道。2017年方便小火锅在"双11"的方便速食品类线上销售占比20%。而2018年的"双11"当天,天猫更是卖出453万份自热火锅,相比于2017年"双11"的170万份,同比增长了166%。天猫平台2017年销售自热火锅的有近200家,2018年已增至430家。

另一方面,品牌也开始从微商的"口口相传"走向依托流量明星进行宣传的营销路线。与此同时,2017年,媒体对自热火锅的关注度也达到历史最高峰,尽管媒体更多聚焦在食品安全问题上,但大量的报道间接提高了自热火锅的知名度。

2018年中国自热火锅市场规模达44.9亿元,同比增长99.6%。有机构预测,预计2025年市场规模将达到130亿元。当关注度达到顶峰也就意味着产品开始走下坡路了。但自热火锅在一轮旋风过后,没有销声匿迹反而走向产业化。

网红产品不再一阵风

网红产品的受众往往是"90后",新颖的产品符合其追求新鲜的特点。这同时也是网红产品"短命"的原因——消费者对于网红产品的需求具有猎奇性,往往复购率低。在产品发展前期,自热火锅也是靠吸引好奇的年轻人而兴起。在产品后期,产品在需求端、供给端的变化让其生命周期一再延长。

一方面,从需求端来看,自热火锅和其他产品不同的地方在于,集中在一、二线城市20~30岁的消费人群。除去猎奇心理,更多是因为其能满足单身人士"一人食"的需求,同时也符合年轻人"精致生活"的生活观念。对于一、二线城市快节奏的生活,年轻人需要这样便捷又不失仪式感的产品存在。

另一方面,在发展过程中,线下渠道的销量逐渐攀登,开始和线上渠道并驾齐驱。

相关品牌销售人员透露,之前在线下的布局十分局限,现在线下的布局扩充到便利店、商超等场景,尤其是旅游风景区等零售点。并且现在的品牌也更加注重线下渠道的布局,目前在线下布局的品牌已经有50～60家。

这一变化的背后其实反映的是,在需求端自热火锅逐渐成为方便面的迭代产品。对于旅游外出等这些场景来说,自热火锅逐渐成为一种刚需。

因此,经过三年的沉淀,相比于其他网红产品,自热火锅的需求人群更加聚焦,逐渐形成一批忠实消费群体。自热火锅的需求也逐渐趋于稳定且更具有可持续性。

从供给端来说,自热火锅兴起后,火锅品牌及休闲食品品牌开始入局,逐渐代替贴牌工厂。2017年3月,大龙焱的随身锅上市,德庄和小龙坎于同年3月推出自热火锅,海底捞同年7月份投入5 000万元高调布局自热火锅。2018年,统一也宣布进军自热火锅行业。

吸引巨头入局的首要原因是自热火锅的高利润。包括海底捞、小龙坎、德庄等品牌在内的自热火锅售价集中在38～40元,其成本大概只占了售价的三分之一。海底捞火锅底料的供应商"颐海国际"发布的2019年年报数据显示,2019年前6个月,其自热产品收入3.41亿元,同比增长216.7%,业务占比达20.6%,仅次于火锅底料。

更为关键的是,自热火锅产品能够成为一个传播窗口,提升品牌知名度。

因此,在发展过程以及品牌竞争中,巨头会在产品的供应链、产品本身、技术创新等方面投入,形成自己的品牌特色。行业巨头们的加入一定程度上会挤压代工厂模式的创业型小企业的生存空间,这些企业如果没能形成自己的"护城河",将很难与巨头抗衡。但对于行业来说,品牌的加入使整个行业朝着产业化、标准化的方向发展,自热火锅的生命周期自然也就长于其他的网红产品。

从小众到大众还有多远

脱离网红体质是自热火锅成为日常生活所需的第一步,但真正走进普通大众,自热火锅还有一段路要走。

首先,食品安全问题是绕不开的。自热火锅自爆、装载自热火锅的货车自燃等事件屡屡被报道。正因为自热食品目前存在的高度安全隐患,民航系统已经全面禁止将自热食品带上飞机,高铁体系也有不少线路明确禁止在动车上食用自带加热的食品。谁能率先突破目前的自热加工技术,提高自热产品的安全性和便捷性,谁便能在下半场的竞争中取得绝对的优势,形成品牌的又一个技术壁垒。

其次,价格是阻挡一部分人尝试自热火锅的另一道门槛,性价比的提升能让更多人接受自热火锅。目前自热火锅在零售终端的价格远高于其他方便食品,如果能在保证技术安全的前提下,降低成本,提高性价比,自热火锅的市场将更加广阔。

最后,产品的创新迭代将是品牌竞争发展又一关键因素。目前自热火锅还属于低门槛产业。低门槛带来的问题必定是同质化竞争。企业在日后发展中,若能摆脱同质化,形成品牌差异化,提升的将不仅是赢利,更是自己的品牌知名度。

(资料来源:根据http://www.cmmo.cn/article-218162-1.html整理,2020-03-30.)

企业要想在激烈的市场竞争中占据优势地位，就必须提供顾客需要的产品和服务。在实业企业普遍感到很艰难的当下，如何迎合用户和市场的需求，及时把握顾客需求的变化及趋势，合理调整已有产品策略，才能在市场中保持领先地位。因此，产品策略是市场营销组合策略的首要策略，是其他相关策略的基础，在很大程度上决定了企业的兴衰成败。

8.1 产品与产品组合

8.1.1 现代营销产品

传统的观点认为产品是具有某种一定物质形态和用途的物体，如汽车、手机、服装、电器等，但是，这一说法是不全面的。事实上，顾客购买某种产品，并不只是为了得到该产品的物质实体，而是要通过购买该产品来获得某方面利益的满足。

所以，从市场营销的观点来看，产品是指人们通过购买（或租赁）所获得的，能满足人们某种需要和欲望的任何东西，包括有形物品和无形服务，这就是产品整体概念。

现代市场营销理论认为，企业销售给顾客的不仅仅是产品本身，而是一个产品体系，它是由核心产品、形式产品、期望产品、延伸产品和潜在产品五个层次构成的（如图8.1所示）。

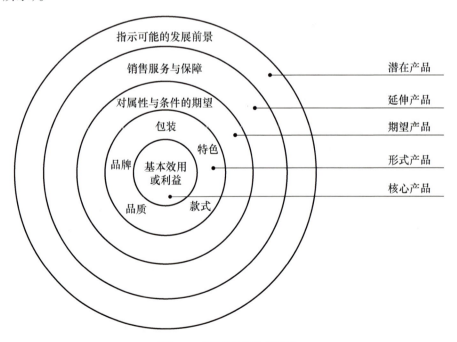

图 8.1　产品整体概念的层次

1. 核心产品

核心产品是指产品提供给顾客的最基本的效用或利益，它是消费者购买产品的本质所在。例如，人们购买化妆品不是为了得到化妆品的物理化学属性，而是为了通过使用化妆品来提高自身的形象和气质；人们购买电冰箱也不是为了买一个装有各种零配件的箱子，而是它可以满足制冷、储存食品的功能。

2. 形式产品

形式产品是指产品的实体和形象，是核心产品的外在表现形式。形式产品一般由产品的品质、款式、特色、品牌与包装等有形因素构成，是产品存在的形式，也是购买者选购时的依据。

3. 期望产品

期望产品是指购买者在购买产品时期望得到的与产品密切相关的一整套属性和条件，如旅客对旅店服务产品的期望包括干净整洁的房间、毛巾、卧具、电话、衣橱、电视等；消费者对冰箱产品的期望包括送货上门、质量、安装与维修保证。公众的期望产品得不到满足时，会影响消费者对产品的满意程度、购后评价及重复购买率。

4. 延伸产品

延伸产品，也称附加产品，是指顾客在购买产品的同时所得到的附加利益和附加服务的总和。它主要包括运送、安装、调试、维修、产品保证、零配件供应、技术人员培训等。美国学者西奥多·莱维特曾经指出："新的竞争不是发生在各个公司的工厂生产什么产品，而是发生在其产品能提供何种附加利益（如包装、服务、广告、顾客咨询、融资、送货、仓储及具有其他价值的形式）。"

当然，延伸产品计也不是越多越好，而是要坚持以顾客的需求为中心，要做到：第一，延伸产品所增加的成本是顾客愿意承担也承担得起的；第二，延伸产品给予顾客的利益将很快转变为顾客的期望利益，企业应根据顾客期望利益的需要而不断改进延伸产品；第三，在重视延伸产品的同时，考虑顾客差异性需求，生产一些确保核心产品、减少延伸产品的廉价产品，以满足低收入消费者或实惠型消费者的需要。

5. 潜在产品

潜在产品是指包括现有产品的延伸和演进部分在内的，最终可能发展成为未来实质产品的处于潜在状态的产品，指出了现有产品可能的演变趋势和前景。

以上五个层次结合起来，就是产品的整体概念。它十分清晰地体现了以顾客为中心的现代营销观念，而正确理解产品整体概念对于指导企业开发适销对路产品，制定产品策略，树立产品和企业良好形象，提升竞争能力，都具有重要的意义。

产品的独特功能——iphone 11 的慢自拍功

8.1.2 产品的分类

产品品种繁多，不同类型的产品，有着不同的特征。营销人员为了更好地针对产品制定营销策略，建立了几种产品的分类标准。

1. 按产品的耐用性或有形性分类

（1）非耐用品，通常指消费周期很短、容易消耗掉的有形物品，如食物、化妆品等。这些商品经常被购买，适合分散经营，并尽量接近消费者。

（2）耐用品，通常指使用寿命比较长、价值较高的有形物品，如汽车、家电等。对于耐用品，企业要特别注重售后服务和质量保证，要树立起良好的产品形象。

（3）服务，通常指出售的活动、利益或享受，如医疗、旅行等。服务具有无形性、不可分性、易变性和时间性等特点。

2. 按产品用途分类

（1）消费品是指直接用于满足消费者最终消费的产品。根据消费者的购买习惯，消费品通常可以分为便利品、选购品、特殊品和非渴求品。

① 便利品是指那些顾客通常频繁购买、即买即用、购买时几乎不花精力去比较的商品。它们的价格通常很低，多为食品和日用消费品。对于便利品的营销，最重要的是在时间、地点和销售方式上要为顾客提供最大限度的便利。

② 选购品是指消费者在质量、价格、花色、款式等方面需要反复挑选和比较才能决定购买的产品。选购品一般品种规格复杂、挑选性强，对此类产品进行营销时应在质量、价格、款式、品牌等方面格外注意，同时应配备训练有素的销售人员以帮助顾客挑选，还应使商业网点和名牌商品相对集中，以满足顾客购买时比较和挑选的需要。

③ 特殊品是指消费者愿意花特殊的精力去购买的有特殊性质或品牌的产品，价格通常较高，如名车、名表、名贵奢侈品等。这些产品一般是不能替代的，企业在营销时应下大力气创名牌、宣传名牌，培养消费者对品牌的忠诚度。

④ 非渴求品是指消费者目前未曾听说过，或即使听说过但也不想购买的产品。许多新产品都是非渴求品，对这类产品的营销，应大力加强广告宣传和人员促销，促使消费者对这些商品加深了解，发生兴趣，增进购买。

（2）产业用品是指企业或组织购买后，用于制造其他产品或者满足业务活动需要的物品或服务。

① 原材料和零部件指完全进入产品制造过程，其价格一次计入产品成本的那类产品。

② 资产项目指部分地进入最终产品的生产用物业或设备装置。它分为不可动资产和附属设备资产。

③ 物料及服务指根本不会形成最终产品的那类产品。

8.1.3 产品组合策略

1. 产品组合及相关概念

（1）产品组合，是指企业生产经营的全部产品的结构，即全部产品线和产品项目的组合方式。一个企业的产品组合由若干条产品线构成，每条产品线又包含若干个产品项目。

（2）产品线，也称产品系列或产品大类，指密切相关的满足同类需求的一组产品。例如，汽车制造厂生产的小轿车、大客车和运输卡车各自形成一条产品线，一个企业可以生产经营一条或几条不同的产品线。

（3）产品项目，指产品线中各种不同规格、型号、款式、价格的特定产品品种，是列入企业产品目录中的每一种具体产品。

例如，某家用电器公司可生产和销售液晶电视机、冰箱、洗衣机3大类的产品，即该企业拥有3条产品线。在电视机这条产品线中，又有32英寸、37英寸、40英寸、42英寸、46英寸5种规格的液晶电视机，即电视机这条产品线中包括5个产品项目。

2. 产品组合的宽度、深度、长度、关联度

（1）产品组合的宽度，是指企业所经营的不同产品线的数量。

（2）产品组合的深度，是指产品线中每种产品有多少花色品种、规格等，也即产品组合的深度等于产品线中产品项目的数目。

（3）产品组合的长度，是指产品组合中产品项目的总数。以产品项目总数除以产品线数目即可得出产品线的平均长度。

（4）产品组合的关联度，是指各产品线在最终用途、生产条件、销售渠道等方面的相关程度。产品组合的相近程度大，其相关性也就大。相反，产品组合的相近程度小，其相关性也就小。例如，一家电器公司有电冰箱、洗衣机、空调、微波炉等产品，均属电气产品，其相关性较大；另一家公司生产饮料、服装等，几乎没有（相关性）联系，其相关性小。

表 8-1　可口可乐产品组合

产品组合的深度	产品组合的宽度						
	碳酸饮料	饮用水	果汁饮料	茶饮料	草本饮料	维他命饮料	长度 12 宽度 6
	可口可乐 健怡可口可乐 雪碧 醒目 芬达	水森活 冰露	美汁源 酷儿	茶研工坊	健康工坊	酷乐仕	
	5	2	2	1	1	1	

产品组合的宽度、长度、深度和关联度直接影响着产品策略的制定（表 8-1）。一般情况下，扩大产品组合的宽度，有利于企业扩展经营领域，实施多元化经营，可以更好地发挥企业潜在的技术、资源优势，提高效益；可以分散企业的经营风险，增加产品组

合的长度，使产品线丰满充裕；加强产品组合的深度，占领同类产品更多的细分市场，满足更广泛的市场需求，增强企业的行业竞争能力；加强产品组合的相关性，则有利于发挥企业在相关专业上的经营能力，发挥连带优势，提高企业的声誉。所以，企业的产品组合结构必须恰到好处。

3. 产品组合策略

产品组合策略是指根据企业的经营目标，对产品组合的宽度、深度和关联度进行的最优决策，一般有五种选择。

（1）扩大产品组合策略。

宝洁公司的部分产品组合策略

扩大产品组合策略是指增加产品组合的宽度和深度，也就是增加产品线或产品项目，扩展经营范围，生产经营更多的产品以满足市场需要。

例如，如愿收购日本东芝家电的美的集团，将要再次收购主要从事工业机器人制造的德国库卡集团。而与美的选择进入机器人行业不同，美的老对手——格力则选择了新能源汽车领域，珠海银隆新能源有限公司就成了其收购的目标。

（2）缩减产品组合策略。

缩减产品组合策略是指取消一些产品线或产品项目，集中力量生产经营一个系列的产品或少数产品项目，实行高度专业化。如智能手机制造商 HTC 宣布，启动涉及公司所有部门的裁员计划，并缩减现有的智能型手机产品线，公司的产品重点将放在高阶智能型手机，以便更好地与三星和苹果公司竞争。

① 缩减产品线，只生产经营某一个或少数几个产品系列。

② 缩减产品项目，取消一些利润低的产品，尽量生产利润较高的少数品种规格的产品。

该策略是灵活的，当市场不景气或原料、能源供应紧张，或者出现大量未销售的存货时，企业就应该考虑缩减产品组合，从产品组合中剔除那些获利很小甚至不能获利的产品线或产品项目，从而保存企业实力。当市场需求程度变化时，曾经被删减的项目仍可以恢复生产。

（3）产品线延伸策略。

产品线延伸策略是指突破原有经营档次的范围，使产品线加长。

① 向下延伸是在高档产品线中增加低档产品项目，利用高档名牌产品的声誉，吸引购买力较低的顾客购买此生产线的低廉产品。例如，2015 年，魅族彻底改变以往的产品策略，除了保持原有主打中高端的 MX 和 PRO 系列之外，又推出低价子品牌"魅蓝"。魅族在智能手机市场整体增长趋缓甚至停滞的情况下，2015 年的销量从上一年的 500 万部增长至 2 000 万部，"魅蓝"功不可没。

产品组合——丰田魔术手

② 向上延伸是在原有产品线内增加高档产品项目。高档产品畅销，利润率高，又能使企业提高档次，成为生产种类全面的企业。

③ 双向延伸指生产中档产品的企业在取得市场优势后同时向产品线的上下两个方向延伸。

（4）产品线现代化策略。

产品线现代化策略强调把现代科学技术应用到生产过程中去。这要求企业对产品线实施现代化改进,一个主要的问题是改进的时机,不至于出现得太早(会破坏现有产品线的销售)或者出现得太晚(竞争对手已经靠其更先进的产品建立了高声誉)。

(5)产品线特色策略。

产品线特色策略就是在每条产品线中推出一个或几个有特色的产品项目,以吸引顾客,适应不同细分市场的需要。一般是推出低档与最高档的产品来形成自己的特色。

8.2 产品生命周期

8.2.1 产品生命周期的概念、阶段划分

1. 产品生命周期的概念

产品生命周期(Product Life Cycle,PLC)是指一种产品从研制成功,投放市场开始,直到被市场淘汰为止所经历的全部时间和过程。在这里,产品生命周期指的是产品的市场寿命,而不是产品的使用寿命。产品的使用寿命是指产品从投入使用到损坏报废所经历的时间。有些产品使用寿命很短,但市场寿命很长(最典型的是鞭炮);有些产品市场寿命很短,但使用寿命很长(如服装)。

产品生命周期与产品使用寿命

2. 产品生命周期的阶段划分

产品生命周期一般分为四个阶段:导入期、成长期、成熟期和衰退期(如图8.2所示)。

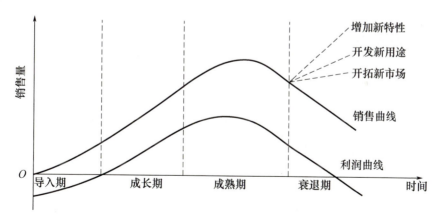

图 8.2 产品生命周期曲线

产品生命周期各阶段特点见表8-2。

表 8-2　产品生命周期各阶段特点

类别	阶段特点			
	导入期	成长期	成熟期	衰退期
销售额	小	快速增长	达最大值有下降	下降
利润	微利或负	大	最大且开始下降	低或负
消费者	喜新	较多	大众	少数
竞争	甚微	加剧	激烈	减弱

8.2.2　产品生命周期各阶段的特点及营销策略

产品处在生命周期的不同阶段，在销售额、成本、利润、市场竞争态势及消费者行为都具有不同的特点。企业应根据这些不同的特点，制定相应的营销策略。

1. 导入期的市场特点与营销策略

导入期是指新产品首次正式上市后销售呈缓慢增长状态的阶段。

（1）市场特点。

在这一阶段，产品品种少，顾客对产品还不了解，除少数追求新奇的顾客外，几乎无人实际购买该产品。生产者为了扩大销路，不得不投入大量的促销费用，对产品进行宣传推广。由于生产技术方面的限制，产品的生产批量小，制造成本高，广告费用大，产品销售价格偏高，销售额增长缓慢，企业不但得不到利润，反而可能亏损。

（2）市场营销策略。

导入期的营销策略应突出一个"短"字，以最短的时间迅速进入和占领市场，并为长期占领市场打好基础。如果以价格和促销活动作为主要考虑的因素，则导入期的营销策略可有以下四种组合方式（如图 8.3 所示）。

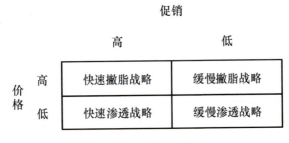

图 8.3　导入期营销策略

① 快速撇脂战略：即以高价格和高促销的方式推出新产品。公司采用高价格是为了在每单位销售中尽可能获利，同时利用高水平的促销活动引起目标市场的注意，加快市场渗透。采用这一战略的主要条件是：市场上有较大的需求潜力；目标顾客具有求新

心理，急于购买新产品，并愿意为此付出高价；企业面临着潜在的竞争，需要及早树立品牌。

② **缓慢撇脂战略**：即以高价格和低促销方式推出新产品。一方面卖高价，另一方面低促销，显然这种策略旨在使企业赚取更多的利润。采用这一策略的主要条件是：市场容量较小；产品已有一定的知名度；目标顾客对该产品需求迫切，愿支付高价；潜在竞争并不迫在眉睫。

③ **快速渗透战略**：即以低价格和高促销的方式推出新产品。这样做的目的在于先发制人，以最快的速度打入市场，可以给企业带来最高的市场渗透率和市场份额。采用这一策略的主要条件是：市场容量大；消费者对此产品不了解且对价格敏感；潜在竞争比较强烈；产品的单位制造成本可随生产规模和销售量的扩大迅速下降。

④ **缓慢渗透战略**：即以低价格和低促销推出新产品。低价格使市场迅速接受产品，同时低促销费用可实现较多的净利润。采用这一战略的主要条件是：市场容量大；消费者对此产品相当熟悉且对价格十分敏感；有相当多的潜在竞争者准备加入竞争行列。

2. 成长期的特点与营销策略

成长期是指该产品经在市场上迅速为消费者所接受、销售额迅速上升的阶段。

（1）市场特点。

① 消费者对新产品已经熟悉，销售量迅速增长。
② 生产规模扩大，产品成本下降。
③ 广告费用减少，销售成本下降。
④ 企业的利润迅速上升。
⑤ 竞争者看到有利可图，纷纷介入，竞争比较激烈。

（2）市场营销策略。

产品进入成长期，销路打开，形势喜人，此时应该突出一个"好"字，确保质量，争创名牌。

① 在生产方面，根据用户需求和其他市场信息，不断提高产品质量，努力发展产品的新款式、新型号，增加产品的新用途，吸引更多顾客。
② 加强促销环节，树立强有力的产品形象和企业形象。提高本企业产品在社会上的声誉，争创名牌。
③ 重新评价渠道选择决策，巩固原有渠道，增加新的销售渠道，开拓新的市场，扩大产品销售范围。
④ 在价格决策上，应选择适当的时机调整价格，以争取更多顾客。

3. 成熟期的特点与营销策略

成熟期是指大多数购买者已经接受该项产品，市场销售额缓慢增长或下降的阶段。

（1）市场特点。

① 成长中的成熟期：各销售渠道基本呈饱和状态，增长率开始下降，还有少数后续

的购买者继续进入市场。

② 稳定中的成熟期。由于市场饱和，消费水平平稳，销售增长率一般只与购买者人数成比例。

③ 衰退中的成熟期。销售水平显著下降，原有用户的兴趣已开始转向其他产品和替代品；全行业产品出现过剩，竞争加剧，销售增长率下降，一些缺乏竞争能力的企业将渐渐被淘汰；竞争者有各自特定的目标顾客，市场份额变动不大，突破比较困难。

（2）市场营销策略。

产品进入成熟期后，就进入了产品生命周期的黄金阶段。在此阶段，产品的销售量达到顶峰，给企业带来巨额利润，所以企业的营销策略都是注重延长产品的成熟期，也就是突出一个"长"字，尽量延长这一阶段。

① 市场改良策略，为产品开拓更广泛的市场，使产品销售量得以扩大。

市场改良策略包括以下几点。

A. 开发产品的新用途，寻求新的细分市场。

B. 刺激现有顾客，增加使用频率。

C. 重新为产品定位，寻求新的顾客。

② 产品改良策略，也称为"产品再推出"。

产品改良策略包括以下几点。

A. 品质改进策略。

B. 特性改进策略。

C. 式样改进策略。

D. 服务改进策略。

③ 营销组合改良，是指通过改变定价、促销与分销等市场营销组合因素来刺激销售量的回升，以延长产品的成熟期。

4. 衰退期的特点与营销策略

衰退期是指产品销售量急剧下降，逐步被消费者冷落，退出市场的阶段。

（1）市场特点。

① 产品销售量由缓慢下降变为迅速下降，消费者的兴趣已完全转移。

② 企业从这种产品中获得的利润很低甚至亏损。

③ 大量的竞争者退出市场。

④ 留在市场上的企业被迫逐渐减少产品附带服务，削减促销预算等，以维持最低水平的经营。

（2）市场营销策略。

产品进入衰退期后，在市场上失去了吸引力，被新产品所代替。对进入衰退期的老产品，企业的营销策略应突出一个"转"字。具体应区别情况，分别对待。

① 集中策略，即把资源集中使用在最有利的细分市场、最有效的销售渠道和最易销售的品种、款式上。

② 维持策略，即保持原有的细分市场和营销组合策略，把销售维持在一个低水平上。

③ 收缩策略，即大幅度降低销售费用，以增加眼前利润，通常作为停产前的过渡策略。

④ 放弃策略，即对于衰落比较迅速的产品，应当机立断，放弃经营，转向其他产品。

8.3 新产品开发

随着市场需求的日益多样化、科学技术的日新月异和市场竞争的不断加剧，产品的生命周期变得越来越短。企业为求得生存和发展，不得不经常开发新产品，提供新的市场服务。

8.3.1 新产品的概念与类别

1. 新产品的概念

新产品是一个很广泛的概念。一般来说，新产品是指在结构、物理性能、化学成分、功能用途等方面与老产品相比有显著改进或本质差别的产品。

现代市场营销观念下的新产品是指凡是在产品整体概念中的任何一个部分有所创新、改革和改变，能够给消费者带来新的利益和满足的产品，都是新产品。

2. 新产品的分类

新产品的"新"是相对而言的，是相对于一定的时间、地点和企业而言。此外，新产品的"新"不仅是被生产者、销售者认可，更重要的是得到消费者认可和接受的"新"属性、"新"功能、"新"用途、"新"特点等。所以从不同的角度可以对新产品进行如下分类。

（1）按照产品创新的程度划分。

① 全新产品，指应用新原理、新技术、新材料研制出的市场上从未有过的产品。

② 换代新产品，指在原有产品的基础上，采用或部分采用新技术、新材料、新工艺研制出的新产品。

③ 改进新产品，指在原有产品的基础上进行改进，使产品在结构、品质、功能、款式、花色及包装上具有新特点和新突破的产品。

④ 仿制新产品，指模仿市场上已有的产品而企业首次自己生产的产品。

（2）按照产品的地域范围划分。

① 国际新产品，是指在世界范围内首次生产和销售的新产品。

② 国内新产品，是指那些国外已有生产销售，但在国内还是首次研制成功的产品。

③ 地区性新产品，是指那些国内已有生产而在某地区刚研制成功的新产品。

高德地图——不负重望

3. 开发新产品的必要性

（1）产品生命周期理论要求企业不断开发新产品。

企业同产品一样，也存在生命周期。如果企业不开发新产品，则当产品走向衰退时，企业也同样走到了生命周期的终点。相反，企业如能不断开发新产品，就可以在原有产品退出市场舞台后利用新产品占领市场。一般而言，当一种产品投放市场时，企业就应当着手设计新产品，使企业在任何时期都有不同的产品处在周期的各个阶段，从而保证企业利润的稳定增长。

（2）消费需求的变化需要不断开发新产品。

随着生产的发展和人们生活水平的提高，现代消费需求越来越复杂并且多样化，消费者对展现个性商品的追求使得企业必须通过不断了解消费者需求的变化来开发与之相适应的新产品。

（3）科学技术的发展推动着企业不断开发新产品。

科学技术的迅速发展导致许多高科技新型产品的出现，并加快了产品更新换代的速度。企业只有不断运用新的科学技术改造自己的产品，开发新产品，才不至于被挤出市场。

（4）市场竞争的加剧迫使企业不断开发新产品。

现代市场上企业间的竞争日趋激烈，企业要想在市场上保持竞争优势，只有不断创新，开发新产品，才能在市场占据领先地位，增强企业的活力。另外，企业定期推出新产品，可以提高企业在市场上的信誉和地位，并促进新产品的市场销售。

8.3.2 新产品开发流程

一般来说，企业的新产品开发基本上都要经过以下阶段，即创意产生、创意筛选、产品概念的形成与测试、初拟营销计划、商业分析、新产品研制、市场试销、商业性投放（如图8.4所示）。

1. 创意产生

所谓创意，就是指开发新产品的设想。虽然并不是所有的设想或创意都可变成产品，寻求尽可能多的创意却可为开发新产品提供较多的机会。所以，现代企业都非常重视创意的开发。

新产品创意的主要来源有：顾客、科学家、竞争对手、企业推销人员和经销商、企业高层管理人员、市场研究公司、广告代理商等。除了以上几种来源外，企业还可以从大学、咨询公司、同行业的团体协会、有关的媒介那里寻求有用的新产品创意。一般来说，企业应当主要靠激发内部人员的热情来寻求创意。这就要建立各种激励性制度，对提出创意的职工给予奖励，而且高层主管人员应当对这种活动表现出充分的重视和关心。

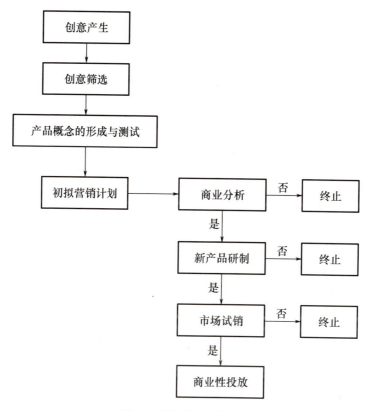

图 8.4 新产品开发的流程

2. 创意筛选

获得足够创意后,要对这些创意加以评估,研究其可行性,根据自身的资源条件和发展目标进行筛选,摒弃那些可行性小或获利较少的创意。在筛选过程中应避免两种错误:一是把有价值的创意舍弃,二是把坏的创意误以为好。

白酒味雪碧

3. 产品概念的形成与测试

一个有吸引力的创意必须发展成为一个产品概念。产品概念是对产品创意的具体化,它离现实的产品又近了一步。企业站在消费者的角度对创意出的产品进行详细描述,使之成为对消费者而言有意义的产品方案,有确定特性的潜在产品形象。通常情况下,一个产品创意能够转化为若干个产品概念。

产品概念形成以后,还需要了解顾客的意见,进行产品概念测试,即企业将各种产品概念用文字或图示描述出来,请消费者进行评价,以了解潜在顾客的不同反映,从中选择最佳的产品概念。

4. 初拟营销计划

通过测试选择了最佳的新产品概念之后,就要制订一个该产品引入市场的初步市场营销计划。该计划由三个部分组成。

（1）描述目标市场的规模、结构、行为，新产品在目标市场上的定位，开始几年的销售额、市场占有率、利润目标等。

（2）概述新产品的预期价格、分销战略及第一年的市场营销预算。

（3）阐述计划期销售额和目标利润及不同时间的市场营销组合。

5. 商业分析

商业分析即详细分析这一新产品开发方案在商业上的可行性，实际上就是经济效益分析。这包括两个具体步骤：预测销售额和对成本与利润的分析。

（1）对销售额的分析。根据购买行为，分析首次销售额、耐用品的重复销售额及经常性购买商品的重复销售额。

（2）对成本与利润的分析。主要通过市场营销部门和财务部门综合预测各个时期的营销费用及各项开支，如新产品研发费用、销售推广费用、市场调研费用等。根据已预测出的销售额和费用额，就可以推算出企业的利润收益以及投资回报率等。

6. 新产品研制

经过经济效益分析，如果有商业价值，就可以交有关部门进行研制，把它发展成实体产品。只有通过产品研制，才能发现产品概念存在的不足和问题，才能证明产品概念在技术上和商业上的可行性。一旦不可行，该项产品的开发过程就告终止，所投入的资金也全部付诸东流。

7. 市场试销

经过测试合格的样品究竟能否真正受到消费者的欢迎，可选择具有代表性的小规模市场进行试销，目的是检验这种产品的市场效应，也能检测产品包装、价格、数量、广告的效果，还能发现产品性能的不足之处，然后再决定是否大批量生产。

8. 商业性投放

新产品试销成功后，就可以正式批量生产并全面推向市场。这一阶段是新产品开发的最后一个阶段，也意味着产品生命周期的开始。在此阶段，产品上市成功与否的关键在于是否做好下列决策。

（1）投放时机。这与新产品和市场的特性相关，要根据新产品是否属替代品、新产品的市场需求是否有很强的季节性、新产品是否还需要进一步改进等，予以区别对待。

（2）投放区域。能够把新产品在全国市场上投放的企业是不多见的。一般是先在主要地区的市场推出，以便占有市场，取得立足点，再扩大到其他地区。

（3）目标市场。选取最有希望的购买群体以迅速获取高销售量，其目的是要利用这部分顾客群来带动一般顾客，以最快的速度、最少的费用，扩大新产品的市场占有率。

（4）营销组合。新产品批量上市时，要正确制定消费者愿意接受的价

美的新品开发主流程

格，选择合适的分销渠道，实施多种多样、行之有效、富有创意的促销措施，以使新产品能在市场上迅速提高知名度和美誉度，扩大销路。

8.3.3 新产品的采用与推广

1. 消费者对新产品的采用

（1）认知。这是个人获得新产品信息的初始阶段。人们在此阶段所获得的情报还不够系统，只是一般性的了解。

（2）兴趣。消费者已对新产品发生兴趣，并开始积极寻找有关资料进行对比分析。

（3）评价。消费者根据有关信息对产品进行评价，并考虑是否试用这种产品。

（4）试用。消费者少量试用，并改进了他们对产品价值的估计。

（5）采用。消费者经过试用，决定充分和正常地使用这一产品。

以上就是消费者在采用一种新产品时，通常经历的五个阶段（图 8.5）。新产品营销者应设法促使消费者尽快通过这五个阶段，缩短采用过程。

图 8.5　新产品采用五阶段

2. 新产品特征与市场扩散

（1）新产品的相对优越性。如果新产品的性能明显优越于现有产品，对它的采用率就会高。

（2）新产品的适应性。如果这种新产品较适合人们的价值观和经验，就会有更多的人采用。

（3）新产品的简易性。如果一种新产品比较复杂，难以理解和操作，采用率就低。

（4）新产品的可试性。如果允许顾客在一定条件下试用新产品，采用率就高。

（5）新产品信息的沟通性（明确性）。如果新产品的使用效果可以被观察、描述和传播，采用率就高。

3. 新产品采用者类型与市场扩散

在新产品的市场扩散过程中，由于个人性格、文化背景、受教育程度和社会地位等因素的影响，不同的消费者对新产品接受的程度不同。美国营销学者罗杰斯根据这种接受速度的差异，把采用者划分为五种类型。

（1）创新采用者。这部分群体也称为"消费先驱"，占全部采用者的 2.5%。他们的特征是：富有个性，勇于冒险，性格活跃，收入水平、社会地位和受教育程度较高；易受广告及促销手段影响，是企业投放新产品的极好目标。

（2）早期采用者。这部分群体一般是年轻人，富于探索，对新事物比较敏感并有较强的适应性，经济状况良好，对早期采用新产品有自豪感。这类群体占全部潜在采用者的 13.5%。

（3）早期大众。这部分群体占有 34% 的份额。这部分消费者的特征是深思熟虑，态度谨慎，决策时间较长，受过一定教育；有较好的工作环境和固定的收入；对舆论领袖的消费行为有较强的模仿心理，不甘落后潮流。但由于特定的经济地位所限，购买高档产品时持非常谨慎的态度。研究他们的心理状态、消费习惯，对提高产品的市场份额具有很大意义。

（4）晚期大众。这部分群体占有 34% 份额。他们的工作岗位、受教育水平及收入状况比早期大众略差，对新事物、新环境多持怀疑的态度或观望态度。往往在产品成熟阶段才会购买。

（5）落后采用者。这部分群体占有 16% 的份额。这些人受传统思想束缚很深，思想非常保守，怀疑任何变化，对新事物、新变化多持反对态度，固守传统消费行为方式，在产品进入成熟期后期至衰退期才能接受。

4. 新产品推广的营销措施

按照新产品生命周期和新产品市场扩散的规律，企业可采取的营销策略主要有以下几点。

（1）在投入期，加强营销队伍，重视人员推销；制定广告策略，加强广告宣传；开展各种促销活动，鼓励并引导消费。

（2）在成长期，改善产品性能，提高产品质量；继续加强广告攻势影响后期接收者；营销人员向中间商提供各种支持；创造性地运用促销手段使消费者重复购买；加强销售服务，树立品牌形象。

（3）在成熟期，更新产品设计和广告策略，以适应后期接收者的需要；降低价格，实现薄利多销；重视促销活动的邮寄组合等。

（4）衰退期的维持策略：使处于衰退期的产品继续满足市场需要；开辟新的市场；扩大分销渠道；多多让利，留住老顾客，吸引新顾客。

8.4 品牌与品牌策略

8.4.1 品牌的几个基本概念

消费者购买产品时，其出发点已不再局限于产品基本功能的消费，而趋向于追求品牌消费带来的心理满足。品牌营销成为企业市场营销策略的重要内容，实施名牌战略也成为众多企业的战略选择。下面首先来看几个有关品牌的基本的概念。

1. 品牌

美国著名市场营销学专家菲利普·科特勒认为："品牌是一种名称、术语、标记、符号或图案，或是它们的相互组合，用以识别某个销售商或某群销售者的产品或服务，并使之与竞争对手的产品或服务相区别。"品牌是一个综合概念，它包含品牌名称、品牌标志、商标等概念在内。就其实质来讲，它代表着销售者对交付给买者的产品特征、利益和服务的一贯性的承诺。

2. 品牌名称

品牌名称指品牌中可以用语言称谓表达的部分，如华为、小米、苹果、可口可乐等。

3. 品牌标志

品牌标志指品牌中可被认出、易于记忆但不能用言语称呼的部分——包括符号、图案或明显的色彩或字体。

一个品牌可从以下六个方面透视。

（1）属性。品牌代表着特定的商品属性，如奔驰意味着工艺精湛、制造优良、昂贵、耐用、速度快。公司可用一种或几种属性做广告，多年来奔驰的广告一直强调"全世界无可比拟的工艺精良的汽车"。

（2）利益。品牌体现了特定的利益。顾客购买商品的实质是购买某种利益，这就需要将属性转化为功能性或情感性的利益。例如，奔驰汽车的"工艺精湛、制造优良"可转化为"安全""昂贵"可转化为"令人羡慕、受人尊重"的利益。

（3）价值。品牌还体现了生产者的某些价值感。

（4）文化。品牌可能代表某种文化。例如，奔驰蕴含着"有组织、高效率、高品质"的德国文化。

（5）个性。不同的品牌会使人们产生不同的联想，这是由品牌个性所决定的。例如，百事可乐就让人感觉年轻有活力，而可口可乐则是正宗、传统的代表。

（6）用户。品牌暗示了购买或使用产品的消费者类型。

4. 商标

商标（trade mark）是一个专门的法律术语，是用以识别和区分商品或者服务来源的标志。商标受法律的保护，注册者有专用权。国际市场上著名的商标，往往在许多国家注册。我国商标分为注册商标和未注册商标。注册商标是在政府有关部门注册后受法律保护的商标，未注册商标则不受商标法律的保护。

5. 品牌与商标的联系与区别

联系：品牌和商标都是用以识别不同生产经营者的不同种类、不同品质产品的商业名称及其标志；所有的商标都是品牌，但并非所有的品牌都是商标，商标是品牌的重要组成部分。

区别：品牌是一个市场概念，是产品或服务在市场上通行的牌子；商标是一个法律概念，它是品牌的法律化。商标可以为企业独占而不使用，但不使用的品牌则是没有意义的。

8.4.2 品牌的作用

1. 对于消费者的作用

（1）有助于消费者识别所需的产品，便于挑选和购买。

（2）借助品牌，消费者可以得到相应的服务便利，如更换零部件、维修服务等。

（3）品牌有利于维护消费者的利益，如选购时避免上当受骗，出现问题时便于索赔和更换等。

（4）好的品牌对消费者具有很强的吸引力，有利于消费者形成品牌偏好，满足消费者的精神需求。

2. 对于生产者的作用

（1）有助于产品的销售和占领市场。品牌知名度形成后，企业可利用品牌优势扩大市场，促成消费者对于品牌的忠诚。同时便于制造商管理订货和处理销货业务，也便于经销商识别供应商及销售产品。

（2）有助于稳定产品的价格，降低价格弹性，增强对动态市场的适应性，减少未来的经营风险。

（3）有助于新品的开发，节约产品投入成本。借助成功或成名的品牌，扩大企业的产品组合或延伸产品线，采用现有的知名品牌，利用其一定知名度或美誉度，推出新品。

（4）品牌作为无形资产，有助于企业抵御竞争者的攻击，保持竞争优势。

小链接

全球品牌价值 500 强榜单出炉！华为首次进入前 10

近日，Brand Finance 正式对外公布了《2020 年全球品牌价值 500 强》榜单，我们从榜单前十名中能够发现，几乎清一色都是中国、美国、韩国三国的企业，其中我国最大民营科技巨头——华为也更是首次进入榜单前十名。

从这份全球 500 强品牌价值榜单中，我们能够看到，亚马逊、谷歌、苹果、微软、三星分别位列前五名，而华为的品牌价值高达 650 亿美元，位居全球第十位，与苹果的 1 405 亿美元、三星的 950 亿美元还是有着非常大的差距。当然，Brand Finance 还发布了一份全球最具价值和最强大品牌排行榜，在这两份榜单中，华为都收获了全球第一的好成绩，可见华为凭借 5G 通信技术，确实也是具备了非常独特的发展潜力和优势。

2020年世界500强品牌

序号	品牌名称	地区	2020年品牌价值
1	亚马逊	美国	$220,791M
2	谷歌	美国	$159,722M
3	苹果	美国	$140,524M
4	微软	美国	$117,072M
5	三星集团	韩国	$94,494M
6	中国工商银行	中国	$80,791M
7	脸书	美国	$79,804M
8	沃尔玛	美国	$77,520M
9	平安	中国	$69,041M
10	华为	中国	$65,084M

（资料来源：https://baijiahao.baidu.com/s?id=1664237943033707266&wfr=spider&for=pc，2020-04-18）

8.4.3 品牌分类

从不同的角度进行分类，品牌具有不同的类型。

（1）按辐射区域分类。有区域品牌、国内品牌、国际品牌。

（2）按市场地位分类。有领导型品牌、挑战型品牌、追随型品牌和补缺型品牌。

（3）按生命周期分类。有新品牌、上升品牌、成熟品牌和衰退品牌。

（4）按使用主题分类。有制造商品牌和中间商品牌。制造商品牌是指制造商为自己生产制造的产品设计的品牌。中间商品牌是经销商根据自身的需求和对市场的了解，结合企业发展需要创立的品牌。例如，海尔、可口可乐等是制造商品牌，西尔斯等是中间商品牌。

（5）按不同用途分类。有生产资料品牌和生活资料品牌。

（6）按价格定位分类。有普通品牌（大众品牌）、高档品牌和奢侈品牌。

（7）按所处行业分类。有多少种行业，就有多少种行业品牌，如汽车行业、电器行业、电子产品行业等。

8.4.4 品牌资产

大卫·艾克（David Aaker）在1991年提炼出品牌资产的"五星"概念模型，即品牌资产是由品牌知名度、品牌认知度、品牌联想度、品牌忠诚度和品牌其他资产五部分组成。

（1）品牌知名度是指消费者对一个品牌的记忆程度。品牌知名度可分为无知名度、提示知名度、未提示知名度和顶端知名度四个阶段。

一般来说，新产品刚上市时，在消费者心中处于无知名度的状态；经过一段时间的广告等传播沟通，部分消费者对产品有了模糊的印象，在提示之下能记忆起该品牌，即达到了提示知名度阶段；下一个阶段，在无提示的情况下，消费者能主动记起该品牌，即达到了未提示知名度阶段；当品牌成长为领导型品牌，消费者会在购买时首先选择该品牌，这时就达到了品牌知名度的最佳状态，即顶端知名度状态。

（2）品牌认知度是指消费者对某一品牌在品质上的整体印象。它的内涵包括：功能、特点、可信赖度、耐用度、服务度、效用评价、商品品质的外观。它是品牌差异定位和品牌延伸的基础。研究表明，消费者对品牌品质的肯定，会给品牌带来相当高的市场占有率和良好的发展机会。

（3）品牌联想度是指透过品牌而产生的所有联想，是对产品特征、消费者利益、使用场合、产地、人物、个性等的人格化描述。不同的品牌会使人们产生不同的品牌联想，这些联想往往能组合出一些意义，形成品牌形象。它是经过独特销售点（USP）传播和品牌定位沟通的结果。它提供了购买的理由和品牌延伸的依据。

（4）品牌忠诚度是指在购买决策中多次表现出来的对某个品牌有偏向性的（而非随意的）行为反应，也是消费者对某种品牌的心理决策和评估过程。

品牌忠诚度是品牌资产的核心，如果没有品牌消费者的忠诚，品牌不过是一个几乎没有价值的商标或用于区别的符号。从品牌忠诚营销观点看，销售并不是最终目标，它只是消费者建立持久有益的品牌关系的开始，也是建立品牌忠诚，把品牌购买者转化为品牌忠诚者的机会。

（5）品牌其他资产是指品牌有何商标、专利等知识产权，如何保护这些知识产权，如何防止假冒产品，品牌制造者拥有哪些能带来经济利益的资源，比如客户资源、管理制度、企业文化、企业形象等。

8.4.5 品牌设计原则

1. 品牌设计要求

（1）简洁醒目，易读易懂。使人在短时间内产生印象，易于理解、记忆并产生联想。如"美加净"和"佳洁士"，品牌易记易理解，被誉为商品品牌的文字佳作。

（2）构思巧妙，暗示属性。品牌应是企业形象的典型概括，反映企业个性和风格，产生信任。

宝洁（P&G）公司生产的一种去头皮屑的洗发剂，采用"Head and Shoulders"（意为头和肩）的品牌名称，让人联想丰富，寓意深刻，其中文品牌名称为"海飞丝"，让人联想到平滑而飞扬的秀发，可谓构思奇特而巧妙。

（3）富有内涵，情意浓重。品牌可引起顾客强烈兴趣，诱发美好联想，产生购买动机。

"红豆"是一种植物，是人们常用的镶嵌饰物，也是美好情感的象征。同时，"红豆"也是江苏红豆集团的服装品牌和企业名称，其英文是"The seed of love"（爱的种子）。提起它，人们就会想起王维的千古绝句和牵动人的思乡及相思之情。红豆服装正是借助"红豆"这一富有中国传统文化内涵、情意浓重的品牌"红"起来的。

在营销实践中，许多企业不惜重金设计品牌。美国埃克森（Exxon）公司为了给自己的产品创出一个能够通行于世界，为全世界消费者所接受的名称及标志，曾动用了心理学、社会学、语言学、统计学等各方面的专家，历时6年，耗资1.2亿美元，先后调查了55个国家和地区的风俗习惯，对约1万个预选方案几经筛选，最后定名为"EXXON"，堪称是世界上最昂贵的品牌设计。

2. 品牌命名主要方法

（1）效用命名：以产品的主要性能和作用命名，使消费者迅速理解商品功效，便于联想和记忆（如感冒灵、胃必治、银翘解毒片等）。

（2）产地命名：用商品的产地命名，可反映商品传统特色和优越性能（如茅台、宁夏红等）。

（3）人物命名：以历史人物、传奇人物、制造者及对产品有特殊偏好的名人姓名命名，衬托和说明产品品质，提高产品身价（如松下、李宁、本田、福特等）。

（4）好兆命名：以吉利的词句、良好的祝愿命名，既暗示商品优良性能，又迎合消费者美好愿望（如喜来登、红双喜等）。

（5）企业命名：可直接说明商品的来源，有利于借助企业声誉推出新产品（如海尔、美的等）。

（6）形象命名：用动物形象或抽象图案为商品命名，以增强感染力（如鳄鱼、七匹狼等）。

（7）外文译名：指国外进口商品的商标译名，以及模仿国外商标译名而制作的中文品牌（如百事可乐、宝马等）。

（8）数字命名：用阿拉伯数字命名，有两种情况：① 数字本身无任何含义，只是简单易记（如555、999等）；② 数字的谐音暗含一定的意义（如666、888、520等）。

8.4.6 品牌策略

1. 品牌有无策略

有关品牌的第一个决策就是决定是否给产品加上一个品牌。品牌所起的作用在商品经济高度发达的今天体现得十分突出，绝大部分产品都有品牌。名牌也成为一种无形资产，是产品质量的反映，是企业信誉的标志。

2. 品牌归属策略

品牌归属策略是指使用哪家品牌。

（1）使用制造商品牌。

绝大多数生产者都使用自己的品牌，虽然建立自己的品牌要花费一定的费用，但是当品牌树立起来并成为名牌，就可以获得它所带来的全部利益。享有盛誉的著名商标还可以租赁给别人使用，而收取一定的特许权使用费。

（2）使用中间商品牌。

中间商在某一市场领域拥有良好品牌信誉及庞大完善的销售系统，那些新进入市场的中小企业往往借助于中间商商标。

耐克作为全球著名的体育运动品牌，年销售额达 300 亿美元，却没有建立自己的生产基地，而是在全世界寻找条件最好的生产商为其生产。

西方国家已有越来越多的中间商使用自己的品牌。例如，美国著名的大零售商西尔斯公司已有 90% 以上的产品使用自己的品牌。

（3）制造商品牌与中间商品牌混合使用。

① 制造商在部分产品上使用自己的品牌，另一部分以批量卖给中间商，使用中间商品牌，以求既扩大销路又能保持本企业品牌特色。

② 为进入新市场，可先采用中间商品牌，取得一定市场地位后改用制造商品牌。

日本索尼公司的电视机初次进入美国市场时，在美国最大的零售商店西尔斯出售，用的是西尔斯品牌。后来，索尼公司发现其产品很受美国人的欢迎，就改用自己的品牌出售了。

③ 制造商品牌与销售商品牌同时使用，兼收两种品牌单独使用的优点。

在许多大型超市，如沃尔玛、家乐福，贴有超市自有品牌标签的商品无处不在。这种混合品牌策略对产品进入国外市场也很有帮助。

3. 品牌统分策略

如果制造商决定使用自己的品牌，那么是使用不同的品牌还是使用一个统一的品牌或几个品牌？可根据以下策略进行选择。

（1）个别品牌。

企业各种不同的产品分别使用不同的品牌。其优点是：① 有利于企业扩充高、中、低档各类产品，以适应市场不同需求；② 产品各自发展，在市场竞争中加大了安全感。

例如，宝洁公司的洗发水品牌有海飞丝、潘婷、飘柔、沙宣等，日化产品品牌有汰渍、奥妙、碧浪等。

（2）统一品牌。

企业所有产品统一使用一个品牌，也称为整体的家族品牌。其优点是：① 节省了品牌设计和促销费用；② 有助于新产品打开市场。

例如，上海益民食品公司的所有产品都是"光明牌"；美国通用电气公司的所有产品都统一使用"GE"这个品牌名称。

（3）分类品牌。

① 各产品线分别使用不同品牌，避免发生混淆。例如，福建达利集团旗下的薯片系列产品使用"可比克"品牌，糕饼系列产品使用"好吃点"品牌，饮料系列产品使用"达利园"品牌。

② 生产或销售同类型的产品，但目标消费者有差异或地域不同也使用不同品牌以便于识别。例如，海尔集团主品牌海尔、高端品牌卡萨帝、互联网背景下定制品牌统帅、日本市场高端品牌亚科等。

③ 企业名称加个别品牌。各种不同的产品分别使用不同的品牌，但每个品牌名称前冠以企业名称。企业名称说明产品的出处，个体名称则显示产品的个性。

例如，美国通用汽车公司（GM）所生产的各种小轿车分别使用不同的品牌：卡迪拉克、土星、欧宝、别克、奥斯莫比、潘蒂克、雪佛兰等,每个品牌上都另加"GM"两个字母,以表示是通用汽车公司的产品。

4. 品牌延伸策略

品牌延伸策略指企业利用其成功品牌的声誉来推出改良产品或新产品的策略。如海尔品牌在冰箱上获得成功后,又利用该品牌推出了海尔洗衣机、海尔空调、海尔热水器等。

品牌延伸策略的好处是有利于降低新产品的市场导入费用,使新产品借助成功品牌的市场信誉可在节省促销费用的情况下顺利地进占市场,原品牌的良好声誉和影响也有助于消费者对扩展产品产生好感。但是,若品牌延伸失败也会影响原品牌的市场地位。

5. 品牌重新定位决策

随着时间的推移,品牌在市场上的位置会有所改变,如果出现下列情况,就有必要对品牌进行重新定位。

(1)竞争者的品牌定位接近本企业的品牌,侵占了本企业品牌的一部分市场,使本企业品牌的市场占有率下降。

(2)消费者的偏好发生变化,具有某种新偏好的顾客群已经形成,企业面临有巨大吸引力的良好经营机会。

品牌重新定位,要全面考虑以下两个因素。

① 品牌转移到新市场位置所需要的成本费用——改变产品质量、包装、广告等。

② 品牌在新位置上所能获得的收入。

8.5 包装和包装策略

8.5.1 包装的含义、种类与作用

1. 包装的含义

产品包装有两层含义:一是指包装用的容器或一切物件;二是指对某一品牌商品设计并制作容器或包扎物的一系列活动。其构成要素包括以下6点。

(1)商标、品牌是包装中最主要的构成要素,应占据突出位置。

(2)形状是包装中必不可少的组合要素,有利于储运、陈列及销售。

(3)色彩是包装中最具刺激销售作用的构成要素,理想的包装颜色要使产品在商店里活泼而抢眼,买回家以后又要柔和而不扎眼。

(4)图案在包装中,其作用如同广告中的画面。

(5)材料包装材料的选择,影响包装成本,也影响市场竞争力。

（6）标签含有大量商品信息：印有包装内容和产品所含主要成分、品牌标志、产品质量等级、生产厂家、生产日期、有效期和使用方法等。

2. 包装的种类

（1）运输包装（外包装或大包装）——供产品储运、辨认所需的包裹物，主要用于保护产品品质安全和数量完整。

（2）销售包装（中包装）——实际上是零售包装，不仅要保护商品，更重要的是要美化和宣传商品，便于陈列，吸引顾客。

（3）直接包装（内包装）——是指盛装产品的直接容器或包扎物，如酒瓶、香水瓶等。

3. 包装的作用

（1）保护商品。保证产品从出厂到消费整个过程中不致损坏、散失、溢出、变质或污染，是产品包装最基本的功能。

（2）促进销售。包装是产品的"嫁衣"，美观大方、漂亮得体的包装不仅能够吸引顾客，而且能够刺激消费者的购买欲望。

根据美国杜邦公司研究发现，63%的消费者会根据商品包装做出购买决策，因此，包装被称作"无声的推销员"。

（3）增加盈利。精美而又独特的包装可以提升产品档次，使顾客愿意付出较高的价格购买。

（4）便于储运。包装便于商品装卸，节约运力，加速流转，保护质量。

8.5.2 包装设计

"人要衣装，佛要金装"，商品包装不仅具有保护产品的功能，还具有积极的促销作用。一般来说，包装设计要考虑以下基本要求。

（1）针对顾客设计，符合消费心理。不同消费者的审美观点和心理偏好是不相同的，包装设计一定要针对产品的目标顾客，投其所好。因此，包装的颜色、图案、形状、大小、文字等要考虑不同国家、地区、民族等的消费者的习惯和要求。

（2）包装的造型和结构应兼顾科学性、经济性及美观的要求。包装不仅要为消费者提供便利，还要为分销商和零售商提供便利。包装的形式要多样化，既要便于装卸、结实、安全，不至于在到达目的地前损坏，同时内包装的设计也要合理、美观，能有效利用货架，容易拿放，还能吸引顾客。

绿箭迷你包

（3）包装应与产品的质量、价值及市场定位相一致。高档、贵重商品的包装要衬托出其高贵的气质，一般商品或便利品则用普通或简易包装，不能搞"金玉其外，败絮其中"的欺骗性包装。

（4）符合法律规定，兼顾社会利益。包装设计作为市场营销的重要组成部分，在实践中必须严格依法办事。不仅标签要符合政府的有关法律和规定，同时还应兼顾社会利益，包装材料的选择也要符合政府的环保标准，节约资源，减少污染，禁止使用有害包装材料，实施绿色包装战略。

8.5.3 包装策略

1. 类似包装策略

类似包装策略指企业生产的各种产品在包装上采用相同的图案、相近的颜色，体现出共同的特点，也叫产品线包装。其特点包括：①节约设计和印刷成本；②易于树立统一的企业形象，提高企业声誉及新产品推销；③某一产品质量下降会影响到类似包装的其他产品的销路。

2. 等级包装策略

（1）不同质量等级的产品分别使用不同包装，表里一致：高档产品采用优质包装，普通产品采用一般包装。

（2）同一商品采用不同等级包装，以适应不同购买力水平或不同顾客的购买心理。

3. 配套包装策略

配套包装策略指企业将几种相关的商品组合配套包装在同一包装物内。其特点包括：①方便消费者购买、携带与使用；②利于带动多种产品销售及新产品进入市场。

4. 再使用包装策略

再使用包装策略指包装物内商品用完之后，包装物本身还可用作其他用途。通过给消费者额外的利益而扩大销售，同时包装物的再使用可起到延伸宣传的作用。使用该策略时，要注意避免因成本加大引起商品价格过高而影响产品的销售。

5. 附赠品包装策略

附赠品包装策略指在包装物内附有赠品以诱发消费者购买或重复购买，从而扩大销售。

6. 更新包装策略

更新包装策略指企业的包装策略随市场需求的变化而改变的做法。该做法可以改变商品在消费者心目中的地位，进而收到迅速恢复企业声誉之佳效。

> **小链接**
>
> 瓶身营销，已经成为饮料界的一种营销戏码。现在你只要走进便利店或者超市，就会发现脑洞大开、奇葩的瓶身包装越来越多。就算有时候你并不口渴，或许也会被瓶身的颜值、瓶身的文案所打动，毫不犹豫地拿起一瓶买单。这就是好看的瓶身创造的带货力。事实证明，品牌玩瓶身总能百试不爽，消费者也总会心甘情愿地买单。品牌花样"瓶"出，一个饮料品牌，就可能有 1 000 种瓶身营销的玩法。既有以跨界为名推出联

名款,也有借势火爆影视剧打造金句瓶身包装,可谓各有各的特色。

品牌如人,营销的最高境界,就是把品牌当作有血有肉的人。内在品质就是灵魂,外在包装就是皮囊,叠加起来就是有血有肉。瓶身对于茶饮、饮料品牌来说,就是最好的传播渠道。瓶身包装玩得好,营销可以说是事半功倍,让产品自带推销能力,为品牌带来较强的传播效应。

(资料来源:http://www.cmmo.cn/article-218161-1.html,2020-03-30.)

本 章 小 结

产品是市场营销组合中最重要、最基本的因素。本章讨论了产品的整体概念及其营销意义,介绍了产品组合策略和产品生命周期的阶段特征及其营销策略,以及新产品开发策略。企业要根据目标市场需求变化开发新产品,因为任何一种产品都会有被淘汰的时候。

在现代企业竞争中,"品牌制胜"已经成为很多企业的口号。企业应充分了解品牌理论,用品牌理论指导企业的品牌策略,树品牌,创名牌。包装是产品生产过程在流通领域的延续,包装的营销作用和策略也同样重要。

拓展训练项目

一、阅读分析

高端酒"拯救"酒鬼酒

白酒行业利润丰厚,似乎是大家的共识,但其实不然。白酒行业真正躺着赚钱的,只有中高端白酒。低端白酒市场实则竞争激烈,利润微薄。这也是各家酒企,都希望在高端白酒市场有所突破的核心逻辑。过去几年,白酒行业的高景气度,给了各大酒企突围的机会。

近两年来,酒鬼酒一直在发力高端白酒市场,这成为公司业绩增长的动力之一。在2020年第一季度,高端白酒甚至成为酒鬼酒的"救命稻草"。

受疫情影响,2020年第一季度,酒鬼酒旗下次高端白酒销售下滑严重,营收主要来自高端白酒。而在过去,次高端白酒才是公司主要收入来源,占总收入比重基本在65%左右。

好在酒鬼酒高端白酒收入增速不错,填补了次高端白酒的"空缺"。2020年第一季度公司收入3.12亿元,同比仅下滑9.68%;由于高端白酒毛利率更高,酒鬼酒扣非净利润达9 488万元,逆势增长了30.96%。

不难预见,随着疫情影响淡去,次高端白酒恢复销售,酒鬼酒业绩反弹是大概率事件。

净利润逆势增长,全靠高端酒

近几年,借助白酒行业大牛市,各大酒企收入与利润齐飞,业绩规模均迈上了新台阶。

酒鬼酒自然不甘落后,过去几年公司业绩涨势喜人。2017—2019年,公司营收增速分别为 34.13%、35.13%、27.38%；净利润增速分别为 79.51%、27.86%、34.50%。

即便疫情严重，导致消费场景缺失，酒鬼酒受到的影响并不算太大。2020 年第一季度，酒鬼酒营收 3.12 亿元，同比仅下滑 9.68%。

更重要的是，营收下滑没有妨碍净利润继续增长。2020 年第一季度，酒鬼酒净利润 0.96 亿元，同比增长了 32.24%。

酒鬼酒净利润为什么能够逆势增长呢？答案是，酒鬼酒旗下高端白酒"内参酒"表现优秀。

当前，酒鬼酒旗下包含三款系列酒，分别是："内参""酒鬼酒""湘泉"。

其中酒鬼酒的定位是次高端白酒，而内参酒的定位是高端白酒，湘泉酒定位低端白酒。这一点，你可以通过几款酒的零售价差距来感受。

根据天猫酒鬼官方旗舰店的数据，内参酒零售价为 1 499 元，基本和茅台建议零售价相当；红坛酒鬼酒零售价为 588 元，传承酒鬼酒零售价为 528 元，而湘泉酒零售价普遍低于 100 元。高端白酒售价高，也更有"赚头"。根据酒鬼酒年报，2019 年酒鬼酒毛利率为 80.35%，而内参酒毛利率达 89.89%。

2020 年第一季度，酒鬼酒毛利率达到 85.40%。这意味着，酒鬼酒收入主要来自内参酒。若非如此，酒鬼酒的毛利率不可能如此"丰厚"。

收入主要来自内参酒，说明酒鬼酒受疫情影响不小。

在过去，次高端白酒才是酒鬼酒的主要收入来源。2019 年，次高端白酒收入占比高达 66.51%，而内参酒收入占比仅 21.96%。在疫情的影响下，酒鬼酒产品结构可谓是"大变脸"。

公司产品结构"大变脸"可以理解，毕竟次高端白酒的消费场景主要是餐饮渠道。疫情之下，谁还聚众喝酒？次高端酒系列销量自然下滑严重。而高端白酒的消费场景，餐饮渠道占比较小，影响也会较小。

疫情之下，酒鬼酒的内参酒表现不错。在主力产品次高端白酒销售基本停滞的情况下，内参酒挑起了大梁。因为高端白酒毛利率高于次高端白酒，这让酒鬼酒盈利能力大幅提升。相比去年同期，酒鬼酒毛利率增长了 7.8%。这让酒鬼酒收入下滑的情况下，净利润逆势增长。

内参酒销售"火爆"真相

白酒行业利润丰厚，似乎是大家的共识，但其实不然。白酒行业真正躺着赚大钱的，只有中高端白酒。低端白酒市场实则竞争激烈，利润微薄。

这也是各家酒企，都希望在高端白酒市场有所突破的核心逻辑。过去几年，白酒行业的高景气度，给了各大酒企推动高端白酒销量增长的机会。

如果熟悉白酒市场的朋友应该清楚，当白酒行业处于上行周期时，行业翘楚茅台酒的价格不仅会水涨船高，还会供不应求。目前，茅台零售价两千元出头，还很难买到。

茅台酒供不应求，为二线白酒品牌留出了机会。毕竟高端白酒的需求一直存在，买不到茅台酒，需要别的品牌替代。这正是"白酒老二"五粮液业绩增长的核心逻辑。

对这个市场虎视眈眈的，还包括众多白酒厂商，比如酒鬼酒。针对高端市场，酒鬼酒于 2004 年就推出了内参酒。在 2020 年一季度，内参酒没有让酒鬼酒失望。

但与茅台、五粮液由品牌推动销量增长不同，酒鬼酒内参酒销量增长，还主要是由渠道推动。上文提及，酒鬼酒早在2004年就已经推出内参酒，但一直不温不火。2018年，内参酒销售收入不过2.44亿元，销售额甚至不如网红品牌江小白。

2018年年底，为了推动内参酒销量增长，酒鬼酒联合30多位"亿元大商"（经销商），共同出资成立了销售公司。酒鬼酒只持有内参酒销售公司20.94%的股份。换句话说，内参酒销售公司大部分收益，归属于渠道商。这无疑会提高经销商销售内参酒的积极性。过去几十年，因为深度绑定经销商，产品收入大幅上涨的例子比比皆是，比如格力电器。

不过，即便与经销商深度绑定，内参酒销量依然一般。2019年上半年，内参酒收入增速看上去不错，同比增长了56.13%，但收入规模只有1.59亿元。为了推动内参酒的销量增长，酒鬼酒再出大招："让利"经销商。2019年上半年，酒鬼酒内参酒的毛利率为91.26%，而2019年全年，这一数字为89.89%。相较于2019年上半年，酒鬼酒内参酒毛利率减少了1.37%；相较于2018年，酒鬼酒内参酒的毛利率，减少了4.57%。国金证券在研报中指出，内参酒2019年毛利率下滑，主要是因为出厂价有所折让。在"利益驱动"之下，内参酒销售规模持续增长。

（资料来源：https://www.sohu.com/a/391230562_270719?spm=smpc.author.fd-d.1.1587950182216T6Qx9A6，2020-04-26。）

思考题

1. 分析酒鬼酒的产品策略。
2. 结合案例，分析高端白酒的核心竞争力是什么？

二、拓展项目设计

1. 实训目的：熟悉产品组合、产品组合策略的内容，了解企业的产品组合策略的运用。

2. 实训方案：3～6人组成一个小组，以小组为单位训练。以某一具体企业为例，运用产品组合策略分析它的产品组合现状。

3. 实训成果：各组以PPT或报告的形式进行展示和讲解。

在线答题

第 9 章

定价策略

教学目标

通过本章学习,充分了解价格在市场营销组合中的地位和作用,熟练掌握市场营销中影响定价的相关因素,合理确定企业的定价目标,掌握企业的各种定价方法与定价策略;结合具体的案例教学与各种形式的实训,使学生能够在市场营销的活动中灵活运用基本的定价方法和策略。

教学要求

知识要点	能力要求	相关知识
影响定价的因素	通过学习定价原理,能客观地分析影响企业的定价因素,并能结合实例进行分析和定价	定价目标;产品成本;市场需求;竞争者价格
企业定价的方法	能掌握三种基本产品定价方法的相关理论,并能清楚区分各种定价方法之间的差别	成本导向定价法;需求导向定价法;竞争导向定价法
产品定价的策略	通过学习各种定价策略,能运用相关理论对产品进行分析,并能为企业产品进行合理的定价	新产品定价策略;产品生命周期定价策略;折扣定价策略;地理定价策略;心理定价策略;差别定价策略;产品组合定价策略

 **导入案例**

小米 10 定价太高？性价比高不一定价格低

2020 年 2 月 13 日下午，小米 10 线上发布会如期举行。现场没有请媒体和粉丝，观众席上只有工作人员，坐在相隔至少 1 米的座位上。不过现场的"寂寥"不代表这次发布会不重要，米粉们都通过网络关注着这场发布会，这是中国手机行业在 2020 年春节之后的首场发布会，小米 10 系列也恰好是小米在 10 周年之际推出的重磅机型。

发布会现场，雷军戴着口罩出现在台上。先表达了自己对武汉的深厚感情，又介绍了小米对武汉的物资支援。之后就开始了对小米 10 系列的介绍，对于小米新机，定价是大家关注的重点之一。

可以看到小米 10 起售价 3 999 元，小米 10 Pro 起售价 4 999 元，最贵的达到了 5 999 元。雷军说，3 999 元是公司内部的统一意见，定价上没纠结过，并且表示"定 3 999 元，就是交个朋友"。但是不少网友觉得这个定价太高，表示了对小米 1 999 元时代的怀念，还有网友直言看到这个价格"不想和雷军交朋友了"。

尽管小米从 2019 年的"战斗天使"小米 9 就已开始了高端化转型，但是不少用户仍不习惯小米手机的"高价"。不过小米一直坚持的性价比其实和价格高低并无必然联系，"性价比高"不一定意味着"价格低"，而是在相同的价格之内做到配置、设计、性能等方面的最优化，或是同样的性能做到价格最优。

从小米 10 系列的各个方面来看，其"性价比"依然很高。为了实现小米 10 打破价格束缚，成为"梦幻之作"的目标，小米在该系列中投入的研发费用达到了 10 亿元，而投入了巨额研发费用的小米 10 系列在配置和性能方面也同样有出色表现。

屏幕方面，小米 10 将水滴屏升级为 AMOLED 3D 柔性挖孔屏，成本高出一倍多；内存方面，从 LPDDR4 升级为 LPDDR5，成本增加 20%。相机方面，小米 10 DXOMark 手机拍照得分 124 分，超越华为 Mate 30 Pro 5G 成为全球第一。前置 2 000 万像素，支持 120 帧慢动作自拍，后置四摄，超广角镜头、景深镜头一应俱全。在手机厂商都重视相机功能的大潮下，小米 10 从太空俯拍地球，效果也相当不错。

在快充、电池、散热方面，小米也都投入了大量的成本。芯片是骁龙 865，是全球范围内最先进的 5G 移动平台之一。同时，骁龙 865 也是业界首个支持 LPDDR5 内存的移动平台，能让小米 10 系列为用户提供更高的性能和尽量降低功耗。

小米方面表示，与配置相当的苹果和华为的手机相比，小米 10 系列的性价比已经很高。但是现在的特殊情况下，小米 10 系列缺货也是必然的，小米会努力克服困难加快产能供应。

对于小米 10 系列，雷军称之为"小米再次创业的起点，开启新十年重新创业的进程"。2015 年之后，小米的出货量就被华为和 OV 逐渐超越。从 2016 年起就有意进军高端市场的小米，终于如愿将手机定位在 4 000 元以上。而从小米 10 系列的整体情况来看，现在的价格也算是"友情价"。

未来小米应该会延续这种定价风格，低价手机完全交给红米去做，小米就更能心无旁骛地冲击高端市场。至此，小米全线布局的版图已基本完成，至于结果如何，就要等待市场的进一步检验了。

（资料来源：新浪财经，http://finance.sina.com.cn/stock/relnews/hk/2020-02-14/doc-iimxxstf1357014.shtml，2020-02-14.）

随着现代科技的迅猛发展和服务意识的不断提高，企业之间的产品质量和服务水平差距逐渐缩小，产品定价日益成为影响企业产品销售的首要因素。一旦产品定价或价格策略不当，产品销售受阻、跨区窜货等问题将不断涌现，长此以往，企业将陷入无尽的泥潭之中。

合理的产品定价及价格策略，不仅可以帮助企业迅速打开市场，提升市场占有率，还可以给企业带来丰厚的利润，保障企业长期、稳定、健康的发展。

9.1 产品定价的观念

产品价格作为配置资源和调节供需的杠杆，向来都是一个容易引起企业特别关注的话题。但是，由于历史的或者社会的局限性，人们对产品价格的认识往往会截然不同。一般来说，计划经济所遵循的是政治经济学的价格观，而市场经济所遵循的则是市场营销学的价格观。显然，指导思想不同，影响产品定价的因素、制定产品价格的依据、以及产品价格表现和调整的策略也各不相同。

9.1.1 政治经济学的定价观

这是一种传统的定价观念。政治经济学的价格观认为，产品的价值是其价格的基础，产品的价格是其价值的货币表现，并且是由社会必要劳动时间决定的。比如，一般而言，一辆自行车再贵也不会贵过一架飞机。因为，马克思政治经济学认为："无差别的人类抽象劳动凝结在商品中，就形成了商品的价值。"而生产一架飞机所需要的社会必要劳动时间远超过生产一辆自行车的时间，所以飞机的价值远大于自行车的价值。因此，飞机的价格也应该远高于自行车的价格。商品的价格既包括商品生产过程中的物化劳动，即原料、能源等的消耗，也包括商品生产过程中的活劳动，即脑力和体力等的消耗。从理论上讲，这两种劳动的消耗都可以通过精确的计算反映出来。

显然，政治经济学的定价观所强调的是价格形成的物质基础。因此，其产品定价是一门非常严格的科学。

9.1.2 市场营销学的定价观

这是一种现代的定价观念。市场营销学的价格观认为，尽管产品的价格不能脱离其价值而孤立存在，但是，产品定价的高低却不是由产品的价值单方面决定的，而是由市场供求关系及企业的定价目的等多种因素共同影响的。企业为了追求经济利益的最大化，可能会漫天要价；为了占领更多市场或者击败竞争对手，也可能会极力压价。从产品销售的角度看，还会考虑消费者的心理因素。在产品的销售实战中，从来都不缺乏产品定价低无人问津，产品定价高却顾客盈门的案例。消费者对产品的认知价值往往是影响其实际购买行为的重要因素。因此，许多西方著名学者都一致认为："产品或劳务的价值，是指顾客为得到某一单位的产品或是劳务而支付的货币数量单位。"这个货币数量单位对于企业来说是必须的，但是，对于消费者来说却又是愿意的。必须而又愿意，是市场营销学产品定价的基本特点。

显然，市场营销学的定价观所强调的是价格形成的主观因素。因此，其产品定价是一门非常灵活的艺术。近年来，文创市场一直是一个极受关注的市场。以文创日历为例，2019年年末市面上已涌现出近200种2020年文创日历。相较于刚兴起时平均50元左右的价格，现如今文创日历的价格正在不断走高，2019年文创日历的普遍价格在80～100元左右。那么，动辄过百的文创日历背后，究竟有多大的利润空间呢？据相关人士透露，实际最低成本仅15元。显然，这是个价格与成本的关系并不紧密的问题。

实际上，从某些角度来看，政治经济学和市场营销学的定价观并不是完全对立起来的而是互相统一的。将产品的价格定义成是其价值的货币表现，从根本上来说就规定了价格形成的本质，而将产品的价格定义成是消费者必须而又愿意支付的货币数量，则从根本上规定了价格形成的现象。将两者进行结合，就可以有效保证企业产品定价的科学性和艺术性。

与此同时，我们必须明确的是，政治经济学和市场营销学的定价观在讨论产品的价格制定时，都不约而同地使用了价值的概念。但是，这两个价值的内涵却又是不一样的。政治经济学的定价观是指产品所包含的社会必要劳动时间的多少，市场营销学的定价观则是指消费者的心理体验，属于价值工程的范畴，即内心感觉上的投入与收获之比。很明显，这与我们平时经常说到的值得与不值得的概念十分相似。

9.2　影响定价的因素

影响产品定价的因素有很多，既有企业内部的主观因素，也有企业外部的客观因素。大体上来说，企业自身的定价目标、产品成本、市场需求、竞争者价格等因素起着关键的影响作用。

9.2.1　定价目标

定价目标是企业在对其生产或经营的产品制定价格时，有意识地要求达到的目的和标准。它是指导企业进行价格决策的主要因素。定价目标取决于企业的总体目标。不同行业的企业，同一行业的不同企业，以及同一企业在不同的时期，不同的市场条件下，都可能有不同的定价目标。

1. 维持生存

当企业面临产能过剩、激烈的竞争或消费者需求变化的状况时，生存就成为企业的主要目标。只要价格能补偿变动成本和部分固定成本，企业就可以继续经营下去。然而，维持生存只是一个短期性的目标，从长期来看，企业必须学会如何创造价值和应对绝境。

2. 利润最大化

许多企业都试图制定能够使利润最大化的价格。他们评估不同价格下的需求和成本，并选择当前能产生最大利润、现金流量或投资回报率的价格。这个策略假定企业知道其需求和成本的关系函数，而事实上这是很难估计的。如果企业过分强调当前的表现，就会导致忽视其他营销组合变量、竞争者的反应和价格上的法律限制，从而牺牲了企业的长远利益。

利润最大化，是指企业追求在一定时期内获得最高额利润的一种定价目标。最大利润有长期和短期之分，作为有远见的企业经营者，一般来说他们都会着眼于追求长期利润的最大化。当然也不排除在某种特定时期或情况下，对其产品制定高价以获取短期最大利润。其实，利润最大化取决于合理价格所推动的销售规模，因而追求最大利润的定价目标并不意味着企业要制定最高单价，价格若是定得太高，会导致销售量不升反降，利润总额就可能因此而减少。有的时候，企业为实现利润最大化也有可能使用制定低价的策略，等占领了市场之后再来逐步提升价格。对于一些多品种经营的企业来说，他们会经常采用组合定价策略，即将某些产品的售价定得相对较低，有时甚至低于成本以吸引客户，扩大产品的影响效果，借此带动其他产品的销售，实现企业利润最大化，谋取整体利益最大化。

3. 市场占有率最大化

市场占有率最大化，是指企业最大限度地把保持和提高市场占有率（市场份额）作为一定时期的定价目标。市场占有率通常是一个企业经营状况和企业产品在市场上的竞争能力的综合直接反映，它关系到企业的生死存亡。较高的市场占有率，可以保证产品的销量，稳固企业在市场中的地位，进而稳步提升企业的利润水平。

一般来说，企业会在保证其产品质量和降低成本的前提下，通过制定低价来进入市场，击退竞争对手，争夺消费者，以此打开产品销路，挤占市场，进而提高产品的市场占有率。待占领市场后，企业再通过增加产品的某些功能，或提高产品的质量等措施来逐步提高产品的价格，旨在维持一定市场占有率的同时获取更多的利润。另外，对于一些竞争尚未白热化的产品，利用消费者的求新心理，以高于竞争者的价格入市，待竞争程度加剧时，再适当降低价格，赢取主动，扩大产品销量，提高市场占有率。

4. 适应价格竞争

企业对于竞争者的行动很是敏感，尤其是价格方面的变动。因此，一般企业在进行产品实际定价之前，都要广泛收集各种资料，仔细研究竞争对手产品价格情况，再结合自身具体情况来制定相应产品的价格，以适应或对付竞争者。

企业在不同条件的影响下，一般可以选择以下几种方式来应对竞争对手：以保持相对稳定的价格避免正面价格竞争为目标的定价；以对市场价格有影响的竞争者的价格为主要依据，主动应付和避免市场竞争；以高价或低价进入市场，主动出击，挑战竞争者，获取更大的市场份额。

9.2.2 产品成本

产品成本（Product Cost）是指企业为了生产产品而发生的各种耗费。它可以指一定时期为生产一定数量产品而发生的成本总额，也可以指一定时期生产产品的单位成本。对企业的定价来说，产品成本是所有产品价格形成中最基本、最重要的依据，也是企业进行价格制定的最低经济界限，只有当产品价格高于产品成本，企业才能够以此来补偿生产成本和经营费用，并从中获取一定的盈利。一般情况下，产品成本高，其价格也高，反之亦然。因此，企业的产品成本与其价格有着直接的联系，这也成为企业在进行定价时主要考虑的因素。

产品的成本有多种表现形式，在定价时必须明确它们的具体概念。

1. 固定成本

固定成本（Fixed Cost，FC）是指成本总额在一定时期和一定业务量范围内，不受业务量增减变动影响而能保持不变的成本，它是生产中的固定要素。例如，厂房、生产设备、新产品开发费用、固定资产折旧费等。

2. 可变成本

可变成本（Variable Cost，VC）是指在一定期间内随业务量的增减成正比例变动的成本，它是生产中的可变要素。例如，原材料、燃料、动力费用、运输、生产工人的工资等。

3. 总成本

总成本（Total Cost，TC）是指企业生产某种产品或提供某种劳务而发生的总耗费，即固定成本和可变成本之和。由于固定成本必定大于零，所以当产量为零时，可变成本为零，总成本就等于固定成本。

4. 平均固定成本

平均固定成本（Average Fixed Cost，AFC）是平均每一单位产品所耗费的固定成本，即 $AFC=FC/Q$。由于固定成本与产量的变化没有关系，所以，随着产量的增加，平均固定成本随之不断减少。

5. 平均可变成本

平均可变成本（Average Variable Cost，AVC）是厂商在短期内平均每生产一单位产品所消耗的可变成本，即 $AVC=VC/Q$。从理论上讲，单位产品的可变成本总是不变的。

但实际上，由于生产要素中某些构成可变成本的要素因产量增加而逐渐得到充分利用，单位产品的可变成本在生产增长初期会呈现递减趋势。但是，当产量增加到一定程度后，由于边际产量递减规律，单位产品的可变成本又呈现出增长趋势。

6. 平均总成本

平均总成本（Average Total Cost，ATC）是指厂商在短期内平均每生产一单位产品所消耗的全部成本，即 ATC= TC/Q= AFC+ AVC。

7. 边际成本

边际成本（Marginal Cost，MC）是指厂商每增加或减少一单位产量所引起的总成本的变化量，即 MC= ΔTC/ΔQ。这表明每一单位的产品的成本与总产品量有关。比如，仅仅生产一辆汽车的成本是非常高的，而生产第 101 辆汽车的成本就低得多，生产第 10 000 辆汽车的成本就更低了（这是因为规模经济的原因）。边际成本先是随产量增加而减少，当产量增加到一定程度时，就随产量增加而增加，因此，边际成本曲线也是一条先下降而后上升的"U"形曲线。

8. 机会成本

机会成本（Opportunity Cost，OC）是指为了得到某种东西而所要放弃另一些东西的最大价值；也可以理解为在面临多方案择一决策时，被舍弃的选项中的最高价值者是本次决策的机会成本；还指厂商把相同的生产要素投入其他行业当中去可以获得的最高收益。例如，你需要在图书馆看书学习还是享受电视剧带来的快乐之间进行选择，那么在图书馆看书学习的机会成本是少享受电视剧带来的快乐，享受电视剧的机会成本是失去了在图书馆看书学习所得到的东西。

9.2.3 市场需求

产品价格除了受到产品成本的影响之外，还会受到市场需求的影响，产品的最低价格取决于该产品的成本费用，产品的最高价格取决于产品所对应的市场需求。当商品的市场需求大于供给时，价格应高一些；当商品的市场需求小于供给时，价格应低一些。

1. 需求价格弹性

需求价格弹性（Price Elasticity of Demand），简称为价格弹性或需求弹性，是指需求量对价格变动的反应程度，是需求量变化的百分比除以价格变化的百分比。其具体公式表示为

$$需求价格弹性系数(E) = \frac{需求量变动率}{价格变动率}$$

E 的数值，可能为正数、负数、等于 0 或等于 1。E 为正还是为负，所表示的仅仅是有关变量变化的方向性关系，而 E 的绝对值的大小则表示了变化程度的大小。有时，为了便

于比较弹性值的大小，在等式右端添加一个负号，使其成为正值。通常用绝对值的大小来表示价格变动对需求量变动的影响程度。当我们说，某产品的需求价格弹性大，即指其绝对值大。因此，为方便讨论，之后所涉及的 E 均指其绝对值。E 的变动范围如下所示。

（1）当 $E \to 0$ 时，意味着此产品需求完全无弹性。在这种情况下，需求状况特点为：需求量不随价格的变动而变动。这表示不管价格怎样改变，需求量始终固定不变。这种情况是罕见的。

（2）当 $0<E<1$ 时，意味着此产品需求缺乏弹性。这说明需求量变动幅度小于价格变动幅度，即价格每变动 1%，需求量变动小于 1%。

（3）当 $E=1$ 时，意味着此产品具有单位需求价格弹性。这说明需求量变动幅度与价格变动幅度相同，即价格每提高 1%，需求量相应地降低 1%。反之亦然。

（4）当 $1<E<\infty$ 时，意味着此产品需求富有弹性。这说明需求量变动幅度大于价格变动幅度，即价格每变动 1%，需求量变动大于 1%。

（5）当 $E \to \infty$ 时，意味着此产品需求完全有弹性。在这种情况下，需求状况具有如下特点：在既定价格之下，需求量可以任意变动。这种情况也是罕见的。在现实生活中，自由市场上某些同质的产品，由于竞争的结果，都按同一价格出售，基本属于这类需求曲线的例子。

由于不同商品的需求价格弹性不同，价格变动的效果也是不同的。因此，对于富有弹性的产品（即 $E>1$），降低价格可以增加总销售额；对于缺乏弹性的产品（即 $E<1$），如果企业降低价格，反而会减少总的销售收入。

需求的价格弹性五种情况

2. 需求收入弹性

需求收入弹性（Income Elasticity of Demand）被用来表示消费者对某种商品需求量的变动对收入变动的反应程度，即需求量变动的百分比除以收入变动的百分比，表示在一定时期内当消费者的收入变化 1% 时所引起的商品需求量变化的百分比。

奢侈品如时装、旅游的收入弹性大于 1，即收入增加 1% 而需求量增加超过 1%；必需品如粮食、盐的收入弹性小于 1 而大于 0，即需求量增加幅度不会超过收入增加的幅度；劣质商品如乘坐公共汽车、"劣等肉"（不一定是质量低劣，而是消费层次很低的商品）的收入弹性小于 0，随着人们收入的上升需求量反而会下降。

需求价格弹性例子（大米与黄金）

市场需求总结

3. 需求交叉弹性

需求交叉弹性（Cross-price Elasticity of Demand）是需求交叉价格弹性的简称，它表示一种商品的需求量变动对另一种商品价格变动的反应程度，即需求量变动的百分比除以另外商品价格变动的百分比。

需求交叉弹性系数可以大于 0、等于 0 或小于 0，它表明两种商品之间分别呈替代、不相关或互补关系。

9.2.4 竞争者价格

市场竞争也是影响定价的重要因素。根据竞争的程度不同，企业定价策略会有所不同。按照市场竞争程度，竞争可以分为完全竞争、垄断竞争、寡头垄断和完全垄断四种情况。

1. 完全竞争

完全竞争又称自由竞争，是一种不受任何阻碍和干扰的市场结构，指那些不存在足以影响价格的企业或消费者的市场。它是经济学中理想的市场竞争状态，也是几个典型的市场形势之一。在完全竞争的条件之下，市场上存在大量的具有合理的经济行为的买者和卖者，产品都是同质的，没有差别，可以相互替代，生产要素在产业间自由流动，不存在进入或退出障碍，买卖双方能充分地掌握市场信息，不存在不确定性。在这种情况下，买卖双方都只是价格的接受者，没有一个卖者或买者能控制价格，进入很容易并且资源可以随时从一个使用者转向另一个使用者。例如，许多农产品市场就具有完全竞争市场这些特征。因此，在完全竞争的市场上，企业不可能采用提价的办法得到更多的利润，提价往往会减少利润，正确的做法是企业应该随行就市定价。

2. 垄断竞争

垄断竞争是指许多厂商生产并出售相近但不同质商品的市场现象。垄断竞争市场的条件有三个：第一，生产集团中有大量的企业生产有差别的同种产品，这些产品彼此之间都是非常接近的替代品，如牛肉面和鸡丝面；第二，一个生产集团中的企业数量非常多，以至于每个厂商都认为自己的行为影响很小，不会引起竞争对手的注意和反应，因而自己也不会受到竞争对手的报复措施的影响，如盒饭、理发行业；第三，厂商的生产规模比较小，因此进入和退出一个生产集团比较容易。在这些条件的共同作用下，少数的买者或卖者拥有较有利的资源，可以对市场的成交价格和数量起较大的作用。在这种情况下，这些企业已不是一个消极的价格接受者，而是一个对价格有影响力的决定者。在现实生活中，垄断竞争的市场组织在零售业和服务业中是很普遍的，如修理、糖果零售业等。

3. 寡头垄断

寡头垄断又称寡头、寡占，意指为数不多的销售者。寡头垄断行业往往是生产高度集中的行业，如钢铁、汽车、石油等行业。在寡头垄断市场上，只有少数几家厂商供给该行业全部或大部分产品，每个厂家的产量占市场总量的相当份额，对市场价格和产量有举足轻重的影响。这时，商品的市场价格就由这几家大企业通过协议默契规定，这样的市场价格是一种联盟价格。其中，任何一家企业都不能随意提高或降低价格，否则，要么失去市场，要么遭到对手企业更猛烈的降价报复，结果是使得大家都降低了销售收入。

4. 完全垄断

完全垄断又称独家垄断，是指整个行业的市场供给完全为独家企业所控制的状态。

完全垄断在现实中也很少见，如邮政业务、铁路国有化条件下的铁路运输业务等。在完全垄断情况下，由于企业独家控制了产品的供给，一般来说，企业的供给增加，价格回落，需求就会增加。反之，企业供给减少，价格上升，产品需求就会减少。供给影响价格，价格与需求呈反方向变动。垄断企业有完全自由定价的权力，或者是说可完全操纵市场。但在实际中，垄断企业在进行产品价格制定时也会受到种种限制，如引起消费者的抵制或政府的干预等。

9.3　企业定价的方法

三种定价方法简介

企业在特定的定价目标指导下，产品价格的高低需要全面考虑产品成本、市场需求和竞争者价格等因素的影响，在实际定价过程中，往往会根据一种或几种因素来挑选定价方法。因此，在为产品制定具体的价格时，通常有三种方式可供企业采用：成本导向定价法、需求导向定价法和竞争导向定价法。

9.3.1　成本导向定价法

成本导向定价法是一种中外企业最常用、最基本、最简单的定价方法，即在产品单位成本的基础上，加上预期利润作为产品的销售价格。售价与成本之间的差额就是利润。

1. 成本加成定价法

成本加成定价法是按产品单位成本加上一定比例的利润制定产品价格的方法。大多数企业是按成本利润率来确定所加利润的大小的。成本加成定价法的公式为

$$P = C(1+r)$$

式中，P 为产品单价，C 为单位成本，r 为成本利润率。

例如，某玩具公司的单位成本为 25 元，加成 20%，则玩具的销售价格定为 30 元。

成本加成法的谬误

这种方法的优点是计算简便易行，资料容易取得；能够保证企业所耗费的全部成本得到补偿，并在正常情况下获得一定的利润；有利于保持价格的稳定。但其不足之处在于它忽视了产品需求弹性的变化，不能适应迅速变化的市场要求，缺乏应有的竞争能力；由于以产品成本为定价基础，因此该方法缺乏灵活性，容易导致错误决策的产生；不利于企业降低产品成本。

2. 目标收益定价法

目标收益定价法是根据企业预期的总销售量及其总成本，确定一个目标收益率（投资利润率或成本利润率）的定价方法。目标收益定价法的公式为

$$产品单价 = \frac{固定成本 + 目标利润}{预期销售量} + 单位可变成本$$

如果以成本利润率为目标收益率，其具体的步骤和方法是：第一步，确定预期的销售量，并推算出在这个预期销售量下的总成本；第二步，根据预期的销售量和总成本，确定目标收益率；第三步，计算出商品价格。

例如，某企业固定成本为 500 万元，变动成本为 400 万元，产量为 100 万个，预期销售量为 80 万个，假如企业的目标利润为 300 万元，则

$$产品单价 = \frac{500+300}{80} + \frac{400}{100} = 10 + 4 = 14（元）$$

该方法的优点是计算方便，并可预计企业的利润，目标明确。在销售状况比较稳定的市场条件下，可广泛采用。但目标收益定价法的缺点也是十分明显的，如果市场竞争激烈，商品销量不稳定时，就很难采用。

3. 边际成本定价法

边际成本定价法是使产品的价格与其边际成本相等，即 $P=MC$。由于边际成本与变动成本比较接近，而变动成本的计算更容易一些，所以在现实的定价过程中多用变动成本代替边际成本。

边际成本定价法只考虑变动成本，不考虑固定成本，在价格高于变动成本的情况下，企业出售产品所得到的收入除了完全补偿变动成本外，还可用来补偿一部分固定成本，甚至可能提供利润。

该方法的适用情况有以下几种：企业主要商品已分摊企业固定成本后的新增商品定价；企业达到保本点后的商品定价；企业开拓新地区市场的商品定价，即在现有市场的销售收入已能保本并有盈利的情况下，为拓展市场，可对新客户或新设网点的商品按变动成本定价；企业经营淡季时的定价。

4. 盈亏平衡定价法

盈亏平衡定价法也叫保本定价法或收支平衡定价法，是指运用盈亏平衡分析原理来确定产品价格的方法。盈亏平衡分析的关键是确定盈亏平衡点，即企业收支相抵、利润为零时的状态。在销量达到一定水平时，企业应如何定价才不至于发生亏损；反过来说，已知价格在某一水平上，应销售多少产品才能保本。

9.3.2 需求导向定价法

需求导向定价法是指企业在定价时不再以产品成本为基础，而是以市场需求状况和

消费者对产品的不同反应为依据。需求导向定价法主要包括感受价值定价法、需求差异定价法和逆向定价法。

1. 感受价值定价法

感受价值定价法是根据消费者所理解的某种商品的价值，或者说是消费者对产品价值的认识程度来确定产品价格的一种定价方法。

越来越多的企业已经开始把它们的价格建立在消费者对产品的感受价值上，因为随着科技的迅速发展，生产力得到大幅提高，许多产品定价的关键，不再只是单纯地去考虑卖方的成本，还要注重买方对所需产品的价值感受程度。

感受价值定价法的关键是要正确地估计消费者对产品的感受价值。如果估计过高，会导致定价过高，影响产品的销售；如果估计过低，会导致定价过低，产品虽然卖出去了，却不能达到企业盈利的目标。当产品的价格水平与消费者对产品价值的理解和认识程度大体一致或者稍低时，消费者就很容易接受这种产品；反之，消费者就不会接受这种产品，产品就很难销售出去。

所以在确定产品的感受价值时，有必要进行市场调研，了解消费者的需求偏好，根据产品的性能、用途、质量、品牌、服务等要素，判定消费者对商品的感受价值，最终制定商品的初始价格。在初始价格基础上，可以结合其他定价方法，确定定价方案的可行性，并制定最终价格。

小链接

《经济学人》杂志社有三种订阅杂志的方式，分别是电子版59元、纸质版125元、电子版+纸质版125元。这种定价非常奇怪，第二种纸质版和第三种电子版+纸质版的价格都是125元。那怎么会有人只买纸质版呢？是定价失误吗？很多人对这种定价方式感到奇怪。后来对一大批参与者做了一个调查，发现大部分人会选择电子版+纸质版套餐。而这恰好是《经济学人》希望的，纸质版利润更高，他们倾向于读者购买这种。但如果只给出前两种选择方式，很多人不好判断该买便宜的电子版还是更贵但阅读体验更好的纸质版。这时列出第三种选择，纸质版加电子版，而且价格和纸质版相同。这时，人们马上就会觉得同样的价格肯定是选这种更合适。这是因为人们一般没有绝对价值的概念，只有在与其他商品进行优劣比较时才判断出商品的价值。《经济学人》通过参考价格的巧妙设置，不仅获得更高的利润，还提升了人们的满意度。

（资料来源：富日记 https://baijiahao.baidu.com/s?id=1629313099468755550&wfr=spider&for=pc，2019-03-29.）

2. 需求差异定价法

需求差异定价法又称差别定价法，是指根据销售的对象、时间、地点的不同而产生的需求差异，对相同的产品采用不同价格的定价方法。这表明，同一产品的价格差异并不是因为产品成本的不同而引起的,而主要是由于消费者需求的差异所决定的。这种定价方法,对同一商品在同一市场上制定两个或以上的价格,或使不同商品价格之间的差额大于其成本之间的差额。其好处是可以使企业定价最大限度地符合市场需求,促进商品销售,有利于企业获取最佳的经济效益。

需求差异定价法在定价时可以根据不同顾客、不同地理位置、不同时间分别制定不同的价格。

这种方法可以满足顾客的不同需要,能够为企业谋取更多的利润,因此,在实践中得到了广泛的运用。但是,实行差异定价必须具备一定的条件;否则,不仅达不到差异定价的目的,反而会产生相反的效果。因此,企业采取需求差异定价法必须具备以下六大条件。

(1)市场必须是可以细分的,而且各个细分市场须表现出不同的需求程度。

(2)以较低价格购买某种产品的顾客没有可能以较高价格把这种产品倒卖给别人。

(3)竞争者没有可能在企业以较高价格销售产品的市场上以低价竞销。

单一定价与价格歧视

(4)细分市场和控制市场的成本费用不得超过因实行价格歧视而得到的额外收入,这就是说,不能得不偿失。

(5)价格歧视不会引起顾客反感而放弃购买,影响销售。

(6)采取的价格歧视形式不能违法。

3. 逆向定价法

逆向定价法是指企业依据产品的市场需求状况和消费者能够接受的最终销售价格,结合成本和利润要求,通过价格预测和试销、评估,先确定消费者可以接受和理解的零售价格,然后逆向推算出中间商的批发价格和生产企业的出厂价格的定价方法。这种定价方法主要不是考虑产品成本,而是重点考虑市场的需求状况,力求使价格为消费者所接受。

逆向定价法表现出来的特点是价格能反映市场需求情况,有利于加强企业与中间商的良好关系,保证中间商的正常利润,使产品迅速向市场渗透,并可根据市场供求情况及时调整,定价比较灵活。该定价方法能够制定出针对性强,既能为客户所接受又能与竞争对手抗衡的产品价格,但也容易造成产品的质量下降和客户的不满,并导致客源减少。

逆向定价法的关键,在于准确测定出市场可销零售价格水平,主要测定的方法有以下几种。

(1)主观评估法。由企业内部相关人员参考市场上的同类产品的价格,比质比价,结合考虑市场供求趋势,对产品的市场销售价格进行评估确定。

(2)客观评估法。由企业外部相关部门和消费者代表,对产品的性能、效用、寿命等方面进行评议、鉴定和估价。

(3)实销评估法。以一种或几种不同价格在不同消费对象或区域进行实地销售,并采用上门征询、问卷调查、举行座谈会等形式,全面征求消费者的意见,然后判明试销价格的可行性。

9.3.3 竞争导向定价法

竞争导向定价法是指在竞争激烈的市场上,企业通过研究同类产品竞争对手的生产条件、价格水平、服务状况等因素,并依据企业自身的竞争实力,参考成本和供求状况来确定产品的最终价格。

当然,为实现企业的定价目标和总体经营战略目标,企业可以配合使用其他营销手段,将产品价格定得低于或高于竞争对手的同类产品价格,不要求一定要与竞争者的产品价格完全一致。竞争导向定价法主要包括以下三种方法。

1. 随行就市定价法

随行就市定价法又称流行水准定价法,它是指企业为保存实力采取按照同行业竞争者的产品价格水平来定价,实际上就是按行业的平均价格水平来定价。

随行就市定价法这种"随大流"的定价方法,主要适用于需求弹性比较小或供求基本平衡的商品,如大米、面粉、食油及某些日常用品。在垄断竞争和完全竞争的市场结构条件下,任何一家企业都无法凭借自己的实力而在市场上取得绝对的优势,为了避免竞争特别是价格竞争带来的损失,大多数企业都采用随行就市定价法,并利用这样的价格来获得平均报酬。这种情况下,如果某企业把价格定高了,就会失去顾客;而如果价格定低了,需求和利润也不会增加。所以,随行就市是一种较为稳妥的定价方法。

采用随行就市定价法,企业就不必去全面了解消费者对不同价差的反应,节约营销、定价人员时间,既简便易行,又可减少风险,并能与同行处好关系。

2. 主动竞争定价法

与随行就市定价法相反,主动竞争定价法不是追随竞争者的价格,而是以市场为主体,以竞争对手为参照物,根据商品的实际情况及与竞争对手的商品差异状况来确定价格。

采用这种定价方法进行产品定价时,首先,将市场上竞争商品价格与企业估算价格进行比较,分为高、一致及低三个价格层次。其次,将企业商品的性能、质量、成本、式样、产量等与竞争企业进行比较,分析造成价格差异的原因。再次,根据以上综合指标确定企业商品的特色、优势及市场定位,在此基础上,按定价所要达到的目标,确定商品价格。最后,跟踪竞争商品的价格变化,及时分析原因,相应调整企业商品价格。

3. 密封投标定价法

密封投标定价法也称为投标竞争定价法,是指在招标竞标的情况下,企业在对其竞争对手了解的基础上进行定价。这种价格是企业根据对其竞争对手报价的估计确定的,其目的在于签订合同,所以它的报价应低于竞争对手的报价。其基本原理是,招标者(买方)首先发出招标信息,说明招标内容和具体要求。参加投标的企业(卖方)在规定期间内密封报价来参与竞争。其中,密封价格就是投标者愿意承担的价格。这个价格主要考虑竞争者的报价研究决定,而不能只看本企业的成本。在投标中,报价的目的是中标,所以报价要力求低于竞争者。

在国内外,许多大宗商品、原材料、大型机械成套设备和建筑工程项目的买卖和承包,以及征招生产经营协作单位、出租出售小型企业等,往往采用发包人招标、承包人投标的方式来选择承包者,确定最终承包价格。

三种定价方法的优缺点见表 9-1。

表 9-1 三种定价方法的优缺点

定价方法	优点	缺点
成本导向定价法	1. 它比需求导向定价法更简单明了； 2. 在考虑生产者合理利润的前提下,当顾客需求量大时,价格显得更公道些	1. 不考虑市场价格及需求变动的关系； 2. 不考虑市场的竞争问题； 3. 不利于企业降低产品成本
需求导向定价法	符合经济学供求原理贴近市场实际	1. 顾客需求不好调研； 2. 数据不如成本数据准确； 3. 可能出现定价不能收回成本的情况
竞争导向定价法	考虑到产品价格在市场上的竞争力	1. 过分关注在价格上的竞争,容易忽略其他营销组合可能造成产品差异化的竞争优势； 2. 容易引起竞争者报复,导致恶性降价竞争,使公司毫无利润可言； 3. 实际上竞争者的价格变化并不能被精确的估算

9.4 产品定价的策略

企业的定价策略是指企业把产品定价与市场营销组合的其他要素综合起来,定出对企业最为有利的商品价格,以实现企业的营销目标。

制定科学合理的定价策略,不仅要求企业对成本进行核算、分析、控制和预测,而且要求企业根据市场结构、市场供求、消费者心理及竞争状况等因素作出判断与选择,价格策略选择得是否恰当,是影响企业定价目标的重要因素。

9.4.1 新产品定价策略

新产品定价是企业定价的一个重要方面。新产品定价合理与否,不仅关系到新产品能否顺利地进入市场、占领市场、取得较好的经济效益,而且关系到产品本身的命运和企业的前途。新产品定价可采用撇脂定价、渗透定价和适中定价。

1. 撇脂定价

撇脂定价又称高价法,是指在新产品上市之初,企业将新产品价格定得很高,以期在短期内获取丰厚利润,迅速收回投资成本,减少经营风险。就像从牛奶中撇取其所含的乳脂一样,含有取其精华之意。一般而言,这种策略比较适合全新产品、受专利保护的产品、需求价格弹性较小的产品、流行产品、未来市场形势难以测定的产品等。例如，苹果公司的iPod一推出就获得成功，第一款iPod零售价高达399美元，即使对于美国人来说，也是属于高价位产品，但是有很多"苹果迷"既有钱又愿意花钱，所以还是纷纷购买。但是苹果认为还可以"撇到更多的脂"，于是不到半年又推出了一款容量更大的iPod，当然价格也更高，定价499美元，仍然卖得很好。苹果的撇脂定价大获成功。

那么，企业在哪些情况下可以采取撇脂定价，并且能获得好的效果呢？其适用条件有以下几个方面。

（1）市场上存在一批购买力很强，并且对价格不敏感的消费者。

（2）这样的一批消费者的数量足够多，企业有厚利可图。

（3）暂时没有竞争对手推出同样的产品，本企业的产品具有明显的差别化优势。

（4）当有竞争对手加入时，本企业有能力转换定价方法，通过提高性价比来提高竞争力。

（5）本企业的品牌在市场上有传统的影响力。

小链接

限量款运动鞋：从正代乔丹到yeezy，再到off-white联名，这些产品刚一推出时都采取了限量摇号的方式，吊足了广大sneaker的胃口，而如果想尝鲜，则需要付出远大于其单纯物品价值的价格。同时，各限量鞋款不缺乏其忠实拥趸，而且这部分人对价格又相对不敏感，基本每双鞋都能达到利益最大化。然后随着时间的推移，以前的鞋不免烂大街，这时候厂家就会推出各种"标新"的复刻版，如法炮制，再次"撇脂"。

（资料来源：小明，千人千面，常见定价策略浅析.http://www.woshipm.com/operate/877386.html，2022-15-18.）

撇脂定价的优点表现在全新产品或换代新产品上市之初，顾客对其尚无理性的认识，此时消费者的购买动机多属于求新求奇，企业通过制定较高的价格，以提高产品身份，创造高价、优质、名牌的印象；先制定较高的价格，在其新产品进入成熟期后可以拥有较大的调价余地，不仅可以通过逐步降价保持企业的竞争力，而且可以从现有的目标市场上吸引潜在需求者，甚至可以争取到低收入阶层和对价格比较敏感的顾客；在新产品开发之初，由于资金、技术、资源、人力等条件的限制，企业很难以现有的规模满足所有的需求，利用高价可以限制需求的过快增长，缓解产品供不应求状况，并且可以利用高价获取的高额利润进行投资，逐步扩大生产规模，使之与需求状况相适应。

撇脂定价的方式也存在不少缺陷：高价产品的需求规模毕竟有限，过高的价格不利于市场开拓、增加销量，也不利于占领和稳定市场，容易导致新产品开发失败；高价高利会导致竞争者的大量涌入，仿制品、替代品迅速出现，从而迫使价格急剧下降，若无其他有效策略相配合，则企业苦心营造的高价优质形象可能会受损，失去一部分消费者；价格远远高于价值，在某种程度上损害了消费者利益，容易招致公众的反对和消费者抵制，甚至导致公关问题。

从根本上看，撇脂定价是一种追求短期利润最大化的定价策略，若处理不当，则会影响企业的长期发展。因此，在实践中，特别是在消费者日益成熟、购买行为日趋理性的今天，采用这一定价策略必须谨慎。

撇脂定价

2. 渗透定价

渗透定价与撇脂定价相反，是一种建立在低价基础上的新产品定价策略，即在新产品投放市场初期，把产品价格定得很低，借以打开产品销路，扩大市场占有率，谋求较长时期的市场领先地位。当新产品没有显著特色，竞争激烈，需求弹性较大时宜采用渗透定价法。

渗透定价是一种颇具竞争力的薄利多销策略。采用渗透定价的企业，在新产品入市初期，利润可能不高，甚至亏本，但通过排除竞争，开拓市场，却可以在长时期内获得较高的利润，因为大批量销售会使边际成本下降，边际收入上升。如果企业排除了竞争对手，控制了一定的市场，则可以提高价格，增加利润。所以，渗透定价又称为"价格先低后高策略"。渗透价格通常既低于竞争者同类产品的价格，又低于消费者的预期价格。

企业采用渗透定价获得成功的条件包括以下几点。
（1）有足够大的市场需求。
（2）消费者对价格高度敏感而不是具有强烈的品牌偏好。
（3）大量生产能产生显著的成本经济效益。
（4）低价策略能有效打击现存及潜在的竞争者。

渗透定价的优点是低价可以使产品能迅速为市场所接受，并借助大批量销售来降低成本，获得长期稳定的市场地位；该定价所获得的微利阻止或减少竞争对手的进入，增强了自身的市场竞争力；低价策略能有效促进消费需求。但是，采用渗透价格的企业无疑只能获取微利，还有可能降低企业优质产品的形象。

小链接

渗透定价法的极致就是免费。周鸿祎开始做安全软件的时候，就是因为免费才把原来很难撼动的瑞星、金山和江民这三座大山推倒了，带动了杀毒行业的免费趋势，将360安全软件布满电脑终端。360敢于免费，是因为他们有二段收费，不需要用户付钱。

（资料来源：小明千人千面，常见定价策略浅析．http://www.woshipm.com/operate/877386.html，2022-05-18．）

3. 适中定价

适中定价是介于撇脂定价和渗透定价之间的一种定价策略，即在新产品刚进入市场的阶段，将价格定在介于高价和低价之间，力求使买卖双方均感到满意。这种定价策略主要适用于大量生产、大量销售、市场稳定的日用工业品和部分生产资料产品。

适中定价的优点在于既能避免高价策略带来的风险，又能防止采取低价策略给生产经营者带来的麻烦，但实行起来困难较多，缺乏可操作性。这主要是因为随着生产技术的不断成熟，生产规模不断扩大，在生产规模达到经济规模效益之前，单位产品成本随时间的推移不断降低，价格也在不断变化。因此，中价水平不易保持长期稳定。同时，对于新产品特别是全新产品，市场上首次出现，价格无相关参照物可比较。

> **小链接**
>
> 如果你去买橙汁，下面有两种橙汁可以供你选择：A橙汁，600mL，12元；B橙汁，600mL，25元。结果显示，各有50%的人选择了A和B。下面看另一种情况：A橙汁，600mL，12元；B橙汁，600mL，25元；C橙汁，600mL，58元。此时，选择B的人大大增加了，大约有70%的人选择了B，20%的人选择了A，10%的人选择了C。这个现象就是"折中效应"，当人们在偏好不明确的情况下做选择时，往往更喜欢中间的选项，因为中间的选项看起来更"安全"，不至于犯下严重的决策错误。
>
> （资料来源：Thinker 韩，电商：定价定战略，定价定生死．https://baijiahao.baidu.com/s?id=1613918172858714548&wfr=spider&for=pc，2022-05-18.）

9.4.2 产品生命周期定价策略

产品就像人一样，一般要经历几个发展阶段，即导入期、成长期、成熟期和衰退期。当然也有例外，有些产品很快被淘汰，甚至胎死腹中；有些产品生命力很强，发展迅猛，让人产生错觉，认为它们能永远生存下去。产品生命周期定价策略就是借助产品生命周期来帮助企业制定产品价格。产品处在生命周期的不同阶段，其相关成本、购买者的价格敏感性和竞争者的行为是不断变化的。因此，定价策略要适合时宜、保存有效性，必须要有所调整。

1. 导入期

产品处于生命周期的导入期，意味着这种产品是新的、独特的、消费者从未体验过的创新产品。在这一阶段，企业要将重点放在向消费者介绍产品、让消费者认识产品的好处，但为保证新产品能获得成功，企业必须要学会培养教育购买者，尽一切努力确保他们对产品持肯定态度。

当产品处于导入期，其价格应该制定得能向市场传达产品的价值。大多数消费者对其价格敏感性都相对较低，缺乏确定产品价值和公平价格的参照物，往往会以其价格来衡量质量和价值。如果采用撇脂定价策略，零售价应与对价格不敏感的消费者心目中的产品价值相近。如果采用适中定价策略，零售价应接近于产品对大部分潜在消费者的价值。对导入期的产品不宜采用渗透定价策略，因为消费者的价格敏感性低，会使该策略无效，甚至可能由于价格—质量效应而损害产品的声誉。

2. 成长期

产品处于成长期意味着该产品在市场有了立足点，定价策略也需要进行相应的调整。在这一阶段，顾客可以根据以前的经验来判断产品价值或参考革新者的意见，他们的注意力不再单纯地停留在产品效用上，而是开始精打细算地比较不同品牌的成本和特性。随着竞争的出现，原来的创新者及后进入者都设定自己的竞争地位，并设法保护它。因此，成长期的产品价格一般比导入期的设定得相对较低为宜，可以考虑使用低成本产品定价或差异产品定价等定价策略。

3. 成熟期

当产品进入成熟期，由于受到环境的影响，决策的伸缩余地变小，但有效定价仍是必不可少的。这一阶段的利润随着竞争的不断加剧而开始慢慢衰竭，企业要能够发现恢复行业增长速度的营销战略，或者实现技术突破、推出更具特色的产品。此外，企业可找到改进定价有效性的方法：将相关的组合产品和服务拆开出售；改进对价格敏感性的量度；改进成本控制和利用；扩展产品线；重新评价分销渠道。在成熟期，企业通常采用两种定价策略：产品歧异化战略和成本领先战略。

4. 衰退期

需求急剧下降表明产品已经进入衰退期。这种下降趋势可能具有地区性，也可能是整个行业性的；可能是暂时的，也可能是永久的。即使是在产品生命周期最糟糕的阶段，可改进战略的选择。不过这种选择不是任意的，它取决于公司执行战略并在竞争中取胜的能力，且要求公司能预见未来、合理规划。在衰退期一般有三种战略可供选择：紧缩战略、收割战略和巩固战略。

（1）紧缩战略，意味着全部或部分地放弃一些细分市场，将资源重新集中于企业更有优势的市场上。紧缩战略是经过精心规划和执行的战略，它将公司置于更有利的竞争地位上，并不是为了避免公司瓦解而不得已采取的办法。紧缩战略的实质是把资金从公司竞争力薄弱的市场上撤出来，用于加强在公司具有优势的市场。

（2）收割战略，通过定价获得最大现金收入，逐步退出行业，最终完全退出。

（3）巩固战略，试图加强自己的竞争优势以从中获益，通过削价打败弱小的竞争者，占领它们的市场。成功的巩固战略能使企业在危机后重新组合，在缺乏竞争的行业中获利。

🔗 小链接

亚马逊价格新政下产品生命周期定价策略：① 新品期产品：没有评价，没有分数，没有排名，没有老客户，建议卖家对比同行竞争对手的 best seller，可设置比 Amazon choice 低 1 美金左右即可。切记设置低价是折扣价，不是售价，否则卖家将得不偿失。② 增长期产品：有销量，有评价，有分数，有排名，这个阶段的产品在设置价格时，可将定价每次提高 0.1 美元，每加一次，去观察销量、点击和转化。如果是销量稳定，可以继续保持这样小额加价，但建议卖家分几次去加价。当销量增加到一个稳定的状态，在最后一次加价时，发现销量有所减少，卖家一定要回归到最后一次销量稳定时的价格。这里所说的调价，指的是调折扣价，而非售价。③ 销量稳定期的产品：销量已经达到了一定的数量，评价也有一定的数量，review 分数大于 4.5，排名靠前，对这个阶段的产品，建议卖家，在产品质量过硬的情况下，把价格调到 BS/AC 持平或者超出同行一点点，可以直接把价格调到与 BS 平行，进一步观察销量和转化率，也可以按照增长期方式去调价，慢慢调整价格，增加利润。④ 衰退期产品：处于产品更新换代的节点，产品销量下滑，同行竞争异常激烈。如果衰退期产品库存较少，卖家可稍微降价处理即可，listing 有一定评价、分数、排名的话，稍微降价就可把库存销售出去。而库存量较大的情况下，卖家可大幅度降价，或设置买二送一、买五送二活动去清库存，以避免长期仓储产生费用。衰退期产品的处理，是否要追求利润，就要看卖家自己的实际情况了。

（资料来源：吉易跨境电商，亚马逊价格新政下的产品定价策略 .https://mbd.baidu.com/newspage/data/landingsuper?context=%7B%22nid%22%3A%22ne ws_9220449852679298333%22%7D&n_type=1&p_from=4，2019-03-27.）

9.4.3 折扣定价策略

折扣定价策略是指对基本价格作出一定的让步，直接或间接降低价格，以争取顾客，扩大销量。

1. 数量折扣

数量折扣又称批量作价，是企业对大量购买产品的顾客给予的一种减价优惠。**一般购买量越多，折扣也越大**，以鼓励顾客增加购买量，或集中向一家企业购买，或提前购买。尽管数量折扣使产品价格下降，单位产品利润减少，但销量的增加、销售速度的加快，使企业的资金周转次数增加了，流通费用下降了，产品成本降低了，导致企业总盈利水平上升，对企业来说利大于弊。

数量折扣可分为两种类型：累计性数量折扣和一次性数量折扣。

（1）累计性数量折扣。规定顾客在一定时间内，购买商品若达到一定数量或金额，则按其总量给予一定折扣，其目的是鼓励顾客经常向本企业购买，成为可信赖的长期客户。它特别适用于长期交易的商品、大批量销售的商品，以及需求相对比较稳定的商品。

（2）一次性数量折扣。规定一次购买某种产品达到一定数量或购买多种产品达到一定金额，则给予折扣优惠，其目的是鼓励顾客增大每份订单的购买量，促进产品多销、快销。这种折扣比较适宜对于短期交易的商品、季节性商品、零星交易的商品，以及过时、滞销、易腐、易损商品的销售。

2. 现金折扣

现金折扣是指对在规定的时间内提前付款或用现金付款者所给予的一种价格折扣，其目的是鼓励顾客尽早付款，加速资金周转，降低销售费用，减少财务风险。采用现金折扣一般要考虑三个因素：折扣比例、给予折扣的时间限制、付清全部货款的期限。

在西方国家，典型的付款期限折扣表示为"3/20，Net 60"，即"顾客在 60 天内必须付清货款，如果 20 天内付清货款，则给予 3% 的折扣"。

提供现金折扣等于降低价格，所以，企业在运用这种手段时要考虑商品是否有足够的需求弹性，保证通过需求量的增加使企业获得足够利润。此外，由于我国的许多企业和消费者对现金折扣还不熟悉，运用这种手段的企业必须结合宣传手段，使顾客更清楚自己将得到的好处。

商业折扣与现金折扣

3. 功能折扣

功能折扣是根据各类中间商在产品分销过程中所处的环节不同，其所承担的功能、责任和风险也不同，企业给予不同的价格折扣，其目的在于调动中间商为本企业推销产品的积极性，与企业建立长期、稳定、良好的合作关系，从而占领更广阔的市场。

功能折扣的比例，主要考虑中间商在分销渠道中的地位、对生产企业产品销售的重要性、购买批量、完成的促销功能、承担的风险、服务水平、履行的商业责任及产品在分销中所经历的层次和在市场上的最终售价等。功能折扣的结果是形成购销差价和批零差价。

4. 季节折扣

有些商品的生产是连续的，而其消费却具有明显的季节性。为了调节供需矛盾，这些商品的生产企业就采用季节折扣的方式，对在淡季购买商品的顾客给予一定的优惠，使企业的生产和销售在一年四季能保持相对稳定。例如，啤酒生产厂家对在冬季进货的商业单位给予大幅度让利，羽绒服生产厂家则为夏季购买其产品的客户提供折扣。

季节折扣比例的确定，应考虑成本、储存费用、基价和资金利息等因素。季节折扣有利于减轻库存，加速商品流通，迅速收回资金，促进企业均衡生产，充分发挥生产和销售潜力，避免因季节需求变化所带来的市场风险。但在实际上，是供应商通过季节折扣，将商品储存功能转移给买方，要享受季节折扣，就必须提前购买商品，而这又会使仓储成本增加，因此在决策时要很慎重。

5. 回扣和津贴

回扣是间接折扣的一种形式，它是指购买者在按价格目录将货款全部付给销售者以后，销售者再按一定比例将货款的一部分返还给购买者。

津贴是企业为特殊目的，对特殊顾客以特定形式所给予的价格补贴或其他补贴。例如，当中间商为企业产品提供了包括刊登地方性广告、设置样品陈列窗等在内的各种促销活动时，生产企业给予中间商一定数额的资助或补贴。又如，对于进入成熟期的消费者，开展以旧换新业务，将旧货折算成一定的价格，在新产品的价格中扣除，顾客只支付余额，以刺激消费需求，促进产品的更新换代，扩大新一代产品的销售。这也是一种津贴的形式。

9.4.4 地理定价策略

地理定价策略是一种根据产品销售地理位置的不同而规定差别价格的策略。地理定价策略的关键在于运费的负担问题，运费如果由企业支付意味着企业利润的减少，但会有利于吸引消费者的购买；运费如果由消费者支付则意味着企业利润的增加，但会不利于吸引消费者的购买。地理定价策略就是要解决企业与顾客关于运费负担的平衡问题。地理定价策略的形式主要有以下几种。

1. 产地交货定价

产地交货定价也称为 FOB 离岸价格，是指卖方按出厂价格交货或将货物运送到买方指定的某种运输工具（如卡车、火车、船舶、飞机等）上交货的价格。交货后，从产地到目的地的一切风险和费用均由买方承担，产品所有权归买方所有。产地交货定价对卖方来说较为便利，费用最省，风险最小，但对扩大销售有一定影响。

2. 目的地交货定价

目的地交货定价也称为 CIF 到岸价格，是指由卖方承担从原产地到目的地的运费及保险费的价格。目的地交货价格由出厂价格加上原产地至目的地的手续费、运费和保险费等构成，虽然手续较烦琐，卖方承担的费用和风险较大，但有利于扩大产品销售。

3. 统一交货定价

统一交货定价也称送货制价格，是指卖方将产品送到买方所在地，不分路途远近，统一制定同样的价格。统一交货定价的运费按照平均运输成本核算，可以减轻较远地区顾客的价格负担，使买方认为运送产品是一项免费的附加服务，从而乐意购买，有利于扩大市场占有率。同时，能使企业维持一个全国性的广告价格，易于管理。该策略适用于体积小、重量轻、运费低或运费占成本比例较小的产品。

4. 分区运送定价

分区运送定价也称区域价格，是指卖方根据顾客所在地区距离的远近，将产品覆盖的整个市场分成若干个区域，在每个区域内分别实行统一价格。例如，出口到美洲各国是一种定价，出口到欧洲各国是第二种定价，出口到亚太地区是第三种定价。这种定价介于产地交货定价和统一交货定价之间。实行这种办法，处于同一价格区域内的顾客，就得不到来自卖方的价格优惠；而处于两个价格区域交界地的顾客之间就得承受不同的价格负担。

5. 运费津贴定价

运费津贴定价是指为弥补产地交货定价策略的不足，减轻买方的运杂费、保险费等负担，由卖方补贴其部分或全部运费。该策略有利于减轻偏远地区顾客的运费负担，使企业保持市场占有率，并不断开拓新市场。

9.4.5 心理定价策略

每一件产品都能满足消费者某一方面的需求，其价值与消费者的心理感受有着很大的关系。这就为心理定价策略（Psychological Pricing）的运用提供了基础。企业在定价时可以利用消费者心理因素，有意识地将产品价格定得偏高或偏低，以满足消费者生理和心理、物质和精神的多方面需求，通过消费者对企业产品的偏爱或忠诚，扩大市场销售，获得最大效益。常用的心理定价策略有尾数定价、整数定价、声望定价和招徕定价。

1. 尾数定价

尾数定价（Mantissa Pricing）也称零头定价或缺额定价，即在确定零售价格时，给产品定一个零头数结尾的非整数价格，使用户在心理上有一种便宜的感觉，或是按照风俗习惯的要求，价格尾数取吉利数字，以扩大销售。大多数消费者在购买产品时，尤其是购买一般的日用消费品时，乐于接受尾数价格。如 0.99 元、9.98 元等。消费者会认为这种价格经过精确计算，购买不会吃亏，从而产生信任感。同时，价格虽离整数仅相差几分或几角钱，但给人一种低一位数的感觉，符合消费者求廉的心理愿望。超市、便利店等以中低收入群体为目标顾客、经营日常用品的商家适合采用尾数定价策略，而以中高收入群体为目标顾客、经营高档消费品的大商场不适合采用这种定价策略。

尾数定价策略

2. 整数定价

整数定价与尾数定价正好相反，企业有意将产品价格定为整数，一般以"0"作为尾数。整数定价适用于高档、名牌产品或者是消费者不太了解的产品，对于价格较贵的高档产品，顾客对质量较为重视，往往把价格高低作为衡量产品质量的标准之一，容易产生"一分价钱一分货"的感觉，从而有利于销售。如两台彩电，分别标价 1 995 元和 2 000 元，消费者可能认为 2 000 元的彩电货真价实，质量要好于标价为 1 995 元的那一台。

这种定价策略可以满足购买者炫耀富有、显示地位、崇尚名牌、购买精品的虚荣心；价格总体水平较高的商品，利用产品的高价效应，在消费者心目中树立高档、高价、优质的产品形象。但整数定价策略只能适用于需求价格弹性小、价格高低不会对需求产生较大影响的商品，如流行品、时尚品、奢侈品、礼品、星级宾馆、高级文化娱乐城等，由于其消费者都属于高收入阶层，也甘愿接受较高的价格。

3. 声望定价

声望定价是针对消费者"便宜无好货、价高质必优"的心理，对在消费者心目中享有一定声望，具有较高信誉的产品制定高价。不少高级名牌产品和稀缺产品，如豪华轿车、高档手表、名牌时装、名人字画、珠宝古董等，在消费者心目中享有极高的声望价值。购买这些产品的人，往往不在乎产品价格，他们最关心的是产品能否显示其身份和地位，价格越高，他们对于地位、身份、财富、名望和自我形象等特殊欲望越能得到满足，还可以通过高价格显示名贵优质。

但是，在使用这种定价策略时，企业需要注意：必须是具有较高声望的企业或产品才能适用声望定价，若产品没有名气，要想方设法创造名望，因而必须结合企业的广告宣传和公共关系；有些不易直接鉴别质量的商品可适用声望定价；声望定价的价格水平不宜过高，要考虑消费者的承受能力，否则，顾客只好转而购买替代品，定价太高也容易违反政府的《制止牟取暴利的暂行规定》；当"声望产品"创造出来后，其有关标志要及时注册，用法律保护起来，以免被他人败坏声誉。

4. 招徕定价

招徕定价又称特价商品定价，是一种有意将少数商品降价以招徕吸引顾客的定价方式。这是适应消费者"求廉"心理，将产品价格定得低于一般市价，个别的甚至低于成本，以吸引顾客、扩大销售的一种定价策略。采用这种策略，虽然几种低价产品不赚钱，甚至亏本，但从总的经济效益看，由于低价产品带动了其他产品的销售，企业还是有利可图的。这一定价策略经常用于综合性百货商店、超级市场甚至高档商品的专卖店。

在运用该策略时，企业一定要注意，用来招徕的降价商品应是消费者常用的，最好是适合于每一个家庭使用的物品，否则没有吸引力；企业经营的品种要多，以便引起连带购买；降价幅度要大，一般应接近成本或者低于成本；降价品的数量要适当，太多商店亏损太大，太少容易引起消费者的反感；降价品应与因伤残而削价的商品明显区别开来。

9.4.6 差别定价策略

差别定价是指企业以两种或两种以上不同反映成本费用的比例差异的价格来销售一种产品或服务，即价格的不同并不是基于成本的不同，而是企业为满足不同消费层次的要求而构建的价格结构。根据需求特性的不同，差别定价策略通常有以下几种形式。

1. 顾客差别定价

顾客差别定价是指企业按照不同的价格把同一产品或劳务卖给不同的顾客。该定价策略是根据顾客的付款能力来定价。一般来说，收入水平、年龄、职业、性别等不同的消费者对价格的接受程度有较大的差异。对于低收入者、弱势群体定价水平要低，对于高收入者定价水平要高。例如，许多博物馆和展览馆对学生和老人给予价格优惠,其他人则较高;我国火车票对一般人是全价,学生是半价;公园对晨练的人给予优惠价格。

> **小链接**
>
> 麦当劳早餐咖啡的定价:麦当劳早餐时段的鲜煮咖啡是可以免费续杯的,但麦当劳设置了小杯9元和大杯10.5元两个价格。刚看到这个价格可能觉得有些奇怪,既然能续杯,为什么还设置大杯价格。其实这两个价格是为两种人群准备的。第一种人时间充裕,肯定选小杯的合适,价格便宜,喝完再续杯。第二种人时间紧,没时间续杯,但他只多花1.5元,就能买到一杯比小杯多不少的咖啡。通过两种价格,两种人都觉得非常划算。麦当劳用一个看似多余的设置,既满足了不同消费者的需求,还让两拨人都感觉自己赚了,获得了非常好的用户体验。
>
> (资料来源:富日记,https://baijiahao.baidu.com/s?id=1629313099468755550&wfr=spider&for=pc,2019-03-29.)

2. 地理位置差别定价

地理位置差别定价是指对处于不同地点或场所的产品或服务制定不同的价格。例如影剧院不同座位的成本费用都一样,却按不同的座位收取不同价格,因为公众对不同座位的偏好不同;火车卧铺从上铺到中铺、下铺,价格逐渐增高。这样做的目的是调节客户对不同铺位的需求和偏好,平衡市场供求。

3. 时间差别定价

时间差别定价是指企业对于不同季节、不同时期甚至不同钟点的产品或服务分别制定不同的价格。例如,旅游服务企业在淡季和旺季的收费不同,电影院晚场和白天定价不同。

4. 产品形式差别定价

产品形式差别定价是指企业对不同花色、品种、式样的产品制定不同的价格,但这个价格相对于它们各自的成本是不成比例的。比如:尺寸大的电视比尺寸小的电视在价格上高出一大截,可其成本差额远没有这么大;一件裙子售价70元,成本50元,如果在裙子上绣花,追加成本5元,价格可定到100元。

9.4.7 产品组合定价策略

产品组合定价策略是指处理本企业各种产品之间价格关系的策略,是对不同组合产品之间的关系和市场表现进行灵活定价的策略。这种策略一般是对相关商品按一定的综合毛利率联合定价,对于互替商品,适当提高畅销品价格,降低滞销品价格,以扩大后者的销售，使两者销售相互得益，增加企业总盈利。对于互补商品，有意识降低购买率低、需求价格弹性高的商品价格，同时提高购买率高而需求价格弹性低的商品价格，会取得各种商品销售量同时增加的良好效果。

常用的产品组合定价策略有以下几种形式。

1. 产品大类定价

产品大类定价是根据购买者对同一产品大类不同档次产品的需求，精选设计几种不同档次的产品和价格。这种定价是根据产品大类中各项目之间在质量、性能、档次、款式、成本、顾客认知、需求强度等方面的不同，参考竞争对手的产品与价格，确定各个产品项目之间的价格差距，以使不同的产品项目形成不同的市场形象，吸引不同的顾客群，扩大产品销售，争取实现更多的利润。如某服装店对某型号女装制定三种价格：260元、340元、410元，在消费者心目中形成低、中、高三个档次，人们在购买时就会根据自己的消费水平选择不同档次的服装，从而消除了在选购商品时的犹豫心理。

2. 任选产品定价

任选产品定价即在提供主要产品的同时，还附带提供任选品或附件与之搭配。企业为任选产品定价有两种策略可供选择：一种策略是为任选品定高价，靠其来盈利；另一种策略是定低价，把它作为招徕顾客的项目之一，以此招徕顾客。例如，顾客去饭店吃饭，除了饭菜之外，可能还会点烟酒、饮料等。在这里，饭菜是主要商品，烟酒、饮料等就是任选品。有的饭店的饭菜定价较低，而烟酒、饮料等任选品定价很高。而有些饭店，烟酒、饮料等任选品定低价，而饭菜定高价。

3. 附属产品定价

附属产品定价以较低价销售主产品来吸引顾客，以较高价销售备选和附属产品来增加利润。当顾客以低价购买了主产品后，就不得不出高价来购买附属产品。例如，可以把一次性照相机的价格定得较低，而把胶卷的价格定得较高；当然，这里的一个前提条件是产品的不可替代性。例如，一次性照相机可以将胶卷设计成专属的，不能被普通胶卷替代。有时，主产品与附属产品都是易耗的（或一次性的），这时，可以在消费者购买附属产品时，把主产品"无偿"赠送，而以附属产品不断俘虏消费者。

4. 副产品定价

副产品定价是制造业内常用的定价方法，在其主产品的副产品是可以销售的状况下使用。如果这些副产品对某些客户群具有价值，必须根据其价值定价。副产品的收入多，将使公司更易于为其主要产品制定较低价格，以便在市场上增加竞争力。因此制造商需寻找一个需要这些副产品的市场，并接受任何足以抵补储存和运输副产品成本的价格。

5. 捆绑定价

捆绑定价将数种产品组合在一起以低于分别销售时支付总额的价格销售。例如，家庭影院是大屏幕电视、DVD 影碟机、音响的捆绑定价。

9.5 价格调整艺术

9.5.1 降价及提价策略

企业为某种产品制定出价格以后，并不意味着大功告成。随着市场营销环境的变化，企业必须对现行价格予以适当的调整。

调整价格，可采用降价及提价策略。企业产品价格调整的动力既可能来自于内部，也可能来自外部。倘若企业利用自身的产品或成本优势，主动地对价格予以调整，将价格作为竞争的利器，这称为主动调整价格。有时，价格的调整出于应付竞争的需要，即竞争对手主动调整价格，而企业也相应地被动调整价格。无论是主动调整，还是被动调整，其形式不外乎是降价和提价两种。

1. 降价策略

这是定价者面临的最严峻且具有持续威胁力量的问题。

企业降价的原因很多，有企业外部需求及竞争等因素的变化，也有企业内部的战略转变、成本变化等，还有国家政策、法令的制约和干预等。企业降价的原因具体表现在以下几方面。

（1）企业急需回笼大量现金。对现金产生迫切需求的原因既可能是其他产品销售不畅，也可能是为了筹集资金进行某些新活动，而资金借贷来源中断。此时，企业可以通过对某些需求价格弹性大的产品予以大幅度削价，从而增加销售额，获取现金。

（2）企业通过降价来开拓新市场。一种产品的潜在顾客往往由于其消费水平的限制而阻碍了其转向现实顾客的可行性。在降价不会对原顾客产生影响的前提下，企业可以通过降价方式来扩大市场份额。不过，为了保证这一策略的成功，有时需要用产品改进策略相配合。

（3）企业决策者决定排斥现有市场的边际生产者。对于某些产品来说，各个企业的生产条件、生产成本不同，最低价格也会有所差异。那些以目前价格销售产品仅能保本的企业，在别的企业主动降价以后，会因为价格的被迫降低而得不到利润，只好停止生产。这无疑有利于主动降价的企业。

（4）企业生产能力过剩，产品供过于求，但是企业又无法通过产品改进和加强促销等工作来扩大销售。在这种情况下，企业必须考虑降价。

（5）企业决策者预期降价会扩大销售，由此可望获得更大的生产规模。特别是进入成熟期的产品，降价可以大幅度增进销售，从而在价格和生产规模之间形成良性循环，为企业获取更多的市场份额奠定基础。

（6）由于成本降低，费用减少，使企业降价成为可能。随着科学技术的进步和企业经营管理水平的提高，许多产品的单位产品成本和费用在不断下降，因此，企业拥有条件适当降价。

（7）企业决策者出于对中间商要求的考虑。以较低的价格购进货物不仅可以减少中间商的资金占用，而且为产品大量销售提供了一定的条件。因此，企业降价有利于同中间商建立较良好的关系。

（8）政治法律环境及经济形势的变化，迫使企业降价。政府为了实现物价总水平的下调，保护需求，鼓励消费，遏制垄断利润，往往通过政策和法令，采用规定毛利率和最高价格、限制价格变化方式、参与市场竞争等形式，使企业的价格水平下调。在紧缩通货的经济形势下或者在市场疲软、经济萧条时期，由于币值上升，价格总水平下降，企业产品价格也应随之降低，以适应消费者的购买力水平。此外，消费者运动的兴起也往往迫使产品价格下调。

降价最直截了当的方式是将企业产品的目录价格或标价绝对下降，但企业更多的是采用各种折扣形式来降低价格，如数量折扣、现金折扣、回扣和津贴等形式。此外，变相的降价形式有：赠送样品和优惠券，实行有奖销售；给中间商提取推销奖金；允许顾客分期付款；赊销；免费或优惠送货上门、技术培训、维修咨询；提高产品质量，改进产品性能，增加产品用途。由于这些方式具有较强的灵活性，在市场环境变化的时候，即使取消也不会引起消费者太大的反感，同时又是一种促销策略，因此在现代经营活动中运用越来越广泛。确定何时降价是调价策略的一个难点，通常要综合考虑企业实力、产品在市场生命周期所处的阶段、销售季节、消费者对产品的态度等因素。比如，进入衰退期的产品，由于消费者失去了消费兴趣，需求弹性变大、产品逐渐被市场淘汰，为了吸引对价格比较敏感的购买者和低收入需求者，维持一定的销量，降价就可能是唯一的选择。由于影响降价的因素较多，企业决策者必须审慎分析和判断，并根据降价的原因选择适当的方式和时机，制定最优的降价策略。

2. 提价策略

提价确实能够增加企业的利润率，但却会引起竞争力下降、消费者不满、经销商抱怨，甚至还会受到政府的干预和同行的指责，从而对企业产生不利影响。虽然如此，在实际中仍然存在着较多的提价现象，其主要原因包括以下几点。

（1）应付产品成本增加，减少成本压力。这是所有产品价格上涨的主要原因。成本的增加或者是由于原材料价格上涨，或者是由于生产或管理费用提高而引起的。企业为了保证利润率不会因此而降低，便采取提价策略。

（2）为了适应通货膨胀，减少企业损失。在通货膨胀条件下，即使企业仍能维持原价，但随着时间的推移，其利润的实际价值也呈下降趋势。为了减少损失，企业只好提价，将通货膨胀的压力转嫁给中间商和消费者。

（3）产品供不应求，遏制过度消费。对于某些产品来说，在需求旺盛而生产规模又不能及时扩大而出现供不应求的情况下，可以通过提价来遏制需求，同时又可以取得高额利润，在缓解市场压力、使供求趋于平衡的同时，为扩大生产准备了条件。

（4）利用顾客心理，创造优质效应。作为一种策略，企业可以利用涨价营造名牌形象，使消费者产生价高质优的心理定势，以提高企业知名度和产品声望。对于那些革新产品、贵重商品、生产规模受到限制而难以扩大的产品,这种效应表现得尤为明显。

为了保证提价策略的顺利实现,提价可选择以下几个时机:① 产品在市场上处于优势地位;② 产品进入成长期;③ 季节性商品达到销售旺季;④ 竞争对手产品提价。

此外,在方式选择上,企业应尽可能多地采用间接提价,把提价的不利因素减到最低程度,使提价不影响销量和利润,而且能被潜在消费者普遍接受。同时,企业提价时应采取各种渠道向顾客说明提价的原因,配之以产品策略和促销策略,并帮助顾客寻找省钱途径,以减少顾客不满,维护企业形象,提高消费者信心,刺激消费者的需求和购买行为。

至于价格调整的幅度,最重要的考虑因素是消费者的反应。因为调整产品价格是为了促进销售,实质上是要促使消费者购买产品。忽视了消费者反应,销售就会受挫,只有根据消费者的反应调价,才能收到好的效果。

9.5.2　消费者对价格变动的反应

不同市场的消费者对价格变动的反应是不同的,即使处在同一市场的消费者对价格变动的反应也可能不同。从理论上来说,可以通过需求的价格弹性来分析消费者对价格变动的反应,弹性大表明反应强烈,弹性小表明反应微弱。但在实践中,价格弹性的统计和测定非常困难,其状况和准确度常常取决于消费者预期价格、价格原有水平、价格变化趋势、需求期限、竞争格局及产品生命周期等多种复杂因素,并且会随着时间和地点的改变而处于不断的变化之中,企业难以分析、计算和把握。所以,研究消费者对调价的反应,多是注重分析消费者的价格意识。

价格意识是指消费者对商品价格高低强弱的感觉程度,直接表现为顾客对价格敏感性的强弱,包括知觉速度、清晰度、准确度和知觉内容的充实程度。它是掌握消费者态度的主要方面和重要依据,也是解释市场需求对价格变动反应的关键变量。

价格意识强弱的测定,往往以购买者对商品价格回忆的准确度为指标。研究表明,价格意识和收入呈负相关关系,即收入越低,价格意识越强,价格的变化直接影响购买量;收入越高,价格意识越弱,价格的一般调整不会对需求产生较大的影响。此外,由于广告常使消费者更加注意价格的合理性,同时也给价格对比提供了方便,因而广告对消费者的价格意识也起着促进作用,使他们对价格高低更为敏感。

消费者可接受的产品价格界限是由价格意识决定的。这一界限也就规定了企业可以调价的上下限度。在一定条件下,价格界限是相对稳定的,若条件发生变化,则价格心理界限也会相应改变,因而会影响企业的调价幅度。

依据上面介绍的基本原理,可以将消费者对价格变动的反应归纳为以下几点。

(1)在一定范围内的价格变动是可以被消费者接受的;提价幅度超过可接受价格的上限,则会引起消费者不满,产生抵触情绪,而不愿购买企业产品;降价幅度低于下限,会导致消费者的种种疑虑,也对实际购买行为产生抑制作用。

(2)在产品知名度因广告而提高、收入增加、通货膨胀等条件下,消费者可接受价格上限会提高;在消费者对产品质量有明确认识、收入减少、价格连续下跌等条件下,下限会降低。

（3）*消费者对企业降价的反应*。消费者对某种产品降价的可能反应是：产品将马上因式样陈旧、质量低劣而被淘汰；企业遇到财务困难，很快将会停产或转产；价格还要进一步下降；产品成本降低了。

（4）*消费者对企业提价的反应*。消费者对某种产品提价可能是这样理解的：很多人购买这种产品，我也应赶快购买，以免价格继续上涨；提价意味着产品质量的改进；企业将高价作为一种策略，以树立名牌形象；卖主想尽量取得更多利润；各种商品价格都在上涨，提价很正常。

9.5.3　竞争者对价格变动的反应

虽然透彻地了解竞争者对价格变动的反应几乎不可能，但为了保证调价策略的成功，主动调价的企业又必须考虑竞争者的价格反应。没有估计竞争者反应的调价，往往难以成功，至少不会取得预期效果。

如果所有的竞争者行为相似，只要对一个典型竞争者做出分析就可以了。如果竞争者在规模、市场份额或政策及经营风格方面有关键性的差异，则各个竞争者将会做出不同的反应，这时，就应该对各个竞争者分别予以分析。分析的方法是尽可能地获得竞争者的决策程序及反应形式等重要情报，模仿竞争者的立场、观点、方法思考问题。最关键的问题是要弄清楚竞争者的营销目标：如果竞争者的目标是实现企业的长期最大利润，那么，本企业产品降价，它往往不会做出同样的降价策略，而会在其他方面做出努力，如加强广告宣传、提高产品质量和服务水平等；如果竞争者的目标是提高市场占有率，它就可能跟随本企业的价格变动，而相应调整价格。

实际情况下，为了减少因无法确知竞争者对价格变化的反应而带来的风险，企业在主动调价之前必须明确了解以下几方面内容。

（1）本行业产品有何特点？本企业在行业中处于何种地位？

（2）主要竞争者是谁？竞争对手会怎样理解我方的价格调整？

（3）针对本企业的价格调整，竞争者会采取什么对策？这些对策是价格性的还是非价格性的？它们是否会联合做出反应？

（4）针对竞争者可能的反应，企业的对策又是什么？有无几种可行的应对方案？

在细致分析的基础上，企业方可确定价格调整的幅度和时机。

9.5.4　企业应对竞争对手调整价格的对策

竞争对手在实施价格调整策略之前，一般都要经过长时间的考虑得失，仔细权衡调价的利害，但是，一旦调价成为现实，则这个过程相当迅速，并且在调价之前大多要采取保密措施，以保证发动价格竞争的突然性。企业在这种情况下，贸然跟进或无动于衷都是不对的，正确的做法是尽快迅速地对以下问题进行调查研究：竞争者调价的目的是什么？竞争者调价是长期的还是短期的？竞争者调价将对本企业的市场占有率、销售量、利润、声誉等方面有何影响？同行业的其他企业对竞争者调价行动有何反应？企业有几种反应方案？竞争者对企业每一个可能的反应又会有何反应？

在回答以上问题的基础上，企业还必须结合所经营的产品特性确定对策。一般说来，在同质产品市场上，如果竞争者降价，企业必须随之降价，否则大部分顾客将转向价格较低的竞争者；但是，面对竞争者的提价，本企业既可以跟进，也可以暂且观望。如果大多数企业都维持原价，最终迫使竞争者把价格降低，使竞争者涨价失败。

在异质产品市场上，由于每个企业的产品在质量、品牌、服务、包装、消费者偏好等方面有着明显的不同，所以面对竞争者的调价策略，企业有着较大的选择余地。

（1）价格不变，任其自然，任顾客随价格变化而变化，靠顾客对产品的偏爱和忠诚度来抵御竞争者的价格进攻，待市场环境发生变化或出现某种有利时机，企业再做行动。

（2）价格不变，加强非价格竞争。比如，企业加强广告攻势，增加销售网点，强化售后服务，提高产品质量，或者在包装、功能、用途等方面对产品进行改进。

（3）部分或完全跟随竞争者的价格变动，采取较稳妥的策略，维持原来的市场格局，巩固取得的市场地位，在价格上与竞争对手一较高低。

（4）以优越于竞争者的价格跟进，并结合非价格手段进行反击。比竞争者更大的幅度降价，比竞争者更小的幅度提价，强化非价格竞争，形成产品差异，利用较强的经济实力或优越的市场地位，居高临下，给竞争者以毁灭性的打击。

本 章 小 结

企业在为其产品进行定价时，会受到多方因素的影响，如企业自身的定价目标、产品成本、市场需求、竞争者价格等。其中，定价目标主要有维持生存、利润最大化、市场占有率最大化和适应价格竞争。

企业定价的方法主要有三种，即成本导向定价法（包括成本加成定价法、目标收益定价法、边际成本定价法和盈亏平衡定价法）、需求导向定价法（包括感受价值定价法、需求差异定价法和逆向定价法）和竞争导向定价法（包括随行就市定价法、主动竞争定价法和密封投标定价法）。

企业通常采用的定价策略包括新产品定价策略、产品生命周期定价策略、折扣定价策略、地理定价策略、心理定价策略、差别定价策略和产品组合定价策略。其中，新产品定价策略包括撇脂定价、渗透定价和适中定价；产品生命周期定价策略包括导入期、成长期、成熟期和衰退期的定价策略；折扣定价策略有五种类型：数量折扣、现金折扣、功能折扣、季节折扣、回扣和津贴；地理定价策略包括产地交货定价、目的地交货定价、统一交货定价、分区运送定价、运费津贴定价；心理定价策略主要包括整数定价、尾数定价、声望定价和招徕定价；差别定价策略主要形式有：顾客差别定价策略、地理位置差别定价策略、时间差别定价策略和产品形式差别定价策略；产品组合定价策略包括产品大类定价、任选产品定价、附属产品定价、副产品定价和捆绑定价。

面对不断变化的竞争环境，企业需要主动采取降价及提价策略，分析消费者、竞争者对企业价格变动的反应。面对竞争者变动价格的策略，企业要有适当的应对措施。

拓展训练项目

一、阅读分析

超市水果定价误区及定价策略

超市水果定价直接关系到水果课经营者的收益水平，影响市场需求和购买行为。如果水果价格制定恰当，则会促进水果的销售，从而提高水果课经营者的收益。

（一）定价的重要依据及重点关注

（1）对门店周边市场行情及竞争对手市场调查；
（2）参考昨日销售数据与历史销售数据（一般重大节假日）；
（3）分析单品正价销售占比与折价销售占比（含折价次数）；
（4）注意节假日、节气、天气的变化；
（5）与店内海报、DM及促销计划与促销活动同步。

（二）定价的营销思路

（1）考虑每个单品现阶段在柜组所扮演的角色（季节性与常规性）；
（2）结合毛利指标、毛利取向，以量取利；
（3）根据订货下单数量与实际到货数量；
（4）根据商品的库存、质量、成本价、损耗率及昨日断货时间；
（5）根据地域与周边消费群体结构与习俗。

（三）水果定价的原则

1. 商品结构策略

A类商品：通常是指民生类的敏感商品，季节性较强的商品，占部门总流量50%之间，也就是超市讲的一线品牌，在定价时原则上不高于竞争对手（竞争对手做超低促销时除外）。

B类商品：中等及一般性商品，占部门总流量的30%～40%，在定价上可以靠近竞争对手，做单品营销时可以略降，即毛利率30%～35%，做促销时可以放到20%～25%，但此类商品的陈列一定是最佳位置，一旦走量它就能拉动整体柜组毛利提升，起到杠杆作用。

C类商品：品类结构性单品，流量在0～10%或无销售的单品。

2. A、B、C类商品分类及基本定价原则

商品在不同的时间段和成本价时，对其定义的分类也不同，某种商品既可以是C类，在量大时也可以是B类，或低成本时为A类，如车厘子、特级山竹、特级榴莲等，在上市初期、中期、后期及成本不同时的定义也不同。

（四）水果定价的误区

在商品的定价结构上，一定要有价格区间，特别是同一个小分类里面，不要出现两个或两个以上同类商品在同价格带水平线上，特别是商品促销上，那么结果可能是没效果、没毛利或相互抵制。

分类中同属性商品定价结构一般容易出现四种误区。

（1）高平：全部是取高毛利（没优势）；
（2）中平：全部是取一样的毛利（没感觉）；
（3）低平：全部是取微毛利（没触动）；
（4）平负：全部是零毛利或负毛利（没利润）。

（五）水果定价的核心

1. 以量取胜

（1）以质取价分级销售提升顾客满意度；
（2）敏感性季节性商品，定价不高于周边的竞争对手；
（3）优势的商品，有效的价格策略，能提高超市人气。

2. 定价没有销售，等于是失败的定价

特殊节假日，顾客对价格敏感度不高，特定的商品定价，不能负毛利，可比平时稍高，销量会必然增长。

（资料来源：佚名. http://www.sohu.com/a/328279805_99904060，2019-07-20.）

思考题：根据以上案例，试述水果定价有何秘诀？

二、拓展项目设计

1. 学生自由分组，每组 4～5 人，以小组为单位，首先选定某一产品，如手机、饮料、汽车等，然后收集市面上不同企业所生产的与该产品类似商品的定价情况（如实际价格、价格依据、顾客反应、价格策略等），并对它们目前存在的一些问题进行初步的了解与分析。

2. 在经过充分的讨论与研究的基础上，每个小组为自己所选定的产品设计一份产品定价方案，并将其制作成 PPT，以便在课堂上进行方案分享与评价。

在线答题

第 10 章

分 销 策 略

教学目标

通过本章学习,要求理解分销渠道策略的内容,使学生掌握分销渠道的概念及基本类型;了解分销渠道的特点与功能,了解中间商的类型及特点;把握影响分销渠道选择的因素;熟练掌握选择和调整分销渠道的方法。

教学要求

知识要点	能力要求	相关知识
分销渠道的概念及类型	能够准确理解分销渠道的概念,并能描述分销渠道的基本类型,在实际工作中能正确地进行分销渠道的判断和运用	直接渠道与间接渠道;长渠道和短渠道;宽渠道与窄渠道;单渠道和多渠道
影响分销渠道设计的因素	通过案例分析,能够为不同性质企业选择合适的分销渠道,为企业进行正确的分销决策	企业自身特性;产品特性;目标市场特性;竞争者特性;中间商特性;政府有关立法及政策规定
中间商的类型及管理	在掌握中间商基本理论的基础上,能够在实际工作中正确选择中间商并对其进行管理	批发商和零售商的概念、作用与类型;明确产销职责;激励中间商;调整分销渠道;窜货现象及其预防与善后措施

 **导入案例**

零散型产业如何化零为整？从京东阿里，到统一大市场

京东和阿里巴巴主导的线上购物革命，是化零为整的最好的例子。在他俩出现以前，商品交易的链条非常长，从产地到销地之间，往往有好几级的分销渠道，最终分销到各个中小卖场，这个产业网络零散且庞大，支撑了全国成千上万的小型贸易公司和终端。而电商的发展让这种零散状态成功地整合了。

电商整合了产业链哪些环节呢？第一就是"场"，以前线下交易，场所可以很多，大到百货商店，小到路边杂货铺。而电商提供了一个无限展开的"场"，只要服务器够大，就能容纳所有想要在上面做买卖的商家，不受物理空间的局限。所以这是电商的第一层整合。

第二个整合是"信息流"。这是互联网公司最具优势的地方，因为所有的数据都在线上生成，生成了就会有记录，这些记录通过整合分析，就能够去做趋势判断，从而优化一些布局。以往的商品交易，是不可能把货物买卖的全流程都记录下来的，或者记录了，也难以把数据打通，因为没有一个统一的信息化平台。现在这些电商的厉害之处，是已经能够通过消费者点击的习惯和最近浏览的页面，来定向推送相关的产品，做精准营销了。这是因为信息流整合，才能有的创举。

第三个整合的是"最后一公里"。这里就孕育出了快递小哥这个庞大的职业。仅上海一地快递从业人员有上万人。上海的土地面积6 340.5平方公里，平均下来一平方公里面积有1.5个快递员。当然，核心区域远不止这个数。

这种整合门槛太高，所以也没有太多企业有这个能力，所以潜在进入者威胁几乎没有，要么是一家独大，要么是二分天下，要么是三足鼎立。

所以一个行业要能够化零为整，首先它一定要能够突破地理空间的区隔。在物流方面有所突破，在信息化管理上有所突破，这是互联网行业的最重要的优势。所以国家现在在推产业互联网，推数字经济，推统一大市场，就是因为，在线上信息化，线下物流便利化两个方面，已经没有太多的阻碍。哪怕最难的冷链运输，都已经有了行业的标准。京东都已经可以当天送达，前置仓都已经临近大家的家门口，快递员随处都可见。

所以讲到零散行业的化零为整，我们就不得不回想PEST分析里的技术因素，技术对产业发展的作用，一方面是在产业竞争方面，针对的是三大基本战略，技术要么让成本降低，企业走总成本领先战略；要么让产品创新，走差异化战略。一方面是在产业演变方面，针对零散型企业，通过化零为整，提高产业集中度。

零散行业化零为整，还有一种方法，在于商业模式的创新。餐饮业本身是很难做直营连锁的，受到内部外部很多因素的限制。像贤合庄这种要快速占领火锅市场，他们用的方法是，利用陈赫等明星，提高贤合庄的知名度，然后把单店打造成为爆款，营造出排队等餐、供不应求的样子，最后，开放加盟，收加盟费。当然，这已经是品牌餐饮的固定打法了。这一招最早可能还要追溯到麦当劳和肯德基的特许经营。通过加盟和特许经营的方式，零散行业可以快速利用别人的钱，扩大市场占有率，将行业化零为整。当

然，这个事情是有着极大的毒副作用的。就像现在暴雷的贤合庄一样，加盟商血亏，到处打官司维权，覆巢之下无完卵，通过催熟带来的产业化零为整，很有可能到头来一地鸡毛。

房地产中介行业也是通过类似的商业模式创新，从零散变集中的。这得归功于贝壳创造的联盟的模式。不得不说贝壳的模式是一个伟大的创造，他把房屋中介的经营活动再进行切割，用一套分成机制，让进入这个联盟的中介都有利可图，反正我当年买房的时候，见识到这种分成机制的厉害，中介卖出去一套房，连去二手房里面拍照的摄影师都有一定的分成比例。就是因为这种创新的机制，当然还有他二手房真房源的大数据基础，造就了贝壳这样的行业巨无霸。只可惜创始人左晖英年早逝，然后房地产市场也是急转直下，在内外部都有不利影响下，贝壳的市值从900亿美元，跌到现在的150亿美元。

最后还有一种化零为整，是政府强制执行。这个典型案例就是医药行业的集中采购了。这种化零为整能够存在，最根本原因是因为医药行业的收入主要是靠医保支出。医保承压，医药行业的发展必然会承压。所以为了减轻医保的压力，国家出台了集中带量采购的政策，这种直接把某种药的厂商拎上台面砍价、砍完直接集采的做法，也是一种化零为整的方法。只是这种方法，对医药行业的发展，负面效应很显著。正所谓强扭的瓜不甜。缺少了市场竞争的企业，未来是否会缺乏活力，缺乏创新发展的动力，也都是问题。

未来国家要建设统一大市场，从个人观点来看，就是一个更高层面的化零为整，其未来走向究竟如何，目前也很难判断，这种统一大市场跟改革开放前的计划经济，有何区别，会否还会走价格双轨制，会否还会有粮票重现江湖，只能拭目以待。

（资料来源：https://3g.163.com/dy/article/H7QIFNJR0531KXR0.html，2022-05-18.）

无论制造商、中间商还是连锁经营的零售服务公司，它们都需要形成自己的分销体系，或借助外部的分销能力和物流载体，才能有效地展开营销活动。

分销策略作为市场营销组合策略当中的一环，它同产品策略、定价策略、促销策略一样，也是企业能否成功将其产品打入市场、扩大销售、实现企业生产经营目标的重要手段。

10.1 分销渠道概述

10.1.1 分销渠道的概念

分销渠道（Distribution Channel）是指某种产品和服务从生产者向消费者移动时取得这种产品和服务的所有权或帮助转移其所有权的所有企业和个人。

分销渠道的概念可以从三个要点理解。

（1）分销渠道的起点是生产者，终点是消费者或者用户。分销渠道作为产品据以流通的途径，就必然是一端连接生产，一端连接消费，通过分销渠道把生产者提供的产品或劳务，源源不断地流向消费者。在这个流通过程中，主要包含着两种转移：商品所有权转移和商品实体转移。它们两者既相互联系又相互区别。商品的实体转移是以商品所有权转移为前提的，它也是实现商品所有权转移的保证。

（2）分销渠道是一组路线，是由生产商根据产品的特性进行组织和设计的，在大多数情况下，生产商所设计的渠道策略充分考虑其参与者——中间商。

（3）产品在由生产者向消费者转移的过程中，通常要发生两种形式的运动。第一，作为买卖结果的价值形式运动，即商流。它是产品的所有权从一个所有者转移到另一个所有者，直至到消费者手中。第二，伴随着商流所有发生的产品实体的空间移动，即物流。商流和物流通常都会围绕着产品价值的最终实现，形成从生产者到消费者的一定路线或通道，这些通道从营销的角度来看，就是分销渠道。

菲利普·科特勒认为，市场营销渠道和分销渠道是两个不同的概念。他说："市场营销渠道是指那些配合起来生产、分销和消费某一生产者的某些货物或劳务的一整套所有企业和个人。"这就是说，一条市场营销渠道包括某种产品的供产销过程中所有的企业和个人，如资源供应商、生产者、商人中间商、代理中间商、辅助商（又译作"便利交换和实体分销者"，如运输企业、公共货栈、广告代理商、市场研究机构等）及最后消费者或用户等。

渠道百科史

10.1.2　分销渠道的职能

分销渠道的主要作用是对产品从生产者转移到消费者的过程中所必须完成的工作加以组织，其目的在于消除生产者和消费者或用户之间的空间分离、时间分离、所有权分离、供需数量差异及供需品种差异等方面的矛盾。因此，分销渠道的作用主要包括以下几方面。

（1）研究。收集、制定计划和进行交换时所必需的信息。

（2）促销。设计和传播有关商品的信息，鼓励消费者购买。

（3）接洽。寻找、物色可能的潜在购买者并与之进行有效的沟通。

（4）配合。使得所供应的产品符合购买者需要，包括制造、分等、装配、包装等活动。

（5）谈判。为了转移所供产品的所有权，就其价格及有关条件达成最后协议。

（6）物流。从事产品的运输、储存、配送。

（7）融资。为补偿渠道工作的成本费用而取得并支付相关资金。

（8）风险承担。承担与渠道工作有关的全部风险。

10.1.3　分销渠道的类型

按照不同的标准，分销渠道可以划分为多种类型。企业管理者必须了解分销渠道的各种类型，以便合理选择分销渠道。

1. 直接渠道与间接渠道

按照商品在流通过程中有无中间商参与交换活动，分销渠道可以分为直接渠道和间接渠道。

直接渠道（Direct Channel）是指生产者不经过任何一个中间商环节，将产品直接出售给最终消费者或用户。**其基本模式为：生产者—消费者**。直接渠道是工业品分销的主要类型。例如大型设备、专用工具及技术复杂等需要提供专门服务的产品，都采用直接分销渠道，消费品中有部分也采用直接分销类型，诸如鲜活商品等。直接渠道减少了中间环节，节约了流通费用，产销直接见面，生产者能够及时地了解消费者的市场需求变化，有利于企业及时调整产品结构，作出相应的决策。

小链接

荷兰国际直销银行（ING-DiBa）是德国也是欧洲最大的直销银行，其主要的产品或服务有活期账户、储蓄账户、个人房地产金融、中间业务等。该行在德国各地的加油站、大型超市等场所设立了1 300余台ATM，数量位居德国银行业第5位。荷兰国际直销银行总资产在德国银行业中排在第10名，也是德国第三大零售银行。荷兰国际直销银行将客户定位为30～50岁的中产阶层，他们有良好的网上消费习惯，对利率也较为敏感，重视自身的消费体验。这部分人群体庞大，金融消费需求具有一致性，产品设计上以标准化和同质化产品为主，产品简单透明、便利和具有高推荐度。其在运作上具有十分明显的优势，包括基于网络的服务高效率、无物理网点的低成本优势、优惠的利率和价格优势。在产品和服务推广方面，客户推荐新客户能获得一定的奖励，其有近40%的新增客户来自老客户的推荐，获客成本大大下降。其因较高的利率优势，也吸引了大量的储蓄存款。伴随网络技术的演变，其作为直销银行所具有的成本优势、价格优势和服务效率优势越加显现。

（资料来源：当代金融家，2018（05）. http://www.sohu.com/a/233212654_165970，2018-05-18.）

间接渠道（Indirect Channel）是指生产者利用中间商把产品供应到最终消费者或用户手中。**其基本模式为：生产者—中间商—消费者**。间接渠道是消费品分销渠道中的主要类型，工业品中有许多产品诸如化妆品等采用间接分销类型。间接渠道是社会分工的结果，通过专业化分工使得商品的销售工作简单化；中间商的介入，分担了生产者的经营风险；借助于中间环节，可增加商品销售的覆盖面，有利于扩大商品市场占有率。但中间环节太多，会增加商品的经营成本。

直接渠道与间接渠道的优缺点比较见表10-1。

表10-1 直接渠道与间接渠道的优缺点比较

类型	优点	缺点
直接渠道	1. 迅速及时地获得信息反馈，从中了解市场的动态。 2. 企业直接参与市场竞争，建立和开拓自己的销售网络，为树立企业形象，提高企业声誉，不断积累经验，进一步扩大市场奠定了基础。 3. 对市场有较大的控制权	1. 提高企业的经营成本。 2. 增加资金耗费及销售的风险

续表

类型	优 点	缺 点
间接渠道	1. 有助于产品广泛分销。 2. 缓解生产者人、财、物等力量的不足。 3. 达到间接促销的效果。 4. 有利于企业之间的专业化协作	1. 可能形成"需求滞后差"。 2. 可能加重消费者的负担，导致抵触情绪。 3. 不便于直接沟通信息

2. 长渠道和短渠道

按照商品从生产领域转移到最终消费者或用户过程中通过流通环节的多少来划分，具体包括以下四层。

（1）零级渠道（MC）：制造商（Manufacturer）—消费者（Consumer）。

（2）一级渠道（MRC）：制造商（Manufacturer）—零售商（Retailer）—消费者（Consumer）。

（3）二级渠道（MWRC）：制造商（Manufacturer）—批发商（Wholesaler）—零售商（Retailer）—消费者（Consumer），多见于消费品分销。或者是制造商（Manufacturer）—代理商（Agent）—零售商（Retailer）—消费者（Consumer），多见于消费品分销。

（4）三级渠道（MAWRC）：制造商（Manufacturer）—代理商（Agent）—批发商（Wholesaler）—零售商（Retailer）—消费者（Consumer）。

可见，零级渠道最短，三级渠道最长。

长渠道与短渠道的比较见表 10-2。

表 10-2　长渠道与短渠道的比较

类型	适用情况	难 点
长渠道	1. 增加市场覆盖面。 2. 渠道优势可被充分利用。 3. 一般消费品销售较为适宜。 4. 可以减轻企业的资金压力	1. 降低了企业对渠道的控制难度。 2. 渠道整体的服务水平差异化增加。 3. 增加了渠道中的不确定因素。 4. 增加了企业对渠道成员的协调工作量
短渠道	1. 企业对渠道有着较强的控制力。 2. 适用于特殊产品、专用品或时尚品	1. 增加了对企业资源的消耗。 2. 增加了企业需要承担的渠道功能。 3. 市场覆盖面较窄

3. 宽渠道与窄渠道

按照分销渠道中每个中间环节上使用同类型中间商数目的多少划分，分销渠道可以分为宽渠道与窄渠道。

宽渠道是指企业使用的同类中间商较多，产品在市场上的分销面较广，可以在较短时间内迅速地把商品销售出去。宽渠道适合于大批量生产的商品，如一般的日用消费品（毛巾、牙刷、暖水瓶等），由多家批发商经销，又转卖给更多的零售商，广大消费者可以随时、随地买到企业的产品，而且可以造成中间商之间的竞争。但由于同类型的中间商数目多，使中间商推销企业的产品不专一，不愿为企业付出更多的费用。另外，在宽渠道下，生产企业和中间商之间的关系松散，一般不会共担风险，使得在交易中中间商会不断变化。

窄渠道是指企业使用一个或极少数中间商为其推销商品。窄渠道一般适用于专业性强的产品或贵重耐用消费品。窄渠道使生产者容易控制分销，生产者与中间商的关系密切，相互依赖性强，一般会利益共享，共担风险，但风险也较大，因为生产者和中间商之间的关系一旦遭到破坏，市场分销就受到限制。

宽渠道与窄渠道的优缺点比较见表10-3。

表10-3 宽渠道与窄渠道的优缺点比较

类型	优点	缺点
宽渠道	1. 能够增加销售网点，提高产品的市场覆盖面，提高市场占有率。 2. 提高销售效率	1. 容易引起渠道冲突。 2. 生产商需加强渠道控制
窄渠道	鼓励中间商开拓市场，并依据市场需求订货和控制销售价格	容易造成中间商垄断市场

4. 单渠道和多渠道

单渠道是指当企业全部产品都由自己直接所设门市部销售，或全部交给批发商经销。例如，某化妆品公司，一直采用直接营销的方式推销其产品，其分销渠道策略即为单渠道策略。单渠道形式不利于企业整合中间渠道的优势，其弊端是容易导致信息流、物流、资金流受到限制，阻碍渠道功能的正常发挥。

多渠道是指企业通过两条或两条以上的不同分销渠道将同一种产品销售出去，可能是在本地区采用直接渠道，在外地则采用间接渠道；在有些地区独家经销，在另一些地区多家分销；对消费品市场采用长渠道，对生产资料市场则采用短渠道。

10.2 分销渠道策略

10.2.1 影响分销渠道设计的因素

企业在设计分销渠道时并不是完全以自己的意志为转移的，往往会受到内部和外部多方面因素的共同影响。其主要影响因素有以下几点。

1. 企业自身特性

企业的自身状况和控制分销渠道的要求不同，选择分销渠道时就大不相同。如果企业财力雄厚、信誉好，就可以考虑建立自己的分销网络，选择短渠道，实行直接销售；反之，只能依赖中间商帮助推销产品。如果企业具备丰富的渠道管理能力和经验，可以选择短渠道，进行直接分销；反之，应采用中间商。如果企业对控制分销渠道的愿望十分强烈，往往会选择短而窄的渠道；反之，如果企业不希望控制渠道，就会更倾向于选择长而宽的渠道。

2. 产品特性

不同产品具有不同的特性，因而对分销渠道的要求不同。如果产品体积大而重，可考虑选择短渠道或直接分销；反之，体积小而轻的产品，则选择长渠道或间接销售。如果产品易损耗或易腐烂，适用于短渠道或直接渠道；反之，产品易储运的，就选择长渠道或间接渠道。一般而言，价格高的工业品、耐用消费品适用短而窄的渠道；价格低的日用消费品适用长而宽的渠道。标准化程度高、通用性强的产品适宜长而宽的渠道；产品技术越复杂，需要的售后服务要求越高，越适合采用直接渠道或短渠道。

3. 目标市场特性

目标市场特性是指目标市场范围及顾客的规模、集中程度以及购买特性。当目标顾客的需求潜量大，且分布广泛又稀疏，比较适合选择长而宽的分销渠道；反之，当目标市场顾客的需求潜量小，且分布相对集中，则宜选择短而窄的分销渠道。当顾客进行大批量购买，且购买频率低、形式单一时，宜选择短而窄的分销渠道，甚至可以考虑直接分销；反之，则选择长而宽的分销渠道。

4. 竞争者特性

企业分销渠道的设计还会受到竞争者使用渠道的影响。有的企业可能会进入竞争者的分销渠道，与竞争者直接竞争，如商场中同类产品都在一起展示；有的企业可能会避开竞争者的分销渠道，另辟蹊径。

5. 中间商特性

企业设计分销渠道时，还必须考虑不同类型的中间商在经营过程中的优劣，一定要解决好选择中间商的问题。各类中间商实力、特点不同，如在广告、运输、储存、信用、训练人员、送货频率方面具有不同的特点，从而影响生产企业对分销渠道的选择。如果中间商不愿意合作或分销费用很高，只能选择短而窄的渠道。如果中间商提供的服务优质，企业采用长而宽的渠道；反之，只有选择短而窄的渠道。

6. 政府有关立法及政策规定

政府的有关立法及政策规定，如专卖制度、反垄断法、进出口规定、税收政策、价格政策等因素都影响企业对分销渠道的选择，诸如烟酒实行专卖制度时，这些企业就应当依法选择分销渠道。

10.2.2 分销渠道的设计

分销渠道设计是指通过对各种备选的渠道类型进行评估，创建全新的分销渠道，或改进现有渠道，从而实现营销目标的活动。

1. 确定分销渠道目标

分销渠道目标是渠道设计者对渠道功能的预期，体现着渠道设计者的战略意图。确定分销渠道目标是营销渠道管理的首要环节，它是在全面分析环境变化和正确评估企业实力与条件的基础上，对营销渠道功能与效果应达到的水平提出的要求。一般来说，分销渠道设计需要达到以下三个方面的目标：市场覆盖率、渠道控制度和渠道灵活性。

（1）市场覆盖率是分销渠道网络能够提供有效服务的所有顾客范围，反映分销渠道所实现的市场供给分散化程度，可以用分销服务所达到的市场区域面积大小来说明，或者用消费者人数或用户数来描述。市场覆盖率按照从低密度的覆盖到高密度的覆盖可以分为独家分销、选择分销和密集分销三种类别。

① 独家分销是在一定地区内只选定一家中间商经销或代理，实行独家经营。独家分销是最极端的形式，是最窄的分销渠道，通常只对某些技术性强的耐用消费品或名牌货适用。独家分销对生产者的好处是，有利于控制中间商，提高他们的经营水平，也有利于加强产品形象，增加利润。但这种形式有一定风险，如果这一家中间商经营不善或发生意外情况，生产者就要蒙受损失。采用独家分销形式时，通常产销双方议定，销方不得同时经营其他竞争性商品，产方也不得在同一地区另找其他中间商。这种独家经营妨碍竞争，因而在某些国家被法律所禁止。

小链接

Expedia 成为万豪酒店批发促销房价的独家分销商，双方签署了合作协议，内容包括面向酒店批发商及其他未与万豪酒店实现直接连接的分销商，独家分销万豪酒店批发及促销房价、库存产品等。西班牙 B2B 酒店批发商 HotelBeds、澳大利亚 WebBeds 和印尼 MG Bedbank 等全球各大酒店批发商通过 Expedia 旗下 B2B 品牌 Expedia Partner Solutions，和万豪开展分销合作，该合作于 2019 年 10 月 15 日正式生效。万豪在全球 132 个国家地区运营超过 7 000 家酒店，酒店 B2B 分销商需要通过 Expedia，才能继续获取万豪的房价和库存。万豪与 Expedia 的这项合作，在一定程度上能够简化万豪对第三方渠道库存的管理模式，解决多种不合理房价问题，部分未获万豪授权的服务商会向 Kayak、Trivago、TripAdvisor 和 Google 等平台提供折扣房价。而旅客通过这些渠道所预订的客房，其价格、设施和福利可能并不能达到旅客的预期，此次合作能够从整体上优化旅客体验。

（资料来源：环球旅讯．http://finance.sina.com.cn/stock/relnews/us/2019-09-18/doc-iicezzrq6770416.shtml，2019-09-18．）

② 选择分销是介乎独家分销与密集分销之间的分销形式，即企业在有限的市场范围内有条件地精选几家中间商进行经营。这种形式对所有各类产品都适用，它比独家分销面宽，有利于扩大销路，开拓市场，展开竞争；比密集分销又节省费用，较易于控制，不必分散太多的精力。有条件地选择中间商，还有助于加强彼此之间的了解和联系，使被选中的中间商愿意努力提高推销水平。因此，这种分销形式效果较好。

③ **密集分销**是企业在有限的市场范围内运用尽可能多的中间商进行分销，使渠道尽可能加宽。密集分销是一种最宽的分销渠道。消费品中的便利品（卷烟、火柴、肥皂等）和工业用品中的标准件、通用小工具等，适合采取这种分销模式，以提供购买上的最大便利。其主要好处是市场覆盖面大，扩展市场迅速，顾客接触率高，可较快提升销售业绩，分销的支持度强，充分利用中间商等。当然它也有缺点，就是企业较难控制渠道，而且花费的费用也高，中间商之间的竞争激烈，分销和促销不专一。凡是符合生产商的最低信用标准的渠道成员都可以参与其产品或服务的分销。

（2）渠道控制度是指企业需要保持对中间商销售行为进行控制的程度高低或大小。为了实现企业的经营目标，生产商需要经常控制中间商，以促使其更加努力地销售产品或提高服务质量。

事实上，市场覆盖率和渠道控制度在大多数情况下是一种反比关系。因此，作为生产商的企业在大多数情况下只能在一定的市场覆盖率下去追求最大的渠道控制度，或在一定的渠道控制度下去追求最大的市场覆盖率。

（3）渠道灵活性是指企业营销渠道结构易于变化的难易程度。渠道灵活性对于新产品的市场尤为重要。在这方面，美国个人电脑市场的经验就是最好的例子。在20世纪70年代后期和80年代初期选择销售渠道具有很大的不确定性。例如，制造商是利用自己的销售队伍，还是借助于大型商场或专业电脑商店，或由自己建立销售点？最恰当的细分市场究竟是企业还是家庭？这些不确定性使保持销售渠道的灵活性存在风险。

2. 设计备选渠道方案

在确定分销渠道目标之后，下一步就可以展开备选渠道方案的设计。在分析市场因素、产品因素、企业因素及中间商因素等主要因素后，需要确定并设计分销渠道的以下四个变量：中间商的基本类型；每一分销层次所使用的中间商数目；各中间商的特定市场营销任务；生产者与中间商的交易条件以及相互责任。

3. 评估并选择渠道方案

企业对各个备选渠道方案进行评估并比较后，需要确定一条最佳的渠道设计方案。评估的标准有三个，即经济性标准、控制性标准和适应性标准。

（1）经济性标准。它是最为重要的标准。每一种渠道方案都将产生不同水平的销售和成本。建立有效的分销渠道，企业必须考虑两个问题：一个是在成本不变的情况下，采用哪种分销渠道会使销售额达到最高；另一个是在同一销售量的范围内，采用哪种分销渠道成本最低。

（2）控制性标准。由于中间商是独立的企业，有自己的利益追求，使用中间商会增加企业渠道控制上的问题，因此，在确定渠道方案时控制性也是一个必须要考虑的标准。由于产品的流通过程是企业营销过程的延续，从生产企业出发建立的分销渠道，如果生产企业不能对其运行有一定的主导和控制，分销渠道中的实物流、所有权流、付款流和信息流就不能顺畅有效地进行。相对而言，企业自己销售比利用中间商更有利于对渠道的控制。

传统企业应重视做渠道分销

（3）适应性标准。这主要是指企业要考虑分销渠道对未来环境变化的能动适应性，即考虑渠道的应变能力。不能有效变化的渠道是没有未来的。所以，企业在与中间商签订长期合约时要慎重，因为在合约期内不能根据需要随时调整渠道，这会使渠道失去灵活性和适应性。所以，对企业来说，只有在经济效益和控制力方面都十分优越的条件下，涉及长期承诺的渠道方案才可以考虑。

10.3　中间商的类型

10.3.1　批发商的概念、作用与类型

1. 批发商的概念

批发商是指向生产企业大批量购进产品，然后批量转售给零售商、产业用户或各种非营利组织，通过商品购销获取商业利润的中间商。批发商处于商品流通起点和中间阶段，交易对象是生产企业和零售商，一方面它向生产企业收购商品，另一方面它又向零售商业批销商品，并且是按批发价格经营大宗商品。批发商拥有商品所有权，购销差价构成批发商的毛利。其业务活动结束后，商品仍处于流通领域中，并不直接服务于最终消费者。

批发商区别于零售商的最主要标志是一端联结生产商，另一端联结零售商。与零售商相比，批发商的特点是：① 拥有大量的货物；② 批量出售货物，不提供零售业务；③ 出售物品的价格会比市场零售价格低。

2. 批发商的作用

批发商在商品流通中发挥着主要作用。批发商对商品进行采购、调剂余缺、仓储运输以及分类、整理、加工包装、分销服务等，是商品流通的大动脉，是调节商品供求的蓄水池，是连接生产企业和零售商之间、城乡之间、地区之间和行业之间的桥梁和纽带，对企业改善经营管理及提高经济效益、满足市场需求、稳定市场具有重要作用。

（1）增强销售效果。批发商的销售力量使生产商能够以较小的成本接触更多的中小客户。由于批发商接触面比较广，常常比生产商更容易得到买方的信任。

（2）有效集散产品。批发商通过广泛地接触不同的生产商，可以高效率地采购、配置多种产品；迅速把产品供应给零售商和生产企业，提高顾客的采购效率。

（3）产品储存保证。批发商备有相当数量的库存，减少了生产商和零售商的仓储成本与风险。

（4）提供运输保证。由于批发商备有充分的库存，可以迅速发货，并提供相关的运输服务保证。

（5）帮助资金融通。可以为顾客提供便利的财务条件，如准许赊账，还可以为供应商提供供货等方面的资金保证。

（6）**承担市场风险**。批发商购进产品后，承担了经济风险，如生产供求和价格变动带来的风险、产品运输和保管中的风险、预购和赊账中的呆账风险等。

（7）**沟通产销信息**。向供应商和顾客提供有关竞争者的产品、服务及价格变化等方面的信息。

（8）**为零售商服务**。经常帮助零售商改进经营管理，如培训销售人员、帮助零售商建立会计和存货控制系统等。

3. 批发商的类型

（1）商人批发商。

商人批发商也称为独立批发商，是指自己进货，对其所经营的商品拥有所有权的批发商。商人批发商是批发商最主要的类型。商人批发商按职能和提供的服务是否完全来分类，可分为两种类型。

① 完全服务批发商。

完全服务批发商是执行批发商业的全部职能的商人批发商，他们提供所有的批发服务功能，主要有存货、雇用固定的销售人员、提供信贷、送货和协助管理等。按其服务范围及系统产品线宽窄不同，分为以下三种。

A. 综合批发商，经营不同行业、相互之间并不关联的产品，经营范围广，种类繁多，并为零售商提供综合服务。

B. 专业批发商，专业化程度较高，专门经营某一类商品或某一类商品中某一种商品的批发商。一般专业批发商的顾客主要是专业商店。产业用品的专业批发商一般都专门从事需要有特殊知识或服务的产业用品批发业务。这类批发商经营商品品种虽然单一，但业务活动范围和市场覆盖面却很大，一般是全国性的。例如，商品粮批发商、石油批发商、木材批发商、纸张批发商、金属材料批发商、化工原料批发商、矿产品批发商等。

C. 专用品批发商，专门经营某条产品线上的部分产品，如化妆品批发商、鲜货水产品批发商等。

② 有限服务批发商。

有限服务批发商又称有限职能批发商，是指为了减少成本费用，降低批发价格，只执行批发商业的一部分职能和提供一部分服务的商人批发商。有限服务批发商包括以下几类。

A. 现购自运批发商。现购自运批发商不赊销不送货，客户要自备货车去批发商的仓库选购货物并即时付清货款，自己把货物运回来。这种批发商主要经营食品杂货，客户主要是小食品杂货商、饭馆等。

B. 承销批发商。承销批发商拿到客户（包括其他批发商、零售商、用户等）的订货单后，就向制造商、厂商等生产者求购，并通知生产者将货物直接运送给客户。承销批发商不需要有仓库和商品库存，只需要一间办公室或营业所办公，因而也被称为"写字台批发商"。

C. 卡车批发商。卡车批发商从生产者处把货物装车后立即运送给各零售商店、饭馆、旅馆等客户。由于卡车批发商经营的商品多是易腐或半易腐商品，所以一接到客户的要货通知就立即送货上门。实际上卡车批发商主要执行推销员和送货员的职能。

D. 托售批发商。托售批发商在超级市场和其他食品杂货店设置货架，展销其经营的商品，商品卖出后零售商才付给其货款。这种批发商的经营费用较高，主要经营家用器皿、化妆品、玩具等商品。

E. 农场主合作社。农场主合作社为农场主共同所有，负责将农产品组织到当地市场上销售的批发商。合作社的利润在年终时分配给各农场主。

F. 邮购批发商。邮购批发商全部批发业务均采取邮购方式，主要经营食品杂货、小五金等商品，其客户主要是偏远地区的小零售商等。

（2）代销品批发商。

代销品批发商特点是将批发商品放在零售商的货架上出售，同时保留对未出售商品的所有权，并定期与零售商结清已售出产品的账目。代销品批发商在商业活动中大大减少了零售商的风险，他们的业务被零售商广为接受。代销品并非市场上不易出售的商品，相反，只有畅销的商品才会被零售商接受。现在比较大的商店以代销形式分销商品极为普遍，特别是食品方面的商品。

（3）机动式批发商。

机动式批发商一般都有一个不太大的仓库和一些运输的车辆，先将商品购进，放在仓库储存，根据订货合同或用户电话临时购货，迅速将商品运达零售商或用户处。例如，肉类、奶制品、面包等。一些餐馆的食品原料供应也是由机动批发商供给的，每天晚上厨房主管只需给机动批发商打个电话，告知所需的商品，第二天就可获得预订的商品。

（4）仓储式批发商。

仓储式批发商不负责货物的运输，不提供商品信用，也不向客户传递市场与商品信息，只把商品销售给来仓库购货的客户，并当时结清账目。例如，目前的水果批发市场属于仓储式批发商。

（5）其他批发商。

其他批发商包括农产品集货商、散装石油厂和油站、拍卖公司等。

10.3.2 零售商的概念、作用与类型

1. 零售商的概念

零售商是指将商品直接销售给最终消费者的中间商，处于商品流通的最终阶段。零售商的购进对象通常主要是批发商或生产者，其销售对象一般是最终消费者。零售商是分销渠道的最终环节。面对个人消费者市场，是分销渠道系统的终端，直接联结消费者，完成产品最终实现价值的任务。零售商业对整个国民经济的发展起着重大的作用。零售商业种类繁多、经营方式变化快，构成了多样的、动态的零售分销系统。

（1）零售是将商品及相关服务提供给消费者作为最终消费之用的活动。如零售商将汽车轮胎出售给顾客，顾客将轮胎安装在自己的车上，这种交易活动便是零售。若购买者是车商，而车商将之装配于汽车上，再将汽车出售给消费者则不属于零售。

（2）零售商不仅向最终消费者出售商品，同时也提供相关服务。零售活动常常伴随

商品出售提供各种服务，如送货、维修、安装等，如国美、苏宁电器等不仅出售各类家电，同时负责送货、安装及维修等服务。

（3）零售活动不一定非得在零售店铺中进行，也可以利用一些方便顾客的设施及方式，如上门推销、邮购、自动售货机、网络销售等，无论商品以何种方式出售或在何地出售，都不会改变零售的实质。

（4）零售的顾客不限于个别的消费者，非生产性购买的社会集团也可能是零售顾客。如公司购买办公用品，以供员工办公使用；某学校订购鲜花，以供其会议室使用。所以，零售活动提供者在寻求顾客时，不可忽视团体对象。在我国，社会团体购买的零售额有 10% 左右。

2. 零售商的作用

零售商的基本任务是<u>直接为最终消费者服务</u>，它的职能包括购、销、调、存、加工、拆零、分包、传递信息、提供销售服务等。在地点、时间与服务方面，方便消费者购买，它又是联系生产企业、批发商与消费者的桥梁，在分销途径中具有重要作用。

3. 零售商的类型

零售商的种类繁多，按不同标准可以进行不同的分类。

（1）按照经营商品的广度和深度不同分类。

① 专业商店。专门经营某一类或某一类中几种商品的零售，突出"专"。如服装商店、食品商店、钟表商店、家具商店、鞋店、文具店等。专业商店经营的商品品种规格齐全，销售人员对有关产品的专业知识掌握较多，能够为顾客提供比较详细的信息和周到的服务。

② 综合商店。它是相对于专业商店而言的，是经营多类商品的零售商店。其特点是：经营品种较多，花色规格较少，主要是一些购买频繁、数量零星、挑选性不强的日用必需品。这种店一般规模不大，分布较广，城市乡村、街头巷尾都有，极容易开设，又有价格低廉、方便消费者的优势。

③ 百货商店。百货商店的经营范围广泛，商品种类多样，花色品种齐全，兼备专业商店和综合商店的优势，便于顾客广泛挑选，能够满足消费者多方面的购物要求，拥有一定现代化的管理手段和服务设施，服务质量较高。商店内按商品的类别设置商品部或商品柜实行专业化经营。百货商店多位于闹市区，规格齐全，档次较高，管理先进，设施健全，服务优质。商品有食品、服装、五金、电器、针纺织品，以及文化和体育用品等。百货商店的规模一般有限，不同的百货商店有不同的经营重点。

④ 超级市场。它是一种规模较大，以顾客自选方式经营的、薄利多销、一次性结算大型综合性零售商场。超级市场于 20 世纪 30 年代初最先出现在美国东部地区。第二次世界大战后，特别是 20 世纪五六十年代，超级市场在世界范围内得到较快的发展。超级市场最初经营的主要是各种食品，以后经营范围日益广泛，逐渐扩展到销售服装、家庭日用杂品、家用电器、玩具、家具及医药用品等。超级市场一般在入口处备

德国食品零售商 Netto 超市猫咪广告

有手提篮或手推车供顾客使用，顾客将挑选好的商品放在篮或车里，到出口处收款台统一结算。商品均被分门别类，定量包装，标明单价，敞开陈列，供顾客自行挑选。

（2）按照经营中采取的竞争手段不同分类。

① 连锁商店。连锁商店是指经营同类商品、使用统一商号的若干门店，在统一总部的管理下，采取统一采购或授予特许权方式，实现规模效益的经营组织形式。连锁组织内各成员由同一资本统一管理，实行标准化管理制度，各商店店名相同，经营的商品种类相同，商店的建筑、铺面的布置和商品的陈列也相同，在定价、促销、营销方式、广告宣传、销售服务等方面也有统一的规定。商店实行统一进货，降低了经销成本，商品售价也较低，加之经营灵活、分布广泛，因而有广阔的市场。

连锁商店有正规连锁、特许连锁和自由连锁三种主要形式。正规连锁是大型垄断商业资本通过吞并、兼并或独资、控股等途径，发展壮大自身实力和规模的一种形式，本质上是处于同一流通阶段，经营同类商品和服务，并在同一经营资本及同一总部集权性管理机构统一领导下进行共同经营活动（由两个以上单位店铺组成）的零售企业集团。特许连锁是主导企业把自己开发的商品、服务和营业系统（包括商标、商号等企业象征的使用、经营技术、营业场合和区域），以营业合同的形式授予加盟店在规定区域进行统销权和经营，加盟店则需交纳一定的营业权使用费，承担规定的义务。自由连锁是许多零售企业自己组织起来的。在保持各自经营独立性的前提下，联合一个或几个批发企业，并以此为主导建立强有力的总部组织，在总部的指导和统一管理下，实行共同经营，通过大量集中采购，统一经销，获取低成本、合理化经营的利益，不断提高流通效率的零售商业组织。

小链接

作为苏宁智慧零售布局中的重要一环，苏宁小店长久以来都深耕于社区下沉。数据显示，在所有连锁便利店品牌中（石油系便利店除外），苏宁小店的开店增速是最快的，目前线下门店已广泛扎根于全国社区。运营模式上，苏宁小店采取的是线上App+小程序与线下门店协调运营的方式。除了通过App和小程序作为线上流量入口，为线下门店导流，苏宁小店还拓展了苏宁菜场、苏小团等社区衍生服务。其中，苏宁菜场的"线上预订+线下自提"的模式将苏宁小店的双线优势完美融合，进一步提升了线下门店的客流量，使得苏宁小店率先构建了"到家+到店"的综合模式。

（资料来源：移动智观察．https://baijiahao.baidu.com/s?id=1651357564842745214&wfr=spider&for=pc，2019-11-27.）

② 折扣商店。折扣商店是以销售自有品牌和周转快的商品为主，限定销售品种，并以有限的经营面积、店铺装修简单、有限的服务和低廉的经营成本，向消费者提供"物有所值"的商品为主要目的的零售业态。它经营的商品强调全国性品牌，保证质量，商品都明码标价，但出售时给予一定的折扣，实际售价一贯低于其他零售商店的流行价格，以薄利求多销。商店以自我服务为主，设备简单，一般设在低租

金地段。

③ 仓库商店。仓库商店是一种以大批量、低成本、低销售和微利多销方式经营的连锁式零售企业。商店布置简陋，服务项目很少，一般选址在低租金地段、城乡接合部、交通要道，旨在降低企业费用，以低价来招徕顾客。经营的商品，大多是选择性较强的、大型的家用设备，如家具、冰箱等。

④ 特许经营商店。特许经营商店是由生产者、批发商或服务组织采用契约方式特许一些零售商独立代理经营，自负盈亏。这类形式有利于特许零售商用小本钱做大生意。

（3）按销售商品的方式不同分类。

① 邮购和电话订货零售。邮购和电话订货零售指通过邮寄或电话办理订货与发货业务的零售形式。许多大公司设有邮购部，每年将商品目录寄给消费者，商品目录印刷精美，商品的照片、价格及尺寸、编号等信息一一分列在上面，消费者则通过目录的介绍来购买自己所需要的商品。消费者通过目录选择商品，然后将订单和支票寄给售货公司，消费者要负担运费。以邮购业务为主要销售方式的零售商店称邮购商店。电话购物就是消费者用电话将所需商品的详细信息及信用卡号码告知售货公司，售货公司便会发货并与消费者信用卡所属银行结清账款。

② 自动售货机。自动售货机指能根据投入的钱币自动付货的一种全新的商业零售形式。自动售货机方便了消费者购买，但销售的商品有限，价格较高。自动售货机在不少经济发达的国家已经很普遍，在我国也有一些城市和行业采用自动售货机销售商品。所出售的商品包括小食品、冰激凌、饮料、香烟、报纸、袋装冰块等。公司要定期派人为自动售货机添加货物和从机内取走货款。由于自动售货的成本、金属币的限制、消费者从机内购物的方便等因素，机器出售的商品价格一般会比其他地方的商品价格高出20%左右。

③ 购买服务。购买服务是专为特定的顾客，如一些学校、医院和政府机构等大型组织的人员服务的无店铺零售商。大型组织的雇员都可参加购买服务，成为其成员。购买服务和零售商商定，给参加购买服务的成员以优惠，成员可持购买服务发给的证件去指定的商店，按一定的折扣选购商品。零售商要付给购买服务一些手续费。

④ 流动售货。流动售货指企业采用走街串巷、挨门串户的方式，不在固定地点销售商品的零售形式。一般是现款交易，其销货收款方式通常采用"货款合一"的方法，营业员一手收钱，一手付货。货款由营业员保管，每日销货终了，由营业员将销货款送交财会部门。采用这种销售方式，顾客可就近购买商品，手续简便。

零售商除上述类型外，还有委托商店、消费者合作社等。随着经济的发展，新的零售商类型还会不断产生和发展。

10.3.3　其他中间商的概念、作用和类型

1. 经纪人与代理商

经纪人与代理商不拥有商品所有权，主要功能就是促进买卖，获得销售佣金。

经纪人是指为市场上买卖双方提供中介服务从中收取佣金的人,主要作用是为买卖双方牵线搭桥,由委托方付给他们佣金。他们不存货,不卷入财务,不承担风险。经纪人多见于食品、不动产、保险和证券等行业。

代理商替企业打理生意,不是买断企业的产品,而是企业给额度的一种经营行为,货物的所有权属于企业,而不是商家。它包括几种类型:① 制造代理商;② 销售代理商;③ 采购代理商;④ 佣金商(或称商行)。

2. 制造商和零售商的分部和营业所

它的两种形式分别为:一是销售分部和营业所,制造商开设自己的销售分部和营业所,销售分部备有存货,常见于木材、汽车设备和配件等行业,营业所不存货,主要用于织物和小商品行业;另一个是采购办事处,作用与采购经纪人和代理商的作用相似,但采购办事处是买方组织的组成部分。

10.4 中间商的管理

用友渠道管理——渠道精耕,深度分销

中间商的管理是企业整个营销系统的重要组成部分,它可以解决企业产品上市初期渠道不畅、销售费用过大等困难;同时也可解决需要密集分销的产品在市场网络建设中的不足等问题;另外,对于分销渠道中出现的冲突也能起到预先控制的作用。所以,对中间商进行管理对于企业的产品营销起着至关重要的作用。

10.4.1 明确产销职责

企业与中间商的关系绝对不是一种简单的委托和买卖关系,而是一种合作关系。"利益分享、风险共担"是双方合作的原则。为保持两者之间稳定和持久的合作关系,减少不必要的冲突,企业与中间商在职责、权利和义务方面要有明确的规定,并以合同形式加以确定。

就中间商而言,其职责主要在于为企业销售尽可能多的产品,可以用一定时期的销售指标加以确定;其权利主要表现为利润分享权,即中间商有权要求生产者让渡销售利润;其承担的义务主要是为企业宣传商品,反馈市场信息等。

就企业而言,其职责在于为中间商提供适销对路的商品,合理分配销售利润;其权利主要表现为对中间商进行检查和评估,并根据情况变化对中间商进行调整、规定特许代营人的地区销售权力;其承担的义务是对中间商进行必要的资助,协助中间商搞好经营管理,为中间商培训技术服务人员等。

10.4.2 激励中间商

生产企业通过相互签订的合同条款,无疑会促使中间商努力扩大销售。与此同时,生产企业还应不断地给各中间商以激励。要知道，中间商是独立的个体，在很多情况下，他总是会偏向顾客一边，认为自己是顾客的采纳者和忠实代表，而且多数中间商也不是只经销一家企业的产品，他们常常会把即将出售的商品搭配成组，向顾客出售，一般较少出售单项产品。再者，中间商也不太注意有关产品改进、包装、装潢及宣传推广等方面的资料，甚至有时还会有意识地将这些产品对生产者保密。正因为如此，生产者必须采取必要的措施，对中间商进行鼓励以便更好地对他们进行管理。

对中间商的激励可以通过以下五个方面来进行。

（1）向中间商提供价廉物美、适销对路的产品。这一措施可以从根本上为中间商创造良好的销售条件。为此，生产企业应根据市场及中间商的要求，调整生产计划，改进生产技术，提高产品质量，降低生产成本，改善经营管理。

（2）合理分配利润。生产企业要充分运用定价策略和技巧，根据中间商进货的数量、信誉、财力、管理水平等方面，对各类中间商进行考察，视不同情况，分别给予不同的回扣。同时，生产企业也应合理考虑中间商的利益，随着市场需求和中间商的销货量的变动情况，及时调整价格政策。

（3）积极开展各种促销活动。这种措施通常极受中间商的欢迎。有时，即使广告费用要求中间商合理分担一部分也不会被拒绝。

（4）必要的资金支持。这是中间商所期望的，因为这样做可以使他们放手放货，积极推销企业的产品。在现实的操作过程中，通常可以采取售后付款或先付部分货款待产品售出后再全部付清的方式，以解决中间商资金不足的困难。

（5）及时传递市场信息，提高经营管理水平。要搞好营销活动，须有及时灵敏的信息来源。企业可以将自己获得的市场信息及时传递给中间商，使他们在营销过程中做到心中有数，提高营销效益。为此，生产企业可定期或不定期地邀请中间商进行座谈，共同探讨市场动向，制定扩大销售的措施；也可以将企业自身的生产状况和生产计划告知中间商，以便中间商合理安排销售。

此外，还可以通过与中间商结成长期的伙伴关系来优化中间商的关系，达到激励中间商的目的。

10.4.3 调整分销渠道

由于市场诸方面因素的不断变化，现有的分销渠道可能会产生与企业的经营目标不相适应的问题。为此，企业应根据本身的要求，对分销渠道进行适当的调整。调整分销渠道通常有以下三种主要方式。

1. 增减个别中间商

即，在现有分销渠道中，对个别经营不善，长时间不能履行合同，影响整个分销渠道效益的中间商，进行协作关系的中止，并在适当的时候，增加符合生产者需要的中间商。以这种方式调整分销渠道时，生产者一定要头脑冷静，权衡利弊得失，不能因此而引起其他中间商的不满，防止出现一些不必要的矛盾。

2. 增减个别渠道

即，企业增设或取消某一地区的中间商。如企业发现某一地区的业务萧条，可以考虑取消该地区的销售，中止与该地区中间商的合作关系。同时，增加新的地区的销售，与新的地区的中间商建立合作关系。以这种方式调整分销渠道时，企业应认真地进行调查研究，并注重经济效益的分析。同时，也要注意其他地区中间商的反应，并采取有效措施，对容易引起的问题进行防范和解决。

3. 变更整个分销渠道

即，企业对原有分销渠道作较大改变，甚至完全废除原有的分销渠道，重新建立新的分销渠道。如，由长而宽的分销渠道变为短而窄的分销渠道，或由间接分销渠道变为直接分销渠道。这是调整分销渠道中难度最大的一种方式。以这种方式调整分销渠道，涉及整个市场营销组合的变动，因此，生产者采用这种方式时，要十分慎重。

分销渠道的调整，牵涉的因素比较多，往往比最初的分销渠道的选择更加困难。生产者绝不能把分销渠道的调整简单地看作是对中间商的取舍，而应把它看作是关系企业长远发展的大问题。为此，生产者不论采用哪种方式进行调整，都要进行通盘考虑，做好调整后的各项工作，以取得积极效果。

10.4.4 窜货现象及其预防与善后措施

1. 窜货现象

（1）窜货的含义。

窜货是指经销商置经销协议和制造商长期利益于不顾，进行产品跨地区降价销售。窜货是商业行为，其目的是盈利。经销商跨过自身覆盖的销售区域而进行的有意识的销售就属于窜货。这是一种经销商网络中的公司分支机构或中间商受利益驱动，把所经销的产品跨区域销售，造成市场倾轧、价格混乱，严重影响厂商声誉的恶性营销现象。

（2）窜货的类型。

按照性质分类，窜货可分为三类。

① 恶性窜货：经销商为了牟取非正常利润，蓄意向非辖区倾销货物。
② 自然性窜货：一般发生在辖区临界处或物流过程，非供销商恶意所为。
③ 良性窜货：经销商流通性很强，货物经常流向非目标市场。

按照市场分类，窜货也可分为三类。

① 同一市场内部的窜货——甲乙互相倒货。
② 不同市场之间的窜货——两个同一级别的总经销之间相互倒货。
③ 交叉市场之间的窜货——经销区域重叠。

（3）窜货产生的原因。

产生窜货现象的原因主要有以下几方面。

① 厂家将销量压力直接转移给经销商。这些厂家不顾当地市场容量、品牌现状及经销商的分销能力，给经销商施加过重的任务量，并把奖励门槛定得很高，对持续合作

要求过于苛刻，导致经销商不得不另觅捷径，依靠向其他区域窜货来完成任务量。

② 厂家为提高经销商的积极性，通常在销售政策中设定各种形式的奖励，且大多采取以鼓励销量为目的的累计台阶返利形式，即奖励与销量挂钩，销量越大，奖励折扣也就越高。于是，一些实力雄厚的商家为了博取折扣差额，以做销量为根本，不择手段地向外"侵略"以达到提升销量的目的。

③ 当市场存在价差，且足以弥补运输成本时，窜货的必要条件便会形成。价差的来源较多，主要有：厂家在不同市场实行差别定价；经销商提前透支各种奖励和年终返利形成价差；厂家控价措施不力，在实际操作中由于人为因素造成的政策上的不平衡（即大批发商通常能获得更多的优惠政策和销售补贴）；厂家提供的促销支持和一些费用补贴被一些经销商变成差价补贴；经销商低价处理库存积压产品；经销商出于商业目的，窜货销售时故意压价，人为制造竞争筹码等。

④ 报复性窜货是商家在混乱的市场秩序中不得已采取的自卫行为，在厂家市场管理乏力的区域普遍存在。此时市场价格已趋于失控，市场竞争演成了商家之间拼实力比规模的价格竞争，而经销大户通常能在这场竞争中占据优势。

⑤ 有些经销商虽然经营某一品牌产品，但并不是以通过经营该产品获取利润为主要目的，而是将其作为融资套现的工具。银行承兑汇票是许多经销商的主要支付方式，也是其主要融资手段。通过在承兑期内分销产品套现，再投入其他高利润经营活动中。这类经销商一般没有长久合作意愿，市场规范、区域划分对他们毫无意义，一些全国性的畅销品牌通常成为其融资对象，而窜货则是实现其快速套现的捷径。

⑥ 库存积压产品在很大程度上是由于在当地不适销，为了减少过大的库存带来的资金压力，经销商一方面通过降低价格尽快抛售出去，另一方面使产品尽量流向适销区域。特别当经销商经营出现问题或与厂家中止合作后，更会不计后果地跨地区低价抛售，短期内会严重影响其他地区经销商的经营，控制难度也相对较大。

2. 预防窜货的策略

（1）制定合理的奖惩措施。

在招商声明和合同中明确对窜货行为的惩罚规定，为了配合合同有效执行，必须采取一些措施。

① 交纳保证金。保证金是合同有效执行的条件，也是企业提高对窜货经销商威慑力的保障。如果经销商窜货，按照协议，企业可以扣留其保证金作为惩罚。这样经销商的窜货成本就高了，如果窜货成本高于窜货收益，经销商就不轻易窜货了。

② 对窜货行为的惩罚进行量化。企业可选择下列模式：警告、扣除保证金、取消相应业务优惠政策、罚款、货源减量、停止供货、取消当年返利和取消经销权。同时奖励举报窜货的经销商，调动大家防窜货的积极性。

（2）建立监督管理体系。

① 把监督窜货作为企业制度固定下来，并成立专门机构，由专门人员明察暗访经销商是否窜货。在各个区域市场进行产品监察，对各经销商的进货来源、进货价格、库存量、销售量、销售价格等了解清楚，随时向企业报告。这样一旦发生窜货现象，市场稽查部马上就可以发现异常，企业能在最短时间内对窜货做出反应。

② 企业各部门配合防止窜货的发生。比如，企业可以把防窜货纳入企业财务部门日常工作中。财务部门与渠道拓展人员联系特别紧密，多是现款现货，每笔业务必须经过财务人员的手才能得以成交。因此财务人员对于每个区域销售何种产品是非常清楚的。所以只要企业制定一个有效的防窜流程，将预防窜货工作纳入财务工作的日常基本工作中，必将会减少窜货现象的发生。比如，利用售后服务记录防止窜货。售后服务记录记载产品编号和经销商，反馈到企业后，企业可以把产品编号和经销商进行对照，如果不对应就判断为窜货。

③ 利用社会资源防窜货。
A．利用政府的"地方保护行为"，与当地工商部门联系，合作印制防伪不干胶贴。
B．组成经销商俱乐部，不定期举办沙龙，借此增进经销商之间的感情。
C．采取抽奖、举报奖励等措施。
D．把防伪防窜货结合起来，利用消费者和专业防窜货公司协助企业防窜货。

（3）减少渠道拓展人员参与窜货。
① 建立良好的培训制度和企业文化氛围。企业应尊重人才、理解人才、关心人才，讲究人性化的方式方法，制定人才成长的各项政策，制定合理的绩效评估和酬赏制度，真正做到奖勤罚懒，奖优罚劣。公正的绩效评估能提高渠道拓展人员的公平感，让员工保持良好的工作心态，防止渠道拓展人员和经销商结成损害企业的利益共同体。
② 内部监督渠道拓展人员。同时不断培训和加强对市场监督人员的管理。

（4）培养和提高经销商忠诚度。
随着行业内技术的发展与成熟，产品的差异化越来越小，服务之争成为营销竞争一个新的亮点。完善周到的售后服务可以增进企业、经销商与顾客之间的感情，培养经销商对企业的责任感与忠诚度。企业与渠道成员之间的这种良好关系的建立，在一定程度上可以控制窜货的发生，经销商为维系这种关系，是不会轻易通过窜货来破坏的。企业应无条件或附加一定条件允许经销商退货，尽量防止经销商产品出现积压而窜货。

（5）利用技术手段配合管理。

防伪防窜货措施

利用技术手段配合管理的效果和目的如同在交通路口安装摄像头：利用技术手段弥补营销策略缺陷，建立销售服务防窜货平台，适时监视经销商，帮助收集窜货证据。基于这种目的，采用防伪防窜货编码的标签对企业产品最小单位进行编码管理，把防伪防窜货结合起来，便于对窜货做出准确判断和迅速反应。可借助消费者力量建立科技窜货预警平台，在矛盾激化前平息问题，保证整个销售体系的和谐、平顺。许多先进的生产企业已经率先采用了科技防窜货技术。这种技术手段的特点是主要借助通信技术和电脑技术，在产品出库、流通到经销渠道各个环节中追踪产品上的编码，监控产品的流动，对窜货现象进行适时的监控。

3. 窜货发生后的善后工作

（1）防止窜货的扩大。一是允许窜货经销商将所窜货在被窜货市场销售，直到被窜的货物被完全消化，但销售价不能低于企业规定的价格；二是责令窜货经销商停止窜货。

（2）**制裁窜货经销商**。根据不同情况可采取以下方式进行惩罚：没收保证金、取消年终返点奖励、取消年终奖金、取消广告支持、取消经销资格。

（3）**安抚被窜货经销商**。当窜货发生时，企业或者被窜货经销商收购窜货产品，防止窜货冲击当地价格体系，同时给被窜货经销商适当的补偿，以减少其不满情绪。

本 章 小 结

分销渠道是指某种货物和劳务从生产者向消费者移动时取得这种货物和劳务的所有权或帮助转移其所有权的所有企业和个人。它主要包括商人中间商、代理中间商及处于渠道起点和终点的生产者与消费者。分销渠道按照不同的标准，可以分为直接渠道和间接渠道、长渠道和短渠道、宽渠道和窄渠道、单渠道和多渠道等。

影响分销渠道选择的因素主要包括企业自身的特性、产品特性、目标市场特性、竞争者特性、中间商特性、政府有关立法及政策规定等。分销渠道设计过程分为三个步骤：确定分销渠道目标；设计备选渠道方案；评估并选择渠道方案。企业对分销渠道的管理，其内容主要包括：确定生产者与中间商相互的职责、权利和义务；检查和激励中间商；调整分销渠道并整治窜货现象。

批发商是指大批量购进并批量售出商品，通过商品购销获取商业利润的中间商，在商品流通中发挥着主要作用。批发商可分为四大类：商人批发商（完全服务批发商和有限服务批发商）；经纪人和代理商；制造商和零售商的分部和营业所；代销品批发商；机动式批发商；仓储式批发商；其他批发商。零售商是指专门从事将商品直接销售给最终消费者的中间商，零售商的购进对象通常主要是批发商或生产者，其销售对象一般是最终消费者，处于商品流通的最终环节。零售商的种类繁多，按不同标准可以进行不同的分类。按照经营商品的广度和深度不同，可以分为专业商店和综合商店（百货商店和超级市场）；按照经营中采取的竞争手段不同，可以分为连锁商店、折扣商店、仓库商店和特许经营商店；按销售商品的方式不同，可以分为邮购和电话订货零售、自动售货机、购买服务和流动售货。

拓展训练项目

一、阅读分析

酒类厂商如何激活渠道？

如果没有这次疫情的出现，酒类厂商可能还醉心于渠道压货，很有可能在大唱高速增长及行业向好的赞歌。始料未及的是，"黑天鹅"突袭而来，让酒类厂商猝不及防。其实白酒行业在2019年下半年已经出现疲态，大型酒企的数量再次减少。那么推动下一轮白酒行业进步的是什么模式呢？笔者认为是渠道＋社群。鉴于白酒行业具备强社交和聚饮消费的特殊性，离开线下渠道缺乏商业的基础设施，何况最近几年增长好的酒企，都是在线下渠道基础上增强了用户的体验性。如果不能借用新营销思维和互联网工具进行改造，在大数据时代，传统渠道的低效已经成为连接C端用户的障碍。如何基于白酒行业的现实来解决渠道问题，是每个从业者都必须思考的课题。

(一) 商业生态环境的变化

1. 传统线下的局限性

这次疫情让我们看到了线下的无力感和焦虑感。无力感是因为白酒销量主要来自线下，啤酒及其他饮品企业在疫情期间，推出了到家业务，白酒企业除了捐款和听直播之外，在线下和社群以及线上销声匿迹了。焦虑感是因为更多春节旺季无场景的消费和未来的不确定性。但是白酒消费需求依然在高速增长，高端价格一再走高，次高端和省级龙头酒企的需求高涨，大众酒的价位依然在升级，这说明需求端并没有出现问题，而在与用户的需求对接和理解上，发生了严重的误判和错位。特别是本地疫情的期间，纯粹线下的渠道暴露出了与时代脱节的问题。重新认识线下资源，甚至借助全新的营销思维和互联网工具提升线下渠道的连接能力和连接效率。

2. 厂商联盟势在必行

很多人说白酒行业传统，其实是渠道环境复杂和效率低下。前几年电商虽然对白酒渠道有所推动，但是目前来看，推动速度及效率较为缓慢，推动缓慢的根本原因可能是两个思维。第一是取代思维，电商在白酒去库存期间，采用低价的屠刀，一方面为了达到垂直用户的目的；另一方面对传统渠道带来了强烈的冲击。传统的线下渠道不但不接受电商，甚至非常反感和拒绝与电商合作。第二是厂商在利益分配上的博弈：一是厂家无法提供线下渠道全新的盈利模式，二是渠道自身相对其他行业活得不错。这次疫情的出现与以往"温水煮青蛙"的方式完全不同，这次疫情充当了"开水煮青蛙"的作用，让商家感受到了被"烫伤"的疼痛。从目前来看，厂商共建联盟体，把双方资源优势通过互联网去放大，一些先知先觉的企业已找到了路径。有些企业开始通过赋能渠道、连接用户，实现传播、分享、拉新、复购和裂变。厂商共建联盟，打通用户的最后一米，在传统商业时代可能不太现实，但随着互联网基础设施完善，正逐渐成为现实。有些明智的厂家，开始联盟经销商对下游渠道进行改造，通过渠道的多年积累客情和强关系对C端用户实现连接。

3. 社交和商业的共振

白酒是社会交往和情感交流的润滑剂，消费者在社交中使用白酒的场景无处不在。在商言商的传统商业时代，白酒销售主要靠品牌传播和渠道的双向驱动，随着市场发展，这种老套路越来越难以为继。从江小白、李渡到近年来成功的各种商业案例，都是先有社交能量，再有商业价值。比如共享经济、社群经济等。社交能量发挥的前提是撇开赚钱这一商业话题，更多地去关心用户与社会关系。企业站到利他的高度，谈社会关注的话题，做有社会效应，让公众受益的事情。只有这样才能真正融入社交环境生态圈的话语体系，全力塑造企业的社会身份，做大自己的朋友圈。如果企业的所作所为，可以得到政府、社会、媒体及用户的关注和支持，其商业价值就会自然而然地形成。如果白酒只能是个赚钱的行业，得不到社会尊重和认可，这个行业就很难健康发展下去。酒类厂商今后要在这方面多下功夫，只有利他，才能利己，有了社会认同，商业随之产生。

（二）为什么要渠道＋社群？

1. 用社群改造白酒

酒类厂商主要还是以线下渠道销售为主，并且已经积累了多年经验。白酒渠道是中国特有的熟人关系链，在线下渠道合作过程中，有较好的客情和信任关系，目前的问题是没有通过新营销思维和互联网工具放大而已。电商为什么解决不了此类问题？正是因为白酒消费者天然认熟人，所以在整个白酒零售总额中，直供用户的销量占比高达40%以上。渠道＋社群就是把渠道的关系在社群上放大，同时社群又把渠道的关系通过交互变得更加熟悉。

2. 酱酒的发展就是受益于社群

酱酒虽然有茅台这个"带头大哥"的加持，但在酱酒向全国推广的初期，社群的功劳无疑最大，中国最大的酒类社群——肆拾玖坊就是依靠酱酒突破10亿元销售额的。社群营销在酱酒实践中虽然出现了各种问题，但是众多酱酒企业目前还主要依靠社群，仅仅靠社群是可以做到核心用户的圈层化，非常类似于原来团购用户的放大版，依然还是在小圈子内消费，很容易遇到发展瓶颈。如果能在传统渠道中放大，未来发展不可估量，金沙回沙酒在河南市场的突破，就是用社群聚粉，用渠道放大，聚合多种社会资源的结果。

3. 社群是线下放大的必经之路

白酒营销逻辑是核心意见领袖带动大众，这一本质从来没有改变。原来是依靠政务带动商务，今天是社会精英群体引领大众，核心意见领袖成员发生了改变。核心意见领袖主要由三类人构成：一是有价值符号的IP或者网红；二是本身有足够影响力的KOL；三是能够影响重要关系成员的KOC。线下渠道本身与以上社群成员都有多年的交集和关系积累，需要构建渠道社群化运营系统，通过这几年的互联网催化、普及和影响，也意识到了渠道＋社群的重要性。目前通过渠道＋社群，把信任链向推荐链纵深延展，改变以往利润结构。

传统企业渠道社群化，渠道和社群互为标配，都是未来厂商联盟B端打通C端的基础设施，特别是本次疫情的出现，纯粹线下的企业感受了束手无策和内心的极大焦虑。对于传统企业而言，激活渠道实现社群化，从而打通三度空间（线下、社群和网络空间），是最为现实的路径。

（资料来源：牛恩坤．https://baijiahao.baidu.com/s?id=1658473293298157617&wfr=spider&for=pc，新浪财经，2020-02-14，有删改．）

思考题：用社群改造白酒有什么好处？

二、拓展项目设计

1. 学生自由分组，每组4～5人，并以小组为单位进行实地调查，对生产与本小组所选定的产品相近的企业进行走访，了解其渠道选择、运行、管理的状况（如可询问商店营业员某产品的货源情况等）。

2. 总结所走访企业的渠道状况及渠道选择的一般模式。

3. 指出调查企业渠道设计、运行、管理中的问题。

4. 每个小组需要设计出本小组所选定产品的渠道方案，并将其制作成PPT，以便在课堂上进行方案分享与评价。

在线答题

第 11 章

促 销 策 略

教学目标

通过本章学习,要求学生了解促销的概念与作用、促销组合内容及影响因素;掌握推动式策略、拉动式策略;掌握广告的概念与作用、分类及广告策略;掌握人员推销的特点及策略、推销人员的管理及培训;了解销售促进的含义及方式;了解公共关系的作用、公共关系促销的方式。

教学要求

知识要点	能力要求	相关知识
促销与促销组合	能够理解促销与促销组合的定义、特点和作用,促销的方式及促销组合策略	促销概念、作用;推动式策略和拉动式策略;促销组合的概念、方式和影响促销组合决策的因素
促销的类型及管理	能够进行广告、人员推销、销售促进及公共关系方案设计,能够选择合适的促销方式进行促销	广告的概念与作用、分类及广告策略;人员推销的特点及策略、推销人员的管理及培训;销售促进的含义及方式;公共关系的作用、公共关系策略

促销策略是市场营销策略的重要组成部分,是产品顺利销售的保证。美国国际商业机器公司(IBM)创始人沃森说过:"科技为企业提供动力,促销则为企业安上了翅膀。"在商品市场高度繁荣的今天,企业通过有效的促销组合策略,有助于加强与消费者的信息沟通,强化消费者对产品的认知,诱导消费者的需求,达到扩大产品销售和占领市场的目的,从而在激烈的竞争中获得有利地位。

 **导入案例**

钱大妈定时打折,不卖隔夜肉菜

随着"懒人经济"的兴起和消费者对食品安全、健康的益发重视,大量社区生鲜专营店应运而生并成为新一代消费者的生活首选。钱大妈就是其中代表之一,以"定时打折,不卖隔夜肉"的核心经营理念,迅速发展成为华南社区生鲜(连锁)行业的领先品牌之一。

据悉,2020年3月27日,在获得许可的前提下,钱大妈在武汉的第一家门店——东方雅园终于在大家期待下正式恢复营业。经过团队一个月的努力,东方雅园最终在4月28日提前突破百万销售量。

钱大妈,这个颇具广场舞气质的品牌,是从开在深圳的一家猪肉专卖店发展起来的。创始人冯冀生原本是要在东莞市开设第一家店,可是他很快发现,就算你"不卖隔夜肉",门店开在菜市场里仍然是不会有生意的。于是,2013年4月,钱大妈第一家标准意义上的社区店,就在深圳临近香港口岸的住宅区里开张了,给附近社区的居民提供比菜市场更近的选择。经过一年半的直营试水,钱大妈于2014年12月引入了标准供应商体系,和多家现代化农业规模种植企业达成合作,并正式启动招商加盟战略。

截至2019年9月,钱大妈门店总数已经超过1 600家,除了200多间直营店之外其他均为加盟。从东莞农贸市场一家肉铺,到今天社区生鲜头部品牌,钱大妈只用了8年。究竟钱大妈是怎么做到的?钱大妈的经营哲学是:定时打折,直至白送,绝不过夜。

新鲜对于生鲜商家的重要性不言而喻,但很多商家囿于控制成本等因素,最后总是陷入重新打包隔夜产品再售卖的漩涡,而钱大妈却做到了"保持新鲜"这一点。

钱大妈提出了"不卖隔夜肉"的承诺,为了践行这一承诺,推出了"定时打折"策略:每天从19:00开始,每隔半小时打低1折,19:00打9折,19:30打8折,以此类推,直至23:30,全场未售出的肉、菜就免费派送,绝不过夜。

这种类似于天天清仓大甩卖的营销方式,对工薪阶层和习惯省吃俭用的大爷大妈而言,可以说是一项"致命"的诱惑。因此,每天19:00~20:30,就可以看到很多大爷大妈从家里蜂拥而出,到钱大妈去排队抢购肉、菜的壮观现象。

这种折扣政策生生把卖菜现场变成了拍卖会——小区里的老年居民一到点,就去钱大妈门口排队等着打折,但又不敢太晚买单,毕竟还有很多"竞拍者"等着买。打折换来了流量,流量却加剧了买方竞争,于是承诺23:30免费派送的钱大妈,往往在20:00~21:00就已经清完了库存。

长此以往,将打折培养成了一种习惯,消费者看着空空荡荡的货架,自然也就愿意相信钱大妈口号的名副其实以及加深对其菜品质量的信任。

这种策略的背后,是生鲜市场的高损耗痛点,如果放着店里的商品不卖,一旦过了夜,高昂的损耗就成了成本,卖家一样要自己承担。

据测算,假设一斤白菜在生产基地是0.4元,运送到一批市场损耗30%,加价

50%，变成了 0.6 元；运到二批市场损耗 5%，加价 80%，变成了一块；运到三批市场或是社区店又有一些损耗，加价 40%，变成了 1.5 元。这么一整条供应链走下来，白菜的身价涨了四倍。为了解决运输过程的高损耗和高溢价，钱大妈选择自建冷链运输、布局生产基地，跳过中间环节直接从农田送菜到店里。于是，每天下午 15:00 之前，门店下订单给后台，次日凌晨 5:00 之前，产品就送到了店里，整个采购到上架的流程只要 14 小时。这种效要依靠后台整个供应链的配合，那也就需要规模去摊平供应商的成本，所以钱大妈近三年一直在借助加盟模式快速扩张。有了规模，对上游的议价能力也进一步增强，于是，商业模式的正向循环就形成了。

而除了"不卖隔夜肉"之外，钱大妈还有什么？

会员线上预定，可团购享优惠。2018 年，钱大妈转战电商，把社区团购玩得风生水起。新用户首次使用小程序"钱大妈精选商城"时，会得到一批次日达产品的优惠券。这种订货模式是先让用户下单后再配货给门店，次日达的订货比例如果能够提升，也就意味着钱大妈将在不增加库存积压风险的前提下，增加旗下门店的收益。通过会员系统、线上预定等方式，留住门店获得的客流，提升用户粘性，也进一步增加门店坪效。从小程序的补贴设计上，也看到钱大妈正在向线上引流，转战电商的野心。

推行"店长承包"和"内部加盟"机制。这样的机制能让员工在工作的同时，有机会实现自己的创业梦，翻身当老板。没有资金的可以先承包，待门店管理的经验和开店的资金积攒到位后，再升级到内部加盟，一步一步地朝着更好的方向发展。门店加速发展，脱离不了人才的补给。钱大妈将直营店作为人才培养平台，同时针对内部店长，开辟了两条加盟途径。一种是"店长承包制"。钱大妈内部规定：工作满一年的店长可以根据门店面积缴纳 2～3 万元押金承包门店，超出周边门店销售业绩的盈利部分为店长个人收益。另一种被钱大妈称为"城市内加盟"，即钱大妈开放一定的加盟名额，选择优秀店长，由他们出资 8 万元，即可成为责任人，对加盟商开放加盟权限。这两种机制的推出极大地激励了员工推销门店菜品的积极性。

钱大妈定时打折，不卖隔夜肉菜

（资料来源：笔者通过互联网相关材料改编整理）

11.1 促销与促销组合

11.1.1 促销

1. 促销的概念与作用

（1）**促销的概念**。

促销是指企业通过人员和非人员的方式把产品和服务的有关信息传递给顾客，以激起顾客的购买欲望，影响并促成顾客购买行为的全部活动的总称。

在市场经济中，社会化的商品生产和商品流通决定了生产者、经营者与消费者之间存在信息上的分离，企业生产和经营的商品和服务信息常常不为消费者所了解和熟悉，或者尽管消费者知晓商品的有关信息，但缺少购买的激情和冲动。而促销是企业市场营销的一个重要策略，企业主要通过人员推销、广告、销售促进、公共关系等活动把有关产品的信息传递给消费者，激发消费者的需求，甚至创造消费者对产品的新需求。通过各种策略，向企业外部传递信息，与中间商、消费者及各种不同的社会公众进行沟通，树立良好的产品形象和企业形象，使消费者最终认可企业的产品，实现企业的营销目标。

促销的方式分为**人员促销**和**非人员促销**。人员促销又称人员推销，是指供应方派出推销人员或营业人员与顾客面对面地介绍产品等有关情况，答复顾客的询问，说服顾客购买。非人员促销是指供应方通过一定的媒介传送产品或劳务的信息，促使顾客产生购买动机和购买行为的一系列的活动，包括销售促进、广告、公共关系等。

促销的实质是信息沟通。销售活动是物流、商流和信息流的统一过程，生产者通过信息沟通，将商品或劳务的存在、性能特征等信息传递给经营者和消费者，或通过信息的反馈，及时了解顾客的反应和意见，以便与用户保持良好的联系，保证营销的顺利实现。信息沟通的主要工具是传播媒体，有**单向信息沟通**和**双向信息沟通**之分。单向信息沟通是指一方发出信息另一方接受信息，如商业广告、橱窗陈列、商品包装、说明书、宣传报道等，均属于卖方→买方的信息单向沟通；而顾客的意见书，消费者的评议等则是买方→卖方之间的信息单向沟通。双向信息沟通是指买卖双方相互交流信息，每一方既是信息的发出者，又是信息的接收者，如推销人员通过上门推销，现场销售等方式把产品直接介绍给用户，同时，用户也把自己的需要和意见反馈给推销人员，均属卖方与买方之间的信息双方沟通。

促销的目标是吸引消费者对企业或商品的注意和兴趣，激发消费者的购买欲望，促进消费者采取购买行为。

（2）**促销的作用**。

① 传递产品销售信息。在产品正式进入市场以前，产品销售的信息沟通活动就应开始了。企业必须及时向中间商和消费者传递有关的产品销售情报。通过信息的传递，使社会各方了解产品销售的情况，建立起企业的良好声誉，引起他们的注意和好感，从而为企业产品销售的成功创造前提条件。

② 创造需求，扩大销售。企业不论采用什么促销方式，都应力求激发潜在顾客的购买欲望，引发他们的购买行为。消费者的消费需求和购买动机具有多样性和复杂性的特点，因此，企业只有针对消费者的心理动机，通过采取灵活有效的促销活动，诱导或激发消费者某一方面的需求，才能扩大产品的销售。并且，通过企业的促销活动来创造需求，发现新的销售市场，从而使市场需求朝着有利企业销售的方面发展。

③ 突出产品特色，增强市场竞争力。随着社会经济的发展，市场竞争日趋激烈，不同的厂商生产经营许多同类产品，消费者对这些产品的细微差别往往不易察觉。这时，企业通过促销活动，宣传本企业的产品较竞争对手产品的不同特点，以及给消费者带来的特殊利益，使消费者充分了解本企业产品特色，引起他们的注意和欲望，进而扩大产品的销售，提高企业市场竞争力。

④ 反馈信息，提高经济效益。企业只有把产品尽快地转移到消费者手中，才能实

现产品的价值。如果产品卖不出去,产品的价值无法实现,消耗在产品中的劳动得不到社会的承认,那么,企业的生产经营活动就会出现负效益。一般来说,产品价值的实现与经济效益是成正比例发展的。对于企业来说,在成本和价格既定的情况下,产品销量越大,销售额越高,效益越好;反之,情况则相反。而要做到扩大销量,提高效益,就必须重视产品销量工作。通过有效的促销活动,使更多的消费者或用户了解、熟悉或信任本企业产品,并通过消费者对促销活动的反馈,及时调整促销决策,使企业生产经营的产品适销对路,扩大企业的市场份额,巩固企业的市场地位,从而提高企业营销的经济效益。

小链接

"限客进门"的销售

意大利的菲尔·劳伦斯开办了一家七岁儿童商店,经营的商品全是七岁左右儿童吃穿用玩的用品。商店规定,进店的顾客必须是七岁的儿童,大人进店必须有七岁儿童做伴,否则谢绝入内,即使是当地官员也不例外。商店的这一招不仅没有减少生意,反而有效地吸引了顾客。一些带着七岁儿童的家长进门,想看看里面到底"卖的什么药",而一些带领其他年龄孩子的家长也谎称孩子只有七岁,进店选购商品,这使菲尔的生意越做越红火。后来,菲尔又开设了20多家类似的商店,如新婚青年商店、老年人商店、孕妇商店、妇女商店等。妇女商店谢绝男顾客入内,因而使不少过路女性很感兴趣,少不得进店看一看。孕妇可以进妇女商店,但一般无孕妇女不得进入孕妇商店。戴眼镜商店只接待戴眼镜的顾客,其他人只得望门兴叹。左撇子商店只提供各种左撇子专用商品,但绝不反对人们冒充左撇子进店。所有这些限制顾客的做法反而起到了促进销售的效果。

(资料来源:https://www.sohu.com/a/286562209_577388,2022-05-18。)

2. 促销的基本策略

企业促销的基本策略从促销活动运作的方向来分,包括"推动式策略"和"拉动式策略"两种。

(1)推动式策略。

推动式策略是以人员推销为主,辅之以对中间商的销售促进,兼顾消费者的销售促进,把产品推向市场的促销策略,其目的是说服中间商与消费者购买企业产品,并层层渗透,最后到达消费者手中。这种方法是通过分销渠道将产品"推"给最终消费者,也就是企业直接对其渠道成员进行营销活动,以诱导他们选购产品并促销给终端消费者。推动式策略主要是运用人员推销和营业推广的手段,重点调动批发商及零售商销售产品的积极性,比较适合于生产资料的促销,即生产者市场的促销活动。其运作过程如图11.1所示。

图 11.1 推动式策略运作过程

（2）拉动式策略。

拉动式策略是企业通过广告或其他非人员促销手段，直接诱发消费者的购买欲望，由消费者向零售商、零售商向批发商、批发商向企业求购，由下至上，层层拉动购买，其重点以调动广大潜在顾客强烈的购买欲望为主，由消费者的购买欲望推动各级各类中间商主动进货。在实践中，一些工业品公司只采用推动式策略，如医疗器械公司，而一些采取直接营销的公司则只用拉动式策略。但大多数的公司采用的是推拉结合的混合策略，也就是说，一方面要用广告来拉动最终用户，刺激最终用户产生购买欲望，另一方面要用人员推销的方式向中间商推荐，使中间商乐于经销或代理自己的商品，形成有效的分销链。例如，可口可乐公司一方面通过地毯式广告轰炸，树立品牌，刺激消费者购买；另一方面，大力支持中间商，帮助中间商铺货及促销，使产品随时随地到达消费者的手中。其运作过程如图 11.2 所示。

图 11.2 可口可乐公司营销运作过程

知识小链接：一般情况下，对于单位价值较高、需求比较集中、技术含量高、销售批量较大的产品，宜用"推"的策略；对于单位价值较低、需求分散、销售批量较小的产品，宜用"拉"的策略。

3. 促销方案的制定

促销者要取得理想的促销效果，必须制定有效的促销方案，其步骤如下所述。

（1）识别目标受众。

要制定有效的促销方案，首先必须要弄清沟通的对象是谁。沟通的对象可能是企业产品的潜在购买者或使用者，也可能是对做出购买决策有影响的人。沟通者所选定的目标受众不同，其传递信息的内容、方式、时间、地点、渠道等都有所不同。

（2）确定沟通目标。

沟通目标的确定主要取决于市场需求所处的状态。如果是新产品投放市场，企业的沟通目标就是引起目标顾客注意，让其了解产品；若企业的产品已被目标顾客所熟悉，那么，企业的任务就是要以实际利益来打动顾客，引起其兴趣直至采取购买行动。

（3）信息设计。

根据一定的目标受众和沟通目标，促销者就可以开始进行信息的设计。一个理想的信息应能够起到引起注意（Attention）、产生兴趣（Interest）、激发欲望（Desire）及促成行动（Action）的作用，即"AIDA"模式。但是很少有信息可以同时达到这些作用。要设计出具有"AIDA"特性的信息，必须要解决的问题有：① 信息内容，即促销者要说些什么；② 信息结构，即如何将信息表达得合乎逻辑；③ 信息形式，即有效传递信息的格式；④ 信息来源，即由谁来传播信息。

（4）选择沟通渠道或媒介。

沟通渠道主要包括人员沟通渠道与非人员沟通渠道。前者指对选定的个人或群体进行直接的、正面的接触，它可通过推销员或企业代表以面谈、专家咨询、社交途径等来实现；后者主要通过媒介传送信息进行间接的接触沟通，主要有大众传播媒体，如广播、电视等。人员渠道和非人员渠道的效果有着相当明显的差异，这种差异在一定程度上限制着促销沟通意图的表达和目标的实现，当然，二者之间并非针锋相对、相互排斥。企业应根据实际情况选择适合的传播渠道。

（5）衡量促销效果。

促销效果是促销者最为关注的问题之一。促销者要对其设计的信息和选择的沟通渠道所能够带来促销效果进行评估和衡量，以便于决策和实施。

11.1.2　促销组合的概念和方式

1. 促销组合的概念

促销组合是一种组织促销活动的策略思路，主张企业运用广告、人员推销、公关促销、营业推广四种促销方式组合成一个策略系统，使企业的全部促销活动互相配合，协调一致，最大限度地发挥整体效果，从而顺利实现企业目标。

促销组合体现了现代市场营销理论的核心思想——整体营销。促销组合是一种系统化的整体营销策略，四种基本促销方式则构成了这一整体营销策略的四个子系统。每个子系统都包括了一些可变因素，即具体的促销手段或工具，某一因素的改变意味着组合关系的变化，也就意味着一个新的促销策略。

2. 促销组合的方式

企业的促销活动种类繁多，但主要有广告促销、人员推销、销售促进和公关促销四种形式，它们构成了促销组合的方式。这四种形式各有特点，在具体应用上都有其优势和不足，都有其实用性；既可单独使用，也可以组合在一起使用以达到最好的效果。所以，了解各种促销组合的含义是选择促销方式的前提和基础。

（1）广告促销策略。

广告是企业用以对目标顾客和公众进行直接说服性传播的主要工具之一。菲利普·科特勒在他所著的《营销管理》一书中对广告进行了定义："广告是由明确的主办人发起，通过付费的任何非人员介绍并推广促销其创意商品或服务的行为。"

（2）人员推销策略。

人员推销是指由企业派出销售人员或委派专职推销机构，直接向目标市场的顾客介绍和销售商品的活动。

（3）销售促进策略。

销售促进策略也称营业推广策略，是指企业在短期内为了刺激需求而进行的各种促销活动。这些活动可以诱发消费者和中间商大量购买，从而促进企业产品销售的迅速增长。它是企业短期促销最有力的工具。

（4）公共促销策略。

公共关系是一门先进的科学管理思想和艺术，它强调为了本组织的长远利益而采取真诚服务于公众利益的原则，通过有计划地长期努力和传播沟通，树立良好的组织形象，达到组织与内外公众的信息沟通，实现公众对组织的理解、支持与合作。

除了以上四种常见的促销组合方式，随着社会、经济的发展及市场营销理论与实践的不断进步，也有一些新的促销手段被人们所关注，比如直接销售，其中包括电话营销、邮寄营销和网络营销等。直接销售借助新的信息平台，及时、迅速地把产品信息发送给特定的目标消费者，并能较好地满足个体消费者的需求；另外，消费者可以通过信息平台及时反馈，形成互动型的双向传播。与人员推销相比，由于减去了销售人员环节，其成本要低。因此，直接销售越来越受到企业的欢迎。

3. 影响促销组合决策的因素

促销组合决策就是如何选择和组合应用以上几种促销方式，达到企业的促销目的。由于各种促销方式各有优缺点，企业常常将多种促销方式同时使用，影响促销组合决策的因素很多，这是主要考虑以下因素。

（1）促销目标。

它是企业从事促销活动所要达到的目的。在企业营销的不同阶段，为了适应市场营销活动的不断变化，要求有不同的促销目标，如新产品进入市场或占领市场，延长老产品的市场生命周期等。没有目标的促销活动收不到理想的效果。促销目标对促销方式的选择会产生直接的影响。一般来说，企业的促销目标可分为两类：一类是有利于增强企业获利能力的长期目标；另一类是有利于提高销售额和利润的短期目标。很显然，第一类注重树立良好的企业形象，加强与社会的联系，改善企业的经营环境。那么，公共关系将是实现这一长期目标的主要手段。而在短期内提高销售额和利润的最有效的方式是广告、营业推广和人员推销。

（2）产品的属性。

产品从其基本属性角度来看可分为生产资料和生活资料。生产资料采用以人员推销为主的促销组合，因为生产资料产品技术性较强，购买者数量较少，但购买数量大且金额较高；生活资料采用以广告为主的促销组合，因为生活资料市场购买者人数较多，产品技术性较简单，标准化程度较高。在生产者市场和消费者市场上，公关促销和营业推广都处于次要地位。当然，也不能把问题绝对化。

（3）产品的生命周期。

在产品生命周期的不同阶段，有不同的促销目标，因而应采取不同的促销组合。在产品投入期阶段，新产品首次打入市场，应采用以广告为主的促销组合，重点宣传产品的性质、品牌、功能、服务等，以引起消费者对新产品的注意。在产品成长期阶段，市场已经发生了变化，消费者已对产品有所了解，仍采用以广告为主的促销组合，但广告宣传从一般介绍产品转而着重宣传企业产品特色，树立品牌，使消费者对企业产品形成偏好。这时应增加促销费用，并配合人员推销，以扩大销售渠道。在产品成熟期阶段，产品已全部打入市场，销售从鼎盛转而呈下降趋势。这时，广告促销仍不失为一种重要方式。但其他促销方式应配套使用，尤其应重视营业推广方式。在产品衰退期阶段，同行竞争已到了白热化程度，替代产品已出现，消费者的兴趣已转移，这时企业应该削减原有产品的促销费用，少量采用提示性广告，对于一些老用户，营业推广方式仍要保持。

（4）目标市场特点。

目标市场的特点是影响促销组合决策的重要因素之一。目标市场在销售范围大，涉及面多的情况下，应以广告促销为主，辅以其他促销方式；目标市场相对集中，销售范围较小，需求量较大的，应以人员推销为主，辅以其他促销方式。如果目标市场消费者文化水准较高，经济收入宽裕，应较多运用以广告和公关促销为主的组合，反之，应多用以人员推销和营业推广为主的促销组合。

（5）竞争者情况。

除非销售的产品是垄断性产品，否则需要考虑竞争者对企业的影响。企业在开展促销活动之前，就应了解竞争对手的情况。如他们面临着什么样的问题？他们的促销策略及效果如何？他们的竞争优势和企业实力在哪里？他们的促销活动会给企业造成什么不利影响？将对竞争者的分析当作一项长期的任务来进行，以便企业在促销中能保持有利的地位。

（6）促销费用。

企业的促销活动需要一定的促销资金作为支撑，促销的效果也与促销费用的多少密切相关。行业之间、企业之间的促销费用差别相当大。企业制定促销预算的方法有很多，常用的主要包括量力支出法、销售额百分比法、竞争对等法及目标任务法等。企业在选择促销方式时，要根据综合考虑促销目标、各种促销方式的适应性和企业的资金状况进行合理的选择，符合经济效益原则。

小链接

雪佛兰和奥兹莫比尔的买一送一

美国康涅狄格州有一家叫雪佛兰和奥兹莫比尔的汽车厂，它的生意曾长期不振，工厂面临倒闭的局面。该厂总裁对本厂的经营和生产进行了反思，总结出自己企业经营失败的原因是推销方式不灵活。他针对企业存在的问题，对竞争者及其商品的推销术进行了认真的比较，最后设计了一种大胆的推销方式，即"买一送一"。该厂的推销思路是这样的：它积压了一批托罗纳多牌轿车，由于未能及时售出，导致资金不能回笼，仓租利息负担沉重。该厂决定在全国主要报纸刊登一则特别广告：谁购买一辆托罗纳多牌轿车，就可以免费获得一辆南方牌轿车。

买一送一的做法由来已久。但一般的做法是赠送一些小额的商品，如买电视机，送一个小玩具；买剃须刀，送一支剃须膏；买录像机，送一盒录像带等。这种施以顾客一点小恩惠的推销方式，确实起到很大的促销作用。但是，这种方式慢慢不大起作用了。特别是在美国，商业广告充斥每个角落，不管是书报杂志还是路边橱窗，五花八门的广告比比皆是，它已成为人们生活的一个组成部分。推销商品方法之多，范围之广，已使人们麻木不仁了。

雪佛兰和奥兹莫比尔汽车厂以买一辆轿车赠送一辆轿车的超群出众的办法，一鸣惊人，使很多对广告习以为常的人也刮目相看，并相互转告。许多人看了广告以后，不远万里来看个究竟。该厂的经销部原来是门可罗雀，一下子却门庭若市了。

过去无人问津的积压轿车果真被人买走了，该厂也一一兑现了承诺，凡是买一辆托罗纳多牌轿车，则免费赠送一辆崭新的南方牌轿车。如买主不要赠送的轿车，可给予 4 000 美元的回扣。

雪佛兰和奥兹莫比尔汽车厂的这一招，虽然使每辆轿车少收入约 5 000 美元，但却使积压的车子一售而空。事实上，这些车如果积压一年卖不出去，每辆车损失的利息和仓租、保养费也接近这个数了。更应该看到，这一举动给工厂带来了源源不断的生意。它不但使托罗纳多牌轿车名声四扬，提高了知名度，增加了市场占有率，同时也推出了一个新品牌轿车——南方牌轿车。这种低档轿车开始是作为托罗纳多牌轿车的"陪嫁"赠送，随着赠送多了，它慢慢地也有名气了。

南方牌轿车是一种较实惠、轻便的小型车，造型小巧玲珑，价格便宜，很适合低收入阶层。这样，雪佛兰和奥兹莫比尔汽车厂起死回生，生意从此兴隆起来。

雪佛兰和奥兹莫比尔汽车厂的成功推销术实属一种"将变就变、顺水行舟"的招术。世上所有事物都处在变化之中，市场也是如此。产品和市场是经营活动的中心，市场始终处于动态之中，产品依存于市场是个动态过程。经营之道在于将灵活性就变于市场动态，正如顺水行舟，经营者要善于借得东风活水流、使企业乘风破浪抵达彼岸。生产的汽车卖不出去，归根到底是没有适应当今市场竞争激烈的动态情况。日本生产的小轿车以轻巧价廉和耗油量低而攻进美国市场；而美国本国生产的汽车又以售前售后服务周到而赢得顾客。如果自己以不变应万变，拘泥于一种产品或墨守成规的推销方法，势必自寻绝路。

为此，只有以灵活多样、出奇制胜的促销之术，才能在竞争之中获胜。

（资料来源：袁连升，成颖，2012. 市场营销学：理论、案例与实训 [M]. 北京：北京大学出版社 . 根据此书改编整理）

11.2 广告策略

"商品如果不做广告，就好像一个少女在黑暗中向你暗送秋波。"西方流行的这句名言充分展现了广告在营销中的独特地位。

11.2.1 广告的概念与作用

1. 广告的概念

广告一词源于拉丁语"Adverture"，原意是"我大喊大叫"，后演变为英语中的广告"Advertise",其含义是"一个人注意到某件事",后来演变为"引起别人的注意,通知别人某件事"。中国广告业界长期都是以广告在《辞海》中的定义为标准定义,即根据《辞海》,广告指的是为某种特定需要,通过媒体向公众传递信息的一种宣传方式。根据《实用广告学》,广告指的是通过一定的媒介平台和媒体渠道,把有关商品或服务的知识或信息有计划地传递给消费者的一种宣传方式,其目的在于扩大产品和品牌的知名度与影响力、促进销售、影响舆论。近年来,西方广告学界主要采用由美国营销协会提出的广告定义。根据美国营销协会,广告是指由明确的广告主(如企业)在付费的基础上,采用大众传播方式,面对广泛人群进行产品、服务、观念等的信息传递的一种说服方式。目前,该定义被认为最权威,也最广泛采用。

尽管中西方广告学界对于广告的定义并未得以统一,但是各种定义之间存在一些共同的特征,具体如下:广告要有明确的广告主;传递信息是广告的重要目的;产品和劳务是广告宣传的具体内容;潜在和现实的消费者是广告的受众对象;报纸、杂志、广播、电视等是广告的传播媒体;广告活动要支付费用。总而言之,广告是"借助公共媒体的营销宣传术"。

2. 广告的作用

在当代社会,广告既是一种重要的促销手段,又是一种重要的文化现象。广告是社会再生产过程中的"润滑剂",借助各种媒体传递信息,发挥着十分重要的作用。

(1)传递信息,促进销售。

传递各种商品信息是广告最基本的作用。在现代经济社会,信息是整个社会赖以生存的重要资源,而商品信息的传递主要通过广告的形式进行。生产者通过广告把产品的信息传递给需求者,消费者通过企业发布的广告,能及时了解企业生产的发展情况,商业部门的供应水平,商品的特点、质量、价格、购买地点、售后服务等情况,从而起到传递信息,促进销售的作用。

(2)引导消费,创造需求。

事实上,消费者内心深处往往存在某种未满足的欲望,但还未转换成现实的需求,一则好的广告能起到诱导消费者的兴趣和感情,引起消费者购买该商品的欲望,直至促使消费者进行购买行动。

(3)树立产品形象,提高企业知名度。

当市场上产品竞争激烈,商品种类繁多,品牌各异,消费者难以作出选择时,这时企业和产品的形象、知名度就成为消费者购买时的重要依据。企业要加强顾客对产品的记忆与好感,巩固和推广市场占有率,要在保证产品质量的条件下,充分发挥广告的竞争力量,在广告宣传上先声夺人,以获取消费者的好感。而企业的知名度和美誉度又是企业一笔重要的无形资产,因此,广告宣传就是企业的一项长期投资。

(4)美化生活,陶冶情操。

现代广告的发展趋势是在注意其商业功能的同时,也开始注意在进行产品和服务宣传时,把人类的文化艺术及文明、健康、科学的生活方式介绍给社会,使人们从中得到艺术的享受，陶冶人的情操。而大量有艺术创造性的广告更是丰富和美化了我们的生活，点缀了我们的生活空间。没有广告的社会是一片死寂的社会。

 小链接

究竟要不要打广告？

广告对价格的作用到底是正向还是负向呢？作为一个商品，到底要不要打广告呢？不打广告，商品的价格就真的能降下来吗？

很多人认为，商业广告操纵了人们的嗜好，创造了一些人们本来并不存在的欲望，而且广告往往努力通过扩大消费者对相似产品差别的感觉，使消费者忠诚于某一品牌，而忽视相似产品之间的价格差别，从而抑制了竞争。高昂的广告费抬高了产品的价格，而这些高昂的广告费最终还是要由消费者来承担，损害了消费者的利益，也造成了社会资源的浪费。因此，一些人建议政府禁止某些行业做广告。事实真的是人们所想象的这样吗？

在20世纪60年代的美国，各州政府对眼镜业做广告有着不同的规定，一些州允许眼镜业做广告，也有许多州禁止这种广告。美国经济学家李·本哈姆对有着法律差别的各州进行了一番考察，结果令人惊讶。在那些禁止广告的州里，一副眼镜的平均价格是33美元，在那些不限制广告的各州中，平均价格是26美元。广告使眼镜的价格下降了20%以上。

在眼镜市场上，也许还在许多其他市场上，广告促进了竞争并使消费者获利。因为广告可以使消费者更充分地了解市场上的所有企业信息，使消费者了解了新产品的存在、商品的价格及零售商店的位置。这些信息可以使消费者更容易地找到想购买的物廉价美的商品，从而提高了市场有效地配置资源的能力。另外，广告还使一些企业拥有的市场势力变小了，因为它给予了新进入者从现有企业中吸引顾客的一个手段，使新企业进入市场更容易。

随着时间的推移，人们逐渐接受了广告可以使市场更有竞争性的观点。过去，一些集团曾经以各种埋由成功地使美国政府禁止某些行业做广告。但近些年来，美国政府逐步取消了许多禁止做广告的法律，因为禁止做广告的法律主要影响是：抑制了竞争，而不是促进了竞争。

（资料来源：https://baijiahao.baidu.com/s?id=1604430252633379419&wfr=spider&for=pc，2022-05-18.）

3. 广告活动的基本要素

广告是一种动态活动过程，不仅仅指某种信息。通常，广告活动由广告主体、广告内容、广告媒体和广告客体四个要素构成，缺一不可。

广告主体指广告活动的提议者、策划创作者、实施者，主要包括广告主、广告经营者、广告发者三个方面。广告主体是广告活动的基础。

广告内容，即广告传递的基本信息，包括企业产品信息、管理信息、人才信息及其整体形象信息等。

广告媒体指发布广告的传播媒介，如报纸杂志、广播电视、互联网等，它是广告传播的物质技术条件。

广告客体指广告传播需要影响的消费者，包括显在的消费者和潜在的消费者。

广告的四个构成要素是一个系统和有机的整体，是相互联系，彼此制约的，同时也受到整个市场宏微观环境的影响（如图11.3所示）。

图11.3 广告构成要素系统图

4. 广告的分类

根据不同的分类标准，可将广告分成以下类型。

（1）按广告内容的不同划分。

① 告知性广告主要用于介绍产品用途、特点或使用方法及生产企业的情况和所能提供的服务。这类广告常用于产品的投入期，希望能引起消费者的注意。

② 说服性广告旨在培养消费者的品牌偏好、鼓励消费者使用本企业产品、改变消费者对产品特性的认识、说服顾客购买本企业产品。在产品的成长期，这类广告特别适用。

③ 提示性广告用来提醒顾客注意企业的产品，加深记忆，提高重复购买率。在产品成熟期经常被使用。

（2）按广告目的的不同划分。

① 商品广告，即用于传播商品信息，激发顾客需求，具有推销目的。

② 企业广告，侧重于介绍企业历史、成就、经营范围等，旨在加深社会印象，推动经营事业的发展。

（3）按广告性质的不同划分。

① 商业性广告，目的在于推销商品或提供劳务，以谋取经济利益。

② 公共服务性广告，目的在于通过某种社会活动或社会公共利益活动，以提高企业的知名度和美誉度。

（4）按所使用的媒体不同划分。

按所使用的媒体划分，可以分为：报纸广告、杂志广告、广播广告、电视广告。此外，还可分为：电影广告、幻灯片广告、包装广告、广播广告、海报广告、招贴广告、POP 广告、交通广告、直邮广告等。随着新媒介的不断增加，依媒介划分的广告种类也会越来越多。

11.2.2 广告决策

广告策略的运用需要五项决策：任务（广告的目标是什么）、资金（要花多少钱）、信息（要传递什么信息）、媒体（使用什么媒体）、衡量（如何评价结果）。

1. 确定广告目标

制订广告计划的第一步就是确定广告目标，这些目标必须服从先前制定的有关目标市场、市场定位的营销组合策略。这些市场定位和组合战略限定了广告在整体营销规划中必须做的工作。

广告目标可分为通知性、说服性和提醒性三类。

（1）通知性广告。这类广告的主要目的在于将有关商品或服务的信息告知顾客，以促发初级需求。

（2）说服性广告。这类广告的主要目的在于建立对某一特定品牌的选择性需求。它通过对顾客的说服性宣传，促使顾客尽快采取购买产品的行为，以便迅速扩大企业产品的销售量。

（3）提醒性广告。这类广告的主要目的是保持顾客对本企业产品的记忆，提醒顾客想起某产品，也让购买本企业产品的顾客确信他们的购买决定是正确的，以便造就一批忠诚的顾客。

广告目标的选择应当建立在对当前市场营销情况透彻分析和企业希望花费实现销售目标所需要的金额的基础上。如果企业的广告开支过低，则收效甚微；如果企业在广告方面开支过多，那么资金可以派上更好的用场。

小链接

10 万美元寻找主人

某公司宣传其新型保险柜的卓越功能，刊登了一则这样的广告："10 万美元寻找主人！本公司展厅保险柜里存放有 10 万美元，在不弄响警报器的前提下，各路豪杰可用任何手段拿出享用！"

广告一出，轰动全城。前往一试身手的人形形色色：有工人、学生、工程师、警察和侦探，甚至还有不露声色的小偷，但都没有人能够得手。各大报纸连续几天都为此事作免费报道，影响极大。这家公司的保险柜的声誉随之大增。

（资料来源：https://www.docin.com/p-272173761.html，2022-05-18.）

2. 制定广告预算

确定了广告目标后,企业可以着手为每一产品制定广告预算。在制定广告预算时要考虑5个特定的因素。

(1)产品生命周期阶段。新产品一般花费大量广告预算,以便建立知晓度和取得消费者的注意。以建立知晓度的品牌所需预算在销售额中所占比例通常较低。

(2)市场份额和消费者基础。市场份额高的品牌,只求维持其市场份额,因此,其广告预算在销售额中所占的百分比通常较低。而通过增加市场销售或从竞争者手中夺取份额来提高市场份额,则需要大量的广告费用。

(3)竞争与干扰。在一个有很多竞争者和广告开支很大的市场上,一种品牌必须加大宣传力度,以便高过市场的干扰声,使人们听见。即使市场上一般的广告干扰声不是直接针对品牌竞争,也有必要加大做广告的力度。

(4)广告频率。把品牌信息传达到顾客需要的重复次数,也会决定广告预算的多少。

(5)产品替代性。同一商品种类中的各种品牌(如香烟、啤酒、软饮料)需要做大量广告,以树立有差别的形象。如果品牌可提供独特的物质利益或特色,广告也有重要的作用。

3. 设计与选择广告信息内容

广告活动的有效性远比广告花费的金额更为重要。一个广告只有获得注意时才能增加品牌的销售量。广告格言是"除非很兴奋,否则没有销售"。

广告设计应达到以下一些要求。

(1)概念明确。广告必须在文字和使用语言等方面准确无误地表达产品、服务等信息。不可使用含义模糊,使人产生误解的表达方式。

(2)给顾客深刻的影响。好的广告设计能给视听接受者留下深刻的印象。

(3)引起顾客的兴趣。广告要做到有可看性、趣味性,能激发顾客的兴趣。

(4)广告信息内容必须充分。广告中的信息对顾客日后的购买行为有重要影响,信息量必须满足顾客的要求,以便促使顾客尽快做出购买决策。

(5)吸引力强。良好的广告具有较强的吸引力和艺术感染力,使人百看不厌。

 小链接

绝妙的反证策略

企业在做广告时,如同男女青年谈对象时只展示自己的优点,不展示自己的缺点一样,大都会介绍自己的商品如何好,以招徕更多的顾客,谁也不愿意向顾客透露自己产品或服务的不足。然而,大千世界无奇不有,偏偏有人要宣传自己的服务是如何之差,但其结果却正好相反。

某企业曾登出这样一则广告:"这种手表走得不太准确,24小时会慢24秒,请君购买时三思!"但顾客们却似乎格外倔强,这种手表的销量因这则广告而扶摇直上。还有一则香烟广告称:"禁止抽各种香烟,连555牌也不例外。"结果,555牌香烟销量大增。

美国俄勒冈州的一家饭馆在门前竖起了这样一个大广告牌,上面写着"俄勒冈最差的食物!"该饭店的老板也直言不讳地说:"我是一个最差劲的厨师。"可顾客并不被这"最差"二字吓跑,而是越来越多,甚至连世界各地的游客也来这里凑热闹。

(资料来源:星思维。https://www.163.com/dy/article/F1LJ61HG0537AQBS.html,2019-12-30。)

4. 媒体决策与绩效衡量

各类广告媒体都有其不同的特点,适合不同的广告要求。因此,选择好广告媒体对取得良好的广告效果有重要的影响。这一步骤包括决定预期的触及面、频率、影响和展露总数,主要媒体类型的选择等内容。

(1) 决定广告触及面、频率、影响和展露总数。

① 广告的触及面(R):指在一定时期内,某一特定媒体一次最少能触及的人数或家庭数目。

② 频率(F):指在一定时期内,平均每人或每个家庭接收到的广告信息的次数。

③ 影响(I):指使用某一特定媒体展露的质量价值。例如,某类产品广告适合在与其用途相关性强的杂志上刊登,口红广告刊登在美容杂志上就非常合适,而不适宜刊登在法律杂志上。媒体选择就要寻找一条成本效益最佳的途径,向目标视听接收者传达预期次数的展露。

④ 展露总数(E):是指触及面乘以平均数,即 $E = R \times F$,也被称为毛评点(GRP)。因此,选择广告媒体时要决定展露多少次才能导致 A 品牌的视听接收者知晓该品牌,展露对于视听接收者知晓度的作用取决于它的触及面、频率和影响。例如,某一广告希望触及 80% 的家庭,平均展露次数为 3,展露总数应该是 240 次($80 \times 3 = 240$)。企业还必须明确:在一定预算的前提下,所购买的触及面频率与影响的成本效益最佳组合是什么?并决定使视听接受者触及多少次,展露多少次。

(2) 主要媒体类型的选择。

媒体计划者必须了解各类主要媒体在触及面、频率和影响等方面所具备的能力,了解各类主要媒体的优、缺点。

① 报纸。

优点:灵活,及时,本地市场覆盖面大,能被广泛接受,可行性强。

缺点:保存性差,复制质量低,传阅者少。

② 电视。

优点:综合视觉、听觉和动作,富有感染力,能引起高度注意,触及面广。

缺点:成本高,干扰多,瞬间即逝,观众选择性少。

③ 直接邮寄。

优点:接受者有选择性,灵活,在同一媒体内没有广告竞争,人情味较重。

缺点：相对来说成本较高，可能造成滥寄"垃圾邮件"的印象。

④ 广播。

优点：大众化宣传，地理和人口方面的选择性较强，成本低。

缺点：只有声音，不如电视那样引人注意，非规范化收费结构，展露瞬息即逝。

⑤ 杂志。

优点：人口可选性强，可信，有一定权威性，复制率高，保存期长，传阅者多。

缺点：有些发行数是无用的，版面无保证。

⑥ 户外广告。

优点：灵活，广告展露时间长，费用低，竞争少。

缺点：观众没有选择，缺乏创新。

⑦ 网络广告。

不同媒体广告投放的优缺点

优点：技术先进，方式多样，不受时空限制，信息容量大，实现即时互动，便于双方沟通，成本低廉，计费灵活，便于检索，反馈直接。

缺点：覆盖率仍然偏低，效果评估困难，网页上可供选择的广告位置有限，创意有局限性。

媒体计划者在这些媒体进行选择中，要考虑以下几个重要的变量。

① 目标受众的媒体习惯。例如，对青少年来说，网络是最有效的广告媒体。

② 产品。妇女服装广告登在彩色印刷的杂志上最吸引人，而宝丽来照相机广告则最好通过电视做一些示范表演。各类媒体在示范表演、形象化、可信程度和色彩方面具有不同的潜力。

③ 广告信息。一条宣传明天有重要商品出售的信息就要求用广播或报纸做媒介；一条包含大量技术资料的广告信息可能要求选用专业性杂志或者邮件做媒介。

④ 费用。电视广告费用非常昂贵，而报纸广告则较便宜，当然，应该考虑的是每件商品展露的平均成本，而不是总成本。

5. 评价广告效果

企业花费大量的人力、物力、财力在广告上，是希望能达到预期的市场促销目标。把广告传播出去，只是整个市场传播过程的第一步，究竟发布的广告有没有促销效果及效果的大小等，都不得而知。因此，为了对广告投放进行有效地计划和控制，企业还必须对广告的效果进行测定分析。通常，广告效果指的是广告接收者的反映情况。广告效果主要表现为以下几方面。

（1）广告市场促销效果。

广告市场促销效果指的是广告促进产品销售和利润增加的程度，它反映了广告费用与产品销售量（额）之间的比例。广告市场促销效果的测定是以产品销售量（额）的增减幅度作为衡量标准的。常用的测定方法有以下几种。

① 广告费用占销率法。这种方法测定的是计划内广告费用对广告产品销售量（额）的影响。广告费用占销率越小，表明广告促销效果越好，反之则越差。其计算公式为

$$广告费用占销率 = (广告费用 / 销售量（额）) \times 100\%$$

② 广告费用增销率法。这种方法可以测出计划期内的广告费用增减对广告产品销售量（额）的影响。广告费用增销率越大，表明广告的促销效果越好，反之越差。其计算公式为

$$广告费用增销率 = (销售量（额）增长率 / 广告费用增长率) \times 100\%$$

A. 单位广告费用促销法

这种方法可以测出单位广告费用对产品销售量（额）的影响。单位广告费用促销量（额）越大，表明广告效果越好，反之越差。其计算公式为

$$单位广告费用促销量（额）= 产品销售量（额）/ 广告费用$$

B. 单位广告费用增销法

这种方法可以测出单位广告费用对产品销售量增减程度的影响。单位广告费用增销量（额）越大，表明广告效果越好，反之越差。其计算公式为

$$单位广告费用增销量（额）=（报告期产品销售量（额）- 基期产品销售量（额））/ 广告费用$$

C. 弹性系数测定法

即，通过广告费用投入量变动率与产品销售量（额）变动率的比值来测定广告促销效果。其计算公式为

$$弹性系数（E）=(\Delta S/S)/(\Delta A/A)$$

式中：ΔS = 增加广告费用后的销售增加量（额）；S = 总销售量（额）；ΔA = 增加的广告费用支出；A = 广告费用原有支出。

需要注意的是，影响产品销售量的因素除了广告投放量，还有很多其他因素，如产品质量、价格、销售渠道、市场竞争环境等。因此，单纯地以销售量（额）的增减来判断广告效果是不全面的。上述方法也只能作为衡量广告效果的一方面，具体的广告效果还需要从更多的方面加以考察。

（2）广告心理效果。

广告心理效果指广告对目标市场消费者心理效果的影响程度。可见广告心理效果并不是以产品销售量的大小为衡量标准的，它反映了消费者对广告本身的反应程度，包括对产品信息的注意、兴趣、情绪、记忆、理解、动机等。因此，对广告心理效果的测定主要表现在知名度、注意度、理解度、记忆度、购买动机等项目上。一般来说，对广告心理效果测试通常采用抽样调查的方式进行。具体的实施方法包括以下几方面。

① 回忆测试法。回忆测试法指通过调查对象观看或阅读广告后对广告内容的记忆程度来测定广告效果。

② 认知测试法。认知测试法指测定调查对象是否通过某一媒体接触过某个广告。一般认知测试常将调查结果分为三等：略微认知，即，看到过；联想认知，即，能记起某一部分内容并能有这一部分内容联想起有关的产品信息；深层认知，即，能识别一半以上的广告内容。

③ 实验室控制法。实验室控制法指利用各种实验室仪器、设备检测调查对象对某一广告产生的生理反应，如心跳、血压等变化，以此来衡量该广告是否具有吸引消费者注意和兴趣的能力。

广告效果的测定是一项复杂的工作。我们应全面、多角度对广告效果进行研究，从而为企业市场营销战略的准确制定和实施提供重要的依据。

广告鉴赏

11.3 人员推销策略

人员推销是指由企业派出销售人员或委派专职推销机构，直接向目标市场的顾客介绍和销售商品的活动。简单地说，就是企业的推销人员通过与目标市场顾客的人际接触来推动销售的促销方式。这里所指的销售人员包括内部销售人员和外勤销售人员：内部销售人员一般在办公室内用电话、网络等与顾客联系，或者接待有可能成为购买者的人员来访；外勤销售人员负责流动推销，上门访问客户等。

一位西方的市场营销专家说过："这个世界是一个需要推销的世界，大家都在以不同的形式进行推销，人人都是推销员。"人员推销同其他非人员推销相比较，由于直接与潜在消费者接触，在建立消费者偏好、信任和促进购买行为方面，是最有效的促销工具。

11.3.1 人员推销的特点

人员推销是一种最古老的促销方式，推销人员应根据不同的销售环境、推销气氛、推销对象和推销商品，审时度势，巧妙而灵活地采用不同的推销策略，吸引顾客的注意，激发顾客的购买欲望，促成交易。与其他促销形式相比，人员推销具有以下显著的特点。

1. 针对性强

与顾客的直接沟通是人员推销的主要特征。人员推销需要在推销前对顾客进行调查，选择有较大购买可能的潜在消费者，直接带有一定倾向性、目标较为明确的走访，这样有利于提高成交率。

2. 方式灵活

推销人员在推销过程中与潜在消费者进行的是面对面的交谈。通过交谈和观察，推销人员可根据顾客的态度和反应，及时发现问题，掌握顾客的购买动机，然后有针对性地根据顾客的情绪和心理变化，灵活地采取必要的措施，从不同的层面满足顾客的需要，从而促使交易的达成。

3. 注重人际关系

推销人员既是企业利益的代表，同时也是消费者的代表。推销人员应该清醒地认识到，满足顾客需求才是促成交易成功的保证。所以，推销人员在与顾客的直接接触中，愿意为顾客提供多方面的帮助，以利于增强双方的了解，在企业与顾客中建立良好的关系。

4. 促成及时购买

人员推销的直接性缩短了顾客从接受促销信息到采取购买行为之间的时间间隔。人员推销活动可以及时对顾客提出的问题进行解决，通过面对面的讲解和说服，可促使顾客立刻采取购买行为。

5. 信息的双向沟通

一方面，推销人员推销产品时，必须把产品的质量、功能、用途、售后服务等情况介绍给顾客；另一方面，推销人员还必须通过与顾客的交谈，了解顾客对本产品的意见和态度，上报给决策层，以利于更好地满足消费者的要求。通过双方沟通，有利于企业更好地发展。

6. 双重的推销目的

人员推销不仅为了宣传、鼓动和说服顾客购买，而且通过感情交流、操作示范以及提供的各种服务与顾客建立长期相互信赖的关系。因此，它具有推销商品和建立合作关系的双重目的。

7. 可兼任其他营销功能

推销人员除了担任多项产品（服务）推销工作之外，还可以兼做信息咨询服务，收集客户情报、进行市场调查，开发网点，帮助顾客解决商业性事项等工作。

8. 满足多种需求

人员推销中，通过推销商品，可满足顾客对商品使用价值的要求；通过介绍产品，可以满足顾客对商品信息的需求；通过销售服务，可以满足顾客对有关技术和服务的要求；通过文明经商、礼貌服务和企业形象宣传，可以满足顾客心理精神上的需求。

人员推销的优点固然很多，但在使用时应该注意人员推销占用人数较多，费用大，接触面窄，而且优秀的推销人员非常难得。因此，企业在决定采用人员推销时，必须权衡利弊，慎重从事，尽可能和其他促销方式相互配合应用，效果会更好。

11.3.2 人员推销的过程

人员推销是一种面对面的促销活动，推销员应具备倾听的能力，努力从消费者的语言里了解消费者的真正需要，同时也应该看到推销工作不仅仅是销售产品，建立与顾客的长期信任关系同样重要。人员推销的目的有三种：发现可能的顾客；努力把可能的顾客变成现实的用户；确保顾客满意。具体的程序如下所述。

1. 潜在客户寻找

潜在客户的特征有三点：一是能够从购买本企业产品中获得利益；二是有支付能力；三是有权决定是否购买。寻找潜在客户有很多种办法，如地毯式访问法、连锁介绍法、个人观察法、广告开拓法、市场咨询法及资料查阅法等。

2. 接近目标客户

接近目标客户指推销人员直接与客户发生接触，以便成功地转入推销面谈。推销员在接近目标客户前必须做好充分准备：推销员应该尽可能地了解目标客户的情况，了解他们的背景、对产品的需求、决策人和采购员的个人情况及在购买决策中的作用等。推销人员在接近目标客户时要自信、注重礼仪，不卑不亢；还要善于控制接近时间，不失时机地转入正式面谈。常用的接近目标客户的策略有通过朋友，自我介绍或利用产品接近目标客户；利用目标客户的求荣心理，采取搭讪、赞美、求教、聊天等方式接近目标客户；利用目标客户的求利心理，采用赠品或说明某利益接近目标客户等。这些策略的运用要视具体情况而定。无论采用何种策略，必须使人感到诚实可信，同时切忌诋毁对手。

3. 推销业务洽谈

在引起目标客户的注意和兴趣后，推销员就可以向目标客户介绍产品的具体特点。推销员运用各种方式、方法和手段，向目标客户传递推销信息，展示推销产品，并设法说服目标客户购买产品和服务。推销洽谈可以利用图片、幻灯、录像、小册子或直接演示等来面对面直接洽谈外，还有电话、书信、电子邮件、网络直播等推销洽谈方式。

4. 客户异议处理

推销员在推销过程中遇到异议和抵触的概率很高，但推销员应该知道，异议虽然是一种成交的阻碍，但也是成交的前奏和信号。如顾客说不进货了，仓库都满着，推销员可以说："我们的产品很畅销，如果你进了我们的产品还可以带动库里其他产品的销售"。

5. 促成业务交易

推销员要学会识别成交信息。例如，当目标客户谈及交货、包装、维修、还价时，或者要求再看看产品，提出一些小问题时，成交的可能性就很大，推销员应该紧紧抓住机会，促成买卖。

6. 售后跟踪服务

这是提高客户满意度的重要手段，是让目标客户继续订货，建立长期业务关系的必不可少的一步。售后跟踪是人员推销的最后环节，也是新推销工作的始点。推销人员必须做好售后的跟踪工作，如安装、退换、维修、培训及顾客访问等。对于 VIP 客户，推销员特别要注意与之建立长期的合作关系，实行关系营销。

推销过程之轮

11.3.3 人员推销的策略

人员推销具有很强的灵活性和艺术性。 在面对面的交谈中，要求推销人员要能够根据当时具体的推销环境、氛围、推销对象的特性及推销商品的性质，灵活地运用推销策略，以激发消费者的欲望，消除消费者的疑虑，最终促成推销。因此，推销活动除了要求推销人员具备基本的素质以外，还要求其能掌握必要的推销技巧，能够灵巧运用推销策略。人员推销的策略主要有以下三种。

1. 试探性策略

试探性策略又称"刺激—反应"策略，这种策略是在不了解消费者的情况下，推销员运用刺激性手段引发顾客交谈的过程中，小心谨慎地运用多种话题加以试探，仔细观察其反应，接下来再选择其感兴趣的话题进行下去。另外，在刺激的同时要相应地配合图示说明、演示操作等方法以强化刺激效果，最终说服顾客。很多优秀的推销员都认为"只要顾客开口说话，买卖就成功了一半"。因此，运用试探性策略的关键是要引起顾客积极的反应。

2. 针对性策略

针对性策略又称"配方—成交"策略，这种策略是建立在已经基本了解顾客的某些方面需求的前提下，有目的地宣传、展示和介绍商品，说服顾客购买。运用该策略时应注意，始终要体现出诚意，使顾客感受到销售人员是在真心实意地为其出谋划策，而不是想方设法推销产品，否则会适得其反。

3. 诱导性策略

诱导性策略又称"诱发—满足"策略，这种策略需要推销人员通过一定的说服技巧，使消费者产生强烈的购买欲望，最终采取购买行动。这种策略是一种创造性的推销策略。运用诱导策略的关键是推销人员要有较高的推销艺术和推销技巧，能够诱发顾客产生某方面的需求，然后抓住时机推出企业产品来满足这种需求。

11.3.4 推销人员的管理

美国推销大王乔吉拉德

推销人员素质的优劣对扩大销售、开拓市场及实现推销目标，具有举足轻重的作用。研究表明，普通推销员和优秀推销员的业务水准和销售实绩都相差甚远。在典型的销售队伍中，60%以上的销售额是由30%的优秀人员创造的。因此，推销人员的整体管理非常重要。人员推销的管理主要包括提高推销人员的素质，做好推销人员的培训，促进推销人员的行为激励，完善推销人员的绩效评价等内容。其目的是提高推销效率，实现促销目的。

1. 优秀推销人员应具备的素质

思想素质：推销人员应具有强烈的事业心和责任感，积极进取的开拓精神，持之以恒的工作热情，以及充分的自信心和坚强的意志力。

业务素质：推销人员应具有丰富的业务技能和推销经验，这是做好推销工作的基础。

文化素质：推销人员除了具备良好的业务素质之外，还应具有一定的文化水平。推销人员的知识越丰富，工作越能得心应手。

身体素质：推销人员具备良好的身体素质是搞好推销工作的根本保证。

此外，推销人员还需具有良好的气质和职业素养，仪表端庄，热情大方，谦虚有礼，谈吐自如，使顾客乐于与其交谈。推销人员只有成功地推销自己，赢得了顾客的信任，才能成功地推销产品。

 小链接

十块钱卖两张名片

秘书恭敬地把名片交给董事长，一如预期，董事长不耐烦地把名片丢回来。很无奈地，秘书把名片退回给立在门外一脸尴尬的业务员。业务员不以为然地再把名片递给秘书。

"没关系！我下次再来拜访，所以还是请董事长留下名片。"

拗不过业务员的坚持，秘书硬着头皮，再进办公室。董事长火大了，将名片撕成两半，丢回给秘书。

秘书不知所措地愣在当场，董事长更生气，从口袋里拿出十块钱："十元钱买他一张名片够了吧！"

当秘书把名片和钱递给业务员时，业务员却很开心地高声说："请你跟董事长说，十元钱可以买我两张名片，我还欠他一张。"随即再掏出张名片递给秘书。

突然，办公室里传来一阵大笑，董事长走了出来："这样的业务员不和他谈生意，我还找谁谈呢？"

（资料来源：陈龙海，韩庭卫，2004. 企业管理培训故事全书 [M]. 深圳：海天出版社.）

2. 推销人员的培训

推销人员在正式开展业务活动以前，必须接受培训，掌握推销工作的知识和技巧。对在职的推销人员来说，也要接受定期培训，了解企业产品发展的新动向，交流推销经验，探讨如何提高推销工作的效率。培训推销人员的方法很多，常被采用的方法主要有讲授培训、模拟培训和实践培训三种。培训内容有企业知识、产品知识、市场知识、心理知识、政策法规知识和顾客情况介绍，以及推销技巧和业务程序等。

3. 推销人员的激励和评价

企业通过各种激励手段，可充分调动推销人员的工作积极性，发挥其最大作用。激励的方法主要有物质激励和精神激励。其中，物质激励方式主要有：固定报酬，即不受推销业绩影响，使其有正常的基本收入保障生活；超额奖金，即销售人员完成一定的销售数额所给予的奖励；酬金加奖金，即上述两种形式的结合，是一种广泛应用的报酬方式。另外，还有佣金、红利等形式。精神方面的激励主要有：奖励员工参加销售会议，使员工有机会和公司领导沟通交流，发表自己的感受，还有受到表扬、上光荣榜、颁发奖状或奖章、享受休假、公费外出旅行等形式。

企业营销部门对推销人员的推销业绩的评价主要包括推销人员执行管理制度，履行工作职责，自身的业务素质，推销业绩等方面的内容。这不仅仅是分配报酬的依据，而且是企业调整市场营销战略，促使推销人员更好地为企业服务的基础。对推销人员的评价主要采取质量指标和数量指标综合考核。建立推销人员的定期报告制度和工作检查制度，及时了解推销人员的工作完成进度、费用开支情况、客户变化和市场状况等。还要明确责任，规定合理定额，并使之与推销人员的个人收入挂钩，超奖欠罚，以保证销售任务的完成。

 小链接

王永庆卖大米的生意经

王永庆16岁时在台湾嘉义靠卖大米为生。由于米铺多，竞争激烈，王永庆在偏僻小巷中的铺面，一开始就面临门庭冷清的经营局面。为了生计，也为了在市场上立足，王永庆在提高米的质量和服务质量的细节上做起了文章。

首先，王永庆开始提升米的质量。经过仔细挑拣的大米，因为没有沙子、小石头和杂物而提高了档次，受到顾客的青睐。其次，王永庆开始为顾客提供送米上门的服务。对于一些习惯了自己买米扛回家和体弱、工作忙的顾客来说，这样的便民服务无疑又让他得到了很多好评和认可。再次，送货上门的同时开展问卷调查工作。当时尚无问卷调查之说，但是从王永庆询问记录顾客米缸的大小、家庭成员的人数、大人小孩的比例、大米的消耗等数据来看，他做的也就是问卷调查的事情。在收集到资料后，顾客会发现，每当他们的米快要吃完的时候，这个小王就会把米送到自家门口，让顾客总是心里热乎乎的。最后，把米倒进米缸。这原本是个很简单的动作，但是，就在这个简单的动作中，王永庆又一次用细心和职业的素养感动了顾客。他在把新米倒进米缸前，一定是将旧米倒出，擦干净米缸，然后倒进新米，再把旧米放在上层。这一动作是对顾客的体贴，也赢得了顾客的心。

（资料来源：郑锐洪，李玉峰，2015. 推销学 [M]. 北京：中国人民大学出版社.）

11.4 销售促进策略

销售促进又称营业推广，是指企业运用各种短期诱导因素刺激消费者和中间商购买、经营或代理企业产品或服务的促销活动。 销售促进是企业短期促销最有力的工具。

在市场营销理论中，促销与销售促进是有区别的。促销概念有广义和狭义之分。狭义的促销仅指销售促进，而广义的促销包括销售促进、广告、人员推销和公共关系四大促销组合方式。

11.4.1 销售促进的方式

根据目标市场的不同，企业推广可分为面向消费者、面向中间商和面向企业内部员工的推广。三种推广方式有着不同的促销方式。

1. 面向消费者的销售促进方式

面向消费者的营业推广作用包括：鼓励老顾客继续使用，促进新顾客使用，培养竞争对手顾客对本企业的偏爱等。其方式可以采用如下所述。

（1）赠送促销。通过向消费者赠送样品或试用品，使消费者通过亲身试用领略到产品的好处和实际利益，从而迅速接受新产品，成为新产品的购买者。样品可以选择在商店或闹市区散发，或在其他产品中附送，也可以公开赠送或入户派送。该促销方式的缺点是费用高。

（2）折价券。在购买某种商品时，持券可以免付一定数额的钱。折价券可以通过广告或直邮的方式发送。

（3）包装促销。以比较优惠的价格提供组合包装和搭配包装的产品。

（4）抽奖促销。顾客在购买一定的产品之后可获得抽奖券，凭券进行抽奖获得奖品或奖金。抽奖可以有多种形式。

（5）现场演示。企业派促销员在销售现场演示本企业的产品，向消费者介绍产品的特点、用途和使用方法等。

（6）联合推广。企业与零售商联合促销，将一些能显示企业优势和特征的产品在商场集中陈列，边展销边销售。

（7）参与促销。消费者参与各种促销活动，如技能竞赛、知识比赛等，比赛获胜者或参与者能获取企业的奖励。

（8）会议促销。各类展销会、博览会、业务洽谈会期间的各种现场产品介绍、推广和销售活动。

小链接

占不到便宜的星巴克会员卡

星巴克会员卡是营销界公认的最有智慧的售卖策略之一。星巴克服务人员在售卖饮品的时候，经常会向顾客推荐这样的会员卡：88元一张会员卡，送三张买一送一券、一张免费早餐券、一张升杯券。很多人第一反应会被三张买一送一的券所吸引。消费者的心理活动往往是这样的：虽然我花了88元办了一张卡，但是三张买一送一，如果我后面买三个大杯拿铁（96元，跟88元之间的差额就忽略不计了），不就是白赚了三杯吗？

即使你没想到这点，服务人员一般也会提醒你，那个"送"字早让你昏了头了。

当你下次带着朋友去星巴克买咖啡的时候，买一杯拿铁送一杯，等于不花钱就给朋友一杯，是不是感觉太赚了？等一下，现在你花了32元得了两杯，但是回忆一下你办卡的时候花了多少钱？实际上第一杯你办卡的时候已经花钱了，第二杯是你这次付的钱，你一杯都没有赚啊！

简单来说，买一送一应该是你花32元得两杯，但实际上你是花了64元得了两杯，其中一个32元是你办会员卡时花的钱。

面对星巴克会员卡的套路，一方面并没有让你占到便宜，也就是说"买一送一"其实只是个幌子；另一方面增加了会员，增加了你的后续消费，你为了这三张买一送一券至少会再去三次，再消费3杯咖啡！其实，顾客之所以会选择办卡，不光是这套路满满的心理战，还被超高颜值的会员卡和卡套给圈粉了。

（资料来源：https://www.sohu.com/a/317027353_549884，2019-05-28.）

2. 面向中间商的销售促进方式

制造商策划与掀起的促销活动，如果没有中间商的响应、参与和支持，是难以取得促销效果的。面向中间商的销售促进的主要目的是<u>鼓励中间商积极进货和推销，引导零售商扩大经营</u>，常用的方式有以下几种。

（1）批发回扣。企业为争取批发商或零售商多购进自己的产品，在某一时期内给经销本企业产品的批发商或零售商加大回扣比例。

（2）推广津贴。企业为促使中间商购进企业产品并帮助企业推销产品，可以支付给中间商一定的推广津贴。

（3）销售竞赛。根据各个中间商销售本企业产品的实绩，分别给予优胜者以不同的奖励，如现金奖、实物奖、免费旅游奖、度假奖等。

（4）扶持零售商。生产商对零售商专柜的装潢予以资助，提供卖点（POP）广告，以强化零售网络，促进销售额增加；或派遣厂方信息员或代培销售人员。生产商这样做的目的是提高中间商推销本企业产品的积极性和能力。

3. 面对企业内部员工的销售促进方式

这种方式主要是针对企业内部的销售人员，<u>鼓励他们热情推销产品或处理某些老产品，或促使他们积极开拓市场，增加销售量</u>。一般可采用方法有：销售红利、销售竞赛、免费提供人员培训、技术指导等。

11.4.2 营业推广设计

在企业促销活动中，一个有效的营业推广方案一般要考虑以下五个因素。

1. 确定推广目标

确定推广目标，就是要明确推广的对象是谁，要达到的目的是什么。只有知道推广的对象是谁，才能有针对性地制定具体的推广方案。

2. 选择推广工具

营业推广的方式方法有很多，但如果使用不当，则适得其反。因此，选择合适的推广工具是取得营业推广效果的关键因素。企业一般要根据目标对象的接受习惯和产品特点、目标市场状况等来综合分析并选择推广工具。

3. 推广的配合安排

营业推广要与营销沟通的其他方式，如广告、人员销售等整合起来，相互配合，共同使用，这样才能形成营销推广期间的更大声势，取得单项推广活动达不到的效果。

4. 选择推广时机

选择营业推广的市场时机很重要，如季节性产品、节日、礼仪产品，必须在季前、节前做营业推广，否则就会错过时机。

5. 确定推广期限

推广期限是指营业推广活动持续时间的长短。推广期限要恰当，过长则消费者新鲜感丧失，产生不信任感；过短，一些消费者还来不及享受推广的实惠。

11.5 公共关系策略

公共关系是一门先进的科学管理思想和艺术，它强调为了本组织的长远利益而采取真诚服务于公众利益的原则，通过有计划的长期努力和传播沟通，树立良好的组织形象，达到组织与内外公众的信息沟通，实现公众对组织的理解、支持与合作。它最有利于从企业长远角度来促销企业产品、实现营销目标。

11.5.1 公共关系的作用

在现代经济社会，经济关系错综复杂，竞争日益激烈，企业所处的内外环境也在不断地发生关系，企业必须清楚公共关系的作用范围和影响力的大小。公共关系在企业营销活动中的作用主要体现在以下几个方面。

可口可乐公关活动迪拜可乐电话亭

1. 树立良好的企业形象

在现代社会中，企业之间的竞争日益激烈，这种竞争不仅是技术和经济的竞争，而且还集中表现在企业信誉和形象上的竞争。企业信誉不单纯是企业文明经商、企业道德的反映，也是企业经营管理水平、技术水平、工艺设备、人才资源等企业素质的综合反映。企业信誉和形象是联系在一起的，企业形象就是社会公众和企业职工对企业整体的印象和评价。良好的企业形象是企业的无形资产和财富，是用金钱买不到的。公共关系的主要任务就是建立在对企业了解基础上的形象，通过采取恰当的措施，如提供可靠的产品，维持良好的售后服务，为公众的集体利益做实事等，拉近与大众的距离，树立良好的企业形象。

2. 加强与消费者之间的信息沟通

信息对现代企业来说是至关重要的，没有信息的企业是寸步难行的。企业必须有计划地、长期地向公众传递企业的信息。为了使传播取得预期的效果，必须讲究传播技巧，必须选择适当的传播媒介和传播方式，向企业内部、外部公众传递适当的信息内容。

3. 改变公众的误解

现代技术的发展和大众传播业的发达，为企业提供了更多的市场信息与市场机会，同时，一些不真实的信息也一并迅速传播开来，引起公众对企业的误解，损害了企业的形象。当企业被公众误解时，就处于非常严峻的时刻；而良好的公共关系工作能够帮助企业澄清事实，消除形象危机，帮助企业渡过难关。

4. 增强企业内部凝聚力

一个企业若要顺利地发展，企业内部要充满生机和活力。而生机和活力的源泉在于企业全体员工的积极性、创造性及聪明才智的发挥。良好的内部公共关系有助于企业员工的积极性、创造性以及聪明才智的发挥。

5. 协调与外部公众的关系

企业还要学会与外部公众不断联络和协调，为企业创造良好的外部环境。

 小链接

只有一名乘客的航班

英国航空公司的波音747客机008号班机，准备从伦敦飞往日本东京时，因故障推迟起飞20小时。为了不使在东京等候此班机回伦敦的乘客耽误行程，英国航空公司及时帮助这些乘客换乘其他公司的飞机。共190名乘客欣然接受了英国航空公司的妥当安排，分别改乘别的班机飞往伦敦。但其中有一位叫大竹秀子的日本老太太，说什么也不肯换乘其他班机，坚持要乘坐英国航空公司的008号班机。实在无奈，原拟另有飞行安排的008号班机只好照旧到达东京后飞回伦敦。一个罕见的情景出现在人们面前：东京—伦敦，航程达13 000千米，可是英国航空公司的008号班机上只载着一名旅客，这就是大竹秀子。她一人独享该机的353个飞机座席以及6位机组人员和15位服务人员的周到服务。有人测算说，这次只有一名乘客的国际航班使英国航空公司至少损失约

10 万美元。

从表面上看，的确是个不小的损失。可是，从深一层来理解，它却是一个无法估价的收获，正是由于英国航空公司一切为顾客服务的行为，在世界各国来去匆匆的顾客心目中换取了一个用金钱也难以买到的良好公司形象。

（资料来源：https://wenku.baidu.com/view/0abf616d6bdc5022aaea998fcc22bcd127ff4273.html，2022-05-18.）

11.5.2 公共关系促销的方式

1. 通过新闻媒体宣传

通过新闻媒体宣传指通过报纸、杂志、广播和电视等新闻传播工具，以通信、报道、新闻、特写、专写、专访等形式，向社会传播企业的有关信息，以形成有利的社会舆论，提高并推广企业形象或产品形象。例如，企业遇到重大事件或纪念日，就要策划组织新闻发布会、新产品发布会、纪念日、各种庆祝会等，并邀请新闻记者来采访，把企业的重大信息传播到社会各界。这实际上也是一种广告宣传，但这种宣传是媒介主动宣传，而非企业的"王婆卖瓜"，因而更具有说服力，而且这种宣传还不需花费或花费很少。因此，企业应该努力制造新闻点，争取新闻媒介的主动报道，吸引公众注意，达到促销目的。

2. 赞助和支持各项公益活动

作为社会一员，企业有义务在正常的范围内支持社会的各项公益活动，如节日庆典、基金捐款、救灾赈灾、支持社会福利事业等。这些活动往往为万众瞩目，各种新闻媒体会进行宣传报道，有利于树立企业为社会服务的形象。例如，企业赞助体育运动让球队的名称与企业名称一致，这样就能通过球队的南征北战而让企业名扬四方。但在实践中，企业应该注意自己的能力限度，以及活动的互惠性和可行性。

3. 参加各种社会活动

企业通过举办新闻发布会、展销会、看样订货会、博览会等各种社会活动，向公众市场推荐企业的产品，介绍相关知识，以此获得公众的了解和支持，提高他们对企业产品的兴趣和信心。另外，在参加这些社会活动前，应尽量与新闻媒体取得联系，做他们的宣传报道，扩大这些活动的实际影响力。

4. 制作发布公关广告

公关广告是企业为形成某种进步的，具有积极意义的社会风气或宣传某种新观念而制作、发布的广告。例如，企业对过度吸烟、饮酒危害健康、勤俭节约、遵守交通秩序、尊老爱幼，以及保护生态环境等社会风尚的宣传均属此列。公关广告在客观效果上能够有效地扩大企业的知名度和美誉度，在公众面前树立起关心社会公益事业的良好形象。可以说，公关广告宣传也是一种间接的企业形象宣传。

5. 印制宣传品

企业组织有关人员编辑介绍企业发展历史，宣传企业宗旨，介绍企业生产和经营活动以及产品宣传介绍等信息的宣传材料，以此来向社会公众传播企业产品信息，树立企业形象。这些宣传产品多以免费赠送为主，印制精美，以增加公众的兴趣并提高保存价值。同时，在宣传品上应详细注明企业的名称、地址、电话号码、邮编等以便顾客能及时与企业取得联系。

6. 咨询调查

企业通过设立资讯台、咨询热线电话及公共场所的免费咨询服务等咨询调查来了解公众对企业生产、经营、产品质量、价格、销售等方面的建议和意见，并及时把改进的情况告诉公众，保持企业与公众之间的良好沟通。

7. 建立企业统一标识体系（CIS）

在知识经济时代，信息的获取变得很简单。信息不再是稀缺资源，而注意力却变得越来越重要。因此，企业应尽全力去吸引别人的注意，他们必须努力设计一个公众能立刻认知的视觉识别标志，这个视觉识别标志可用在公司的商标、文具、小册子、招牌、商业文件、名片、建筑物和制服标识上等。现代著名企业都有各自独特的标识体系，如可口可乐、IBM、海尔等。

8. 企业内部的公关活动

伊利工厂开放之旅

企业内部公关活动是通过企业的宣传橱窗、刊物、广播电台、闭路电视、各种展览、联谊活动、公司领导接待专线电话、统一的服饰徽章、公司的标志图案、公司内部的升旗仪式等活动，这些都可看作是增强企业内部员工凝聚力，向心力的公关活动。

企业的公关活动如果有创造性和艺术性，并能把握好时机，那么可以收到非常好的效果，而这种效果又往往是企业广告活动无法达到的，因此，企业在经营过程要善于利用公关活动来打开企业经营的新天地。

11.5.3 公共关系促销的设计

在企业促销活动中，一个有效的公关促销方案一般要考虑以下因素。

1. 公关活动目标

公共关系的对象

制定公关促销方案，首先要明确公共关系活动的目标。公关活动的目标应与企业的整体目标相一致，并尽可能具体，同时要分清主次轻重。

2. 公关活动对象

在本次促销活动中，确定公共关系的对象，即本次公关活动中所针对的目标公众。

3. 公关活动项目

公关活动项目即采用什么样的方式来进行公关活动，如举行记者招待会、组织企业纪念活动和庆祝活动、参加社会公益活动等。

4. 公关活动预算

在制订活动方案时，还要考虑公共关系活动的费用预算，使其活动效果能够实现最大化。

本 章 小 结

促销是指企业利用各种有效的方法和手段，使消费者了解和注意企业的产品，激发消费者的购买欲望，并促使其实现最终的购买行为。促销的方式分为人员促销和非人员促销。促销就是企业为了扩大销售、占领市场，通过各种方式将产品或服务的具有说服力的信息传递给目标顾客，促使其做出购买决策，从而实现企业销售目标的过程。

促销组合是一种组织促销活动的策略思路，主张企业运用广告、人员推销、公关宣传、营业推广四种促销方式组合成一个策略系统，使企业的全部促销活动互相配合，协调一致，最大限度地发挥整体效果。企业可以针对不同的沟通传播目的，结合产品种类和市场类型及产品所处的生命周期阶段等来选择相应的促销手段，从而顺利实现企业目标。

拓展训练项目

一、阅读分析

江小白是一家被卖酒耽误的广告公司？

短短几年间，江小白从一个名不见经传的小品牌，一跃成为红遍全国的小酒黑马。然而，也没有哪款酒像江小白一样，在口感的评价上两极分化，能在网上分成两个阵营。

要知道，现今在中国做白酒企业有两条隐晦"潜规则"：要不你有悠久的品牌历史，要不你有"富可敌国的爹"。没有背景的江小白为何近两年在互联网上如此火爆呢？这就不得不说一下它的营销。至于它营销有多厉害，有网友调侃："江小白是一家被卖酒耽误的广告公司。"

江小白品牌负责人曾不止一次强调："我们没有觉得自己是在做营销，我们只是更加尊重用户的感受，更加尊重不同场景下和用户的互动。"

对于营销，百度百科上是这样解释的：营销，是指企业发现或挖掘准消费者和众多商家需求，从整体的营造以及自身产品形态的营造去推广、传播和销售产品，主要是深挖产品本身的内涵，切合准消费者以及众多商家的需求，从而让消费者深刻了解该产品进而购买的过程。其目的是产生可持续性收益，其本质是抓住用户消费者的需求，并快速把需求商品化。

显然，从营销定义来看，江小白品牌负责人的说法有点装傻，问题不在于做没做营销，而是在于江小白是怎样在酒质之外让大批年轻消费者为其买单。

小火慢炖另类文化

早在20多年前，连帽衫、球鞋、棒球帽、墨镜……这种穿着打扮在历经欧美、日韩之后传到了中国。但在此后很长一段时间，其所代表的潮流文化被称为另类文化，且一直处在主流文化的边缘，而如此打扮的年轻人一度更是成为离经叛道的代名词。但，2017年夏天，《中国有嘻哈》成为年轻人最热门的讨论话题之一。根据爱奇艺官网数据，截至9月7日，《中国有嘻哈》累计播放量29.9亿，豆瓣评分7.2。而在新浪微博上，相关讨论已达2 494万条，阅读量超过58亿。

何为嘻哈？嘻哈就是走自己的路，让别人无路可走；嘻哈就是要唱出自己的FREESTYLE……个性化的打扮、独白式的说唱、不将就的态度、做真实的自己……这些都是现代年轻人所追求，却很难真正做到的，但嘻哈却做到了。正因为如此，嘻哈，这一另类文化才会受到无数年轻人的追捧。

2016年，江小白就开始挖掘另类文化市场——小众的嘻哈音乐市场，并聚集国内地下原创说唱歌手举办了首季"江小白YOLO音乐现场"。今年，更是将嘻哈音乐会"江小白YOLO音乐现场"作为重磅IP推出。据悉，YOLO的意思是YOU ONLY LIVE ONCE，和拉丁语的"及时行乐"或"死亡警告"相类似，寓意是不要怕冒险，你只能活一次。江小白提出的YOLO（有路）"自己有路，我有态度"，彰显出一种时代的叛逆精神，表达了今天多数年轻人敢大声说"不"，不循规蹈矩，不愿意甘于庸俗。此外，江小白不仅将自身品牌与YOLO音乐现场相融合，还借势音乐现场，特别推出YOLO定制版酒。

其实，类似这样的事件营销动作，江小白做了不少，如青春爱情悬疑动漫《我是江小白》、"江小白JUST BATTLE国际街舞赛事"等，且都受到部分消费者的好评。

北京卓鹏战略品牌营销咨询有限公司董事长田卓鹏说，无论是江小白的YOLO音乐，还是江小白JUST BATTLE国际街舞赛，其实都是根据消费者偏好来做的活动。通过做消费者所喜欢的东西，所喜欢的活动，进而让消费者喜欢江小白的产品，并通过活动的持续性让消费者为产品买单，这其实就是一种"小火慢炖"式营销。

诚然，江小白，将自身产品与当下火热的另类文化很好对接，无疑也成功"搔"到了当下年轻人的"痒处"，圈粉无数也是情理之中的。

玩转互联网的社会营销

"江小白与传统酒企最大的不同在于，它很互联网，很会玩"，成都尚善公司董事长铁梨在谈及江小白营销时如是说。诚然，没有哪款酒像江小白一样，在网上混得风生水起，称其为"网红"实不为过。江小白，作为一款"网红"酒，其社会化营销确认令人折服。

何谓社会化营销？指利用社会化网络，在线社区，博客，微博等互联网协作平台来进行营销。江小白，这款主打年轻消费群体的"青春小酒"就将传播主阵地放在了微博、社区论坛等社会化营销平台上。加之江小白深谙网络营销与话题营销之道，因此它在短短时间内引起消费者的关注与认同也是情理之中的。

按理说，白酒作为中国特有的文化符号，在消费群体中应该占据极高的口碑。但事实并非如此，尤其是在消费迭代的当下，新生代对白酒并不"感冒"。因此，如何才能搔到新生代消费群体的痒处，让其为产品买单，成为企业的题中之义。

硅谷创投教父、PAYPAL创始人彼得·蒂尔、布莱克·马斯特斯在他们的著作《从0到1》中表示：企业存在的价值，在于不断创新；创新不是从1到N，而是从0到1。所以，一个企业要想保持"活"的动力，就必须有所创新。这一点，在江小白身上很好地体现出来。

"在消费迭代的现今，出生于互联网时代、年龄在17至27岁之间的'数字原住民'将成为新生代消费群体的主体。对于这类消费群体来说，他们注重的是高颜值、高品质、新生活、新体验。而这种体验性需要创新，比方说他们发现好玩的东西，会拍照发朋友圈，这是体验性、互动性的新生活方式就是他们所追求的。"田卓鹏表示，"江小白虽然尚未做到生活方式的创新，但在体验性、互动性方面的创新还是很成功的。"

其实，在互联网时代，每个人都是自媒体，都有强传播属性，若产品自带社交属性，能制造话题，就必定会引发二次传播，而一个产品若能在小众人群中形成强大的品牌张力，随着持续发展，必定会给品牌带来几何级裂变。而无论是江小白打造的同城约酒大会，还是将"我有一瓶酒，有话对你说"的表达瓶产品变成像微博、朋友圈等表达他人、表达自己态度和行为的载体，都很好地体现出江小白"从消费者中来，到消费者中去"的互动式、体验式营销，给其品牌带去了几何级裂变。

（资料来源：https://www.sohu.com/a/313608981_120133372，2019-05-13.）

思考题

1. 结合案例，谈谈广告和非广告促销的作用有什么不同？
2. 结合案例，谈谈你对江小白广告促销逻辑的理解。

二、拓展项目设计

请做一个针对大学生电子产品市场的促销组合策略，要求分组进行有关大学生市场信息沟通的特点、市场环境等方面资料的收集。把握大学生的市场定位，有针对性地设计广告、销售促进、人员推销或公共关系等方面的促销策略。

项目设计要求：方案翔实、创意合理、便于操作。

第 12 章

市场营销计划、组织、实施与控制

教学目标

通过本章学习,了解市场营销计划的作用与内容,以及市场营销组织的主要类型,掌握处理营销部门与其他职能部门关系的技能,了解营销实施的过程及市场营销控制的含义与种类等。

教学要求

知识要点	能力要求	相关知识
市场营销计划	了解市场营销计划的构成及作用	营销计划、营销战略、战略计划、战术行动方案
市场营销组织	了解市场营销组织的主要类型及组织设置的原则	职能型组织结构、地区型组织结构、产品管理型组织结构、市场管理型组织结构、产品/市场管理型组织结构、事业部组织结构
市场营销实施	能够根据市场营销计划进行具体实施,了解实施过程中产生的问题	实施营销战略、实施营销计划、实施方案
市场营销控制	明确市场营销控制的含义与种类	年度计划控制、盈利率控制、效率控制、战略控制

企业的市场营销战略和计划制订出来以后,如何使之变为现实,是企业营销成败的关键。这就要求企业设置与市场营销战略、计划的实施相适应的组织结构与体系,合理安排和调配企业各种资源,以保证计划的顺利实施。在市场营销计划实施的过程中,为了保证组织活动的过程和实际绩效与计划内容相一致,企业的管理者必须对营销计划的实施进行控制。

第 12 章结构提示

 **导入案例**

2019年对于冰箱行业是再次失速的一年，连续数年零售量同比下降。需求触顶带来的品牌存量激战令冰箱市场陷入分水岭周期，差异化竞争和技术产品创新决定企业的生死存亡。在行业整体颓势的情况下，美的冰箱的销量却逆势上扬。除了优异的产品创新，美的冰箱的逆势突袭与其一整年优秀的营销动作密不可分。

2019年，美的冰箱营销动作不断，打造了数场影响人数超千万的爆点事件；依托渠道优势和核心动作余温将营销下沉终端，在各省的数千家门店开展了形式多样的终端营销活动；并针对不同圈层人群又打造了极具人群洞悉的内容，营销内容触达粉丝群体、时尚圈、艺术圈、文学圈、职场人士等多个圈层，品牌影响力不断增大。不仅由点及面盘活了品牌运营与市场运作，更塑造了多维立体的品牌形象。

美的冰箱本年度品牌之夜提出了"探索新鲜度"的品牌主张，并携手高定服装设计师王玉涛打造了别开生面的跨界盛典。2019年的营销核心动作中，进行了多样化的探鲜尝试，给消费者带来满满的新鲜感。科技展会是家电圈每年火拼最激烈的战场。在本年度的AWE上，美的冰箱以"冰水同框，逆天挑战"获得超过亿次的全网关注，踏出了一条极限挑战的新径。在2019年9月的德国IFA展，美的微晶冰箱再次以"同牛不同温"的实验现象惊艳全场。在技术同质化严重的行业里美的冰箱以颠覆性十足的保鲜挑战屡屡刷新认知，也带来了巨大的关注。针对逐渐多元化、细分化的市场，美的冰箱2019年创造性地携手著名演员陈坤、李现两位代言人，分别着眼不同层次、不同需求的市场进行突破，打造出富有层次感的宣传矩阵，撬动了多维的市场。

敢尝鲜，敢于拥抱不同事物，美的冰箱在2019年不仅携手央视《秘密大改造3》《消费主张》、合肥马拉松等主流媒体与赛事获得大量受众的喜爱，同时还在《潮流合伙人》综艺、《在远方》等热门IP中频频露脸，曝光率大增。

核心动作的差异化、核心媒体与热门IP的联手，让美的冰箱在过去一年中保持着居高不下的关注度，也是其市场表现持续上扬的重要基础。除了核心媒介的巨大曝光，美的冰箱还紧抓渠道触手，利用核心动作余温，结合形式的创新，推动强有力的终端扩散，第一时间实现全新技术与产品的下沉。打造了多元化的终端营销，在第一线获取消费者的好感与喜爱。中国家电及消费电子博览会后，"冰水同框，逆天挑战"深入全国各省百城千店，在全国消费者面前展现了微晶冰箱魔力。品牌之夜后美的冰箱又以"探索新鲜度"八城巡展、"城市净味正当潮"系列活动，迅速落地新品与新技术。德国柏林消费电子展后，美的在多地展开"微晶解牛"的活动，也让"去美的冰箱门店打火锅"成为行业的年末热词。面对市场的新态势，美的冰箱选择聚势而为，携手合作伙伴布局广阔的终端营销网络，并因此获得了更广泛的喜爱和支持。

除了核心动作的爆发与下沉，在去中心化传播的时代，良好的品牌认可还需要更深度的人群感知，圈层营销因此成为激发类群传播，撬动品位相似人群的有力工具。针对不同圈层人群，美的冰箱打造了多样的、具有洞察力的内容，跨界玩味无限，将品牌运营渗透到不同生活方式的消费者中，有力突围不同圈层。着眼高端人群品味需求，美的冰箱今年年初牵手德国顶级汽车品牌梅赛德斯-奔驰与近百位尊贵的V菁荟高端会员一起探寻千年古村、品徽派韵味，开启专属的星级品质体验；又在今年八月现身达芬奇全球光影艺术展，达成了与高端艺术的跨界对话。而立足潮派新青年的热爱与痛苦，美的冰箱先后携手"ONE·一个"发起"图书解冻计划"，引起数千万的线上讨论；携手瓶行宇宙打造的"宇宙非热点音乐派对"，成功点燃苏宁818大促；与京东举办的"蒙面吐槽大会"，则得到了诸多职场人士的支持和热议。蹭热度，追热点是每个营销者都热衷做的事，但是得益于深刻的人群洞察，美的冰箱却能频频将圈层营销做得深入人心，从而将品牌印记深入触达受众内心。

以产品为载体，制造差异引爆声量；以渠道为抓手，创新形式积累口碑；以用户为中心，深耕内容强化共鸣。面对变化莫测的市场，美的冰箱的营销三部曲高度吻合行业推动渠道下沉、拥抱多维市场的动态，形成了由点及面，广度与深度兼具的曝光与口碑网络。

脱离受众、空有气势和噱头的营销只是自娱自乐。一亿人次关注的"冰水同框，逆天挑战"；数千万人响应的"图书解冻挑战"；全国数千家门店的"微晶解牛"活动；辐射粉丝群体、时尚圈、艺术圈、文学圈、职场人士等多个圈层的优质圈层内容产出……这一份亮眼的成绩背后，不仅是美的冰箱对于市场的清晰认知，更是对营销活动进行了全面、有效的规划与控制。美的冰箱凭借对于用户的尊重和深刻思考，打造出道路通达、直达人心的营销内容，也因此获得市场的拥抱。

（资料来源：资讯者焦点，2020-01-07.）

市场营销计划、实施、组织与控制是市场营销管理的重要内容，它们之间的关系是：企业根据总体战略规划的要求，首先制订市场营销的计划，在这一环节主要解决"应该做什么"和"为什么这样做"的问题；之后通过一定的组织系统实施计划，主要解决"由谁去做""怎么做""在何处做""在什么地方做"的问题；最后通过控制系统考察计划实施的结果，诊断存在问题的主要原因，并以反馈的形式采取适当的纠正措施，包括改善实施过程、优化组织系统或调整营销计划等，使营销工作更切合实际情况。目前，各个国家的工商企业、非营利组织均积极地采用市场营销管理来改善市场绩效，以实现市场营销的目标。对中国企业而言，面对国际、国内两大市场竞争的日益加剧，开展科学化营销管理的迫切性也与日俱增。只有对市场营销活动精心计划、合理组织、认真实施、动态控制，才能保证企业市场营销工作的顺利进展，从而使企业在竞争中占据主动地位。

12.1 市场营销计划

俗话说："凡事预则立，不预则废。"如果一个企业仅仅对市场的最新动态做出简单的反应，难以维系企业长久的发展目标。从管理的角度而言，企业市场营销要达到良好的效果，需要有科学的计划作为指导。没有合理的营销计划，会使各职能部门间难以协调，营销人员各行其是，导致营销工作在实施中陷入混乱，同时可能会遭到有计划、有远见的竞争对手的攻击。因此，企业在市场开拓中必须制订有效的计划。

营销计划是企业各部门计划中最重要的一个组成部分，其涉及面非常广泛，由于营销工作需要其他各部门的配合，如生产部门的产品配合、人事部门的人员配合、财务部门的资金配合等。因此，市场营销计划的制订应当充分考虑企业所处的环境、面临的竞争，并依照企业的目标，实现企业资源的有效利用，以获得合理效益。

凡事预则立，不预则废

营销计划工作是企业营销工作的重要内容，但并不是每一个企业在初创时都能建立科学、先进的计划体系，计划体系是随着企业规模和管理水平的发展而不断提高、完善的。因此，企业对于计划的必要性认识通常是从无心到有意、从自发到计划、从短期到长期的发展过程。

12.1.1　市场营销计划的四个发展阶段

1. 无计划阶段

企业建立初期，由于企业需要应对筹集资金、采购生产设备及原材料、开拓市场、人员的配置等众多问题，管理者全神贯注于日常的经营业务，以维持企业的生存与发展，因此，企业难以有完整的时间考虑计划的制订，处于盲目发展状态。也有少数企业成立时间虽然相对较长，但管理者对计划制订的重视程度不足，认为市场变化太快，计划往往落后于实际，制订计划对企业发展的作用不明显，导致企业同样处于无计划状态。还有部分企业虽然建立了预算制度，对企业下个年度的销售情况进行预测，以加强对销售成本和现金流量的控制，但这些计划仅属于财务预算计划，不是真正的、全面的销售计划。

2. 年度计划阶段

随着企业的发展，组织结构体系逐步完善，营销部门独立设置。管理者认识到制订计划的重要性，开始以年度为周期制订计划，主要包括以下三种方法。

（1）自上而下的计划。

由企业经营最高层往下一层一层地分配销售计划值的方式，建立总体目标和计划，由下属各部门、各单位贯彻执行。这种计划便于管理者组织和控制企业的整体计划工作，同时处理多个营销项目的开展。此种方式要求企业高层非常了解企业及各个基层部门的业务流程，企业内部具有强有力的执行能力，因此，此类计划容易因为管理者不熟悉实际工作环境的变化而流于形式。

（2）自下而上的计划。

由企业各基层单位先制订可实现的最佳目标和计划，上交高层管理者审批，然后由各部门贯彻执行。这种计划让基层单位参与企业计划的制订，提高了下属部门和员工的积极性和创造意识。此类计划要求企业第一线负责者能站在公司的立场，预估销售的成长性，层层上报最终累积量。

（3）上下结合的计划。

高层管理者根据企业的整体发展要求确定企业年度营销目标，下达给下属各单位，各单位据此进行可行性论证和修正，或制订具体的计划。上交高层管理者批复后，成为正式的年度营销计划。大多数企业都采取上下结合的计划方法。

制订年度计划的好处在于使企业各业务部门能较好地协调，使企业职员能获得系统化的思考方法，并成为营销业绩考核的依据，使各级部门充满活力。但年度计划制度往往需要数年时间才能建立起来，原因是部门管理者不愿在多变的市场环境中对业务目标和战略做出承诺，从而改善工作业绩。因此，高层管理者必须考虑如何将计划的意识引入企业中，并使计划更加有效。

3. 长期计划阶段

随着市场竞争的加剧，从年度计划的制订和实施中，企业经营者进一步认识到，企业不仅要制订年度计划，更要高瞻远瞩，制订满足企业长远发展目标的长期计划（如3年计划、5年计划、10年计划）。年度计划是长期计划在每一年的具体化，实现各个年度计划就能保证长期计划的逐步实现。由于企业的环境是不断变化的，一成不变、不具备任何弹性的长期计划并不可取，所以企业每年都要对长期计划进行适当修正，避免墨守成规。

4. 战略计划阶段

进入20世纪70年代，世界经济出现了更多的变化，企业外部营销环境日益复杂。企业为获得可持续发展，需要发展能够抵抗各种环境冲击的业务组合，使各部门的计划工作相互配合，共同迎接冲击。战略计划就是研究在不断变化的环境中，怎样努力提高企业的适应能力，把握营销的良机。近几年来，由于经营风险的增加，战略计划越来越成为产品和市场初创时乃至创立前的纲领性文件，投资者要求企业经营者在一个项目进行之前提供商业计划书，这也是战略计划的一种形式。

战略计划阶段是企业组织管理规模化、复杂化的一种必然的发展结果，战略计划是创新和理智行为的综合表现。 也就是说，制订战略计划要求企业重视市场环境和目标顾客的变化，将企业资源集中于目标市场，寻求企业特有的竞争优势以满足目标市场的需求；同时要求企业正确制定营销组合策略，将战略目标细化为一系列子目标和行动指南，从这个意义上讲，战略计划能否成功取决于能否将战略和战术成功地结合。

12.1.2 市场营销计划编制的内容

企业营销管理的实施过程从制订营销计划开始，因此，每位营销管理人员都应了解如何制订一项营销计划。**营销计划指企业在目前市场营销状况（包括宏观环境、市场状况、竞争状况、产品状况、分销状况等）下，分析企业所面临的主要机会与威胁，优势与劣势及存在问题的基础上，对市场营销目标、市场营销战略、市场营销策略及预计利润进行确定和过程控制。** 营销计划与企业计划中的其他计划存在密切联系，如生产计划、产品线计划、品牌计划、财务计划、企业职能部门等均与营销计划存在相互影响作用。市场营销计划的编制主要包含以下六个部分（表12-1）。

表12-1 市场营销计划的编制内容概要

	内容	目的
1	分析当前营销状况	它提供与市场、产品、竞争、分配和宏观环境有关的背景数据
2	分析机会与威胁、优势与劣势	它概述主要的机会和威胁、优势和劣势，以及在计划中必须要处理的产品所面临的问题
3	表述营销目标	它确定计划中想要达到的关于销售量、市场份额和利润等领域的目标
4	列出主要的市场营销策略	它描述为实现计划目标而采用的主要营销方法
5	制订行动方案	它回答应该做什么？谁来做？什么时候做？需要多少成本？
6	预测结果及进行风险分析	它说明将如何编制损益预算、监控该计划有效实施

1. 分析当前营销状况

计划首先要对企业所在的环境与企业现状进行详细的描述，提供与市场、产品、竞争、分销渠道及宏观环境有关的背景资料。市场形势主要描述市场的基本情况，包括市场规模与成长（以单位或金额计算），分析过去几年的市场销售总额，不同地区或分市场的销售情况，并提供顾客需求、观念和购买行为方面的动态和趋势资料。产品情况需要列出过去几年有关产品的销售、价格、利润及差额方面的资料。竞争形势需要指出主要的竞争者，并分析他们的规模、目标、市场占有率、产品质量、市场营销策略及任何有助于了解其意图、行为的其他资料。分销渠道情况介绍企业在不同销售渠道上的销售情况，以及不同渠道的相对重要性的变化。不仅要说明各个经销商及他们的经销能力的变化，还要包括激励他们时所需的投入、费用和交易条件。宏观环境阐述影响该产品市场营销的宏观环境因素、现状及未来的变化趋势。

2. 分析企业面临的机会与威胁、自身的优势与劣势

市场营销部门要在市场营销现状的基础上，围绕产品找出主要的机会和威胁，优势与劣势，以及面临的问题。通过机会与威胁分析，阐述外部可以左右企业未来的因素，以便考虑采取的行动。对所有机会和威胁，要有时间顺序，并分出轻重缓急，使更重要、更紧迫的能受到应有的关注。通过对优势与劣势的分析，说明企业内部条件。优势是企业成功利用机会和应对威胁所具备的内部因素，劣势则是必须改进、提高的某些方面。通过问题分析，企业将机会与威胁、优势与劣势分析的结果，用来确定计划中必须强调、突出的主要方面。对这些问题的决策产生出市场营销的目标、战略和战术。

现状分析中尤为重要的是要指出企业所面临的问题和对未来的假设，基于计划本身就是一个尚未发生的事件，必须明确可能需要满足的条件和存在的问题。

3. 表述营销目标

明确问题之后，市场营销部门要做出与目标有关的基本决策，以指导战略和行动方

案的制订。营销计划中要明确计划增加的利润、计划市场占有率等细节问题,并以财务目标为基础。例如,如果公司想赚取 180 万美元利润,并且它的目标利润率是销售收入的 10%,那么,它在销售收入上的目标必须是 1 800 万美元。如果公司产品的平均单价是 260 美元,那么,它必须销售出约 69 230 单位的产品,如果它对整个行业的销售量预计达到 230 万单位,那么,它就需要占有约 3% 的市场份额。

营销目标以量化的形式确定了任务完成的数量和时间要求。目标制定的合理性与否关键在于"度"的确定,过低的目标会影响员工的积极性,无法达到较佳的市场效果;过高的目标则伤害员工的自信心,让他们觉得即使再努力,实现的可能性也很小。综合来说,营销目标应稍高于正常值,并且是通过努力可以达到的目标值。

4. 列出主要的市场营销策略

每个目标都可以通过多种途径去实现。比如,完成一定的利润目标,可以薄利多销,也可以厚利限销。通过深入分析,权衡利弊,为有关产品找出主要的市场营销组合策略,并在计划书中简明扼要地列出。市场营销策略的内容包括:目标市场、产品市场定位、市场调研计划、产品策略、定价策略、沟通策略、渠道策略等。目标市场策略阐明企业及其产品准备投入的细分市场。由于不同分市场在顾客偏好、对企业市场营销的反应、盈利潜力及企业能够或愿意满足需求的程度等方面各有特点,市场营销部门要在精心选择的目标市场上慎重地分配力量。市场营销组合策略对选定的各个分市场,分别制订包括产品、价格、分销和促销在内的具体策略。通常,在针对目标市场发展市场营销组合时,市场营销部门会有多种不同的方案进行备选,以便制订最优方案。

5. 制订行动方案

儒佛尔定律:搞好预测,好决策还会远吗?

营销目标与策略要通过具体的战术行动来实现。行动方案要进一步从要做什么、何时去做、何人去做、花费多少代价去做及达到什么要求等方面,仔细考虑市场营销策略的各项内容。常有一些企业把各种具体的战术行动用图表形式表达,标明日期、活动费用和负责人员。这样就使企业的整个行动方案做到一目了然,便于计划的实施和控制。

6. 预测结果及进行风险分析

预测结果及进行风险分析是计划控制的重要组成部分,主要涉及计划能否获批,能否实施,能否得到有效控制。典型的计划控制是把目标、预算按月或季度分开,帮助上级主管部门及时了解各个时期的销售业绩,找出未完成任务的部门、环节,并限期做出解释和提出改进措施。

此外,市场营销部门在决定目标、营销策略、行动方案之后,可编制一个损益报告辅助预算分析,在预算书的收入栏中列出预计的单位销售数量及平均净价;在支出栏中列出划分成细目的生产成本、储运成本及市场营销费用。收入与支出的差额就是预计的利润。它经上级主管部门审查同意之后,成为有关部门、有关环节安排采购、生产、人力及市场营销工作的依据,有助于减少市场经营活动的风险。

12.1.3 市场营销计划的作用

营销计划是实现企业战略目标的桥梁,是企业经营活动的依据。企业制订的营销计划常常从"公司有多大的销售量才能获得利润?"这个问题开始,这个问题只有通过营销分析和制订一个营销计划才能解决。当营销计划被批准后,非营销管理者们才能开始制订他们的制造、财务和人事计划,以支持营销计划的顺利开展。因此,营销计划是公司其他行动计划工作的起点,其作用可以归纳为以下三个方面。

(1)营销计划规定了企业预期的经营成果。管理者在营销计划中明确了计划期间的营销目标,能够有效地降低经营的风险。在现代企业的经营管理中,所有权人与职业经营人往往有所区分,职业经营人在不拥有企业职权的情况下,有可能只追求短期效益最大化,这种行为就会损害到企业的长期利益。

(2)营销计划规定了计划期间企业经营所需要的资源。营销目标的制定需要明确和量化,预先测算人、财、物等资源的成本、费用和开支,既有利于统筹资源的节约使用,同时也便于各部门和人员的考核,以取得低成本下的高效益。

(3)营销计划规定了营销的具体策略。全面而具体的营销策略可以使员工明确工作目标,工作责任及工作方法,有助于营销主管们将精力集中到企业长期战略计划的研究上,而不是费心于日常业务的指挥。此外,明确的营销目标和策略还有利于协调和沟通内部各部门、各环节之间的关系。

12.2 市场营销组织

12.2.1 市场营销组织的内涵

营销组织是企业为了实现销售目标,将具有销售能力的销售人员、产品、资金、设备、信息等各种要素进行整合从而构成的有机体群体,是营销管理的基础和重要保证。

营销组织作为企业组织体系的重要组成部分,主要负责市场调研、市场开发、销售、提供服务(包括售前、售中和售后)等多方面的工作。有的企业将营销组织称为营销部,有的称为营销中心,还有的称为销售部或经营部。不同公司的营销组织,即使名称一致,其职能也各不相同,如有些企业将策划工作归入营销部门,有些则单独设立策划部门。市场营销组织应具有以下四个方面的特点。

(1)营销组织通过各种销售活动完成企业销售目标,实现销售利润,提供令顾客满意的售后服务,并努力扩大产品和服务的市场占有率,为企业发展创造条件。

(2)营销组织依据企业的产品特征、市场覆盖范围、流通渠道等因素构成不同的组织形式,有职能型组织、地区型组织、产品型组织、市场型组织、复合型组织和事业部组织。

(3)营销组织的管理是以顾客为导向,对人、财、物、信息等管理资源进行合理组织和充分利用。

（4）营销组织是一个开放的系统，它与企业的战略和环境保持动态的适应，随着企业目标和战略、策略的调整及环境的变化，营销组织设计也要进行不断的调整和变革，以保证较高的组织运行效率。

12.2.2　市场营销组织的发展

产品供不应求时，企业只需要不断提高劳动生产率或制造出品质更高的产品，便能获得高额的利润。在这两种营销观念的指导下，企业以生产部门为核心，采购部门、销售部门、财务部门和人事部门均为辅助部门，地位无轻重之分。

当市场供求关系逐渐发生变化时，企业为将库存产品销售出去，开始使用推销手段。虽然此时生产部门仍然是企业的核心部门，但企业同时也开始着重考虑产品的销售问题，由于销售压力增加，销售部门的作用开始凸显，成为影响企业盈利与否的一个重要部门。

如今，市场竞争日趋激烈，产品供过于求会造成环境污染、库存积压，企业开始明白，只有生产符合社会需要和市场需求的产品，才有可能通过产品销售创造利润，为社会发展做出自己的贡献。企业摒弃盲目生产的经营方式，在通过市场调研了解需求的基础上，以市场销售为最终目标，逐步建立较完整的营销体系。营销开始贯穿企业经营的全过程，销售部门的职责不仅是把产品销售出去，也包括进行市场调研，找到社会所需。销售部门由单一的销售职能部门演化为今天的营销部门，地位也由辅助部门变为核心部门。现代营销观念的确立要求企业重新考虑组织设计的指导思想，使营销导向的原则不仅贯穿于经营战略规划、日常管理业务中，还要贯穿于组织设计中。

营销部门的产生及其地位的改变，从一个侧面反映了企业的社会使命。企业存在于经济社会中，在追求自身经济利益的同时，企业为追求长远的生存、发展和壮大，也需要满足社会需求和社会利益。营销部门的产生与发展，见证了企业观念由生产导向到社会营销导向的变革，是市场营销理论与实践相结合的产物。

12.2.3　营销组织的演变

企业内部营销部门的构成是随着企业规模和营销业务量及范围的扩大长期演变而来的，同时，企业经营观念的转变对营销部门的设置及其在企业中地位的提高起到了不可低估的作用。现代企业营销组织的演变过程可以分为四个阶段，每个阶段都有不同的组织形态。

1. 简单的销售部门

最初，企业的销售部门是很简单的，企业总经理或其他总负责人下设销售经理，销售经理直接管理一定数量的销售人员和其他一些具有营销职能的科室或人员，同时兼顾其他营销职能。

2. 兼具营销职能的销售部门

随着业务范围的扩大，除销售外，企业需要经常性地处理市场调查、广告宣传和顾客服务等工作，再由销售主管兼顾这些工作相对困难，需要聘请有经验的营销主管来承担这些新的职能，营销组织也随之调整。企业总经理或其他总负责人下设销售经理，销售经理直接管理一定数量的销售人员和若干个市场主管，带领市场主管们完成营销方面的工作，如广告、营销策划等。

3. 独立营销部门

随着企业规模和业务范围的进一步扩大，作为辅助性工作的营销调研、新产品开发、广告促销和客户服务等营销职能的重要性日益增强，营销部门发展成为一个相对独立的职能部门，使企业最高管理层能够通过营销部门了解企业的发展机遇和战略上存在的问题。营销部门负责人和销售部门负责人，直接受企业最高层的领导，两个部门相互配合，相互独立，地位平行。

4. 现代营销部门

以上几种模式中，营销部门与销售部门需要相互配合、密切联系，但现实中许多企业这两个部门之间的矛盾颇多，都希望把自己摆在一个更重要的位置。销售部门主要负责渠道建设、市场开拓、产品销售；营销部门主要负责市场调查、参与新品设计、品牌推广、售后服务。销售部门常倾向于追求短期目标，注重完成眼前的销售任务；而营销部门常常倾向于长远目标，致力于从满足消费者长远需求出发来规划和开发最恰当的产品和相应的营销策略。如果销售部门和营销部门之间存在太多的矛盾和冲突，企业最高管理层可以有三种处理方法：第一种是由销售负责人来负责营销活动；第二种是让其他行政负责人协调解决部门间关系；第三种是由营销负责人管理包括销售部门在内的全部营销工作。西方大多数企业的营销组织结构就是在第三种处理方法的基础上建立起来的。企业派一位常务副总经理处理两部门之间的矛盾，协调二者工作，或者任命一位营销副总主管所有营销和销售的工作。

企业有了现代营销部门，并不等于就是一个现代营销企业，如果企业的其他部门不重视市场营销，各自强调自身工作的重要性，就会形成多种中心。因此，只有当企业所有的部门员工和各级管理者都认识到企业的一切工作都是为顾客服务，市场营销不仅仅是一个部门的名称和职责，而是一个企业的经营哲学的时候，企业才能真正成为以顾客为中心的现代营销企业。

现代企业市场营销组织由无到有，由普通到重要，是企业转变经营观念的必然要求，也是企业赢得竞争的必须条件。企业营销组织经过长期的发展，现在可以全程控制企业的经营工作，深刻地体现了"营销开始于生产之前，销售完成后营销并未结束"的过程。从生产前的市场研究、消费者分析、到参与新产品的研发，完成产品的销售和售后工作，现代营销部门实现真正的全程监督与控制。

12.2.4 营销部门的组织形式

营销部门的组织形式是多种多样的，为达到企业预定目标，市场营销经理必须选择合适的市场营销组织形式。不同的组织形式，对于企业目标达成、成本控制的影响互有差异。常见的市场营销组织形式有六种。

1. 职能型组织结构

这是最古老、最常见的市场营销组织形式。这种营销组织由各种营销职能经理组成，他们分别对营销副总裁负责，如图12.1所示。它强调市场营销各种职能如销售、广告和研究等的重要性。从图12.1可以看出，该组织把销售职能当成市场营销的重点，而广告、产品管理和研究职能则处于次要地位。

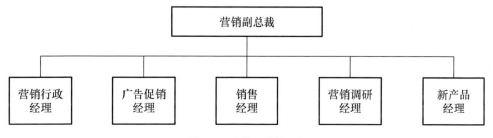

图12.1 职能型营销组织

职能型营销组织的优点是管理层次少，管理简便。当企业只有一种或很少几种产品，或者企业产品的市场营销方式大体相同时，按照市场营销职能设置组织结构比较有效。缺点是随着产品增多和市场规模扩大，这种组织形式就暴露出发展不平衡和难以协调的问题。由于对具体的产品和市场缺乏针对性，没有一个部门能对某产品的整个市场营销活动负全部责任，那么各部门就强调各自的重要性，以便争取到更多的预算和决策权力，使营销副总裁无法进行协调。

2. 地区型组织结构

较大规模的企业有广泛的地域性市场，往往按地理区域安排和组织其市场销售力量。这类企业除了设置职能部门经理外，还按地理区域范围的大小，分层次地设置区域经理，层层负责。为了使整个市场营销活动更为有效，地区型营销组织（图12.2）通常都是与其他类型的组织结合起来使用。

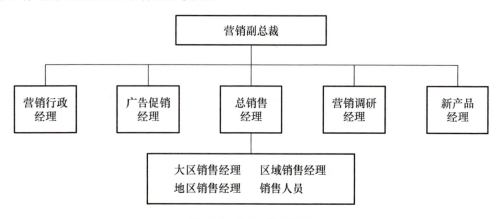

图12.2 地区型营销组织

3. 产品型组织结构

生产多种类、多品牌产品的企业，往往按产品或品牌建立管理组织，即在职能型组织的基础上，增设产品经理，负责各种产品的策略与修正等。产品型组织是指在企业内部建立产品经理组织制度，以协调职能型组织中的部门冲突。在企业所生产的各产品差异很大，产品品种太多，以致按职能设置的市场营销组织无法处理的情况下，建立产品型组织结构是适宜的，见图12.3。

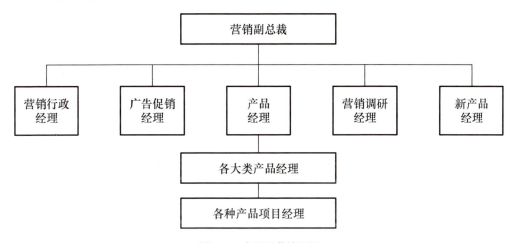

图 12.3　产品型营销组织

产品经理的任务有：发展产品的长期经营和竞争战略；编制年度营销计划，进行销售预测；与广告代理商和经销代理商一起研究广告的文稿设计、节目方案和宣传活动；激励销售人员和经销商经营该产品的兴趣和对该产品的支持；不断收集有关该产品的性能、顾客及经销商对产品的看法，产品遇到的新问题和新销售机会的信息；改进产品，以适应不断变化的市场需求。

例如，美国宝洁公司（P&G）于1927年首先采用了产品型组织结构，随后许多厂商，尤其是食品、日用品、化妆品和化学工业的、产品类型较多的企业纷纷效仿。例如，通用食品公司的各产品经理分别负责麦片、宠物食品、饮料等类食品，而在麦片产品部门，又有分别负责营养麦片、含糖儿童麦片、家用麦片等产品的产品经理。

产品型组织结构的优点如下所述。

（1）产品经理能够实现产品的最佳营销组合。

（2）产品能够较快地成长起来。

（3）能够对市场出现的问题及市场状况的变化迅速做出反应。

（4）较小品牌的产品不容易受到忽视。

产品型组织结构的缺点如下所述。

（1）产品经理的组织设置会产生冲突或摩擦，如产品经理没有足够、必要的权力去有效履行自己的职责，不得不靠说服的方法来取得其他部门的合作。

（2）不同的产品经理很难从总部角度去考虑问题，若缺乏整体观念，各产品部门之间会发生矛盾，会为保持各自产品的利益而发生摩擦。

（3）组织经营需要的费用较高。

（4）可能存在因更换产品经理而影响产品营销计划延续执行的风险，从而影响了产品长期优势的建立。

针对这些缺点，要采取一些措施加以克服，如，明确产品经理的职权范围；以"产品小组"制代替"产品经理"制；取消次要产品的产品经理，让每一个产品经理兼管两个或更多的次要产品；按企业的主要产品设立事业部，并在各产品事业部内设立职能部门等。

4. 市场管理型组织结构

如果企业向各类的市场销售其系列产品，采用市场管理型组织结构就可以把企业的所有用户，按照不同的购买行为和产品偏好划分成不同的用户组，见图12.4。市场管理型组织结构类似于产品管理型组织结构，由市场经理管辖若干个细分市场经理，各细分市场经理负责自己所管辖市场的年度销售利润计划和长期销售利润计划。

当企业面临如下情况时，建立市场管理型组织是可行的：拥有单一的产品线；市场各种各样（不同偏好和消费群体）；不同的分销渠道。这种组织结构的主要优点是：企业可以根据特定客户的需要开展一体化的营销活动，而不是把重点放在彼此割裂开的产品或地区上。在市场经济环境中，越来越多的企业组织是按照市场管理型组织结构建立的。市场管理型组织的优点在于，企业的市场营销活动是按照满足各类不同顾客的需求来组织和安排的，以各目标市场为中心来建立相应的营销部门和分支机构，有利于企业加强销售和市场开拓。其缺点是存在权责不清和多头领导的矛盾，与产品型组织结构类似。

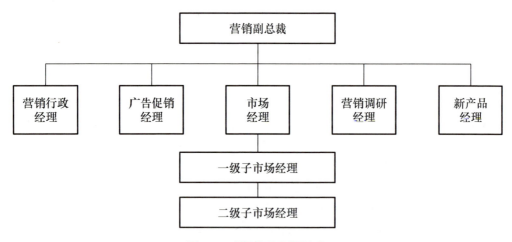

图12.4　市场管理型营销组织

5. 复合型组织结构

近年来，随着企业规模的扩大，多元化经营的实施，企业在产品品种、品牌、销售市场呈多样化发展趋势，企业组织形式出现了新的模式，复合型组织结构就是其中的一种。生产多种产品并向多个市场销售的企业常常会遇到如何设置营销组织的难题，如果采取产品型组织结构,那就需要产品经理熟悉高度分散、差异性很大的不同市场;如果采用市场管理型组织结构,则需要市场经理熟悉各种式样的产品特点。为解决这个矛盾,就产生了把两者有机结合在一起的新的组织结构模式,即同时设置产品经理和市场经理,形成复合型组织结构。

在复合型组织结构中,产品经理负责产品的销售和利润计划,为产品寻找新的用途;市场经理负责开发现有的和潜在的市场。这种组织模式适用于多元化经营的企业。但其缺点是管理费用大,且产品经理和市场经理的责权不够明晰。

6. 事业部组织结构

事业部组织结构是按不同产品或地区独立核算的组织形式。当企业规模很大,产品种类和市场很多时,企业常把主要产品或市场分设为独立的事业部。事业部独立经营,对公司的利润负责。各事业部内往往设有比较齐全的职能部门,包括市场营销部门。事业部组织结构有利于发挥产品或地区事业部的主动性、积极性和创造性,有利于经营组织的稳定,使之适应激烈的市场竞争及国际市场的开拓。企业通常从以下几种模式中选取适合的组织结构。

(1)公司总部不设置营销部门,营销职能完全由各事业部自行负责。

(2)公司总部设置一个规模很小的营销部门,只具备较少的营销职能,如从企业整体发展的角度进行总体市场机会评估,提供相关市场咨询分析等。

(3)公司总部设置一个较大规模的营销部门,为各事业部提供营销服务,如企业广告、公关活动、提供市场研究、市场推广、人员培训等服务。

(4)公司设有强大的营销部门,直接参与各事业部的营销规划及实际业务工作,甚至部分控制相关的销售经营活动。

小链接

大多数企业的组织结构都是"正三角",看起来就像一个金字塔。这种组织具有很多弊病,为此,美国一些知识型企业开始尝试建立和传统组织完全相反的结构——"倒三角"组织。这些企业的尝试,让跨国巨头们看到了希望,却鲜有尝试者,他们担心万一"反转"不成功,数万人的组织会出现大问题。但海尔集团实现了突破,通过近七年的探索,成为全球第一家采用"倒三角"组织结构的大型跨国公司。

张瑞敏表示:"传统'正三角'结构可以使组织很稳定,但是缺少活力。'倒三角'不稳定,静态的'倒三角'立不住,就像陀螺,必须转动起来才能不倒,而且要不停地转。让'倒三角'持续不停转动需要两个力,分别是外驱力和内驱力。"经过长期的探索和实践,海尔形成了四大核心机制,这四大机制构成了让"倒三角"组织有效运转的外驱力和内驱力。

顾客驱动机制这一机制是"倒三角"组织的外驱力。在海尔,企业由三类自主经营体组成。一级经营体处于市场一线,对于是否开发某项产品或服务拥有决策权。他们可以倒逼二级经营体,让其提供资源和流程支持。同理,二级经营体也可以倒逼三级经营体。

三级经营体不再"发号施令",而是要保证不同经营体之间能有效协同,同时要注意大的趋势,发现战略性的机会。通过建立顾客驱动机制,海尔希望能够实现"与顾客零距离"。

契约机制这一机制是"倒三角"组织内驱力的重要来源。在海尔,不同经营体之间互为客户,每个经营体既服务于其他经营体,也享有其他经营体的服务。连接自主经营体之间的关系不是传统意义上的上下级关系,而是契约关系。在契约关系中,"适者生存"是最高法则。一位员工表示:"在海尔,每个人都必须找到自己的顾客,都必须创造价值。"通过建立契约机制,海尔希望能够实现"内部协同零距离"。

"人单酬"机制这一机制和契约机制有机地协同起来,成为"倒三角"的内驱力。在海尔,每个自主经营体和个人都是价值创造过程中的一个节点,其存在的基础是"单",即目标。每个节点都需要明确自己的顾客,把顾客需求转化成自己的"单",然后根据"单"的完成情况获得薪酬。此机制包含两个关键的环节:第一个环节是预酬,即事先算赢。第二个环节是"关闭差距",即关闭现状与目标的差距。通过建立"人单酬"机制,海尔希望能够实现"闭环优化"。

"官兵互选"机制在"倒三角"组织中建立了上下互动的驱动机制,这是"倒三角"内驱力的另一个重要来源。在海尔,领导者不是由上级来任命,而是采取"官兵互选"来筛选和优化,任何人都可以拿出实施方案,公开竞聘经营体长。经营体长被选出后,可以组建自己的团队。如果经营体没有实现预期目标,员工有权力让体长"下课"。"去领导化"是海尔组织变革的重要课题,而"官兵互选"则是"去领导化"的重要手段。

"倒三角"组织给海尔带来了丰厚的回报。但是,天下没有免费的午餐,和传统的"正三角"组织相比,"倒三角"组织也会带来一些特殊的挑战。如果不能识别并应对,在颠覆组织结构的同时,企业也可能把自己"颠覆"掉。对于其他企业而言,抛弃复制思维,秉持学习和开放的心态,更能有效地吸收和借鉴海尔管理模式的精髓。

(资料来源:曹仰锋,2013.海尔"倒三角"运转的四大机制[J].商业评论,(7):1672-2582.)

12.2.5 营销部门的职能

营销部门在公司中起核心作用,除策划和协调公司的全部营销活动外,还协调各部门之间的活动与关系。 营销部门的主要任务包括以下几项。

(1)建立市场营销信息系统。其包括内部报告系统、营销情报系统、营销调研系统和营销分析系统等,运用多种途径与工具收集和处理市场信息,为营销决策提供有力的依据。

(2)研究顾客需要。其包括顾客对商品与服务的需求总量和需求结构、顾客购买行为、顾客需求现状和发展趋势等。

(3)研究企业所面临的宏观环境和竞争环境。宏观环境包括人口环境、经济环境、政治法律环境、科学技术环境、自然环境和社会文化环境。竞争环境包括现实竞争者和潜在竞争者等。

(4)根据顾客需求、宏观环境和竞争环境研究制定市场营销策略,决定企业长期的发展方向和发展目标。运用一定的标准细分市场界定子市场。

（5）根据细分市场特征的有关数据衡量每个子市场的需求潜力和盈利可能性。

（6）根据企业目前的人、财、物条件评估进入有潜力的细分市场的可能性。

（7）选择企业有能力进入的、有利润潜力的细分市场作为目标市场，制定占领该目标市场的营销组合策略，分配必要的资源。

（8）衡量顾客满意度和公司形象，制定提升顾客满意度和改善公司形象的策略。

（9）不断地收集与评估新产品构思，改进产品和服务，努力为顾客提供最好的问题解决办法。

（10）在全公司进行营销教育，帮助全体员工树立现代市场营销观念，协调各部门的活动与相互关系，形成以顾客为中心的协调高效的管理体制。

12.2.6　营销部门和其他职能部门的关系

为确保企业整体目标的实现，企业内部各职能部门应密切配合。但实际上，各部门间的关系常常表现为激烈的竞争和明显的不信任，其中有些冲突是由于对企业最高利益的不同看法引起的，有些是由于部门之间的偏见造成的，而有些则由于部门利益与企业利益相冲突所造成的。

在典型的组织结构中，所有职能部门都对顾客的满意程度有或多或少的影响。在市场营销观念下，所有部门都应以"满足顾客"这一原则为中心，致力于顾客需求的满足，而市场营销部门则更应在日常活动中向其他职能部门灌输这一原则。市场营销经理有两大任务：一是协调企业内部市场营销活动，二是在顾客利益方面，协调市场营销与企业其他职能部门的关系。然而，很难确定应给予市场营销部门多少权限来与其他部门进行协调合作。但一般而言，市场营销部经理应主要依靠说服而不是权力来进行工作。

例如，假设航空公司的市场营销经理在致力于提高市场占有率的过程中，并没有具体的权力去影响乘客的满意程度：他不能雇用或培训机组人员（人事部）；他不能决定食品的质量和种类（餐饮部）；他不能确保飞机的安全标准（维修部）；他不能解决价格表问题（业务部）；他不能确定票价（财务部）。营销经理只能控制市场研究、销售人员与广告促销，并只能通过与其他部门的协调努力营造乘客满意的飞行环境。

1. 营销部门与产品研发部门

营销部门与产品研发部门在公司里往往代表着两种不同的观念。产品研发部门由科学家和技术人员组成，他们多数奉行技术导向，以自己拥有的科学知识和专业技术为荣，关心技术难题的攻克而不太关心产品盈利，关心产品研制成功而不太关心成本，超然于企业和市场之外。而营销部门人员则奉行以市场为导向，以熟悉市场为荣，重视产品成本和特色。营销人员与研发人员都用消极的态度看待对方，营销人员认为研发人员过分重视技术质量最大化，而不是设计符合顾客需要的产品；研发人员则认为营销人员过分重视销售，而不重视产品技术特点。解决问题的办法是技术与营销并重，实现两个部门之间的有效协调，可采用以下方式。

（1）共同举办研讨会，互相了解和尊重对方的想法、目标、工作作风和遇到的问题。

（2）将每一个新项目同时分配给研发人员和营销人员，让他们共同制定营销计划目标，并在研发过程中密切合作。

（3）将营销部门与研发部门的合作延续到销售时期，包括制作复杂的技术手册，举办展销会，进行市场调查和提供售后服务。

（4）营销部门与研发部门的工作由同一副总经理分管。

（5）由公司高层解决双方的矛盾，制定明确的解决矛盾的程序与方法。

（6）协调与沟通可以使营销部门与研发部门的观念与能力都得到提升。

（7）研发部门应当做到：认识到自己的任务不是单纯的发明创造，而是创造符合市场需求的产品；安排时间会见顾客和倾听意见；不断根据顾客反映和建议改进产品，提出新产品构思；对营销部门、制造部门和其他部门提出的新产品开发建议持欢迎态度；以竞争者中最好的产品作为基准改进自己的产品，力争使本公司的产品与服务成为同行业中最佳。

（8）营销部门应当做到：不是单纯用新的产品特性满足顾客，而是要考虑技术实现的可能性。

2. 营销部门与生产部门

生产部门关注产品生产能否顺利进行，在规定的时间以规定的成本生产出规定数量和规定质量的产品。营销部门则关注市场需求变化，对市场需求数量和需求结构做出预测。制造部门抱怨营销部门预测不准，建议投产的品种太多，对顾客做出的承诺过多，令他们难以适应。营销部门则抱怨生产部门生产能力不足，交货延迟、质量下降、售后服务欠佳。生产部门每日面对的问题是机器故障、原材料供应不足，生产成本上升，生产效率下降，生产工人积极性不高等，对顾客的需求与抱怨知之甚少。营销人员面对的问题是顾客抱怨，而对生产过程的困难和生产成本的上升了解不多。

如何处理生产部门与营销部门的关系受到公司市场观念的影响。实行生产观念的公司以增加产品产量和降低成本为中心开展企业的一切活动，倾向于生产批量大而品种单一的产品，对及时交货和顾客服务并不重视。实行营销观念的企业以满足顾客需求为中心开展企业的一切活动，有时不考虑生产批量和成本，导致企业经营成本大幅度上升。处理生产部门与制造部门矛盾的关键是采用生产与营销平衡的观念，双方通过密切沟通了解对方，共同确定公司的最大利益，制订行动计划。双方沟通的方式有举行研讨会、联席会议、互派联络员、相互交换人员和增加接触等。

生产部门要做到：认识市场需求变化与满足顾客的重要性；拜访客户的工厂或购买者家庭以观察用户是怎样使用公司产品的；为完成定期交货的承诺而加班工作；邀请顾客参观自己的工厂以树立公司的良好形象；不断地寻求提高生产效率和降低生产成本的途径；不断地提高产品质量，力争实现零缺陷的目标；改进生产工艺，实现柔性生产，在有适量盈利的前提下为顾客定制产品，营销部门要做到：了解生产过程，如弹性生产、准点生产、自动化、生产成本、质量管理等。

3. 营销部门与采购部门

采购经理喜爱大批量采购符合质量要求的产品，以降低采购成本，充分利用仓库容积；而营销人员要求在同一产品线中推出多种型号产品，这就必然减少采购批量，增加采购成本，同时导致商品库存品种多而数量少。采购人员认为营销人员提出过高的质量要求而增加成本，盲目乐观的市场预测增加了库存，并因仓促订货而被迫接受不利价格。营销人员则认为采购人员仅仅注意降低成本和库存而不注意市场需求变化。通过协调关系和改变观念，采购部门应当做到：通过多种途径寻找最佳供应商；与少数高质量的供应商建立长期业务关系；不会为了降低成本而降低原材料质量；保证供应的及时性。营销部门应当做到：不提出不切实际的质量要求，不盲目地提高产品成本，及时准确地预测市场，帮助实现合理库存。

4. 营销部门与财务部门

财务部门热衷于考核各部门创造的利润，却不愿提供相应的费用支出。他们认为营销人员没有认真考虑营销成本与收益的关系，没有把成本用于更能盈利的方面，轻易地用杀价去争取市场，却不知道如何通过定价去提高盈利，指责营销人员"只知道价值却不知道成本"。营销人员则认为财务人员"只知道成本而不知道价值"，不知道投资于长期的市场开发，过分保守，过高估计风险，丧失许多宝贵的市场机会。解决问题的办法是对营销人员提供更多的财务知识培训和对财务人员给予更多的营销知识培训，营销人员更好地使用公司资金开发市场，财务人员更好地运用财务工具支持营销战略。财务人员应当做到：理解营销费用是开拓市场和树立公司形象的必要支出；根据顾客的财务要求制定财务服务策略与规则；迅速判断顾客信用状况。

5. 营销部门与会计部门

会计人员指责营销人员提供销售报告拖拉，反感营销人员与顾客达成特别条款交易，这类交易需要特别的会计手续，增加了工作量。营销人员则反感会计部门在产品线各产品上分摊固定成本的做法，认为自己主管产品的实际盈利高于账面盈利，因为会计部门给该产品分摊了较多的管理费用。他们还埋怨会计部门不能提供各个销售地区、销售渠道的销售额和利润率报告。解决问题的办法是增加双方的沟通，对营销人员进行会计知识培训，对会计人员进行营销知识培训。会计人员应当做到：定期提供公司在不同地区、不同渠道、不同细分市场的销售量和盈利能力报告，定制顾客需要的发票，并快速地提供服务。

12.3　市场营销实施

营销实施是指企业将营销战略和计划转为行为和任务，并保证这种任务的完成，以实现营销战略目标的过程。营销实施是一个艰巨而复杂的过程，研究表明，许多战略目标之所以未能实现，是因为没有得到有效实施。营销管理人员常常难以判断营销工作具体实施中的问题，营销失败的原因可能是由于战略本身的问题，也可能是由于正确的战略没有得到有效的实施。

不会"容错"的企业，就等于失去了创新的能力

任正非：狼的优点有三条

12.3.1 营销实施的过程

营销实施过程如图 12.5 所示,图中的五项内容是紧密相连、密不可分的。

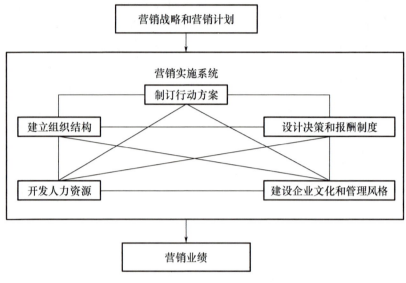

图 12.5 营销实施过程

1. 制订行动方案

为有效实施营销战略,必须制订详细的行动方案。这个方案应当明确营销战略和营销计划实施的关键决策和任务,并将执行这些决策和任务的责任落实到小组和个人。另外,还应包括具体的时间表,确定行动的确切时间。

2. 建立组织结构

企业的正式组织在营销战略和营销计划的实施过程中起决定性的作用,组织将战略实施的任务分配给具体的部门和人员,规定明确的职权界限和信息沟通渠道,协调企业内部的各项决策和行动。

具有不同战略的企业需要建立不同的组织结构。也就是说,组织结构必须同企业战略相适应,必须同企业本身的特点相适应,必须同企业的环境相适应。组织结构具有两大职能:首先是提供明确的分工,将全部工作分解成便于管理的几个部分,再将他们分配给各有关部门和人员;其次是发挥协调作用,通过正式的组织联系和信息沟通网络,协调各部门和人员的行动。

3. 设计决策和报酬制度

决策和报酬制度直接关系到实施营销战略和营销计划的成败。以企业对管理人员工作的评估和报酬制度为例,如果它以短期的经营利润为标准,营销人员的行为必定趋于短期化,就不会有为实现长期战略目标而努力的积极性。反之,如果它以长期经营利润为标准,管理人员由于在短期内无法达成目标,甚至看不到达成目标的可能性,则会丧失工作的激情。

4. 开发人力资源

营销的实施最终是由企业内部人员来完成的,所以,人力资源的开发至关重要。这涉及人员的考核、选拔、安置、培训和激励等问题。

此外,企业还必须决定行政管理人员、业务管理人员和一线业务人员的比例。在美国,许多企业削减了公司各级行政管理人员的数量,目的是减少管理费用,提高工作效率。

应当指出的是,不同的战略需要不同性格和能力的管理人员。拓展型战略要求具有创业和冒险精神的、有魄力的人员去完成,维持型战略要求具备组织和管理方面的人员,而紧缩型战略则需要寻求精打细算的管理者来执行。

5. 建设企业文化和管理风格

企业文化是一个企业内部全体人员共同具有和遵循的价值标准、基本信念和行为准则。企业文化对企业经营思想和领导风格,对职工的工作态度和作风均起着决定性的作用。

管理风格是指企业中管理人员不成文的习惯约定和共同工作的方式,是一种人际关系和组织环境气氛。有的企业管理者习惯于一种紧张而富有逻辑的工作秩序,心照不宣的默契;有的管理者却推崇宽松随和的组织气氛,给予较大的工作自由度。不管何种管理风格,都应有利于营销的实施。

表12-2列举了营销实施中应回答的问题。营销战略和营销计划能否顺利实施,取决于企业能在多大程度上协调和开展上述五个方面的活动。

表 12-2 营销实施中应回答的具体问题

实施要素	所要回答问题
1. 制订行动方案	(1)营销实施的任务有哪些?哪些是关键性的? (2)如何完成这些任务?采取什么样的措施? (3)本企业拥有什么样的实力?
2. 建立组织结构	(1)本企业的组织结构是什么样的? (2)各部门的职权是如何划分的?信息是如何沟通的? (3)临时性组织,如专题工作组和委员会的作用是什么?
3. 设计决策和报酬制度	(1)重要制度有哪些? (2)主要控制因素是什么? (3)产品和信息是如何沟通的?
4. 开发人力资源	(1)本企业人员的技能、知识和经验各是什么? (2)他们的期望是什么? (3)他们对企业和工作是何态度?
5. 建设企业文化和管理风格	(1)本企业人员是否具有共同价值观? (2)共同价值观是什么?是如何传播的? (3)企业经理的管理风格是什么? (4)如何解决矛盾?
6. 各要素之间的配合	(1)各要素是否与营销战略相一致? (2)各要素之间是否配合协调?

12.3.2 营销实施中出现的问题及其原因

企业在实施营销战略和营销计划过程中为什么会出现问题？正确的营销战略为什么不能带来出色的业绩？原因主要有以下几个方面。

1. 计划脱离实际

企业的营销战略和营销计划的制订过于专门化，而实施则要依靠营销管理人员。制订者和实施者之间常常缺乏必要的沟通和协调，导致下列问题的出现。

（1）制订者只考虑总体战略而忽视实施中的细节，结果使营销计划过于笼统和流于形式。

（2）制订者往往不了解实施过程中的具体问题，所以常常脱离实际。

（3）制订者和实施者之间没有必要的沟通与协调，实施者在实施过程中经常遇到困难，不能完全理解需要他们去实施的营销战略和营销计划。

（4）脱离实际的战略计划导致制订者和实施者相互对立和不信任。

2. 长期目标和短期目标不一致

营销战略通常着眼于企业的长期目标，涉及今后3～5年的营销活动。而具体执行这些营销战略的营销组织人员则是依据其短期工作绩效，如销售量、市场占有率或利润率等指标来接受奖惩的。因而，营销组织人员常常选择短期行为。为克服企业的长期目标和短期目标之间的矛盾，企业必须采取适当措施，设法求得两者的协调。

3. 因循守旧的惰性

企业的营销活动往往是为了实现既定的战略目标。新的战略如果不符合企业的传统和习惯，就会遭到抵制。新旧战略之间的差异越大，实施新战略可能遇到的阻力也就越大。要想实施与旧战略截然不同的新战略，常常需要打破企业传统的组织结构。

4. 缺乏具体明确的实施方案

有些营销战略和营销计划之所以失败，是因为制订者没有进一步制订具体明确的实施方案。企业的决策者和营销管理人员必须制定详尽的实施方案，规定和协调各部门的活动，编制详细周密的实施时间表，明确各部门经理的职责。只有这样，企业的营销战略和营销计划的实施才能有所保障。

12.3.3 营销计划实施应具备的技能

为了有效地开展营销活动，公司的每个层面，即功能、方案、战略等都必须运用一套专业技能，营销实施技能主要有以下四种。

1. 分配技能

分配技能指营销经理为执行各项职能、政策和计划分配时间、费用和人力资源的能力。

2. 监控技能

监控技能包括建立一个控制系统，以便对营销活动的结果及时进行反馈。控制有年度计划控制、收益率控制和战略控制，从实施的角度看，企业主要注重前两种控制。

3. 组织技能

组织技能涉及确定营销人员之间的关系结构，以利于实现企业的各项目标。制定有效的执行程序的重要前提是：将企业集中化和正规化程度掌握在与控制系统相适应的限度内，以及理解非正式营销组织的地位和作用。非正式组织和正式组织相互配合，才能对许多执行活动的效果产生影响。

4. 相互配合技能

相互配合技能指营销经理要善于借助其他力量来完成自己的工作。营销经理不仅要动员企业内部的人员去有效执行预期的战略，还必须善于利用企业外部的力量来助力营销工作。

> **小链接**
>
> 中国白酒界，不乏二十亿、三十亿的大商存在。在众多的白酒大商中，华山论剑西凤酒——由陕西恒丰酒业有限公司全国总运营的西凤酒核心子品牌，绝对是一个值得特别关注的存在：上市十几年来，它的年销售额从几百万冲到十多个亿；从蹒跚起步于古城西安，到无缝覆盖全陕西，再到如今，成为泛全国化的中高端白酒品牌；从"名山、名酒、名人"的最初文化概念，到"勇智敏仁"的"中国精神"版图，成就了一个全国知名的文化白酒品牌。他们是怎么做起来的？
>
> "核心在渠道，关键在产品，质量是保证，管理是依靠，精神是支柱"，这是一个营销公司能够在激烈的市场竞争中存活并逐步壮大的基本法则。华山论剑西凤酒品牌的成长轨迹，就是这个法则的印证；其中，营销团队的成功打造，更是它向白酒市场祭出的重量级武器，是这位文化白酒的"侠之大者"，行走江湖所仰仗的"倚天剑"。而，重剑无锋。
>
> 对于品牌的打造和针对C端的运营，华山论剑有着自己的一套办法。他们要求各大区负责人，在本区域深挖一批文化学者和退休人员，组建当地企业家和相关意见领袖人物为主要成员的"华山论剑品牌文化传播大使团"，打透圈层营销。在品牌形象的传播方面，华山论剑西凤酒充分利用互联网工具，与消费者进行高频的互动。"在中华人民共和国成立70周年之际，华山论剑西凤酒在抖音上推出'520中国'话题挑战赛，播放量突破500万；而时长7分36秒的微电影《我的芳华我的国》，上线仅4天播放量就超过1 800万次，微博话题阅读量更是超过1.8亿，这无形之中提升了整个品牌的形象。"
>
> 如果说"侠之大者，为国为民"，那么，以文化为引领、以渠道做保障、以服务强竞争、以关怀赢得消费者的华山论剑西凤酒，"白酒界的侠之大者"这个称号，非他莫属。中国的侠义精神，并没有随着金庸老先生的逝世而逐渐湮灭，老人家通过著书立说

引起"武侠热",也正随着华山论剑西凤酒的声誉日隆而延伸成为"华山论剑,中国精神"。英雄永不落幕,经典永远深入人心,在中国精神的旗帜下,"侠义"与"仁义礼智信"将融合得更为自然和谐。

十余年磨一剑,华山论剑西凤酒的成功,是团队历练和市场运营的成功,也是品牌塑造的成功,在打造中国文化白酒第一品牌的道路上,相信华山论剑西凤酒会走得更远。

(资料来源:改编自新浪财经,2020-01-10.)

12.4 市场营销控制

营销控制是市场营销管理基本环节和基本功能之一,由于营销计划在实施的过程中总会发生许多预料不到的事件,因此,营销部门必须对营销活动进行控制,才可以避免和纠正产生的各种偏差,使全部生产营销活动向着预定目标发展。营销控制是企业有效经营的基本保证。

营销控制有四层含义:第一,营销控制的中心是目标管理,营销控制就是监督任何偏离计划和目标的情况出现;第二,营销控制必须监视计划的实施情况;第三,通过营销控制,判断任何严重偏离计划的情况产生的原因;第四,营销控制人员必须采取改进行动,使营销活动步入正确的轨道,必要时改变行动方案。

对于营销活动进行控制,一是要控制市场营销活动本身,二是要控制营销活动的结果。营销控制并不是一个单一的过程,它分为年度计划控制、盈利率控制、效率控制和战略控制。年度计划控制是按年度计划核查各项工作的进展情况,并在必要时采取纠正措施;盈利率控制是检查和确定在各种产品、地区、最终顾客群和分销渠道等方面的实际获利能力;效率控制是寻找能够改善各种营销手段和开支效果的方法;战略控制则是审查企业的营销战略是否抓住了市场机会,以及是否能与不断变化的营销环境相适应。表12-3简要概括了四种营销控制种类的特点。

表 12-3 营销控制的特点

控制种类	责任者	控制目的	方法
年度计划控制	高层管理部门 中层管理部门	检查计划目标是否实现	销售分析、市场份额分析、销售—费用分析、财务分析、顾客态度分析
盈利率控制	营销监查人员	检查公司在哪些方面盈利,哪些方面亏损	产品、地区、顾客群和分销渠道订货量等盈利情况
效率控制	直线和职能式结构营销监查人员	评价和提供经费开支以及营销开支的效果	销售队伍、广告、促销和分配等效率
战略控制	高层管理部门 营销审计人员	检查公司是否在市场、产品和渠道等方面正在寻求最佳机会	营销有效性评价手段 营销审计

12.4.1 年度计划控制

年度计划控制的目的是确保企业年度计划中制定的销售、利润和其他目标的实现。年度计划控制的核心是目标管理。年度计划控制主要是对销售额、市场份额和费用率等进行控制。控制的过程分为四个阶段：① 管理部门确定年度计划中的月份或季度目标；② 每月和每季度检查销售计划的实施情况；③ 及时发现问题，找出偏差原因；④ 采取必要的纠偏措施，或增加销售力量，或修改实施方案，或变更计划目标，以缩小计划与实际之间的差距。

1. 销售分析

销售分析是将销售目标和实际销售情况进行衡量和评价。销售分析有以下两种方法。

（1）销售差异分析。

这种方法用来衡量不同因素对造成销售差距的影响程度。

例如，年度计划规定在第一季度，以1元/件的单价销售4 000件产品，共计4 000元。季度末实际只按每件0.8元的单价销售了3 000件产品，共计2 400元，销售业绩差额为：4 000-2 400 = 1 600（元），是销售预期的40%。于是产生了这样的问题：这一业绩差额中有多少是由于降价造成的，有多少是因为销售量未完成造成的？对这一问题可计算如下：

$$由于降价造成的差额 = (1-0.8) \times 3\ 000 \div 1\ 600 \times 100\% = 600 \div 1\ 600 \times 100\% = 37.5\%$$
$$由于未完成销售量造成的差额 = 1 \times (4\ 000 - 3\ 000) \div 1\ 600 \times 100\% = 1\ 000 \div 1\ 600 \times 100\% = 62.5\%$$

可见将近2/3的业绩差额是因为没有完成规定的销售量指标。因此，企业应进一步分析未完成规定销售量的具体原因。

（2）微观销售分析。

这种方法是用来衡量导致销售差距的具体地区。

如上例中，该公司在甲、乙、丙三个地区有销售业务，预计销售量分别是1 500件、500件和2 000件，共计4 000件。实际销量分别是1 400件、525件和1 075件，与计划差距分别为-6.67%、+5%和-46.25%，可看出，丙地区是未达到预计总销量的主要障碍。因此，应进一步查明丙地区销量减少的原因，并加强该地区营销工作的管理。

2. 市场份额分析

市场份额分析能揭示出企业同其他竞争者在市场竞争中的相互关系。如果企业市场份额提高了，那么企业在与对手的较量中就取得了胜利，反之则说明企业在与对手的较量中处于不利地位。

市场份额分析包括以下四个指标。

（1）总市场份额，指其自身的销售在全行业总销量中占有的百分比。

（2）可占领市场份额，指其自身的销售占其可占领市场的总销售比例。

（3）相对市场份额（与三个最大竞争者比），指企业的销量与三个最大竞争者的总销量之比。如一个企业占有市场销量的30%，而它的三个最大竞争对手分别占有20%、10%和10%，那么这家企业的相对市场份额就是30÷40×100% = 75%。实力比较雄厚的企业的相对市场份额一般都在33%以上。

（4）相对市场份额（与领先竞争者比），指企业与领先竞争者的销量之比。企业的相对市场份额上升，表明它正在缩小与市场领先竞争者的差距。

3. 费用率分析

在企业年度计划控制中，确保企业在达到销售计划指标时营销费用无超支。费用率指的是市场营销费用对销售额的比率。例如，某企业的费用–销售比率为30%，其中包括：销售人员费用率（15%）；广告费用率（5%）；促销费用率（6%）；营销调研费用率（4%）。

管理者应当对各项费用率加以分析，并将其控制在一定的限度内。如果费用率变化不大，处于安全范围内，则不需采取措施。如果变化幅度过大，或是上升幅度过快，以致接近或超出控制上限，则必须采取有效措施。如图12.6所示，时间15的费用率已经超出控制上限，应立即采取控制措施。有的费用率即使在安全控制范围之内也应加以注意。图12.6中从时间9起费用率就逐步上升，如能及时采取措施就不至于升到超出控制上限的地步。

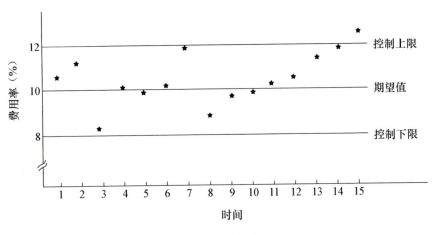

图 12.6　费用率控制图

12.4.2　盈利率控制

除了年度计划控制外，企业还要衡量和评估不同产品、地区、市场、分销渠道和订货批量等方面的盈利水平，使企业管理者在产品、市场或营销活动的扩大、收缩或改进决策方面得以借鉴。

盈利率分析是通过对财务报表的有关数据进行一系列分析处理，把所获利润分摊到不同产品、不同地区、不同渠道或不同市场上，从而衡量每一种产品、地区、市场、分销渠道的盈亏情况。其具体步骤是：确定功能性费用，即销售、推广、包装、储存、运输等活动引起的各项费用；将功能性费用按产品、地区、市场、分销渠道进行分配；根据收入及费用编制损益表，如产品损益表、地区损益表、渠道损益表和市场损益表等。

盈利率分析的目的在于找出妨碍获利的因素，并采取相应措施排除或减弱这些不利因素的影响。由于可采取的措施很多，企业应在全面考虑之后做出最佳选择。

12.4.3 效率控制

效率控制就是企业采用有效的方法对销售队伍、广告、销售渠道等活动进行控制，从而实现综合效率的最大化。

1. 销售队伍效率控制

反映销售队伍效率的关键指标有：① 每个销售人员每天推销访问的平均次数；② 平均每次推销访问所花费的时间；③ 每次推销访问的平均收入；④ 每次推销访问的平均成本；⑤ 每百次推销访问获得的订单百分比；⑥ 每阶段新增的顾客数；⑦ 每阶段失去的顾客数；⑧ 总成本中推销成本的百分比。

2. 广告促销效率控制

主要应掌握的统计资料有：① 每一种媒体类型、每一种广告工具触及1 000人的广告成本；② 每一种媒介工具能够注意、看到、联想该广告的人与该媒体观众的百分比；③ 消费者对广告内容和广告吸引力的意见；④ 对于产品态度的事前、事后衡量；⑤ 由广告所激发的询问次数；⑥ 每次调查的成本。

3. 营业推广效率控制

营业推广包括数十种激发顾客的兴趣及试用企业产品的方法。为了提供营业推广效率，营销管理者应记录每一次促销活动及其活动成本对销售的影响，以便寻找最有效的促销措施。特别是注意以下统计数据：① 优惠销售的百分比；② 每1元销售额中的展示成本；③ 赠券的回收比例；④ 一次实地示范所引发的咨询次数。

4. 分销效率控制

企业管理者还需研究分销这一经济活动，以提高仓储和运送的效率。

12.4.4 战略控制

战略控制是指对整体营销效果进行评价，以确保企业目标、政策、战略和计划与市场营销环境相适应。战略控制有两种工具可以利用，即营销效益等级评定和营销审计。

1. 营销效益等级评定

营销效益等级评定可从顾客宗旨、整体营销组织、足够的营销信息、营销战略导向和营销效率五个方面进行衡量。上述五个方面为编制营销效益等级评定表的基础,由各营销经理或其他经理填写,最后综合评定。每一方面的分数都指出了有效营销行动的哪些因素最需要注意,这样,各营销部门便可据此制订校正计划,用以纠正其主要的营销薄弱环节。

2. 营销审计

营销审计是指对一个企业或一个业务单位的营销环境、目标、战略和营销活动所做的全面、系统、独立和定期的检查,其目的在于发现问题和机会,提出行动建议和计划,以提高企业的营销业绩。

营销审计通常由企业主管和营销审计机构共同完成,包括拟定有关审计目标、资料来源、报告形式及时间安排等方面的详细计划,这样就能使审计所花的时间和成本最小。营销审计的基本准则是:不能仅仅依靠内部管理者收集情况和意见,还必须访问顾客、经销商和其他有关外部团体。

营销审计的内容主要包括以下几方面。

(1)营销环境审计,要求分析主要宏观环境因素和企业微观环境(市场、顾客、竞争者、分销商、供应商和辅助机构)中关键部分的趋势。

(2)营销战略审计,主要检查企业的营销目标及营销战略,评价它们对企业当前营销环境和预测营销环境的适应程度。

(3)营销组织审计,要求具体评价营销组织在执行对预期的营销环境所必要的战略方面应具备的能力。

(4)营销制度审计,包括检查企业的分析、计划和控制系统的质量。

(5)营销效率审计,主要检查各营销实体的盈利率和不同营销活动的成本效益。

(6)营销功能审计,包括对营销组合的主要构成要素,即产品、价格、分销渠道、销售人员、广告、促销和公共宣传的评价。

营销审计不只是审查有问题的营销活动部分,而是审查整个营销活动的所有方面。营销审计不仅为陷入困境的企业带来解决问题的办法,也能为富有成效的企业增加效益。

本 章 小 结

市场营销计划的实施、组织与控制是市场营销管理的重要内容。计划系统根据企业总的战略规划的要求,制订市场营销计划,通过一定的组织系统实施计划,控制系统负责考察计划实施结果,诊断产生问题的症结,并采取适当的纠正措施,包括改善实施过程、优化组织系统,或调整计划本身使之更切合实际。

企业在发展中都经历过或正在经历以下的四个基本阶段中的一个阶段:① 无计划阶段;② 年度计划阶段;③ 长期计划阶段;④ 战略计划阶段。

营销计划包含的内容有:① 分析当前营销状况经营摘要;② 分析企业面临的机会与威胁、自身的优势和劣势;③ 表述营销目标;④ 列出主要的营销策略;⑤ 战术行动方案;⑥ 预测结果及进行风险分析。

营销组织是企业组织的一个组成部分,它受三方面因素的制约:一是宏观经济环境和经济体制;二是企业经营思想;三是企业自身的发展阶段、经营范围和业务特点等内在因素。企业营销部门的组织结构大体经历了四个阶段：① 简单销售部门；② 具有辅助功能的销售部门；③ 独立的营销部门；④ 现代营销部门。营销组织的基本形式有六种：① 职能型组织结构；② 地区型组织结构；③ 产品型组织结构；④ 市场管理型组织结构；⑤ 复合型组织结构；⑥ 事业部组织结构。

营销实施是指企业将营销战略和计划转为行为和任务，并保证这种任务的完成，以实现营销战略目标的过程。企业在实施营销战略和营销计划过程中出现问题的原因主要有以下几个方面：① 计划脱离实际；② 长期目标和短期目标不一致；③ 因循守旧的惰性；④ 缺乏具体明确的实施方案。

营销实施过程包括紧密相连、密不可分的五项内容：① 制订行动方案；② 建立组织结构；③ 设计决策和报酬制度；④ 开发人力资源；⑤ 建设企业文化和管理风格。

营销控制是企业有效经营的基本保证。对于营销活动进行控制，一是要控制市场营销活动本身，二是要控制营销活动的结果。它分为年度计划控制、盈利率控制、效率控制和战略控制。

拓展训练项目

一、阅读分析

书香酒店集团创意开业事件营销运作

书香酒店投资管理集团有限公司是经国家工商行政管理总局核准，由中国500强企业苏州创元投资发展（集团）有限公司控股的集团型企业。公司的经营范围包括：酒店投资，酒店管理，酒店经营；提供客房住宿、餐饮、购物、旅游、物业管理等方面的信息咨询服务。公司注册资金RMB1.268亿元，资产总额4.97亿元，年销售额4亿元。公司拥有"书香世家""书香门第""胥城大厦""书香府邸"多个酒店品牌。现拥有33家企业、管理26家酒店（五星级酒店3家，四星级酒店23家）。其中，有坐落在苏州古典园林的五星旗舰店书香世家平江府酒店，有具备休闲度假功能的树山温泉酒店，有承担过世博会指定接待任务的上海书香世家酒店等22家书香文化主题酒店。公司还拥有城堡酒店管理公司、餐饮物业管理公司、食品公司、远香堂创意艺术品公司、书香旅行社、书香会展服务公司等配套企业，并与南京旅游学院、美国普渡大学合作建立了书香酒店管理学院。公司先后获得"亚洲品牌创新奖""中国最具有成长力服务品牌企业""全国百家特许经营推荐品牌""世界酒店·最具发展价值酒店连锁品牌""全球酒店业最佳主题文化酒店金樽奖"等多项荣誉和称号。公司制定了"以北京、上海、南京等区域中心城市以及泛长三角一、二线城市为重点，通过引进战略投资者，实施股份改制，快速发展百家书香连锁酒店，将书香酒店集团打造成为全国最具规模的主题连锁酒店集团之一"的战略发展规划。

2015年4月，无锡巡塘古镇正式开街迎客。古镇虽历经战乱，街市旧制却保存完好。为挖掘中国传统建筑文化，巡塘古镇管理部门与书香酒店集团联手，将精品主题酒店融入古镇。如何让这座渐渐被人遗忘的古镇再次进入人们的视线，让古镇重新焕发青春活力，成为摆在书香人面前的一个课题。在董事长朱巍先生的策划及带领下，打出出奇制胜的三张牌。

第一张牌——传统文化。通过书香酒店集中展现巡塘古镇的吴地文化、水运文化、民俗文化和美食文化，找回百年巡塘绚烂的历史风采。为丰富巡塘古镇的旅游休闲度假体验，巡塘书香酒店还在开街期间，策划举办了花事雅集、国学体验等传统意味浓郁的文化活动。雅集以花为主题，让参与其中的媒体感受到巡塘无处不"飞花"的浪漫气息。花事雅集分花神巡街、唐茶演绎和露台听曲三部分。在唐茶演绎部分，酒店以法门寺地宫出土的唐代茶道具的复制品，在厅堂演示唐式茶礼。煮茶奉汤，席间以花点相配，同时穿插文人游戏，让游客体验中国茶文化的博大精深。除了雅集，酒店推出的国学小课堂亲子体验互动项目很受欢迎。300亩的隐逸生活体验区让游人流连忘返，大剧院观演、读书会等文化体验项目，传递的修身养性快乐生活的雅文化理念，将客人带到了一个茶酒花香、渔樵耕读的隐逸世界。

第二张牌——健康公益骑行。巡塘古镇位于太湖边，有着绝美的风景，也是开展户外运动的好地方。书香酒店集团充分利用这一环境优势，策划成立了户外俱乐部。俱乐部是有专业人士指导、提供专业装备、全程安全保障的面向广大游客及户外运动爱好者开办的户外运动体验组织，旨在倡导健康品质生活，普及户外运动，让普通人体验专业户外运动的乐趣。经过多次实地勘察与踩点，俱乐部开辟了一条行程40公里的江南春游赏花骑行路线，并举行巡塘站特别活动"醉美书香探花行"，活动当天，通过社会招募的40位骑行爱好者集聚巡塘古镇，在体验隐居巡塘书香的舒宜与探访古镇历史之后，整装进发苏州树山温泉度假酒店。随后又多次举办公益骑行活动，呼吁市民保护母亲湖——太湖，不仅宣传了酒店，也发挥了良好的社会效应。

第三张牌——互联网+。巡塘府邸酒店的开业首次以网络媒体为主，进行网络新闻、贴吧、微信、博客、微博等全方位营销，实现了酒店开业宣传的全网传播。来自书香酒店集团的官方数据显示，巡塘酒店开业全网宣传覆盖总人数突破210万次，其中新闻媒体平台发布项目最新信息覆盖655 000人次，各大论坛BBS发布消息覆盖519 975人次，微博宣传覆盖489 292人次，突破了预期的200万人次的目标，成功将"荒郊野岭无人问"的没落古镇打造成为极具吸引力的旅游休闲新去处，成为长三角及周边地区集旅游、度假、休闲为一体的品牌文化胜地。

经过一系列的宣传策划，目前巡塘古镇的周末来访游客从开业前的每日几百人次，猛增到现在的20 000人次，酒店入住客人也日益增加，成为长三角游客最向往的精品旅游地和酒店之一，也成为商家举办商业活动的首选之地。

(资料来源：改编自书香酒店集团提供的资料和官网资料.)

思考题

书香酒店集团在无锡巡塘古镇开业事件上如何策划、执行和运作的？

二、拓展项目设计

××公司创立于1996年，是一家专业生产沙滩凉鞋、休闲运动鞋的大型民营企业。其主导产品"Joy"沙滩鞋的高质量、高品位在全国同类产品中位居榜首，已连续数年在国内市场销售名列前茅。××公司被同行美誉为"沙滩鞋之王"。如今公司实行总经理负责制,下设开发部、生产部、品管部、采购部、营销部、财务部、行政部、人力资源等部门。经过十多年的风雨创业,公司已从最初的手工胶粘工艺发展到现在拥有2个制鞋生产基地,员工总人数近1 000人,国际先进的制鞋生产流水线4条,自动和全自动电脑控制制裁和压型设备50台/套,各种先进设备近600台/套,年可生产各类沙滩鞋、休闲运动鞋450多万双。全体员工秉承"团结、务实、互助、高效"的企业精神,2002年成功推行并通过ISO 9001:2000质量管理体系,确保了产品质量的稳步提升。公司在保证稳定高质量的同时,不断扩大业务领域。在全国省、直辖市、自治区拥有三十多个分公司,2 000多家专卖店及、专柜,通过多年以来的技术储备和市场优势的积累,极大地满足了消费者的需求,并于2019年聘请了某影视明星担任公司的形象代言人,进一步提升了公司的市场知名度,迅速带动了东南亚及欧美等地的国外市场,使"Joy"品牌深受广大消费者青睐。

请根据企业的基本情况,试着为该公司撰写一份年度营销管理方案,内容涉及以下几个方面:

1. 营销/销售计划管理
2. 营销/销售组织管理
(1)组织职能、职务职责、工作程序。
(2)人员招聘、培训、考核、报酬。
(3)销售区域管理。
(4)营销/销售人员的激励、督导、领导。
3. 营销/销售实施管理
(1)制订行动方案。
(2)组织结构。
(3)设计决策和报酬制度。
(4)开发人力资源。
(5)建设企业文化和管理风格。
4. 营销/销售活动的控制
(1)财务控制。
(2)商品控制。
(3)人员控制。
(4)营销/业务活动控制。
(5)营销/业务活动控制指标、方法及使用表格。

第 13 章

市场营销展望

教学目标

通过本章学习,了解市场营销发展的前景与特点,掌握关系营销、绿色营销、在线营销、社交网络营销、娱乐营销、大数据营销的基本内涵。

教学要求

知识要点	能力要求	相关知识
市场营销发展呈现的特点	了解互联网给市场营销带来的新变化及市场营销发展的特点	个性化市场、多元化的分销渠道
市场营销未来发展的趋势	掌握关系营销、绿色营销、在线营销、社交网络营销、娱乐营销、大数据营销的基本内涵	关系营销、绿色营销、在线营销、社交网络营销、娱乐营销、大数据营销

随着互联网科技不断迭代和更新,营销形式也在被重构。市场营销作为一门发展中的独立学科,必须不断迎接市场的新变化,做出新突破。要了解市场新的发展趋势和这一综合学科,既应把握现代市场营销的发展现状,也应了解未来市场营销的发展前景。

 **导入案例**

2019年11月21日，德勤（Deloitte）最新发布《2020年全球营销趋势报告》（2020 Global Marketing Trends Report）。该调研报告总结出七个关键趋势，帮助首席高管将"人"放在工作的中心。《2020年全球营销趋势报告》通过与全球超过80位业界专家的访谈，德勤确定了每家企业在未来18～24个月中应关注的七大核心趋势，以继续发展成为具有社会意识和人性化意识的企业。

1. 提升人性化体验

数字化技术为我们的忙碌生活带来巨大便利，但事实上，它也破坏了人际连接的基础元素。当生活或工作中的数字化连接缺乏人情味时，人们会感到孤立无援、存在感低和不充实。这种连接可以通过简单快速的方法处理一些狭隘的问题，但无法提供可持续化的解决方案。飞速的数字化变革会致使这一问题积重难返，德勤称之为"体验负债"。这一债务对使用这些数字化解决方案的人类有着深远的影响。为了偿还债务，企业及其生态系统应注重提升人性化体验。对于企业而言，这意味着协调客户、员工和合作伙伴，使其契合企业宗旨，尽全力解决人们尚未得到满足的连接需求。

2. 宗旨即为一切

清晰明确的目标对于企业而言至关重要。目标可以阐明企业为何存在，企业可以解决什么问题以及企业希望在面向客户时扮演何种角色。企业正在利用其目标来与消费者建立更深层次的联系，为其所在社区做出更多贡献以及吸引和留住人才，并且由此取得更多成果产生更大影响。奉行目标引领并且据此创建的企业能够保持消费者的忠诚度、一致性和相关性。更重要的是，根据2019年6月《哈佛商业评论》文章的最新数据，"181位首席执行官已经意识到公司的宗旨目标不应仅限于盈利"，有着更远大目标立意的企业每年业绩表现超过市场平均水平5%～7%，与拥有一流治理和创新能力的企业不相上下。许多企业也正在其宗旨的引领下超越竞争对手，并对他们曾经接触过的每一个人带来了影响。

3. 提升客户参与度

德勤的"情感驱动品牌忠诚度"研究显示，近75%的消费者表示，他们期望与企业间有双向关系。企业与消费者互动的增加提升品牌竞争优势，并能让消费者与品牌建立更紧密的关系。技术的进步为消费者、社会公民和社区群体提供了直接参与塑造、影响、构建和共创品牌的新机会。企业确定如何以及在哪些领域将客户参与度纳入消费者和产品生命周期中可能是一项复杂的课题。但通过利用最适合自己的品牌和市场营销策略的模型和方法，企业能通过提升客户参与度成功获益。

4. 摧毁信任还是建立信任

信任是人们评价品牌的主要决定因素。事实上，据Sprout Social的一项调查显示,如今,86%的美国人认为商业透明度比以往任何时候都重要,有73%的美国人愿意购买承诺完全透明度的产品。客户、监管机构和媒体都希望品牌能够在其业务的各个方面——从产品和促销到员工文化以及合作伙伴关系——做到开放透明、诚实可靠且连贯一致。在当今互联技术和大数据分析的时代,公司应该通过保护利益相关者最看重的东西、客户数据和隐私的方式,建立一个系统性的信任机制。同时,它们应主动检测网络安全、数据保护、合规性和声誉等领域的威胁。通过在客户数据和人工智能的道德使用方面支持信任议程,品牌可以创造更连贯、更相关、侵入性更小的客户体验。

5. 融合——全新业务关联模式

各行业之间的传统界限日益模糊,标志着曾经毫无关联的行业正在相互融合。因此,企业正在从独立存在的实体整合为影响深远的生态系统。许多一流公司正在寻求新的方法让自己在这些更广泛的生态系统中站稳脚跟,否则他们可能会受到外界竞争的冲击。企业可以通过与智能、开放生态系统相融合来解决未被满足的需求,从而系统地淘汰那些不愿或(未意识到需要)这样做的竞争对手。公司可以打破行业界限以解决客户需求、识别增长机遇及合作领域,并为客户创造新的价值。

6. 全方位实现企业敏捷性

许多一流品牌正在通过敏捷式工作方法获取竞争优势,并利用预测技术借势文化潮流和热议话题,而非只是单方面发声或塑造品牌印象。其他品牌也应效仿,化被动为主动,满足客户的需求。为此,企业应当重组营销部门,利用数字平台的实时数据,快速获取洞见,从而应用敏捷方法设计更加个性化和人性化的体验。敏捷灵活性既是一种框架,也是一种思维模式,它通常需要通过组织架构调整,内部能力建设,以及跨职能团队合作,来帮助企业加快反应速度,以充分利用社会时机。

7. 重视最宝贵的资产——人才

员工可以说是企业最重要的资产,由分布在企业内外形形色色的人才组成,包括品牌大使、兼职人员、意见领袖及合作伙伴。这种多元化的员工队伍需要一种重视个人体验并培养"完整人格"的管理方法,让他们能够突破和发展新的技能和关系,同时建立对品牌和公司的忠诚度。此外,根据北卡罗来纳大学(NCSU)凯南·弗拉格勒商学院的《员工参与抬升公司底线》报告,拥有最佳员工体验公司的客户满意度也比其他公司高出12%,并且其三年收入增长率是原来的2.3倍。

(资料来源:https://www.sohu.com/a/400945870_281571,2020-06-10.)

随着互联网科技不断迭代和更新,营销形式也在被重构。市场营销作为一门发展中的独立学科,必须不断迎接市场的新变化,做出新突破。要了解市场新的发展趋势和这一综合学科,既应把握现代市场营销的发展现状,也应了解未来市场营销的发展前景。

13.1 新时代背景下市场营销发展的特点

13.1.1 注重共生营销的应用

共生营销是一种新的适应市场竞争的营销方式,越来越受到企业的欢迎,并且不少企业在实践中探索出了多种多样的形式。其核心是抓住一切商业机会,充分利用各种资源包括公共资源、合作伙伴的资源、竞争对手的资源及消费者的资源等内、外部资源,提高营销效率,提升企业自身的市场竞争力。由于市场竞争的日益激烈,企业在营销成本控制上的要求越来越强烈,在控制营销成本的情况下,合作变得越来越重要。例如,昆仑润滑油推出了"全新配方、全面升级"的天鸿产品,很好地满足了用户对于复杂工况下润滑用油的苛刻要求。对于产业链伙伴的持续关注,使得昆仑润滑油获得了许多商用车厂商的认可与赞赏。东风商用车公司评选出了"500万辆东风商用车最佳合作伙伴奖",与东风公司有着20余年的良好合作关系的中国石油昆仑润滑油公司兰州润滑油厂获此殊荣。昆仑润滑油对产业链价值的关注与重视,实际上是"共生营销"模式在润滑油营销领域的活用。

整合营销含义与特点

在营销实践中,共生营销具有几个方面优势。

(1)降低营销成本。资源共享可以降低资源的成本,如降低研发费用,两个企业合作开发一项新的产品,企业各自都可以利用新产品改造现有的产品,提高产品的质量或创新卖点,从而提高市场竞争力。

(2)降低销售成本。两个企业分享销售渠道、销售队伍、仓储、运输等,达到事半功倍的效果。

(3)降低广告费用。两个企业通过合作发布广告,可以提高广告的效果,降低广告的成本。

(4)提高营销效率。分享销售渠道可以实现短时间内在更多的地域推出产品,这种抢占市场或比竞争对手先一步进入市场带来的效益十分明显,因为消费者都有先入为主的心理,第一印象要比第二深刻得多。

(5)引起特别关注。在信息时代,信息的大量冲击造成人们对一般化信息的麻木,所以,注意力也成为一种新的经济资源,许多广告宣传就是为了引起人们的特别注意,而共生营销具有特别的形式,能引起人们的特别关注。

13.1.2 针对个性化市场开展营销活动

市场进一步细分化和个性化是市场发展的总的趋势。在许多商品领域,针对个性化市场开展营销的理念已得到越来越多的实践。在消费时尚的时代,消费者越来越追求具有个性化、情感化的商品,而不再满足于一般的大众化商品。客户消费观念从理性消费走向感情消费,消费者的行为呈现出相当的差异化。消费者的主观性越来越强,广告和促销活动等已经越来越难以改变消费者的主观意念，营销成本直线上升。买方市场的全面来临、竞争的日趋激烈使消费者的心态和行为越来越缺乏持续性，越来越逆反、求新、多变。

潘多拉珠宝的价值共创型故事营销

个性化营销即企业把对人的关注、人的个性释放及人的个性需求的满足推到空前中心的地位，企业与市场逐步建立一种新型关系，建立消费者个人数据库和信息档案，与消费者建立更为个人化的联系，及时地了解市场动向和顾客需求，向顾客提供一种个人化的销售和服务。顾客根据自己需求提出商品性能要求，企业尽可能按顾客要求进行生产，迎合消费者个别需求和品位，并应用信息，采用灵活战略适时地加以调整，以生产者与消费者之间的协调合作来提高竞争力，以多品种、中小批量混合生产取代过去的大批量生产。

与传统的目标市场营销相比，个性化营销具有以下明显的优势。

（1）更加充分地体现现代市场营销观念。现代市场营销观念就是"顾客至上""爱你的顾客而非产品"的思想。

个性化当道，品牌营销如何先声夺人？

（2）增强企业市场竞争力。个性化营销是根据自己的个性化需求自行设计、改进出来的产品，是顾客最满意的产品。

（3）最大限度满足消费者个性化需求。

（4）能带动企业提高经济效益。由于和消费者保持长期的互动关系，企业能及时了解市场需求的变化，有针对性地生产，不会造成产品积压；缩短了再生产周期，降低了流通费用；另外，个性化产品为产品需求价格增加了弹性，提高了售价，从而提高了单位产品利润，企业经济效益自然凸显。

13.1.3 重视品牌营销带来的市场效应

市场越来越向名牌集中，这是一个不争的事实与趋势，21世纪将是品牌营销时代。随着同质化产品的增多、人们生活水平的提高和消费观念的更新，"认牌消费"的观念日益普及深入，即人们购物往往是首先选择品牌，然后再选择产品。譬如买空调，人们一般都认准"格力"，而格力在中国的空调产品中的市场占有率也是最高的。

面对新的消费特征和习惯，唯有产品好、品牌响的"双料货"才能有好销路，收到更好的营销效果。从这个意义上可以说，企业已经意识到，企业日益重视品牌营销带来的市场效应。目光敏锐、高瞻远瞩的企业，会比别的企业更善于把握市场发展的新动向、新趋势，不仅注意提升产品品质，而且更加重视打"品牌"，努力使自己的品牌在消费者心目中留下深刻而美好的印象，成为他们选购产品时的喜爱品牌乃至首选品牌。与市场营销国际化相对应的必然是品牌的全球化，基于全球经济一体与网络化的宏观环境影响，市场营销围绕品牌的组合策略是新世纪营销国际化发展战略的重点。特别是网络营销和电子商务的出现，降低了品牌全球化的运作成本，使品牌可以一夜之间进入国际市场，面向全球的消费者。

13.1.4 建立多元化的分销渠道

营销渠道是企业将产品有效地传递给目标消费者的最重要途径，其重要性对于企业来说不言而喻。因此，市场中便衍生出"渠道为王""得渠道者得天下""通路制胜"等经典的流行关键词。显然，各个企业都把营销渠道的建设和管理放在市场营销的核心地位上，为了节约渠道成本支出，提高渠道的运营效率，企业也不断尝试着进行创新与突破，期望通过营销渠道的重组或者结构调整，来提高营销渠道的综合运营收益。

从目前来看，在企业与消费者之间的营销渠道环节是人们非常关注的重心。改革开放之初，中国市场营销渠道比较趋向单一化，随着市场化进程的加速，具有较强品牌力的企业开始从单一渠道到多元渠道转型，逐渐地，营销渠道多元化被企业所接受和认可，很多企业开始进行渠道多元化的探索，取得了不错的市场业绩。营销渠道多元化使企业摆脱了传统渠道的束缚，迎合了企业的细分市场战略和差异化战略，对于企业品牌和产品的市场覆盖率的提升起到了推波助澜的作用。

国内众多企业的发展历程中都经历了营销渠道多元化的过程，如娃哈哈、海尔、长虹等企业都在追求营销渠道多元化上进行了有益的探索，并取得了一定的市场成绩。娃哈哈在成立之初，主要依靠计划经济的供应渠道完成销售，随着企业的发展，娃哈哈开始进行营销人才培养，加强了区域经销商渠道网络的建设，并加强了二、三级市场和经销商网络的建设，形成了覆盖全国的营销渠道网络体系，这种渠道模式为娃哈哈迅速占领全国市场、取得营销突破立下了汗马功劳。营销渠道多元化策略的普遍使用也带来了许多市场问题，比如渠道冲突、利益分配问题、渠道管理与控制、渠道成本增加等。不过，只要运用得恰如其分，营销渠道多元化策略仍是企业营销渠道创新的一个有效工具。

13.1.5　树立以科技创新为竞争核心的产品理念

21世纪与工业时代相比，一个最大的区别就是高科技的发展极大地影响着人类的生产方式和生产领域，数字化的经济模式使得产品生产不仅越来越多样化，而且产品更新的速度也越来越快。一方面，以科技创新为竞争核心的产品理念降低了生产成本，市场上同质性的产品日益增加；另一方面，先进的技术会加速产品的发明创造，使得一种新产品在市场停留的时间越来越短。因此，企业要提高核心竞争力，必须推动技术创新，拥有自己的核心产品。

知识营销

产品多样化满足了消费者个性化的消费需求，同时也加剧了市场竞争的激烈性。以电脑、电视机、手机等品牌的兴衰来看，21世纪的电子产品正在凸显这一竞争趋势。工业时代早期的产品市场寿命少则数年，多则几十年甚至上百年，而21世纪的今天，以电子产品为代表的产品寿命周期已经缩短到了半年为一个周期，而有些软件产品的寿命周期仅有几个月。汽车制造商仅用过去一半的时间就可推出一种新款汽车，未来，这一周期还有可能进一步缩短。从这个角度来看，科技创新推动产品的研发和更新已经成为企业参与市场竞争的有效举措。科技创新的成果在企业内部迅速扩散，可成为企业的核心产品以致由此形成核心业务，并最终为市场所认同，逐渐形成新的技术优势，从而获得持续的竞争优势。

13.1.6 制订全球观念下的本土化营销计划

经济全球化是当今世界经济发展的重要趋势之一，现代化大生产本身的客观规律必然要求实现全球化分工。在这一经济规律的驱动下，各国产品纷纷走出国门，在世界范围内寻求发展机会，许多产品都已成为全球产品，许多支柱产业也已成为国际支柱产业，而不是某一国的产品或产业。特别是实力雄厚的跨国公司，已经把全球市场置于自己的营销范围内，以一种全球营销观念来指导公司的营销活动。可口可乐公司在世界几十个国家设有生产据点，在100多个国家拥有市场，成为一个总部设在美国的全球公司；空中客车公司早已不是法国公司而是欧洲公司，并把营销触角伸向各国市场。这些公司都是把眼光放在世界地图上开展全球营销活动。

尽管如此，当企业进入全球市场时，它们必须放弃关于市场行为的传统假设，并使商品适应其他国家的人文要求。它们将决策权下放给当地的代表，这些代表更熟悉当地的经济、政治、法律等各种社会关系，并制订全球观念下的本土化营销计划，即公司的思维是全球化的，但行动计划是本土化的，强调当全球化的产品或服务与当地文化相结合时更有可能取得成功。麦当劳在世界范围内市场的逐渐扩大是全球化的例子；为了适应当地人们的口味，其连锁店的菜单各不相同，则是本土化的一个典型例子。

13.1.7 设立精简、反应快速的营销组织

21世纪信息社会的最大特征就是网络化和自动化。由于互联网产生而带来的速度、效率和不确定性，使得企业建立的营销组织必须变革才能适应新的市场营销环境。美国著名管理学家彼得·德鲁克说："世界的经济和技术正在一个不连续的年代，在技术和经济上，在产业结构和经济理论上，在统领和管理的知识上，将是一个瞬息万变的年代。"社会的不确定性从本质上改变了传统市场营销组织设计的思路，适应网络时代变化的营销组织要求反应迅速、沟通畅通、加强业内外的协调和互动。传统的产品部门、分销部门、广告部门、推销部门和公关部门等会被逐一淘汰，未来企业营销构架特征不设置中层管理机构，层级减少，层级体系将被网络组织体系所替代。

信息化社会的市场竞争强调的是速度，产品更新换代快、消费者行为变化快、竞争对手反应敏捷、信息技术日新月异等因素，都制约着市场营销组织建立的模式。因此，精简、富有弹性和互动，极具效率并且高度自动化、网络化，已经成为新时代背景下对营销组织架构的基本要求。

13.1.8 强调营销行为的社会责任

近些年来，企业慢慢从传统的生产观念、产品观念转变为市场营销观念、社会市场营销观念，生产经营不以满足消费者或客户的需求为主要目的。随着社会的发展，现代企业越来越需要承担更高的社会责任，社会利益和企业利润之间的平衡尤为重要。从企业可持续发展的角度而言，一个企业能够承担的社会责任越多，消费者对于这家企业的认同度就越高，这无形中就会增强企业的品牌竞争力。企业通过履行社会给予的责任，

把社会责任与企业营销文化战略有机地结合起来，赢得消费者和社会舆论对其品牌的认同，无疑是一种高水平的、深层次的、智慧型的企业营销文化的选择。例如，比亚迪被誉为中国最受尊敬的企业之一，以"打造民族的世界级汽车品牌"为产业目标，从研发到生产，始终坚持"更低耗能，更少排放"的环保理念。此外，比亚迪积极参与赈灾救危、捐资助学等公益事业，特别在汶川地震救灾、玉树地震救灾等过程中的表现，充分体现了比亚迪的社会关怀和责任感，以实际行动阐释了公司对于社会责任的担当，得到社会各界的广泛认可。

社会营销观念正是找到企业社会责任与企业营销利润之间的契合点，是企业通过履行社会责任或向其利益相关方做出一种姿态或是发出一种信号，表示承担包括保证质量、诚实经营等基本的社会责任，表明本企业产品是值得信赖的，产品质量或相关的服务是被消费者所接受的。一方面，企业能够在社会舆论上，尤其是在消费者中无形树立起企业的品牌形象和品牌影响力，提升品牌知名度；另一方面，企业可以向政府和相关行为协会等利益相关者表明企业对社会责任的态度，从而获得更多的政府资源等相关方面的支持。

13.2 市场营销发展的前景展望

企业不能活在过去而要活在未来，在激烈的市场竞争中，良好的消费体验成为商业模式构建的核心要素，企业能不断满足消费者的需求是可持续发展的根本。

13.2.1 关系营销

任何一个企业都不可能独立地提供营运过程中所有必要的资源，必须通过银行获得资金、从社会招聘人员、与科研机构进行交易或合作、通过经销商分销产品、与广告公司联合进行促销和媒体沟通。不仅如此，企业还必须被更广义的相关成员所接受，包括同行企业、社区公众、媒体、政府、消费者组织、环境保护团体等，企业无法以一己之力应付所有的环境压力。因此，企业与这些环境因素息息相关，构成了保障企业生存与发展的事业共同体，共同体中的伙伴建立适当关系，形成一张巨型的网络。这些关系是否稳定并能给网络中的成员带来利益的增长，即达到"多赢"的结果，则依赖于有效的关系管理，包括利益的共享、通过"感情投资"在伙伴间建立亲密的关系等。关系营销学认为，对于一个现代企业来说，除了要处理好企业内部关系，还要有可能与其他企业结成联盟。企业营销过程的核心是建立并发展与消费者、供应商、分销商、竞争者、政府机构及其他公众的良好关系。无论在哪一个市场上，关系具有很重要的作用，甚至成为企业市场营销活动成败的关键。所以，关系营销日益受到企业的关注和重视。因此，关系营销的实质是在市场营销中与各关系方建立长期稳定的相互依存的营销关系，以求彼此协调发展。要了解"关系营销"的含义，需要注意以下三点。

1. 关系营销的核心——让顾客满意

发现正当需求→满足需求并保证顾客满意→营造顾客忠诚，构成了关系营销中的三部曲。企业要分析顾客需求、顾客需求满足与否的衡量标准是顾客满意程度。满意的顾客会给企业带来有形的好处（如重复购买该企业产品）和无形的好处（如宣传企业形象）。期望和欲望与感知绩效的差异程度是产生满意感的来源，企业可通过提供满意的产品和服务、提供附加利益、提供信息通道来取得顾客满意。市场竞争的实质是争夺顾客资源，维系原有顾客，减少顾客的疏离，要比争取新顾客更为有效。维系顾客不仅仅需要维持顾客的满意程度，还必须分析顾客产生满意感的最终原因。

2. 关系营销的原则——沟通与互惠

在关系营销中，各关系方都应主动与其他关系方接触和联系，相互沟通信息，了解情况，形成制度或以合同形式定期或不定期碰头，相互交流各关系方需求变化情况，主动为关系方服务或为关系方解决困难和问题，增强伙伴合作关系。关系营销中，各关系方相互之间都应做出一系列书面或口头承诺，并以自己的行为履行诺言，才能赢得关系方的信任。承诺的实质是一种自信的表现，履行承诺就是将誓言变成行动，是维护和尊重关系方利益的体现，也是获得关系方信任的关键，是企业与关系方保持融洽伙伴关系的基础。在与关系方交往过程中，必须做到相互满足关系方的经济利益，并通过在公平、公正、公开的条件下使关系方都能得到实惠。

3. 关系营销的应用——竞争与合作

经济发展必然伴随结构性变化，这种变化既可能是由竞争推动，也可能是合作的结果。关系营销的应用使企业组织相互依赖的程度不断提升，合作替代竞争将成为趋势。

13.2.2 绿色营销

英国威尔斯大学肯·毕提（Ken Peattie）教授在其所著的《绿色营销——化危机为商机的经营趋势》一书中指出："绿色营销是一种能辨识、预期及符合消费的社会需求，并且可带来利润及永续经营的管理过程。"绿色营销观念认为，企业在营销活动中，要顺应可持续发展战略的要求，注重地球生态环境保护，促进经济与生态环境协调发展，以实现企业利益、消费者利益、社会利益及生态环境利益的协调统一。从这些界定可知，绿色营销是指企业以环境保护为经营指导思想，以绿色文化为价值观念，以消费者的绿色消费为中心和出发点的营销观念、营销方式和营销策略。它要求企业在经营中贯彻自身利益、消费者利益和环境利益相结合的原则。

当前，经济发达国家对于绿色产品的需求非常广泛，经济发达国家的绿色营销发展过程已经基本上形成了绿色需求→绿色研发→绿色生产→绿色产品→绿色价格→绿色市场开发→绿色消费为主线的消费链条。发展中国家由于资金、消费导向和消费质量等原因，还无法真正实现对所有消费需求的绿化。因此，在较长一段时间内，绿色营销仍是未来营销模式的一种趋势。以我国为例，目前只能对部分食品、家电产品、通信产品等进行部分绿化；而经济发达国家已经通过各种途径和手段，包括立法等，来推行企业产品的绿色消费，可以说绿色营销是在人们追求健康、安全、环保的意识形态下所发展起来的新的营销方式和方法。

绿色营销管理包括以下五个方面的内容。

1. 树立绿色营销观念

绿色营销观念是在绿色营销环境条件下企业生产经营的指导思想。企业生产经营研究的首要问题不是在传统营销因素条件下，通过协调三方面关系使自身取得利益，而是与绿色营销环境的关系。企业营销决策的制定必须首先建立在有利于节约能源、资源和保护自然环境的基点上，促使企业市场营销的立足点发生新的转移。绿色营销观念注重的社会利益更明确定位于节能与环保，立足于可持续发展，放眼于社会经济的长远利益与全球利益。

市场营销的奥秘：绿色营销

2. 设计绿色产品

产品策略是市场营销的首要策略，企业实施绿色营销必须以绿色产品为载体，为社会和消费者提供满足绿色需求的绿色产品。绿色产品是指对社会、对环境改善有利的产品，或称无公害产品。这种绿色产品与传统同类产品相比，至少具有下列特征：① 产品的核心功能要既能满足消费者的传统需要，符合相应的技术和质量标准，更要满足对社会、自然环境和人类身心健康有利的绿色需求，符合有关环保和安全卫生的标准；② 产品的实体部分应减少资源的消耗，尽可能利用再生资源，在产品制造过程中应消除或减少"三废"对环境的污染；③ 产品的包装应减少对资源的消耗，包装的废弃物和产品报废后的残物应尽可能成为新的资源；④ 产品生产和销售的着眼点，不在于引导消费者大量消费而大量生产，而是指导消费者正确消费而适量生产，建立全新的生产美学观念。

3. 制定绿色产品的价格

价格是市场的敏感因素，定价是市场营销的重要策略，实施绿色营销不能不研究绿色产品价格的制定。一般来说，绿色产品在市场的投入期，生产成本会高于同类传统产品，因为绿色产品成本中应计入产品环保的成本。但是，产品价格的上升是暂时的，随着科学技术的发展和各种环保措施的完善，绿色产品的制造成本会逐步下降，趋向稳定。企业制定绿色产品价格，一方面当然应考虑上述因素，另一方面应注意到，随着人们环保意识的增强，消费者经济收入的增加，消费者对商品可接受的价格观念会逐步与消费观念相协调。所以，企业营销绿色产品不仅能使企业盈利，更能在同行竞争中取得优势。

4. 绿色营销的渠道策略

绿色营销渠道是绿色产品从生产者转移到消费者所经过的通道。企业实施绿色营销必须建立稳定的绿色营销渠道，在策略上可从以下几方面努力：① 启发和引导中间商的绿色意识，与中间商建立恰当的利益关系，不断发现和选择热心的营销伙伴，逐步建立稳定的营销网络；② 注重营销渠道有关环节的工作，为了真正实施绿色营销，从绿色交通工具的选择，绿色仓库的建立，到绿色装卸、运输、贮存、管理办法的制定与实施，认真做好绿色营销渠道的一系列基础工作；③ 尽可能建立短渠道、宽渠道，减少渠道资源消耗，降低渠道费用。

5. 搞好绿色营销的促销活动

绿色促销是通过绿色促销媒体，传递绿色信息，指导绿色消费，启发引导消费者的绿色需求，最终促成购买行为。绿色促销的主要手段有以下几方面。① 绿色广告。通过广告对产品的绿色功能定位，引导消费者理解并接受广告诉求。② 绿色推广。从销售现场到推销实地，直接向消费者宣传、推广产品绿色信息，讲解、示范产品的绿色功能，回答消费者的绿色咨询，宣讲绿色营销的各种环境现状和发展趋势，激励消费者的消费欲望。同时，通过试用、馈赠、竞赛、优惠等策略，引导消费兴趣，促成购买行为。③ 绿色公关。通过企业的公关人员参与一系列公关活动，诸如发表文章、演讲、影视资料的播放、社交联谊、环保公益活动的参与、赞助等，广泛与社会公众进行接触，增强公众的绿色意识，树立企业的绿色形象。

13.2.3 在线营销

在线营销是企业营销实践与现代信息通信技术、计算机网络技术相结合的产物，是指企业以电子信息技术为基础，以计算机网络为媒介和手段而进行的各种营销活动的总称。随着互联网技术发展的成熟及联网成本的降低，互联网好比是一种"万能胶"，将企业、团体、组织及个人跨时空联结在一起，使得他们之间信息的交换变得"唾手可得"。网络同时也改变了人类的交流方式、空间概念及价值观，它创造出新的购买方式并极大地改变着人们的生活方式，一种新的经济模式——在线经济应运而生。在线经济模式下，企业为了能够继续生存下去，迫切地要求一种营销新范式，即以理解网络和信息革命带来的新经济及由此产生的企业竞争战略的变化为基础，能够对传统市场营销进行补充完善的整合型的在线营销范式。

在线营销的竞争优势在于能够控制企业成本费用，在满足消费者个性化需求的基础上，提高顾客满意度，并为企业创造更多新的市场机会。网络营销作为一种新兴的营销模式，其应用有许多形式，就目前而言，主要有微博营销、微信营销和社会网络营销三种形式。

1. 微博营销

微博营销是指通过微博平台为商家、个人等创造价值而执行的一种营销方式，也是指商家或个人通过微博平台发现并满足用户的各类需求的商业行为方式。微博营销以微博作为营销平台，每一个听众（粉丝）都是潜在的营销对象，企业利用微博向网友传播企业信息、产品信息，树立良好的企业形象和产品形象，每天更新内容与网友交流互动，或者发布网友感兴趣的话题，来达到营销的目的，这就是微博营销。该营销方式注重价值的传递、内容的互动、系统的布局、准确的定位，微博的火热发展也使得其营销效果尤为显著。微博营销的特征主要表现在以下三个方面。

（1）注册简单，操作便捷，运营成本较低，方便实现"自营销"。微博具有媒体属性，是将信息广而告之的媒体。与其他媒体相比，微博注册免费、操作界面简洁、操作方法简易（所有操作基于信息发布、转发、评论），又有多媒体技术使信息呈现形式多样。而运营一个微博账号，不必花大价钱架构一个网站，不必有多专业的计算机网络技术，也不需要专门拍广告，或向报纸、电视等媒体支付高额的时段广告费用等，充分利用微博的"自媒体"属性，做好"内容营销"即是微博营销的王道。

（2）微博营销的"品牌拟人化"特征更易受到用户的关注。在社交媒体时代，传播强调人性化与个性化，"官方话"和"新闻稿"除了在严肃事件中扮演信用角色，在这样一个社交与娱乐至上的场所就显得格格不入。企业用一种人性化的方式去塑造自身的形象，不仅可以拉近和受众的距离，达到良好的营销效果，而且品牌的美誉度和忠诚度会大大提高。

（3）多账号组成的微博矩阵，在保持整体协作的企业文化同时，便于针对不同的产品受众进行精准营销。微博矩阵是指在一个大的企业品牌之下，开设多个不同功能定位的微博，与各个层次的网友进行沟通，达到360°塑造企业品牌的目的。微博是无可争议的自媒体，利用有大量粉丝受众的微博账号做推广，也是企业广告的一种方法。

2. 微信营销

微信营销是在网络经济时代，企业面临着营销模式的创新，是伴随着微信的火热产生的一种网络营销方式。微信不存在距离的限制，用户注册微信后，可与周围同样注册的"朋友"形成一种联系。2011年1月，腾讯推出即时通信应用—微信，随着智能手机的普及，微信逐渐大众化。一个新型的互联网营销方式—微信营销应运而生。用户可以订阅自己所需的信息，商家通过提供用户需要的信息推广自己的产品。微信平台的群发功能可以有效地将企业拍摄的视频、制作的图片或是宣传文字群发给微信好友。企业还可以利用二维码发送优惠信息，激发口碑效应，将产品和服务信息传播到生活中的每个角落。微信营销主要有以下五种模式。

（1）基于位置的服务。

签名栏是腾讯产品的一大特色，用户可以随时在签名栏更新自己的状态，也可以植入强制性广告，但只有用户的联系人或好友才能看到。而微信中基于位置服务的功能插件"查看附近的人"便可以使更多陌生人看到这种强制性广告。企业或个体在签名栏放上广告或促销信息，用户点击"查看附近的人"或摇一摇后，可以根据自己的地理位置查找到周围的微信用户。在这些附近的微信用户中，除了显示用户姓名等基本信息外，还会显示用户签名档的内容。企业或个体可以利用这个免费的广告位为自己的产品打广告。

（2）品牌活动式的"漂流瓶"。

漂流瓶是移植自腾讯旗下QQ邮箱的一款应用，该应用在电脑上广受好评，许多用户喜欢这种和陌生人的简单互动方式。移植到微信上后，漂流瓶的功能基本保留了原始简单易上手的风格。"扔一个"允许用户选择发布语音或文字的漂流瓶投入大海中，如果有其他用户"捞"到则可以展开对话;"捡一个"则允许用户"捞"大海中无数个用户投放的漂流瓶,"捞"到后也可以和对方展开对话,但每个用户每天只有 20 次机会。企业把信息放进瓶子里,用户主动查看后得到信息并将其传播出去。实际营销时,微信官方可以对漂流瓶的参数进行更改,使得企业推广的活动在某一时间段内抛出的"漂流瓶"数量大增,普通用户"捞"到的频率也会增加。加上"漂流瓶"模式本身可以发送不同的文字内容甚至语音小游戏等,如果营销得当,也能产生较佳的营销效果。

(3) O2O 折扣式的二维码扫描。

二维码扫描功能来源于国外,最初是用来扫描、识别另一位用户的二维码,从而添加朋友。随着二维码与商业结合的紧密度越来越高,微信开始结合 O2O 展开商业活动。用户将二维码图案置于取景框内,微信会帮用户找到好友企业,用户将可以获得成员折扣和商家优惠。表面上看是用户添加,实质上除开拓新市场外,还能帮助企业提高用户忠诚度。其优点在于可以有针对性地诱导用户产生消费行为。不足之处是必须由用户主动扫描,适用于能够通过线上、线下相互联系的行业商户,如传统零售、餐饮、美容美发、休闲娱乐等服务行业。

(4) 社交分享式的"开放平台+朋友圈"。

应用开发者可通过微信开放接口接入第三方应用,还可以将应用的 LOGO 放入微信附件栏中,让微信用户方便地在会话中调用第三方应用进行内容选择与分享。社交分享在电商中一直是热门的话题。在移动互联网上,用户通过微信把企业商品信息进行传递,达到社会化媒体上最直接的口碑营销。此外,"朋友圈"分享功能的开放,使微信用户可以将手机应用、电脑客户端、网站中的精彩内容快速分享到朋友圈中,并支持网页链接方式打开。这为分享式的口碑营销提供了优质的渠道。

(5) 互动营销式——微信公众平台。

微信公众平台是在微信基础平台上新增的功能模块,通过这一平台,企业或个体可以打造自己的公众号,并在微信平台上实现和特定群体的文字、图片、语音的全方位沟通,互动使得这种营销渠道更加细化和直接。通过让微信用户随手订阅公众平台账号,在用户分组和地域控制的基础上,平台方可以实现目标用户一对一精准的消息推送,推送包括新闻资讯、产品消息、最新活动等,甚至能够完成包括咨询、客服等功能,相当于一个在线的客户关系管理系统。

3. 社交网络营销

随着互联网的发展,社交网络日益火爆,虽然社交网络营销在我国的发展时间并不长,但社交网络目前已经成为备受企业和用户欢迎的一种新营销模式。社交网络营销就是利用社交网站的分享功能,通过病毒式传播的手段让产品被更多的人知道。社交网络营销的优势体现在以下几方面。

(1) 社交网络营销可以满足企业不同的营销策略。

作为一个不断创新和发展的营销模式,越来越多的企业尝试着在社交网站上开展营销。各种各样的线上活动(例如,悦活品牌的种植大赛、伊利舒化奶的开心牧场等)、产品植入(例如,地产项目的房子植入、手机作为礼品的植入等)、市场调研(在目标用户集中的城市开展调查了解用户对产品和服务的意见）及病毒营销（植入了企业元素的视频或内容可以在用户中像病毒传播一样迅速地被分享）等，充分展示人与人之间的互动与商业信息传播。

（2）社交网络营销可以有效降低企业的营销成本。

社交网络营销的"多对多"的信息传递模式具有更强的互动性，受到更多人的关注。随着网民网络行为的日益成熟，用户更乐意主动获取信息和分享信息，社区用户显示出高度的参与性、分享性与互动性。社交网络营销传播的主要媒介是用户，主要方式是"众口相传"。因此，与传统广告形式相比，社交网络营销无需大量的广告投入，相反因为用户的参与性、分享性与互动性的特点很容易加深用户对一个品牌和产品的认知，容易形成深刻的印象，形成好的传播效果。

（3）可以实现目标用户的精准营销。

社交网络营销中的用户通常都是认识的朋友，用户注册的数据相对来说都是较真实的，企业在开展网络营销的时候可以很容易对目标受众按照地域、收入状况等进行用户的筛选，来选择哪些是自己的用户，从而有针对性地对这些用户进行宣传和互动。如果企业营销经费不多，但又希望能够获得一个比较好的效果的时候，可以只针对部分区域开展营销，例如，只针对北京、上海、广州的用户开展线上活动，从而实现目标用户的精准营销。

（4）社交网络营销是真正符合网络用户需求的营销方式。

社交网络营销模式的迅速发展恰恰符合了网络用户的真实的需求，参与、分享和互动代表了网络用户的特点，也符合网络营销发展的新趋势，没有任何一个媒体能够把人与人之间的关系拉得如此紧密。无论是一篇日记、推荐的一个视频、参与的一个活动、还是新结识的朋友都会让人们在第一时间及时地了解和关注到身边朋友们的动态，并与他们分享感受。只有符合网络用户需求的营销模式才能在网络营销中帮助企业发挥更大的作用。

13.2.4 娱乐营销

娱乐营销是借助娱乐的元素或形式将产品与客户的情感建立联系，从而达到销售产品，建立忠诚客户的目的的营销方式。娱乐营销是市场营销未来发展的一种新趋势，其本质是一种感性营销。感性营销不是从理性上去说服客户购买，而是通过感性共鸣从而引发客户购买行为。娱乐成就了很多伟大的公司，如苹果的娱乐科技帝国，迪士尼的娱乐体验型产品，好莱坞的娱乐产业等。很多企业应用娱乐营销成就品牌，如麦当劳的娱乐定位，百事可乐通过明星音乐等娱乐战略成为中国最受欢迎的饮料，娱乐营销的作用不言而喻。

现代娱乐营销的形式是多样化的，它包含与电影、电视剧、广播、印刷媒介、体育活动、旅游和探险、艺术展、音乐会、主题公园等相互融合的各类营销活动。相对而言，电影、电视剧作为最大众化的娱乐方式，在娱乐营销中也是应用最多的两种形式，大量的商业产品选择在影视作品中进行植入式的广告宣传，让消费者"潜移默化"地接受品牌信息。

娱乐营销的成功体现在五个方面：① 把握目标受众心理特点；② 以创新式娱乐方式满足大众娱乐化心理；③ 引发消费者的积极参与、互动与扩散；④ 对娱乐营销进程的深刻把握，满足大众的好奇心理；⑤ 把握舆论制高点，注重媒体传播。

13.2.5 大数据营销

随着数字生活空间的普及，全球的信息总量正呈现爆炸式增长。基于这个发展趋势，大数据、云计算等新概念和新范式广泛兴起，正引领着新一轮的互联网风潮。大数据营销是指通过互联网采集大量的行为数据，帮助广告主找出目标受众，以此对广告投放的内容、时间、形式等进行预判与调配，并最终完成广告投放的营销过程。

大数据营销衍生于互联网行业，又作用于互联网行业。依托多平台的海量数据采集，以及大数据技术的分析与预测能力，能够使广告更加精准有效，给品牌企业带来更高的投资回报率。大数据营销的核心在于让网络广告在合适的时间，通过合适的载体，以合适的方式，投给合适的人。基于大数据（包含互联网、移动互联网、广电网、智能电视，未来还有户外智能屏等数据）分析的基础上，描绘、预测、分析、指引消费者行为，通过用户行为与特征分析从而帮助企业制定有针对性的商业策略，百度、阿里巴巴等企业已经成为大数据营销模式的领导者。大数据营销作为一种全新的营销模式，其优势体现在以下几方面。

（1）在掌握用户特征数据的基础上，实现精准营销信息推送支撑。

（2）了解潜在用户的主要特征，引导产品及营销活动投用户所好。

（3）实现竞争对手监测与品牌传播。例如，通过传播趋势分析、内容特征分析、互动用户分析、正负情绪分类、口碑品类分析、产品属性分布等，监测掌握竞争对手传播态势，并根据用户声音策划内容，评估微博矩阵运营效果。

（4）实现品牌危机监测及管理支持。新媒体时代，品牌危机使许多企业谈虎色变，然而大数据可以让企业提前对此有所洞悉。在危机爆发过程中，最需要的是跟踪危机传播趋势，识别重要参与人员，方便快速应对。大数据可以采集负面定义内容，及时启动危机跟踪和报警，按照人群社会属性分析，聚焦事件过程中的观点，识别关键人物及传播路径，进而可以保护企业、产品的声誉，抓住源头和关键节点，快速有效地处理危机。

（5）实现企业重点客户的筛选，提供客户分级管理支持。从用户访问的各种网站可判断用户关心的信息，利用用户在社会化媒体上所发布的各类内容及与他人互动的内容中进行信息关联，有助于企业筛选重点的目标用户。大数据还可以分析活跃粉丝的互动内容，设定消费者画像各种规则，关联潜在用户与会员数据，关联潜在用户与客服数据，筛选目标群体做精准营销，进而可以使传统客户关系管理结合社会化数据，丰富用户不同维度的标签，并可动态更新消费者生命周期数据。

（6）利用大数据分析结果改善用户体验。要改善用户体验，关键在于真正了解用户及其对产品的使用状况，做最适时的提醒。例如，汽车企业可以通过遍布全车的传感器收集车辆运行信息，在汽车关键部件发生问题之前，提前向用户或4S店预警。美国UPS快递公司早在2000年就利用这种基于大数据的预测性分析系统来检测全美营运的

60 000 辆车辆的实时车况，以便及时地进行防御性修理。

（7）发现新市场与新趋势，提供市场预测与决策分析支持。更全面、及时的大数据为企业进行市场预测及决策分析提供了更好的支撑。

本　章　小　结

市场营销作为一门发展中的独立学科，必须不断迎接市场的新变化，做出新突破。当今的企业营销环境已经同 50 年前，甚至 10 年前的营销背景、特征有着众多的不同。要了解市场新的发展趋势和这一综合学科，既应把握现代市场营销的发展现状，也应了解未来市场营销的发展前景。

新时代背景下市场营销发展呈现的特点：① 新时代背景下市场营销发展的特点；② 针对个性化市场开展营销活动；③ 重视品牌营销带来的市场效应；④ 建立多元化的分销渠道；⑤ 树立以科技创新为竞争核心的产品理念；⑥ 制订全球观念下的本土化营销计划；⑦ 设立精简、反应快速的营销组织；⑧ 强调营销行为的社会责任。

市场营销未来发展的趋势：① 关系营销；② 绿色营销；③ 在线营销；④ 社交网络营销；⑤ 娱乐营销；⑥ 大数据营销。

拓展训练项目

阅读分析

有实力有年味，康师傅速达面馆新春富贵面成年货爆款

2020 年，康师傅专为新春打造的速达面馆"福禄寿喜"典藏版以传统年俗文化加持，颜值、实力通通在线，轻松扛起新春送礼大旗，掀起消费者囤货热潮，在各大电商平台和社交平台上强势占据 C 位，诸如"火速买它""值得剁手""首选伴手礼""有里有面儿"等好评如潮。"拿出诚意，才能换来市场真正的响应"，用品质彰显诚意的"福禄寿喜"典藏版不仅在年节市场大放异彩，还顺势带动速达面馆家族的常规碗面、煮面和自热面系列收获一波抢购潮，各大系列销售量环比增长均超过 370%，其中碗面系列日销售量环比增长最高达 1 704%，助力速达面馆家族在年节"红海"中成功抢滩，为康师傅再次打出漂亮战绩。

康师傅速达面馆"福禄寿喜"典藏版能在众多产品中脱颖而出，也绝不仅仅是因为抢占了年货节这样的购物潮，更多的是康师傅对消费者在春节特殊需求的精准把握。除了延续速达家族一贯的高品质，典藏版的口味选择也颇为用心，无论是红烧牛肋条，还是红烧金钱腱，都是中国人最常见的年夜菜，可以说每一碗都是满满的年味、满满的家宴味道。"福禄寿喜"等传统年俗元素的注入也让这款品质好面成为亲友间送出新春祝福的最佳载体，而礼盒包装上的"如意云纹""仙鹤纹"等图案结合红、紫、橙等底色设计，同样蕴涵着美好的寓意，再加上精心配制的"福运满堂"餐具，奢华大气的宫廷风令人心动不已，正是新春佳节送礼的不二之选。

借势年货节热度，康师傅联合人气博主们在微博、抖音等多平台发起#新年不得无

礼#话题，生动演绎出多样的新年送礼场景，展示出"福禄寿喜"典藏版有"里"有"面"的特点，网友们都纷纷表示"吃出好福气""豪华大肉块""新春送礼囤它""必须买"。

可以说，康师傅在年货节的这波漂亮出击正是从消费者在春节节点的特殊情感需求出发，以众所周知的年俗和宫廷元素，勾起了大家对年味的美好回忆和期待，同时也让产品所承载的"吃面吃出好福气"这一信息高效地传递开。精准的定位营销，好产品与好寓意的完美结合，再加上速达家族一贯的好口碑，自然能够引起消费者的内在共鸣，进而激起他们的消费动机，迅速化身年货节的爆款佳礼。

事实上，对于深谙消费者需求的康师傅而言，这早已不是速达面馆第一次变身"网红爆款"。早在2018年上市之初，康师傅速达面馆便收获了一大批粉丝，迄今为止一年多的强势发展更让速达面馆成为高端面的最佳代名词。

速达面馆之所以每次都能精准捕获消费者的味蕾，首要原因便在于它的产品创新之处正迎合了当下年轻消费者的消费观念——即使是快节奏的生活，也不愿牺牲品质感。康师傅通过多年以来的积累和沉淀，形成在科技、工艺等方面的巨大优势，针对市场趋势和用户需求不断演进，面对当下消费品质化、个性化和便捷化的需求趋势，积极布局高端品类力争突围，速达面馆就是代表产品之一。速达面馆所主打的"还原面馆级好面"，以及"大块肉""浓醇高汤"等特色正完美契合了年轻消费者对生活品质的追求。

康师傅速达面馆还陆续推出了聚焦于家庭消费场景的煮面系列，并将备受年轻人喜爱的"自热"品类引入方便面行业，用速达面馆自热面为追求新鲜、方便、品质的年轻消费者拓展了新的选择空间。而不论是碗面、煮面、自热面，还是此次成功抢占年货节C位的典藏版，速达面馆所收获的良好市场反响，都足以佐证康师傅持续以创新产品布局高端面市场、拓展消费场景的精准洞察。

总的来说，消费者需求是不断变化的，品牌需要做的是紧随时代潮流和消费趋势，适时调整产品的创新和升级方向。此次康师傅速达面馆"福禄寿喜"典藏版的成功，进一步证明了康师傅对消费市场的前瞻洞察力以及强大的产品创新能力，同时传递出的新春团圆祝福、贺岁情怀，更让人感受到了康师傅作为民族品牌对传统文化的真挚与弘扬之心。未来，期待康师傅继续以行业领头羊的身份不断扩充优质爆品矩阵，为消费者拓展新的消费场景，持续引领行业创新发展，演绎出更多中华传统文化的博大精深与多元精彩。

（资料来源：https://news.tom.com/202001/4917585222.html，2020-01-14.）

思考题

1. 从上述案例来看，康师傅运用了哪几种营销方式？
2. 你认为康师傅在营销方式和手段上有哪些创新？请谈谈你的感受。

在线答题

参 考 文 献

[1] 张征宇,2006.营销创新[M].北京:经济管理出版社.
[2] 李颖生,2006.营销创新[M].2版.北京:企业管理出版社.
[3] 邓德胜,王慧彦,2009.现代市场营销学[M].北京:北京大学出版社.
[4] 徐大佑,黎开莉,2009.市场营销学[M].大连:东北财经大学出版社.
[5] 王秀村,王月辉,2009.市场营销管理.[M].4版.北京:北京理工大学出版社.
[6] 吴健安,2010.市场营销学[M].4版.北京:清华大学出版社.
[7] 景奉杰,曾伏娥,2010.市场营销调研[M].2版.北京:高等教育出版社.
[8] 阿姆斯特朗,科特勒,2010.市场营销学[M].北京:中国人民大学出版社.
[9] 郭松克,2011.市场营销学[M].4版.广州:暨南大学出版社.
[10] 刘红霞,2011.市场调研与预测[M].2版.北京:科学出版社.
[11] 苗杰,2011.现代广告学[M].5版.北京:中国人民大学出版社.
[12] 刘全胜,2011.网络营销与成功案例[M].北京:金盾出版社.
[13] 那薇,2012.市场营销理论与实务[M].2版.北京:北京大学出版社.
[14] 科特勒,凯勒,2012.营销管理[M].14版.上海:格致出版社.
[15] 科特勒,凯勒,2012.营销管理(全球版)[M].14版.北京:中国人民大学出版社.
[16] HAIR J F, WOLFINBARGER M F, ORTINAU D J, BUSH R P, 2012. Essentials of Marketing Research [M]. New York The McGraw-Hill Companies, Inc.
[17] 袁连升,成颖,2012.市场营销学:理论、案例与实训[M].北京:北京大学出版社.
[18] 李宏,孙丽英,刘春英,2012.市场营销学.北京:北京理工大学出版社.
[19] 郭国庆,孙乃娟,杨学成,2013.市场营销学概论.北京:高等教育出版社.
[20] 程绍珊,吴越舟,2013.升级你的营销组织[M].北京:中华工商联合出版社.
[21] 曲丽,贺璐,2014.市场营销理论与实务.广州:华南理工大学出版社.
[22] 吕一林,陶晓波,2014.市场营销学[M].北京:中国人民大学出版社.
[23] 麦克唐纳,莫里斯,2014.图解营销策划[M].高杰,译.北京:电子工业出版社.
[24] 左莉,田宇,2014.营销组织模式与绩效管理[M].北京:北京交通大学出版社.
[25] 麦德奇,布朗,2014.大数据营销定位客户[M].王维丹,译.北京:机械工业出版社.
[26] 符国群,2015.消费者行为学[M].3版.北京:高等教育出版社.
[27] 李晏墅,李金生,2015.市场营销学[M].北京:高等教育出版社.
[28] [美]大卫·S.威廉姆斯,2015.大数据时代的市场营销——关联式客户关系管理[M].匡斌,译.北京:电子工业出版社.
[29] 吴健安,聂元昆,2016.市场营销学[M].北京:高等教育出版社.
[30] 胡利杰,田宇,2016.营销执行[M].3版.北京:企业管理出版社.
[31] 江清萍,2016.互联网+营销与创新[M].北京:台海出版社.
[32] 陈钦兰,苏朝晖,胡劲,2017.市场营销学[M].北京:清华大学出版社.